融智论丛

（2014）

刁孝华◎主编

西南财经大学出版社
Southwestern University of Finance & Economics Press

图书在版编目（CIP）数据

融智论丛（2014）/刁孝华主编 . —成都：西南财经大学出版社，
2015. 1

ISBN 978 - 7 - 5504 - 1520 - 1

Ⅰ . ①融… Ⅱ . ①刁… Ⅲ . ①社会科学—文集 Ⅳ . ①C53

中国版本图书馆 CIP 数据核字（2014）第 185867 号

融智论丛（2014）

主 编：刁孝华

责任编辑：李 才
封面设计：何东琳设计工作室
责任印制：封俊川

出版发行	西南财经大学出版社（四川省成都市光华村街55号）
网 址	http://www.bookcj.com
电子邮件	bookcj@foxmail.com
邮政编码	610074
电 话	028 - 87353785 87352368
照 排	四川胜翔数码印务设计有限公司
印 刷	郫县犀浦印刷厂
成品尺寸	185mm×260mm
印 张	21.5
字 数	493 千字
版 次	2015 年 1 月第 1 版
印 次	2015 年 1 月第 1 次印刷
书 号	ISBN 978 - 7 - 5504 - 1520 - 1
定 价	68.00 元

编委名单

主编： 刁孝华

编委（以姓氏笔画为序）：

丁广龙　刘 岱　刘晓琴　李 果　吴华安

吴江文　张 啸　陈龙国　房朝君　崔中山

章新蓉　谢付杰　樊国昌

前　言

本着"科学研究，服务社会，教书育人，传承文化"的宗旨，结合自身的学术专业，重庆工商大学融智学院的教学科研人员结集出版的《融智论丛（2014）》论文集，涉及经济学、管理学、教育教改、党建思政等诸多学科领域。

根据学院学科结构，本论文集分为经济观察、金融聚焦、管理探索、教育教学改革及教育管理、党建及思想政治教育五个部分，每个部分是学院教学科研人员学术生涯阶段性研究成果的展示，或是微观探讨产业发展的观察剖析、总结归纳，或是管窥现代金融业区域布局、监管创新，或是透视现代社会科学治理中农村管理与发展，或是思索民办高等教育教学发展中的困境与突破，抑或是思考民办高校党建工作学生管理与服务工作。如此种种，均为展示本院教学科研工作者最新的学习成果，提振精气神，鞭策全体民办高校教育工作者不忘从事高等教育工作的初衷，跳出单纯教学的藩篱，投身到更高层次的服务社会经济的事业中。

民办高等教育作为现代高等教育的核心组成部分之一，是我国社会经济发展的重要智力源泉，是实施科教兴国和人才强国的强大支撑力量。

当前，我国民办高等教育发展迎来了前所未有的难得机遇，办学规模和办学水平得到了空前提高。但是，民办高等教育发展也面临着很多现实困境，如忽略内涵质量、片面强调大而全，再如市场利益与社会效益的综合平衡等问题。

西方民办高等教育的蓬勃发展表明民办高等教育前途光明。民办高等教育作为新中国高等教育的雏子，只有着眼系统发展，力避急于求成，扬长避短，才能迎来中国民办高等教育美好的未来。

在新的历史背景下，民办高校务必遵循高等教育发展的一般规律，统筹人才培养、科学研究、社会服务和文化传承的高校四大定位，做大做强，才能成为中国高等教育大家族中充满生机与活力的生力军。

万事开头难，系统转变民办高等教育发展思路漫长而艰辛！

近年来，重庆工商大学融智学院一直强调教学科研人员既要练就精于教学的胫骨皮，又要生成勤于学习、严谨治学的深厚内功，更要树立服务社会的信心，强化传承文化的责任。结集出版《融智论丛（2014）》，就是学院发展向全面协同发展做出的艰难尝试。

由于学识和水平的限制，本书定有许多的缺憾，甚至是错误，请读者不吝赐教。学院坚信，千里之行始于足下，做好科学研究工作将有利于提升教育质量，强化内涵建设，也有利于提升学院服务社会、传承文化的水平。

目　录

1

第三编　管理探索

第四编　教育教学改革及教育管理

第五编　党建及思想政治教育

第一编　经济观察

投资、外贸和消费与经济增长的关系

——基于时空划分的比较分析

赵　婷①

[摘要] 将经济增长方式由投资驱动型转变为消费驱动型，是目前学界和业界的热门议题。但单纯强调经济增长方式的转型不足以全面表现投资、外贸和消费在不同时期和不同发展阶段对经济增长的作用；同时，我国经济发展区域不平衡，不同地区间不适宜采取统一的经济政策。本文将1978—2012年的35年分成1978—1991年、1992—2006年和2007—2012年三阶段分别进行实证分析。分析结果显示：第一阶段投资抑制经济增长，第二阶段投资促进经济增长，第三阶段投资抑制经济增长；三个阶段外贸和消费均促进经济增长。这充分说明：在经济发展的不同阶段，投资对经济增长的作用不同，为使经济长远健康发展，必须选择与发展阶段相适应的增长方式。在此结论的基础上，本文进一步选择处于不同发展阶段的广东省（1978—2012年）、湖北省（1978—2012年）和重庆市（1996—2012年）进行实证分析。分析结果显示：广东省投资抑制经济增长，湖北省和重庆市投资促进经济增长；三省市外贸和消费均促进经济增长。研究认为，在全国层面上，应积极促进消费在经济增长中发挥更大作用以突破投资对经济增长的限制。具体到不同地区，广东省需积极引导产业升级以避免低端产业投资对经济增长的限制，湖北省和重庆市应积极放宽民间资本的准入限制，以培育新的经济增长点，为将来投资可能限制经济增长这一情况做好准备。

[关键词] 经济增长方式　不同时期　不同地区

一、引言

投资、外贸和消费是拉动经济增长的三驾马车。政府主导的投资驱动型增长方式使得我国在短时期内完成了大量基础设施的建设，为经济的长远发展打下了坚实的基础，并在经济发展遭遇危机时迅速稳定了形势，避免了发展过程中大的波动。但这种增长方式也导致了地方政府负债过高和社会贫富差距扩大，同时粗放的投资也使得资源环境不断恶化。外贸产业的快速发展为我国创造了大量就业机会，培养了大批技能熟练的劳动力，同时提高了人民的收入水平；但对外贸的

---

①　赵婷：重庆工商大学融智学院教师；主要研究方向：国际经济与贸易。

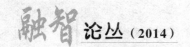

过度依赖使得我国在国际贸易争端中处于被动地位，同时经济发展受国际经济环境的影响较大，增加了发展中的风险。以消费来驱动经济增长是目前的热门议题。但不同增长方式各有利弊，不能因为一种增长方式出现负面效果就认为应该转向另一种增长方式。本文主要研究投资、外贸和消费在不同时期及不同地区对经济增长的作用，并分析形成这一增长方式的背后原因，以期探讨在社会经济发展的不同阶段及处于不同发展阶段的各地区间适合的增长方式。

二、不同时期投资、外贸和消费与经济增长的关系（1978—2012）

（一）对经济发展过程按时期分段

本节绘制了 1978—2012 年投资、外贸和消费占 GDP 的比重的曲线及经济增长率曲线（如图 1），所有数据均以 1978 年为基期，数据中居民消费物价指数扣除了通货膨胀的影响。

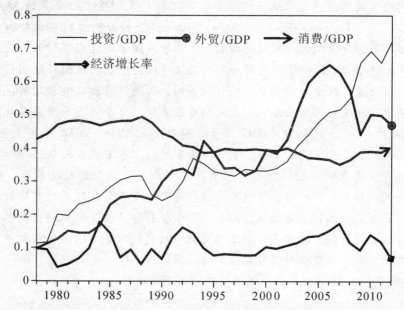

图 1 投资、外贸和消费占 GDP 比重的曲线及经济增长率曲线（1978—2012）

注：数据来源于《中国统计年鉴》《新中国 55 年统计资料汇编》。

由图 1 可知，1978—1991 年，经济增长率波动较大，这既是因为改革初期或保守或开放的思想交锋影响了经济政策的稳定性，也是改革摸索期经济发展必然会呈现的特点。这是发展的阶段，也是积累经验和打基础的阶段，因此将这一时期作为一个阶段进行实证分析。

1992—2006 年，经济经过短暂盘整后进入平稳较快发展的通道。这既是因为党的十四大召开后我国完全确立了社会主义市场经济制度，保证了政策的稳定性，同时也是因为在前一时期打下的基础上改革红利进一步释放，改革进一步深入，这是迅速发展的阶段。因此，将这一时期作为一个阶段进行实证分析。

2007—2012 年，经济增长率总体下降。这既缘于国际金融危机的冲击，同时也因为中央政府有意降低发展速度，增强发展质量，缓解和治理经济多年快速发展积累起的各种矛盾，为综合国力的进一步增强打下了坚实的基础，这是注重转变增长方式的阶段。因此将这一时期作为一个阶段进行实证分析。

（二）投资、外贸和消费在不同时期对经济增长影响的实证分析

本节通过 Eviews 软件选取 ARCH（自回归异方差）模型，对投资、进出口总额、消费和国内生产总值进行自然对数变换后建立以下模型：

$$\text{Ln}(GDP) = C(1)\text{Ln}(V) + C(2)\text{Ln}(T) + C(3)\text{Ln}(E)$$

其中，GDP 为国内生产总值，V 为投资，T 为进出口总额，E 为消费。单位为亿元。对数变换可使趋势线性化，并尽量消除模型中可能存在的共线性、异方差和非平稳性等现象。

关于数据采集和处理：1978—1996 年数据来源于《新中国 55 年统计资料汇编》和《中国统计年鉴》，1997—2012 年数据来源于《中国统计年鉴》；所有数据均按居民消费物价指数并以 1978 年为基期折算。

1. 1978—1991 年实证分析

回归结果显示，国内生产总值、投资、进出口总额和消费存在如下关系：

$$\text{Ln}(GDP) = 1.506\,276 - 0.194\,197\text{Ln}(V) + 0.192\,404\text{Ln}(T) + 0.912\,400\text{Ln}(E)$$
$$(47.153\,93)\ (-4.248\,632)\qquad (3.865\,784)\qquad\quad (198.304\,3)$$
$$(0.000\,0)\quad (0.000\,0)\qquad\quad (0.000\,1)\qquad\qquad (0.000\,0)$$

上面括号内的数据是 Z 统计值，下面的是概率。

$R^2 = 0.995\,877$，F 统计值为 543.409 0。

2. 1992—2006 年实证检验

回归结果显示，国内生产总值、投资、进出口总额和消费存在如下关系：

$$\text{Ln}(GDP) = 1.000\,824\,9 + 0.063\,714\text{Ln}(V) + 0.073\,676\text{Ln}(T) + 0.855\,735\text{Ln}(E)$$
$$(5.489\,406)\ (1.745\,408)\qquad (2.677\,231)\qquad (16.666\,59)$$
$$(0.000\,0)\quad (0.080\,9)\qquad\quad (0.007\,4)\qquad\quad (0.000\,0)$$

上面括号内的数据是 Z 统计值，下面的是概率。

$R^2 = 0.999\,224$，F 统计值为 1 717.024。

3. 2007—2012 年实证分析

回归结果显示，国内生产总值、投资、进出口总额和消费存在如下关系：

$$\text{Ln}(GDP) = 2.008\,120 - 0.113\,205\text{Ln}(V) + 0.120\,824\text{Ln}(T) + 0.893\,043\text{Ln}(E)$$
$$(6.108\,784)\ (-2.892\,784)\qquad (5.812\,125)\qquad (39.963\,09)$$
$$(0.000\,0)\quad (0.003\,8)\qquad\quad (0.000\,0)\qquad\quad (0.000\,0)$$

上面括号内的数据是 Z 统计值，下面的是概率。

$R^2 = 0.999\,210$，DW 值为 2.247。

以上三个方程中，$R^2 > 0.95$ 说明回归方程拟合程度较理想，F 值较大（DW 值较接近 2），说明方程总体线性关系比较显著，也表明解释变量对被解释变量的解释程度较高。各项指标检验概率较小，通过显著性检验，说明解释变量显著。

实证分析表明，1978—1991 年投资每增加 1%，GDP 减少 0.19%；进出口总

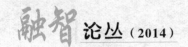

额每增加 1%，GDP 增加 0.19%；消费每增加 1%，GDP 增加 0.91%。1992—2006 年投资每增加 1%，GDP 增加 0.06%；进出口总额每增加 1%，GDP 增加 0.07%；消费每增加 1%，GDP 增加 0.86%。2007—2012 年投资每增加 1%，GDP 减少 0.11%；进出口总额每增加 1%，GDP 增加 0.12%；消费每增加 1%，GDP 增加 0.89%。

（三）小结

1978—1991 年，投资抑制经济增长。我们认为这是两种作用的结果：一是投资本身增加了 GDP 的值，对经济增长是正向作用；二是这一时期是改革开放初期，政府主导的投资主要以基础设施建设为主，这些项目直接产出有限且受当时经济水平的限制导致利用不够充分，虽然长期而言会促进贸易和消费，但短期内由于减少了社会保障投入并加重了税费负担，事实上限制了贸易和消费，对经济增长是负向作用。综合作用的结果是这一时期的投资限制了经济增长，这是在社会经济发展的基础阶段必须付出的成本。

1992—2006 年，投资促进经济增长。这一方面是因为政府投资逐渐从基础设施向钢铁、石化等有直接产出的大型项目转移，拉动了经济增长；另一方面是因为基础设施的完善促进了贸易和消费的增长，加入世界贸易组织进一步提高了基础设施的利用率，基础设施的投资效益逐步显现；同时政府对社会保障的更多投资也增强了居民的消费意愿。所有这些正向作用导致了这一时期投资对经济增长的促进。

2007—2012 年，投资抑制经济增长。这一时期政府主导的投资继续增加 GDP 值，但由于效益低下，导致投资对经济的拉动能力减弱。在此期间，政府为应对国际金融危机出台 4 万亿救市措施，避免了经济硬着陆，而手握巨量资金的国有企业也挤压了民企的生存空间，削弱了更有效率的民营经济对整个经济的拉动能力。政府主导的投资型增长方式，既使多数人都获益，但也使少数群体从中获得不对称的高额利益，扩大了社会贫富差距；少数群体掌握大量财富，削弱了社会消费的同时也削弱了消费对经济的拉动能力。所有这些因素共同作用的结果是投资限制了经济增长，这说明当社会经济发展较充分时，投资主导型的增长方式不适应发展需要。

在这三个阶段，外贸和消费均促进经济增长。外贸和消费本身会增加 GDP 值并进一步带动投资增长，最终共同促进经济增长。在社会经济发展的不同阶段，外贸和消费均促进经济增长，这也说明它们对经济增长的促进是持续性的。

三、不同地区间投资、外贸和消费与经济增长的关系

（一）研究对象选择

地区生产总值总体上代表该地区经济发展水平，而外贸总额能更充分反映该地区经济活跃度、产业结构及经济质量。综合这两个指标可以评估一个地区的经济发展阶段的情况。由此我们选择广东省、湖北省和重庆市分别代表东、中和西部地区，作为投资、外贸和消费对不同地区经济增长影响的研究对象。

这里绘制了广东省、湖北省和重庆市 1978—2012 年（由于缺乏相关数据，重庆市从 1996 年开始）投资、外贸、消费和地区生产总值曲线（图 2、图 3 和图 4）。所有数据均以 1978 年为基期（重庆市以 1996 年为基期），用该地区居民消费物价指数进行折算来扣除通货膨胀影响。

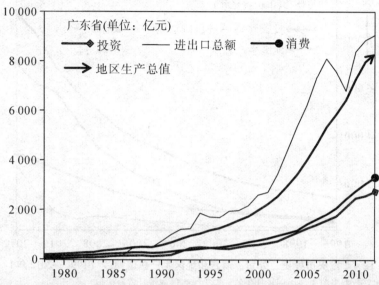

图 2　广东省投资、外贸、消费和地区生产总值曲线（1978—2012 年）
注：数据来源于《中国统计年鉴》《新中国 55 年统计资料汇编》。

由图 2 可知：以 1978 年为基期，2012 年广东省地区生产总值达到 8 325.154 亿元，进出口总额达到 9 061.618 亿元，自 1990 年起，进出口总额超过地区生产总值。1978—2012 年地区生产总值年复合增长率为 11.83%，进出口总额年复合增长率为 18.61%。

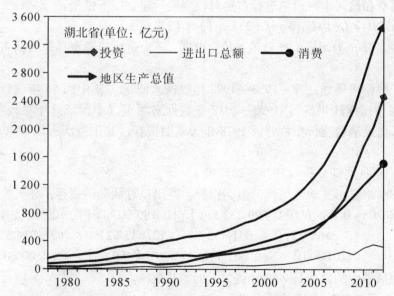

图 3　湖北省投资、外贸、消费和地区生产总值曲线（1978—2012 年）
注：数据来源于《中国统计年鉴》《新中国 55 年统计资料汇编》。

由图 3 可知：以 1978 年为基期，2012 年湖北省地区生产总值达到 3 511.705 亿元，进出口总额达到 314.448 亿元。1978—2012 年地区生产总值年复合增长率为 9.70%，进出口总额年复合增长率为 14.73%。

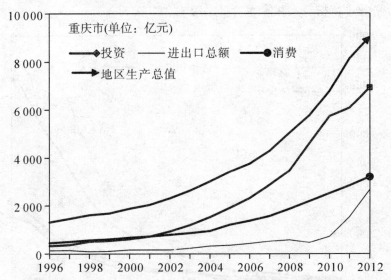

图 4　重庆市投资、外贸、消费和地区生产总值曲线（1996—2012 年）

注：数据来源于《中国统计年鉴》《新中国 55 年统计资料汇编》。

由图 4 可知：以 1996 年为基期，2012 年重庆市地区生产总值达到 9 036.086 亿元，进出口总额达到 2 659.82 亿元。1996—2012 年地区生产总值年复合增长率为 12.80%，进出口总额年复合增长率为 20.66%。

（二）实证分析

本节通过 Eviews 软件选取 ARCH（自回归异方差）模型，对投资、进出口总额、消费和地区生产总值进行自然对数变换后建立以下模型：

$$\mathrm{Ln}(GDP) = C(1)\mathrm{Ln}(V) + C(2)\mathrm{Ln}(T) + C(3)\mathrm{Ln}(E)$$

其中，GDP 为国民生产总值，V 为投资，T 为进出口总额，E 为消费。单位为亿元。

关于数据采集和处理：1978—1992 年数据来源于《新中国 55 年统计资料汇编》和《中国统计年鉴》，1993—2012 年数据来源于《中国统计年鉴》；数据均按该地区居民消费物价指数并以 1978 年为基期折算，其中重庆市以 1996 年为基期折算。

1. 广东省实证分析（1978—2012 年）

回归结果显示，地区生产总值、投资、进出口总额和消费存在如下关系：

$$\mathrm{Ln}(GDP) = 0.388\,690 - 0.099\,232\,\mathrm{Ln}(V) + 0.190\,905\,\mathrm{Ln}(T) + 0.957\,504\,\mathrm{Ln}(E)$$

$$(5.316\,505)\ (-3.004\,432)\qquad (12.843\,62)\qquad (31.054\,59)$$

$$(0.000\,0)\quad (0.002\,7)\qquad (0.000\,0)\qquad (0.000\,0)$$

上面括号内的数据是 Z 统计值，下面的是概率。

$R^2 = 0.994\,767$，F 统计值为 887.129 9。

实证结果显示：1978—2012 年投资每增加 1%，GDP 减少 0.099%；进出口总额每增加 1%，*GDP* 增加 0.191%；消费每增加 1%，*GDP* 增加 0.958%。

2. 湖北省实证分析（1978—2012 年）

结果回归显示，地区生产总值、投资、进出口总额和消费存在如下关系：

$$\text{Ln}(GDP) = 1.180273 + 0.176525\,\text{Ln}(V) + 0.104724\,\text{Ln}(T) + 0.681460\,\text{Ln}(E)$$
$$(10.76912)\quad(7.730898)\qquad(11.25535)\qquad\qquad(15.33893)$$
$$(0.0000)\qquad(0.0000)\qquad(0.0000)\qquad\qquad(0.0000)$$

上面括号内的数据是 *Z* 统计值，下面的是概率。

$R^2 = 0.986068$，*F* 统计值为 330.2923。

实证结果显示：1978—2012 年投资每增加 1%，*GDP* 增加 0.177%；进出口总额每增加 1%，*GDP* 增加 0.105%；消费每增加 1%，*GDP* 增加 0.681%。

3. 重庆市实证分析（1996—2012 年）

回归结果显示，地区生产总值、投资、进出口总额和消费存在如下关系：

$$\text{Ln}(GDP) = 2.551892 + 0.214001\,\text{Ln}(V) + 0.098435\,\text{Ln}(T) + 0.4812491\,\text{Ln}(E)$$
$$(8.834771)\quad(3.418302)\qquad(4.802332)\qquad\quad(4.286023)$$
$$(0.0000)\qquad(0.0006)\qquad(0.0000)\qquad\qquad(0.0000)$$

上面括号内的数据是 *Z* 统计值，下面的是概率。

$R^2 = 0.998242$，*F* 统计值为 946.1762。

实证结果显示：1996—2012 年投资每增加 1%，*GDP* 增加 0.214%；进出口总额每增加 1%，*GDP* 增加 0.098%；消费每增加 1%，*GDP* 增加 0.481%。

（三）小结

1978—2012 年，广东省投资抑制经济增长。广东省外贸发达，吸引大量投资，而生产成本的上涨使外贸低端产业投资回报率逐年下降，导致投资对经济的拉动能力降低。对低端产业的投资依赖已与广东省经济发展水平不相称，这些资金和资源本可应用于高新技术等更具附加值的高端产业，低端产业依赖事实上却抑制了投资对经济的潜在拉动，这些因素最终形成了广东省投资对经济增长的抑制。

1978—2012 年湖北省和 1996—2012 年重庆市投资均促进经济增长。湖北省和重庆市对基建的大力投资正值沿海产业转移期间，良好的基础设施吸引了沿海制造业的落户，而较低的生产成本加速了这一转移进程，帮助外贸获得长足发展，使投资效益得以很快显现，对大型项目的投资弥补了历史投资不足的缺陷，拉动经济的同时增加了当地人民的财富，并促进了消费的增长，最终使这两个地区投资对经济增长的促进作用明显。

1978—2012 年广东省、湖北省和 1996—2012 年重庆市，外贸和消费均促进经济增长。外贸和消费本身会增加地区生产总值，而它们的繁荣会吸引投资的增加，进一步促进经济的增长。可以看到，外贸和消费对经济增长的促进是普适性的，是不分地区、不分经济发展水平的。

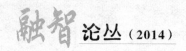

四、政策建议

（一）基于全国层面的政策建议

在全国层面上，应积极促进消费在经济增长中发挥更大作用以突破投资对经济增长的限制。依靠消费来推动经济增长的方式是最根本的增长方式。对国家而言，这意味着经济风险更可控，同时，如果希望多数人都能消费、敢消费，这样的立足点会推动社会发展更公平。为此我们提出以下几点建议：

（1）增加对地方政府环境指标和债务的考核。严格的环境考核将降低地方政府对钢铁、石化等高投资项目的热情；对债务的考核将限制地方政府的借债和投资冲动。

（2）适当降低 GDP 增长目标。较低的增长目标能减轻地方政府的投资压力，降低对投资的依赖，削弱政府在经济活动中的作用，为市场进一步发挥作用腾出更多空间，更充分的市场经济将带来更可持续的经济发展。

（3）建立健全社会保障体系。良好的社会保障体系不仅使社会更公平，并为经济发展提供稳定的基础，而且将增强人们的消费意愿，为投资驱动型增长向消费驱动型增长迈出关键的一步。

（4）建立强有力的中央政府。投资驱动型增长方式下的既得利益集团将阻碍政府投资向社会保障领域倾斜，只有强有力的中央政府才能排除这一阻力，并将有足够权威令地方政府向更具质量的经济发展努力，为向消费驱动型增长方式的转变提供坚实基础。

（二）基于具体地区的政策建议

（1）广东省应主动调整产业结构，引导投资向价值链上游转移。为此应加强对投资项目的选择，限制对低端产业的投资，鼓励对高新技术产业的投资；同时降低 GDP 增长目标可使各级政府降低对低端产业的投资依赖，为调整产业结构提供空间。随着低端产业竞争力的下降，广东省发展受到的束缚将越来越明显，早做准备开辟新的增长点可使经济发展避免遭受重大挫折。产业结构调整中很可能会有困难时期，即旧的产业出去了新的产业还没有进来，经济增长受到压力，但这一代价是必须付出的。

（2）湖北省和重庆市应积极放宽对民间资本的准入限制，加大对民营经济的支持。政府主导的投资挤压了民营经济的生存空间，但外贸的大幅增长掩盖了这种负向作用。当沿海地区制造业的转入达到一定阶段后，外贸的大幅增长将难以持续，投资对经济增长的抑制将显现。加大对民营经济的支持可以提前培育新的增长点，在外贸之后继续推动经济增长。

参考文献

［1］张晓峒. Eviews 使用指南与案例——数量经济学应用系列［M］. 北京：机械工业出版社，2007.

［2］林毅夫，李永军. 必要的修正——对外贸易与经济增长关系的再考察［J］. 国际贸

易，2001(9).

　　[3] 杨全发，舒元. 中国出口贸易对经济增长的影响 [J]. 世界经济与政治，1998(8).

　　[4] 魏后凯. 外商直接投资对中国区域经济增长的影响 [J]. 经济研究，2002(4).

　　[5] 沈坤荣. 外国直接投资与中国经济增长 [J]. 管理世界，1999(5).

　　[6] 武剑. 储蓄、投资和经济增长——中国资金供求的动态分析 [J]. 经济研究，1999(11).

　　[7] 卢荻. 外商投资与中国经济发展——产业和区域分析证据 [J]. 经济研究，2003(9).

　　[8] 刘学武. 投资、消费、国际贸易与中国经济增长：1989—1999 经验分析 [J]. 世界经济，2000(9).

　　[9] 罗云毅. 低消费、高投资是现阶段我国经济运行的常态 [J]. 宏观经济研究，2004(5).

　　[10] 李斌. 投资、消费与中国经济的内生增长：古典角度的实证分析 [J]. 管理世界，2004(9).

我国石油对外依存度过高的
原因及对策分析

熊　萍[①]

[摘要] 石油是重要的不可再生资源，在社会经济发展中有着广泛用途。我国是世界上主要的石油生产、消费和进口大国，近年来，随着社会经济的不断发展，我国对石油的消费量也在不断攀升，进口量更是增长迅速，石油对外依存度不断提高。文章通过分析 2007—2013 年我国石油对外贸易依存度的发展变化情况，探析我国石油对外贸易依存度过高的原因，最后提出针对性的解决对策。

[关键词] 石油贸易　对外依存度　原因　对策

石油是一种非常重要的不可再生资源，也是国家经济发展的保障性资源。我国是石油生产、消费和进口大国，至 1993 年成为石油净进口国以来，随着社会经济的快速发展，石油需求与日俱增。但是，目前我国生产的石油，远远不能满足我国的消费需求，石油供需缺口逐年增加，对国外石油资源的依赖程度也不断加大。石油的大量消耗已经成为我国经济社会发展的瓶颈。我国石油对外依存度的不断飙升，一方面对我国能源安全造成了很大威胁；另一方面，对我国经济发展也造成了一定影响和障碍，甚至还会增强我国同周边石油消费大国之间的竞争。总之，石油是关系国家经济发展和能源安全的重要战略物资之一，对我国石油对外依存度的研究至关重要，也迫在眉睫。本文通过我国石油生产、消费、进口状况来分析我国石油对外依存度，通过数据，分析总结近年来我国石油对外依存度的发展过程及其走势，发现石油进口过程中出现的一系列问题，并通过分析这些问题找出造成我国石油对外依存度不断升高的根本原因，从而总结出应对我国石油对外依存度不断攀升现象的解决途径和方法。

一、我国石油贸易现状分析

（一）我国石油进口贸易现状

1. 进口规模

伴随着我国经济的快速腾飞，我国石油消费水平节节攀升，在国内石油供给严重不足的情况下，进口石油以满足经济发展的需求成为最直接的方式。近几年

---

① 熊萍：重庆工商大学融智学院讲师；主要研究方向：区域经济理论与政策。

我国石油净进口量不断上升，从 2006 年的 16 826.6 万吨飙升到 2011 年年底的 26 300 万吨，石油消费量从 2006 年的 34 876.2 万吨升至 2012 年的接近 5 亿吨。具体情况如表 1、表 2 所示：

表 1　　　　　　2006—2011 年我国石油年进口情况　　　　　单位：万吨

年份	2006	2007	2008	2009	2010	2011
净进口量	16 826.8	18 475.1	20 069.8	21 725.8	26 300.0	27 162.8
增长量	—	1 648.3	1 594.7	1 656	4 574.2	862.8
增长速度(%)	—	9.80	8.63	8.25	21.05	3.15

（数据来源：国家海关总署）

表 2　　　　　　2007—2012 年我国石油消费量　　　　　　单位：万吨

年份	2007	2008	2009	2010	2011	2012
消费量	36 658.7	37 302.9	38 384.5	42 860.0	46 310.0	49 670.0
增长量	—	644.2	1 081.6	4 475.5	3 450.0	3 360.0
增长率(%)	—	1.76	2.90	11.66	8.05	7.26

（数据来源：国家海关总署）

从表 1 中我们可以清楚地发现，从 2006 年起我国每年进口的石油每年平均增长约为 2 000 万吨，年平均增长率约为 11%，是国内石油供给增长率的 5 倍。从表 2 中我们发现国内的石油消费不断增长，在 2010 年迈过 4 亿吨大关，年平均消费增长 2 500 万吨，年均增长率约为 6%，是国内石油供给增长率的 2 倍多。综上，我们发现在国内石油供给基本达到峰值的情况下，我国石油巨大消费主要是通过进口来满足的；或者说我国石油消费增长是依托在进口量大幅增长的基础之上的，国内消费的增长与进口量的增长具有很大相关性。

2. 进口地理方向

2011 年我国石油净进口量约为 2.6 亿吨。从表 3 可以发现，10 大石油来源国进口的石油总量占我国 2011 年进口石油总量的 80% 以上。从沙特阿拉伯、科威特、伊朗、伊拉克、阿联酋、阿曼这六个中东国家进口的石油总量达 11 833 万吨，占我国石油净进口量的 44%，其中从沙特阿拉伯进口的石油约为我国石油进口的 20%，是我国最重要的石油进口地。从增长率来看，我国 2011 年加大了从资源大国俄罗斯的进口量，约占我国进口石油总量的 7.5%；从委内瑞拉进口量增长率达 52.6%，增长迅速，占我国石油进口量的 4.5%。从地缘政治和石油安全来考虑，增大从这两个国家的石油进口量对保证我国石油安全有着巨大意义。

表 3　　　　　　　　2011 年我国石油十大进口国　　　　　　单位：万吨

项目	沙特阿拉伯	安哥拉	伊朗	俄罗斯	阿曼	伊拉克	苏丹	委内瑞拉	哈萨克斯坦	科威特
进口量	5 027.77	3 114.97	2 775.66	1 972.45	1 815.32	1 259.9	1 298.93	1 151.0	1 121.0	954.15
同比(%)	12.61 ↑	20.9 ↓	30.9 ↑	35.2 ↓	0.41 ↑	22.57 ↑	3.1 ↓	52.6 ↑	11.51 ↓	29.4 ↓

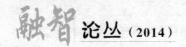

（二）我国石油对外依存度

对外依存度是各国广泛采用的一个衡量一国经济对国外依赖程度的指标，是用一国进出口总额除以该国的 GDP。石油对外依存度的计算有两种方法：

第一种：石油对外依存度＝石油年净进口量/石油年消费量

第二种：石油对外依存度＝1－石油年产量/石油年消费量

为了更加准确地表示我国石油对外依存度，本文将采用第二种计算方法。通过搜集相关数据，可以得出近几年我国石油进口依存度，具体见表4：

表4　　　　　　　　2007—2012 年我国石油对外依存度

年份	2007	2008	2009	2010	2011	2012
对外依存度(%)	49.6	48.95	50.9	52.64	56.15	58.65

从表4我们可以清楚地看到，近几年来我国石油对外依存度不断上升，在2009 年突破了 50%，到 2012 年更突破了 58%。国家发改委能源研究所的预测数据显示，2020 年我国石油需求量将为 4.5 亿~6.1 亿吨，届时国内石油产量估计为 1.8 亿吨，进口量将为 2.7 亿~4.3 亿吨，进口依存度将达到 60%以上。到2030 年，我国对石油的需求量将可能达到 5.9 亿吨，进口量更是高达 3.9 亿吨，进口依存度将达到 65%以上。

二、我国石油对外依存度过高的原因分析

石油资源的不可再生性决定了它不可能像一般的经济商品一样可以随意进口。对于中国这个发展中大国来说，过分依赖国外的石油资源、进口来源与进口方式单一的特点，决定了潜在风险非常之大。我国石油对外依存度大幅攀升，给我国各方面带来多方面的影响。国际油价发生一点点变动，我国经济将发生联动效应。国际油价的不断飙升将直接造成我国外汇支出增加，还造成石油加工成本、企业生产成本、运输成本等增加，进而严重影响和波及工业、农业、交通业以及居民生活等各个方面。同时，将间接影响我国的外贸出口，使我国以石油为主要原料的产品在世界市场上的竞争力下降。除了经济方面的影响，还会对我国能源安全构成威胁，使我国与周边石油消费大国间的竞争更加激烈，给我国处理大国政治关系带来不确定的影响，甚至对我国的军事安全构成严重威胁。我国石油对外依存度过高的主要原因有以下几点：

（一）我国石油资源禀赋特点

一方面，我国石油资源可采量相对不足。石油资源最终可采储量仅为 130亿~150 亿吨，占世界总量不到 3%。截至 2011 年年底，我国石油剩余经济可采储量为 23.3 亿吨，占世界总量不到 2%。我国石油可采资源量的丰度值（单位国土面积资源量）约为世界平均值的 57%，剩余可采储量丰度值仅为世界平均值的35%左右。另一方面，我国石油资源赋存条件差。陆上石油资源的 35.8% 分布在较恶劣的环境中，56%埋深在 2 000~3 500 米之间，尤其是西部石油资源埋深多大于 3 500 米。石油资源量中非常规石油占较大比重，分别占陆上资源量的

16.4%、海上资源量的33.3%。在剩余探明可采储量中，低渗或特低渗油、重油、稠油和埋深大于3 500米的占50%以上。而待探明的可采资源量中大都是难动用的资源。资源禀赋的特点决定了我国石油资源增储难度大，生产成本高，以致我国石油需求一半以上转向进口。

（二）国内石油供给能力有限

目前，在我国已发现的油田中，除大庆油田、长庆油田、胜利油田三大主力油田外，其他油田普遍存在油藏面积小、埋藏深、质量差、油水关系复杂、优质资源明显不足等问题。同时，随着勘探开发的不断深入，老油田均进入高含水、低采出阶段，综合含水率高于80%，开采难度越来越大，开发工艺要求越来越高，造成老油田稳产难度大，产量逐年递减。此外，由于气候条件恶劣，地质情况复杂，生态环境脆弱，通信等基础设施落后，西部石油战略接替区尚未形成。虽然海上原油产量及所占比重逐渐加大，但份额仍较低。概而论之，我国老油田稳产难度大，新建的原油生产能力难以弥补老油田的产量递减，我国石油供给紧张，无法满足快速增长的石油需求，导致石油对外依存度不断攀升。

（三）我国经济发展对石油需求不断扩大

（1）工业化进程加快，以机械、钢铁、汽车等为代表的重化工业成为拉动经济增长的重要力量，对能源产业有高度的依赖性，工业用油占到我国石油消费总量的四成以上。

（2）城市化进程加快，大量的农民工进城，大量农业人口转为城镇人口，带动了包括房地产在内的各类消费的快速增长，自然也带动石油及其相关下游产品的消费。据研究测算，城市人口平均年消耗能源为农村的3.5倍。

（3）在经济全球化的背景下，高耗能和高污染的国际制造业也在加速向我国转移。除此之外，汽车消费的快速增长又加大了原油消费的加速增长。从2008年开始，我国的汽车消费进入"起飞期"，估计汽车销量的年均增速保守估算也会在10%左右，从而带动车用汽柴油快速增长。由此，我国石油需求的快速增长也是导致对外依存度不断攀升的一个原因。

（四）我国石油开采业的行政垄断

我国石油开采业的行政垄断，限制了下游领域的竞争，制约了民营企业的发展，造成石油市场供需的不平衡。改革开放以来，我国石油产业经历了"转换经营权""产权重组"等系列改革，推动了石油行业的反垄断体制改革，但仍存在较高的行政垄断。比如，2011年世界500强中，中石化、中石油都跻身前10名，我国三大石油公司并没有像多数国际石油公司一样收缩投资、勒紧裤腰带过日子，而且加快重点工程建设和海外并购，主要受益于国家4万亿投资的"一揽子"经济刺激计划。由于国家赋予三大石油集团公司许多特权，不允许其他民营企业进入开采业，其利益格局以及国有企业固有的思想观念、认识及文化氛围使得他们缺乏提高自身效率和进行技术研发的动力。因此，在一定程度上我国石油行业的行政垄断是导致我国石油生产成本居高不下、石油供需缺口不断扩大、对外依存度不断攀升的元凶。

（五）我国庞大的人口规模及消费

当以工业发达国家的工业化和城市化为发展标准时，人口规模决定石油需求

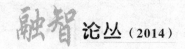

规模。我国是世界第五大石油生产国，然而我国有13亿人口，且在不断增长，仍处于工业化与城市化加快发展时期。从这个角度说，我国又是一个人均石油能源短缺的国家，人均石油占有量为世界人均占有量的15%左右。如果以工业发达国家的工业化和城市化发展为标准，在传统的工业模式不变的情况下，我国石油需求缺口会继续扩大。还有，目前我国人均石油开采储量不到2.6吨，不足世界平均值的1/10，这意味着我国石油消费对国际市场的依赖程度势必会越来越大。所以，我国石油对外依存度不断攀升，间接地与我国庞大的人口规模有一定的关系。

三、对策建议

针对上述原因分析，要破解我国石油对外依存度过高的难题，应实施多元化战略扩大进口，保障石油安全，建立战略石油储备体系，寻求替代能源、清洁能源，大力开发海上油气资源，建立我国石油期货市场，谋求定价权。具体对策建议如下：

（一）实施石油贸易的多元化战略

从石油安全的角度来看，今后我国的石油贸易应实施进口来源和供应渠道的多元化。同时，采取来料加工和合资、合作等方式作为我国获得稳定石油供应的重要途径。除了不断在境内开采石油外，还应通过各种方式从国际市场上寻找稳定的供货渠道，规避当前石油集中带来的风险。我国政府应通过外交手段，积极地寻找新的国外油气资源，尽快加强同中亚和俄罗斯的能源合作力度，尽力实现石油资源进口来源的多元化，降低对中东石油资源过分依赖的不利局面。从石油供应安全的角度看，中亚石油应成为我国进口石油主要来源国转移的首选目标。在与油气资源相关的地缘政治图画中，中亚位于心脏地带，谁控制中亚的石油，谁就能在全球能源战略格局中争得主动。因此，中亚逐渐开始成为主要石油大国争夺石油资源的重要战场，西方大的石油公司纷纷进驻中亚里海地区。而且里海石油是目前中国唯一一个不需经过远洋海运就可确保石油供应的来源地。再者，哈萨克斯坦、中国、吉尔吉斯斯坦、俄罗斯、塔吉克斯坦、乌兹别克斯坦等都是上海合作组织成员国，中国可以以上海合作组织为依托，进一步加强与其他成员国之间的能源合作，为中国石油安全取得稳定可靠的保障，同时进一步巩固中俄战略伙伴协作关系，积极与俄罗斯开展能源合作，扩大从俄罗斯的石油进口，稳步改变我国石油进口来源单一的不利特点。

（二）加强对国际石油的控制力和决定力

回顾近几十年的世界石油产业的发展历程，可以看出地球上发生的许多危机冲突都与石油有密切的联系，石油与外交的关系将越来越紧密。我国作为世界第二大石油进口国和第二大石油消费国，国际石油格局的变动对我国的经济、政治和军事都已造成了巨大的威胁。因此，我国在和那些大的产油国之间保持密切关系的同时，也应特别注重与技术领先发达国家的合作，这也是我国能源外交所推动的合作方向。此外，巩固和发展中东国家，利用上海合作组织巩固和发展俄罗斯和中亚各国对我国的石油供应，争取从周边国家获取更多的石油资源，我国还应利用资金和技术去开拓南美洲、非洲和大洋洲的石油市场。只有以积极的政治外交去为我国开拓广阔的国际石油供给市场，才能使我国的石油供给最大限度地满足经济发展的需求，从而为我国的石油安全提供可靠的保障。

（三）建立适合我国国情的战略石油储备体系

立法先行是国际石油战略建设的成功经验，我国石油储备建设应走"要储备，先立法"的道路。在石油储备建设前，应尽快制定出台我国的石油储备法等相关法律法规。通过法律法规明确石油储备建设的目标、管理、资金等问题，使我国石油储备建设的全过程有法可依、有法可行。在石油战略储备的体系构建上，我们可以采取国家和企业相结合的石油战略储备体系，以国家储备为主、企业储备为辅，使储备不但是一种国家行为，还是一种企业行为。在石油储备建设的资金筹措方面，我国也可实施筹措资金的多渠道化，即国家、社会、企业三方面结合筹措资金。

（四）积极寻求替代能源、清洁能源

作为最现实的大规模代替能源，天然气将成为构建现代能源产业体系的重要力量。经过近20年的发展，我国天然气生产和消费已进入快速增长期，成为构建现代能源产业体系的重要力量。另外，应大力开发可再生能源、清洁能源。如发展生物基化工醇，加大风能、潮汐能、核能的投入，不断提升其应用水平，这将有助于减少对石油的依赖，减少石油的进口，在一定程度上缓解国内石油供应的压力。

（五）大力开发海上油气资源

海洋石油是未来石油工业的中坚力量。我国石油勘探开发起步整体都比较迟，海上更比陆上迟，但经过艰苦努力，中国海油国内年产石油、天然气总产量首次超过5 000万吨，这标志着蓝色海洋中诞生了一个"海上大庆油田"，也标志着我国跨入海洋油气生产大国行列。目前，我国面临科研力量分散、资金投入不均衡、技术研发比较落后、装备制造缺乏自主知识产权等劣势。要尽快通过技术创新，建立自主、核心的深水关键技术体系。油气企业要加快技术研发，形成具有自主知识产权的技术装备体系，打破美国、挪威等深水油气勘探强国的技术垄断。国有大型油气公司要充分利用自身的规模优势、资金优势及人才优势，推动关键技术与核心装备的研发，为我国深水油气开发提供技术保障。

（六）建立我国石油期货市场，谋求国际油价定价权

我国石油消费大国的地位，决定了石油金融市场的巨大潜力，必须建立相应的市场平台才能满足企业和社会的发展需要。现代石油市场是由现货市场、远期市场、期货市场等组成的多层次交易体系，其中，期货市场居于核心地位。作为国际大宗商品的定价平台，期货市场不仅是争夺大宗商品定价权的必需，还有助于获取全球战略资源配置的主动权，有助于建立和完善我国的石油储备体系，对保障我国石油战略安全具有重要作用。当前，我国石油消费占世界的比率不断提高，在世界石油价格体系中的定价权亟待强化。一方面，现有的国际石油定价体系并不能充分反映东亚的石油供需格局，导致我国进口石油的价格偏高；另一方

面，波动剧烈的石油价格也使国内企业迫切需要更为便捷的国内价格避险渠道，发展石油期货迫在眉睫。我国虽然有上海期货交易所、郑州商品期货交易所、大连商品交易所以及中国金融期货交易所四大期货交易所，但是和石油金融直接相关的期货品种还尚未推出，间接相关品种也仅仅是上海期货交易所上市的燃料油期货。因此，在当前的形势下，应将建立中国石油期货市场作为实施国家石油安全战略和建立石油金融战略体系的重要内容，予以高度重视并尽快付诸实施。

参考文献

[1] 李昕，殷建平. 中国石油进口存在的问题与对策 [J]. 国际市场，2007(7)：41-42.

[2] 邢乐，裴育. 我国石油贸易及石油安全的思考 [J]. 现代商业，2011(1)：253.

[3] 徐慧晓. 我国石油对外依存度分析 [J]. 国际商务论坛，2010(11)：27-30.

[4] 李莹莹. 中国石油发展现状、问题与前景分析 [J]. 中国能源，2010(12)：17-18.

[5] 童晓光，赵林，汪如朗. 对中国石油对外依存度问题的思考 [J]. 经济与管理研究，2009(1)：60-61.

[6] 刘宏杰. 中国能源消费与经济增长之间的关系研究——以石油资源为例 [J]. 华北电力大学学报：社会科学版，2007(4)：12-13.

[7] 侯仔明，刘明慧，刘慧芳. 浅析我国石油进出口贸易 [J]. 特区经济，2010(9)：20

[8] 崔茉. 理性看待石油对外依存度风险 [N]. 中国石油报，2010-08-25.

轨道交通对沿线住宅房地产价格的影响

——基于重庆轻轨 3 号线的实证分析[①]

包燕萍[②]

[摘要] 轨道交通对沿线房地产价值的影响受到了许多学者的关注。本文实证分析了 3 号线对沿线住宅房地产价格的影响。实证结果表明重庆轻轨 3 号线对沿线的住宅房地产价格具有积极的影响，增加了住宅房地产的价值——离轻轨站越近房价越高。

[关键词] 轨道交通　房地产价格　价格享乐法

一、引言

城市的轨道交通具有快速、准时、低污染等优越性，为出行人节省了出行时间，减少了出行的经济成本，进而改善了城市空间的可及性，对城市居民的工作、生活提供了很大的便利，同时还促进了轨道沿线土地的开发和房地产的增值。现有文献中多数研究已就轨道交通对房地产带来增值的外部效益进行了证实，表明不同区域的外部效益显著性有差异。重庆市轻轨 3 号线的情况是否符合该结论，这对于 3 号线沿线土地的开发和区域经济的发展具有重要指向性意义。

重庆市轻轨 3 号线是 1 号线、2 号线之后的主要轨道交通路线，3 号线贯穿了重庆的南北，沿线途径五个行政辖区、四大经济商圈，轨道全长 55.5km。那么，重庆轻轨 3 号线对沿线的房地产价值是否具有显著的增值影响？影响的程度如何？

二、重庆市轻轨 3 号线简介

于 2007 年 4 月 6 日动工的重庆轨道交通 3 号线是重庆市第 3 条开通的轨道，全长约 60km，是重庆最长的一条单轨线路。途经鱼洞、南坪、菜园坝、两路口、牛角沱、观音桥、红旗河沟、新牌坊、龙头寺等地（图 1），横跨巴南、南岸、渝中、江北、渝北五区，并与江北机场、两个火车站（重庆站和重庆北站）、四

---

① 本文系重庆工商大学融智学院 2012 年院级人文社科项目《重庆市轨道交通对沿线房价的影响》（项目编号：20128003）的阶段性成果。

② 包燕萍：重庆工商大学融智学院教师；主要研究方向：区域经济。

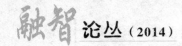

个长途汽车站（南坪、菜园坝、红旗河沟和龙头寺客运站）对接，成为重庆南北方向交通的主动脉。2011 年 12 月 30 日，一、二期工程二塘到江北机场段全线通车运营，2012 年 12 月 28 日，南延伸段通车运营。2013 年 2 月 5 日，龙头寺站开通，全线 39 座车站全部开通。至此 3 号线全长达到 55.5km，超越日本大阪高速铁道，成为世界上最长的跨座式单轨交通线路。

图 1　重庆轨道 3 号线地图

三、方程模型的设置

本研究借鉴谷一桢、郭睿（2008）的研究方法，采用半对数的享乐价格（Hedonic Price）方程：$Log\ PRICE = c + \sum a_i * X_i + \sum a_n * X_n + \sum a_l * X_l + \varepsilon$。其中：$PRICE$ 为住宅楼盘的开盘销售均价；X_i、X_n 以及 X_l 分别表示建筑特征、邻里环境、区位等控制变量；a_i、a_n 以及 a_l 为系数；c 为常数项，ε 为误差项。

为了分析轨道交通对不同区域的住宅房地产价格的影响，我们设计了 5 个方程。方程 1 对轻轨 3 号线全部的沿线住宅房地产的价格影响；方程 2—方程 5 则分别从重庆巴南区、南岸区、渝中及江北区、渝北区四个行政辖区（组合）的住宅房地产价格进行分样本的实证分析，以考察轻轨 3 号线对不同行政区域的住宅房地产价格是否存在明显差异。

具体的变量说明以及数量来源等信息，请参看表 1。

数据收集如下：根据重庆市房地产交易信息网、重庆网上房地产（www.cq315house.com）、焦点重庆房地产网（http://cq. focus. cn）、重庆搜房网（http://cq. soufun. com）、重庆地产投资网（http://www. cqmeast. com）、重庆房源网（http://www. liveso. com）网站提供的房地产信息，找出研究范围内所有的样本楼盘；相关的房地产网站提供了楼盘的开盘销售均价、建筑属性、部分邻里属性等数据；其余的与距离有关的变量数据是在 Google Earth 的测距工具的帮助下，将研究涉及的两点直线距离进行测量而得。

表1　　　　　　　　　　　　变量说明以及数据来源

变量类别		变量名称	符号	单位	数据说明	数据来源
因变量		住宅价格	PRICE	元/m²	楼盘的开盘均价，计算时取对数 LOG（PRICE）	网站
自变量	建筑特征楼盘类型	是否别墅	VILLA		别墅、联排别墅为1	网站
		是否板楼	BAN		板楼为1	网站
		是否板塔结合	BAN-TOW		板楼、塔楼结合为1	网站
	邻里环境	容积率	FAR		小区的总建筑面积与用地面积的比率	网站
		绿化率	GRATIO	%	规划建设用地范围内绿地面积与规划建设用地面积之比	网站
		物业费	PFEE	元/m²·月	小区的物业费	网站
	区位	与公园的距离	DPARK	m	到最近公园的距离	地图测距
		与CBD的距离	DCBD	m	到最近商业地段CBD的距离	地图测距
		到地铁站的距离	DSTA	m	与最近站点的距离	地图测距
时间虚变量		是否2011年前	YEAR2011		楼盘开盘时间于2011年12月以前为1，否则为0	网站

四、相关数据的说明

本文研究的样本范围是 2007 年 5 月—2013 年 2 月期间，重庆市轻轨 3 号线沿线周边约 2.5km 范围内的所有新开住宅楼盘。

轨道交通对沿线房地产价值的影响具有超前性，沿线的房价往往是路未通车楼就先热卖起来（何芳，王晓丽，2004）。江永、叶霞飞、王治（2007）对上海地铁 1 号线对房价的影响研究也表明了房价上升在该线路开通营业前即已经出现。重庆 3 号线的动工时间是 2007 年 4 月份，我们认为这个信息已经影响了房地产市场。因此我们选取 2007 年 5 月份作为时间段的开始。2013 年 2 月重庆轻轨 3 号线全线通车，此时间段对房价的影响程度也是值得关注的，因而我们将研究样本的时间范围确定为 2007 年 5 月—2013 年 2 月。

为了定量研究轨道交通对沿线房价的影响，确定轨道交通的影响范围是前提。国外研究表明，轨道交通对房价的影响一般只限于一定的区域内，具体范围一般认为是合理的步行区内，超过这个范围，轨道交通对房价的影响极微。本文借鉴日本学者 M. Y Pior 等的研究，取 2.5km 作为影响范围来选取样本。

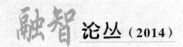

我们共获得了122个数据完备的样本（表2）。楼盘的平均开盘价格为8 291.89元/m²。总体样本中41.8%的样本是2007年5月—2011年12月的3号线新开的楼盘。之所以将2011年作为分界点，是考虑到2007年4月3号线开始动工，2011年仅有部分路段（两路口—鸳鸯段）开通试运营。这一期间可以考察轨道交通对沿线房价的影响的超前性。2011—2013年，轻轨3号线陆续全线开通，此阶段是3号线运营的初期，轨道交通对房价的影响程度值得进一步考察。

表2   总体数据描述性统计

样本数：122	最小值	最大值	平均值	标准差
PRICE	2 500.00	30 000.00	8 291.893 4	4 167.362 81
YEAR2011	0.00	1.00	0.418 0	0.495 27
BAN	0.00	1.00	0.172 1	0.379 05
VILLA	0.00	1.00	0.131 1	0.338 95
BAN-TOW	0.00	1.00	0.180 3	0.386 05
PFEE	0.80	5.00	1.887 3	0.824 31
FAR	0.47	13.64	3.008 2	1.558 70
GRATIO	0.18	0.70	0.354 0	0.070 78
DPARK	97.00	4 300.00	1 147.221 3	884.554 81
DSTA	70.00	2 500.00	869.434 4	669.413 21
DCBD	189.00	9 000.00	2 852.459 0	1 958.854 94

从表2的描述性统计中可以看出样本楼盘的建筑特点为：17.21%为板楼结构；13.11%为别墅楼盘；18.03%为板楼塔楼结合的楼盘。楼盘物业费最低为0.8元/m²·月，最高为5元/m²·月，平均1.89元/m²·月。样本楼盘容积率平均为3；绿化率平均为35.4%。在所选的样本中，楼盘离轻轨最近站点的距离为70~2 500m之间，平均约为870m；楼盘到最近的公园等公共休闲设施的平均距离为1 147m；楼盘到附近CBD的距离平均约为2 852m。

表3显示了分区域的样本数据的统计特征。本文将总体样本按其所属的行政区域划分为四个区域（分别为巴南区、南岸区、渝中及江北区、渝北区）。在实证统计的过程中，考虑到渝中区和江北区两个区相对其他区域而言城市发展的成熟度较为相当，本文将其合并为一个区域。另外，在数据收集过程中我们发现这两个区域3号线沿线房地产主要以写字楼为主，住宅样本量很小，如果分别进行回归有可能导致系数的估计失去统计意义。从表3中可以看出，南岸区和渝北区的楼盘均价较高，分别达到了9 859.37元/m²、9 087.52元/m²，从中可以反映出重庆房地产发展已经逐渐从市中心的成熟地段向重庆的南北方向延伸。巴南区的房价均值6 140.39元/m²，很大程度上跟当地的经济发展较为落后有关。各个区域的建筑类型、容积率、绿化率、楼盘到车站的距离、到最近公园的距离、到CBD的距离等变量的均值，在统计上并没有体现出实质性的差别。

表3 各区域数据描述性统计

	巴南区		南岸区		渝中、江北区		渝北区	
样本数	28		16		17		61	
	平均值	标准差	平均值	标准差	平均值	标准差	平均值	标准差
PRICE	6 140.39	2 187.57	9 859.37	6 153.78	7 505.41	1 959.36	9 087.52	4 329.50
YEAR2011	0.357	0.48	0.50	0.516	0.64	0.49	0.36	0.48
BAN	0.17	0.39	0.00	0.00	0.11	0.33	0.23	0.42
VILLA	0.28	0.46	0.187	0.403	0.11	0.33	0.14	0.35
BAN-TOW	0.03	0.18	0.187	0.40	0.058	0.242	0.18	0.387
PFEE	1.55	0.641	2.12	1.21	1.74	0.49	2.01	0.81
FAR	2.76	1.053	3.94	2.97	3.98	1.13	2.60	1.07
GRATIO	0.35	0.056	0.36	0.058	0.36	0.11	0.35	0.06
DPARK	873.60	732.67	661.25	736.76	856.35	550.40	1 445.27	954.52
DSTA	812.96	537.95	513	435.23	744.52	513.39	1 023.65	769.32
DCBD	1 847.07	1 117.78	2 079.81	1 197.45	1 817.7	630.36	3 797.06	2 211.2

五、回归结果以及分析

表4反映了总体样本的回归结果，方程的拟合度较为理想（调整的 R^2 为 0.531）。影响房价的因素中，时间因素是非常显著的，符合现实情况；楼盘与最近轻轨站的距离 DSTA 对轻轨沿线楼盘的价格影响也是显著的。当离车站每增加 1 000m 时，房价约降低 3.63%；当物业费提升 1 元时，房价约上涨 13.6%。楼盘的建筑类型对房价的影响在模型中并没有体现出显著性，说明这个因素对重庆 3 号线沿线房价没有积极的影响。此外，容积率、绿化率虽然与房价为正相关的关系（系数为正），但是没达到统计意义上的显著性。楼盘到最近公园的距离、到 CBD 的距离，在模型中也没有体现出明显的积极影响效应，表明这些变量对房价的影响较小。

表4 总体样本回归结果

变量	CONSTANT	YEAR2011	BAN	VILLA	BAN-TOW	
系数	3.579 ***	-0.093 ***	0.010	0.008	0.017	
T 值	42.340	-3.867	0.309	0.200	0.555	
变量	PFEE	FAR	GRATIO	DPARK	DSTA	DCBD
系数	0.136 ***	0.013	0.112	2.488E-5	-3.630E-5 *	1.863E-7
T 值	8.213	1.555	0.688	1.550	-1.880	0.026
调整 R^2	0.531					
F	14.725					

注：回归模型的因变量是 LOG（PRICE），其中 ***、**、* 分别表示在 0.01, 0.05, 0.1 的水平上显著。

接下来我们考察在不同的行政区域，轨道交通对房价的影响效果，结果见表5。与总体样本的回归结果十分相似，时间因素在所有的回归方程中都是显著地影响了房价，其中渝中区和江北区的影响系数是最大的。楼盘与最近轻轨站的距离 DSTA 对轻轨沿线楼盘的价格影响，除了巴南区，在其他3个区域的影响都是显著的。我们认为这与巴南区的地理位置有关，巴南区是重庆市主城区的最南端，其商业中心较为分散，轨道交通并没有辐射所有的商业设施，在一定程度上会削弱其对房价的影响。楼盘与轻轨站的距离 DSTA 对房价影响最大的是在渝北区，当楼盘与轻轨站的距离减少 1 000m 时，房价约上涨 6.15%。随着重庆市政府对渝北区的功能定位和发展要求，力争成为"重庆对外开放第一门户"，渝北区俨然已成为重庆的投资洼地和发展高地。3 号线沿线房地产上涨幅度较大，便是对渝北区成为新兴发展地段的印证之一。

表5　　　　　　　　　　　　　　各区域样本的回归结果

区域 & 样本数	巴南区 28		南岸区 16		渝中、江北区 17		渝北区 61	
变量	系数	T 值	系数	T 值	系数	T 值	系数	T 值
CONSTANT	3.993***	13.223	3.756***	16.896	4.29***	17.712	3.65***	26.545
YEAR2011	-0.122**	-2.14	-0.200*	-2.276	-0.371**	-3.595	-0.088**	-2.287
BAN	-0.056	-0.706	0.003	0.046	-0.055	-0.618	0.039	0.925
VILLA	-0.040	-0.614	0.053	0.557	-0.065	-0.671	0.071	1.384
BAN-TOW	0.080	0.508	0.128***	3.973	-0.23*	-2.126	0.028	0.477
PFEE	0.078	1.242	-0.011	-1.075	-0.097	-1.232	0.117***	4.303
FAR	-0.021	-0.506	0.829	1.545	-0.010	-0.550	0.020	0.996
GRATIO	-0.820	-1.528	-9.603E-6	-0.238	-0.037	-0.161	0.139	0.493
DPARK	5.547E-6	0.155	-5.255E-5	-0.885	0.000	1.665	2.646E-5	1.054
DSTA	-6.05E-6	-0.086	0.000**	-2.812	0.000*	2.084	-6.15E-5**	-2.101
DCBD	3.215E-5	1.305	3.756**	16.896	0.000*	-2.068	-8.930E-6	-0.881

注：回归模型的因变量是 LOG（PRICE），其中***、**、*分别表示在 0.01，0.05，0.1 的水平上显著

与预期有差异的是，物业费用在四个方程中，仅仅在渝北区体现出了显著的与房价正相关的关系。其余的变量在各个回归方程中也没有达到统计意义上的显著影响效应，说明在各个区域内，这些变量的影响都很小，没有实质性的差异。

六、结论

上述实证研究的结果表明，重庆轻轨 3 号线对沿线的住宅房地产价格具有积极的影响，楼盘离轻轨站越近房价越高，即轻轨 3 号线在某种程度上增加了住宅房地产的价值。当我们将 3 号线沿线的楼盘按所在行政区域分别回归时，发现在

重庆渝北区，轨道交通对沿线房价的积极影响最为显著。当住宅楼盘到车站距离减少1 000m时，房价约上涨6.15%。由此可见，重庆轨道交通系统的发展与完善能够推动沿线房地产的增值，并通过促进沿线经济的发展、人民生活质量的提高，带动重庆市经济社会的全面发展。

重庆是国家规划建设的五大中心城市之一，而渝北则是这一国家中心城市重要的现代风貌展示区。渝北区城市经济发展逐渐呈现出新兴面貌，吸引了来自社会各界的投资方。若能正确评估重庆轨道交通对沿线房地产增值的积极影响这种外部效益，并有效引导外部效益内部化于房地产开发商，使之为增值付出相应的代价，将有助于减轻重庆市政府对基础设施投资成本过高的经济压力，实现政府导向往市场化发展，从而更好地促进重庆市经济发展。

参考文献

［1］Chang-Hee Christine Bae, etc. The Impact of Seoul's Line 5 on Residential Property Values ［J］. Transport Policy, 2003(10): 85-94.

［2］Francesca Pagliara, etc. Urban Rail Systems Investments: An Analysis of the Impacts on Property Values and Residents' Location ［J］. Journal of Transport Geography, 2011 (19): 200-211.

［3］Ming Zhang, Lanlan Wang. The Impacts of Mass Transit on Land Development in China: The Case of Beijing Research in Transportation ［J］. Economics, 2013(40): 124-133.

［4］谷一桢，郭睿. 轨道交通对房地产价值的影响——以北京市八通线为例 ［J］. 经济地理，2008(3).

［5］何芳，王晓丽. 轨道交通对房地产价值的影响 ［J］. 房地产市场，2004(9).

［6］江永，叶霞飞，王治. 上海轨道交通1号线对沿线房地产价格的影响范围研究 ［J］. 城市轨道交通研究，2007(1).

［7］刘贵文，彭燕. 轨道交通对住宅房地产价值的影响——以重庆市为例 ［J］. 城市问题，2007(1).

［8］刘贵文，胡国桥. 轨道交通对房价影响的范围及时间性研究——基于重庆轨道交通二号线的实证分析 ［J］. 城市经济，2007(2).

［9］王霞，朱道林，张鸣明. 城市轨道交通对房地产价格的影响——以北京市轻轨13号线为例 ［J］. 城市问题，2004(6).

从竞争优势理论看项目投资的价值

陈西婵[①]

[摘要] 对于战略性投资项目的价值，定量研究强调了在价值因素复杂的项目上期权博弈作为量化工具的强大优势。本文根据企业价值来源理论和竞争优势理论，对战略投资项目价值进行了定性研究。定性研究强调了影响项目价值的两个重要因素：竞争战略和竞争行动。

[关键词] 马克思　价值来源　竞争优势　期权价值　博弈价值

一、文献回顾和问题提出

企业投资的基础问题就是企业如何获得经济效益和资本增值。根据马克思主义政治经济学原理，公司的利润有两种来源：一是行业利润，二是超额利润。在市场竞争中，高额利润会吸引新的竞争者或已有竞争者的模仿行动。这些竞争力量将会随着价值规律的作用使企业的利润高低发生变化，导致利润的重新分配。竞争优势强的企业，将会获得更多的利润。竞争优势如果可以持续比较长的一段时间，就会带来超额的收益或者正的净现值。如果不存在市场的不完全性，隐含在正的 NPV 中的高于资本成本的超额收益不可能保持下去。在竞争环境中，如果公司具备竞争优势，超额利润就存在。因此进入障碍和明显的竞争优势是项目投资利润的来源。

对于项目投资价值的现有研究，主要集中在项目投资评价的方法上：一类是传统评价方法；另一类方法则引入了实物期权进行评价。在 20 世纪 80 年代后期，实物期权开始和博弈论结合起来。从期权博弈模型理论的建立过程来说，主要的贡献包括 Fudenberg 和 Tirole（1985）对随机博弈理论的重要扩展，以及 McDonald 和 Siegel（1986）对不确定性条件下开发最优时机的研究模式。

研读梳理国内外相关文献，可以将项目投资评价的方法分为三个发展阶段：第一阶段是传统的投资决策方法（1980 年前），主要是折现现金流法（DCF）和在此基础上的决策树分析和灵敏度分析；第二阶段是 Black-Scholes 期权定价理论，以及在此理论上演变的实物期权方法（1980—1990 年）；第三阶段是实物期权博弈理论与方法（1990 年至今）。

---

① 陈西禅：重庆工商大学融智学院讲师；主要研究方向：财务会计理论与实务。

二、竞争优势理论

竞争优势是超额利润的来源。那么企业的竞争优势从何而来？对企业竞争优势来源的理论探讨，归纳起来主要可划分为企业竞争优势外生理论、竞争优势内生理论和持续动态竞争优势理论。

（一）竞争优势外生理论

竞争优势外生理论发轫于著名的 S-C-P 范式（梅森-贝恩范式）。Michael Porter 接受了这一理论体系并提出了基于产业分析的竞争优势理论。该理论认为，企业竞争优势来源于在有吸引力的产业里的有利的竞争地位。而企业在特定产业中的市场地位，可以通过一体化、战略联盟、战略定位等手段取得。同时，企业还可以通过构建进入壁垒与移动壁垒的方式获取和保持源自市场不完全性以及由此带来的非均衡收益。竞争优势外生理论从产业组织角度出发，把价值创造视为不完美市场结构中行业的经济利润的产物、产品市场整合的协同效应的产物或战略行为的产物。

（二）竞争优势内生理论

潘罗斯（Penrose，1959）提出企业是一个知识和能力的集合，其异质性是整体性的。企业存在的根据是这些知识和能力的生产性特征，企业的规模扩张是为了从多余的能力上获益，尤其是多余的管理能力和技术能力。这些多余的能力源自企业内部知识和能力整体的不可分性，而知识和能力既是企业历史演化的结果，又是企业长期发展和获得持续竞争优势的基础，即企业的竞争优势是内生的。

要确定一个公司的战略，就要确定市场和行动中与其独特的能力相关的成长机会，然后利用这些成长机会将所要求的其他资源整合起来。一旦管理层得知何种资源和能力最有利于企业的发展，就应该利用期权杠杆来增强竞争优势。为了利用反映独特的资源和能力的潜在期权，公司必须有合理的结构和管理体系，公司的各种资源和能力很好地配合才能充分实现公司的成长期权的潜力。为了保持竞争优势，资源战略应该力求难以模仿。如果一个公司不能买到独特的资源和能力，就必须逐渐积累。独特的战略地位需要一贯的全方位投资。公司逐渐发展就会积累独特的技术、资产和资源。因此公司战略地位对历史途径有所依赖，公司的资源和能力隐藏于稳定的途径、长期以来建立的经验、关系、声誉。

竞争优势内生观点强调挖掘企业无法复制的资源和能力。当外部环境不断变动时，公司的适应性资源和这些资源能产生的公司成长期权应该为战略形成提供更好的基础。

（三）持续动态竞争优势理论

关于竞争战略纯粹的外部观点首先是建立在对行业结构及行业吸引力的认识之上，然后才是必备资产的获得。在波动较大的市场上，这种纯粹的外部观点由于技术发展迅速，顾客偏好和特征不断变化，并不能为形成这类市场上的长期的

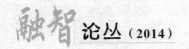

动态战略提供坚实的基础，即竞争有时是不可持续的。

在市场反应速度很关键、技术变革迅速以及未来的竞争和市场不确定的环境下，建立持续竞争优势，要求公司具有动态适应能力。动态视角的企业持续竞争优势理论认为企业存在于急剧变化的不确定环境之中，自动过时、模仿和学习以及规则的变化等因素均可能导致既定形式的竞争优势难于持续。Teece，Pisano和Shuen（1997）集中研究了构成公司动态能力及在变化的环境中创造价值的能力的三个主要因素：定位、过程和途径。公司的战略定位部分取决于公司特定的资产基础，例如厂房设备、知识产权、声誉等。产品市场定位会影响公司在行业中的地位。技术变革期间市场定位很容易变化，因此不断寻找成长期权对保持竞争优势很重要。为了适应环境的变化，重组公司资产和资源基础很重要。公司重组和转型的能力是一种后天习得的组织技术，这种技术要求持续关注市场和技术发展，以发现各种类型的期权，并持续执行适应性战略。投资时间涉及较长的时期，在某种程度上取消投资的成本非常高，影响未来投资的选择权取决于公司以前的投资和内在能力。因此，投资战略可以看作一系列长期的、部分不可逆的对特定领域能力的承诺，就像一串期权。在不确定环境下长期积累资源并创造新的机会。当外部环境不断变动时，公司的适应性资源和这些资源能产生的公司成长期权应该为战略形成提供更好的基础。

三、竞争优势在项目投资中的体现

（一）博弈价值

博弈论研究决策主体的行为发生相互作用时的决策以及这种决策的均衡问题。博弈论能用模型将各种复杂的竞争形势和各种类型的商业竞争行为表达出来。因此，企业运用博弈论中的决策模型研究行业中的竞争问题将使决策过程更加合理化、理性化。

把项目投资看成是一种战略行动，战略行动会改变竞争对手的信念或行动从而增加公司的价值。当战略行动变成承诺时，战略投资可以转化成公司的一种优势，从而具有战略价值。博弈价值是指主体策略互动产生的价值。博弈价值可以分解战略投资带来的直接的价值，在给定市场结构下反映对手的反应对利润价值影响的战略反应价值，以及阻止竞争性进入和引起市场结构改变的战略占先价值三部分。用公示表示为：博弈价值=直接价值+战略反应价值+战略占先价值。战略反应价值用来计量战略投资迫使竞争对手改变决策，对手的反应对企业价值的影响的价值。战略占先价值用来计量战略投资迫使竞争对手由市场领先者变为追随者或退出市场，对手的反应对企业价值影响的价值。

根据竞争优势外生理论，项目价值来源于行业利润、市场结构和市场行为。即项目投资的价值为：

扩展的 NPV=行业利润+博弈价值

（二）期权价值

期权是指在未来一定时期可以买卖的权利，是买方向卖方支付一定数量的金额（指权利金）后拥有的在未来一段时间内（指美式期权）或未来某一特定日期（指欧式期权）以事先规定好的价格（指履约价格）向卖方购买或出售一定数量的特定标的物的权利，但不负有必须买进或卖出的义务。实物期权指在合适时机购买实物资产的机会。用期权的观点看待战略性投资，与看涨期权类似，公司成长期权的价值受到不确定性、到期时间和利息率高低的影响。当不确定性的发展不利于投资结果时，投资者可以选择放弃期权或者延期执行期权。实物期权法的运用，使投资者从简单的回避风险，转变为利用或管理风险。

不确定性因素的存在要求管理者在项目投资的决策和实施过程必须具有柔性，这种柔性称为经营柔性或管理柔性，它直接影响到项目的价值和企业对该项目的管理效用。

因此，公司投资项目的期权价值来源于公司的资源，包括无形资产的价值，以及在未来合适的时机抓住投资机会的能力和适应市场变化的能力的价值。期权价值反映了公司的适应能力，公司利用投资的机会来对环境的变化作出反应。影响公司成长期权价值的重要因素是公司全面利用期权价值的能力。

根据竞争优势内生理论，项目投资具有期权价值。

（三）项目投资的全部价值

投资的价值不仅来自直接的现金流，而且来自对未来增长投资的期权，战略规划经常会包括一些 NPV 小于零的投资，实际上这些投资会为公司奠定能够投资于后续项目的战略地位。未来成长期权的隔离机制，如早期先发制人的投资、专利或独特的资产累计途径，能用来避免竞争者的复制行为，帮助公司利用未来机会并维持和加强其竞争优势。

项目的价值来源包括行业利润和超额利润。根据持续动态竞争优势理论，项目投资的价值来源于企业在动态环境中构建和利用期权的能力。

投资项目的全部价值可以表示为：

扩展的 NPV＝静态的 NPV＋期权价值＋博弈价值

其中静态的 NPV 表示投资决策是一次性决策，不考虑项目的延迟期权和竞争行为的影响，实际是行业利润。这里必须强调的是静态的 NPV、期权价值和博弈价值三者不是单纯数量上的相加关系，投资项目的价值模型公式只是从定性的角度完整地概括了企业的价值，而它们各项都带有数学符号。博弈论认为并不是总使用期权，战略行动有时会限制期权，所以博弈价值和期权价值不一定会同时出现。而使用延迟期权可能会带来市场地位的改变，带来负的博弈价值。

根据竞争优势的观点，企业战略投资的价值来源和理论基础如图 1 所示：

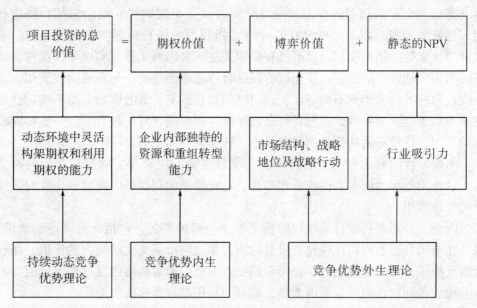

图 1　战略投资价值来源及理论基础

参考文献

［1］MeDonald R., Siegel D. The Value of Waiting to Invest ［J］. Quarter Journal of Economics，1986(10)：707-727.

［2］Penrose E. T. The Theory of the Growth of the Firm ［M］. M. E. Sharpe, Inc. White Plains，1959.

［3］Wernerfelt. A Resource Based View of the Firm ［J］. Strategic Management Journal，1984 (5)：171-180.

［4］Han T. J. Smit Lenos Trigeogis. 战略投资学——实物期权和博弈论 ［M］. 史瑞鹏，译. 北京：高等教育出版社，2006.

房地产上市公司融资结构
对公司价值影响的实证分析

郭涛敏[①]

[摘要] 本文运用计量经济学模型进行实证分析，探讨本文所研究的关于房地产上市公司融资结构对公司价值影响的问题。在阐述研究假设、样本选取、指标选择、模型设计、描述统计、回归分析之后得出实证结论，并作出原因分析。最后结合当前全球经济趋势和中国经济现实，探讨房地产上市公司应该如何通过融资结构的选择来提升公司价值，并提出有效的对策措施。

[关键词] 房地产 上市公司 融资结构 公司价值

一、研究假设

本论文分别从债权融资结构和股权融资结构两个方面来提出假设。

权衡理论认为，企业资产负债率上升，会导致企业风险和相关费用增加。这使得企业不会无限制地追求减税效应，企业资产负债率与公司价值存在一种非线性的关系，企业存在目标资产负债率。故有如下假设：

假设1：我国房地产上市公司债务融资整体水平（资产负债率）与公司价值在某种程度上呈正相关关系，即总体呈"倒U形"的关系，在达到最优值（目标资产负债率）前为正相关关系，达到最优值之后呈负相关关系。

短期负债融资的融资、再融资成本较高，且短期负债的偿债风险较大，大多不利于公司价值的提升；相反长期负债的发行有利于向外界传递公司的良性信号，从而使公司价值增大。基于此分析，提出如下假设：

假设2-1：我国房地产上市公司长期负债比例与公司价值在某种程度上呈正相关关系。

假设2-2：我国房地产上市公司短期负债比例与公司价值在某种程度上呈负相关关系。

商业信用是企业在日常经营过程中形成的自然负债，主要特征有：事前无保障，事中难监控，事后难维权。这些特征使得商业信用债权人的利益更易受到侵害，同时该负债融资的相机治理作用相对来说比较薄弱。因此，提出如下假设：

---

① 郭涛敏：重庆工商大学融智学院讲师；主要研究方向：审计实务。

$$Q = \alpha + \beta_1 \cdot SI + \beta_2 \cdot SIZE + \beta_3 \cdot GROW + \beta_4 \cdot ROA + \beta_5 \cdot FCF + \varepsilon$$

关于上述模型中各符号的意义，α 表示常数项，β_1，β_2，…，β_9 表示各自变量的偏相关系数，ε 表示残差项；其余各符号见表1。

三、实证结果及分析

（一）描述性统计

根据前述的变量含义，对所有样本的各相关变量作出描述性统计，并且剔除奇异值（如 TDR>1，表示公司资不抵债）以后的结果如表2、图1所示：

表2 样本相关变量的描述性统计表

Variable	Obs	Mean	Std. Dev.	Min	Max
Q	116	1.976 107	1.205 149	0.738 905	7.159 683
TDR	116	0.548 832 8	0.150 797 5	0.144 604	0.793 729
LTDR	116	0.263 705 6	0.207 962 4	0	0.819 298
STDR	116	0.750 664 5	0.205 274 5	0.236 764 8	1
CD	116	0.361 046 8	0.190 454 8	0.028 877 5	0.915 134 2
BD1	116	0.294 244 4	0.207 702 5	0	0.915 732 7
BD2	116	0.025 363 7	0.080 843 9	0	0.516 694 8
ED	116	0.005 885 9	0.009 875 3	0.000 016 5	0.067 504 4
SI	116	33.011 72	16.169 48	12.8	74.15
SIZE	116	21.650 09	1.156 006	19.303 02	23.979 27
GROW	116	1.973 111	7.249 087	-3.557 654	56.809 48
ROA	116	0.048 25	0.043 521 1	-0.101 38	0.156 184

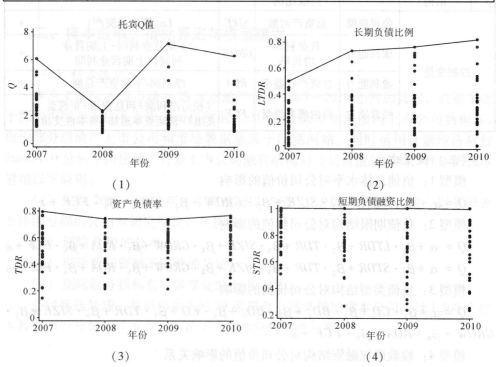

（1）　　　　　　　　（2）

（3）　　　　　　　　（4）

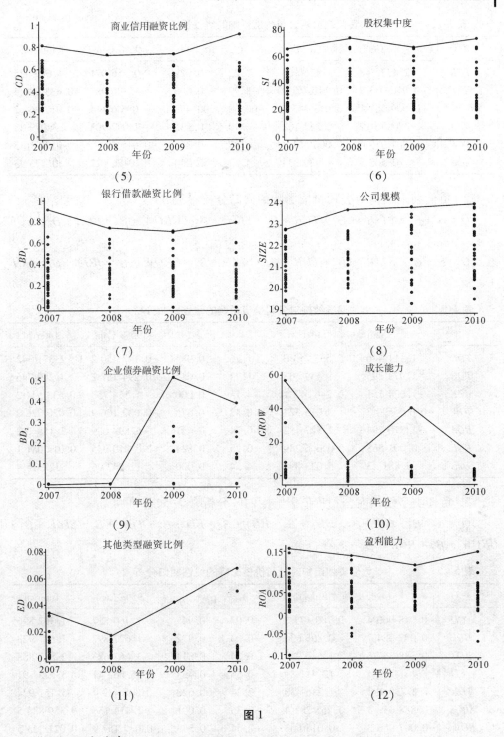

图 1

（二）回归分析

1. 负债总体水平对公司价值影响的回归分析（表3）

$$Q = \alpha + \beta_1 \cdot TDR + \beta_2 \cdot SIZE + \beta_3 \cdot GROW + \beta_4 \cdot ROA + \beta_5 \cdot FCF + \varepsilon \quad ①$$

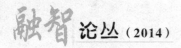

表3   负债规模对公司价值影响的线性回归分析

Q	Coef.	Std. Err.	t	p>∣t∣	[95% Conf.	Interval]
TDR	2.477 548	1.116 703	2.22	0.029	0.256 071	4.699 025
SIZE	−0.916 033 7	0.241 767 9	−3.79	0.000	−1.396 987	−0.435 080 4
GROW	−0.009 081 1	0.013 343 9	−00.68	00.498	−0.035 626 4	0.017 464 2
ROA	−2.009 012	2.558 108	−0.79	0.435	−7.097 903	3.079 88
FCF	0.001 055 6	0.006 361 4	0.17	0.869	−0.011 599 2	0.013 710 5
_cons	20.568 1	4.929 239	4.17	0.000	10.762 27	30.373 93

2. 负债期限结构对公司价值影响的回归分析（表4）

$$Q = \alpha + \beta_1 \cdot LTDR + \beta_2 \cdot TDR + \beta_3 \cdot SIZE + \beta_4 \cdot GROW + \beta_5 \cdot ROA + \beta_6 \cdot FCF + \varepsilon \qquad ②$$

$$Q = \alpha + \beta_1 \cdot STDR + \beta_2 \cdot TDR + \beta_3 \cdot SIZE + \beta_4 \cdot GROW + \beta_5 \cdot ROA + \beta_6 \cdot FCF + \varepsilon \qquad ③$$

表4   负债期限结构对公司价值影响的线性回归分析

Q	Coef.	Std. Err.	t	p>∣t∣	[95% Conf.	Interval]
LTDR	1.111 446	0.633 213 6	1.76	0.083	−0.148 450 2	2.371 342
TDR	1.973 295	1.139 603	1.73	0.087	−0.294 157 2	4.240 746
SIZE	−1.024 151	0.246 575 1	−4.15	0.000	−1.514 758	−0.533 544 2
GROW	−0.005 590 3	0.013 327	−0.42	0.676	−0.032 106 9	0.020 926 2
ROA	−1.870 794	2.527 482	−0.74	0.461	−6.899 689	3.158 102
FCF	0.001 568	0.006 289	0.25	0.804	−0.010 945	0.014 081 1
_cons	22.881 23	5.043 091	4.54	0.000	12.847 06	32.915 4

3. 负债类型结构对公司价值影响的回归分析（表5）

$$Q = \alpha + \beta_1 \cdot CD + \beta_2 \cdot BD_1 + \beta_3 \cdot BD_2 + \beta_4 \cdot ED + \beta_5 \cdot TDR + \beta_6 \cdot SIZE + \beta_7 \cdot GROW + \beta_8 \cdot ROA + \beta_9 \cdot FCF + \varepsilon \qquad ④$$

表5   负债类型结构对公司价值影响的线性回归分析

Q	Coef.	Std. Err.	t	p>∣t∣	[95% Conf.	Interval]
CD	−0.048 960 4	0.709 173 8	−0.07	0.945	−1.460 817	1.362 896
BD1	−0.027 984 7	0.803 634	−0.03	0.972	−1.627 897	1.571 928
BD2	−0.388 867 6	1.646 915	−0.24	0.814	−3.667 623	2.889 888
ED	9.047 734	12.411 89	0.73	0.468	−15.662 44	33.757 91
TDR	2.730 182	1.216 438	2.24	0.028	0.308 439 4	5.151 924
SIZE	−0.888 019 3	0.265 281 4	−3.35	0.001	−1.416 154	−0.359 884 5
GROW	−0.007 966 2	0.014 663	−0.54	0.588	−0.037 157 9	0.021 225 5
ROA	−1.781 714	2.850 902	−0.62	0.534	−7.457 424	3.893 996
FCF	0.001 197 5	0.007 067 1	0.17	0.866	−0.012 872	0.015 267
_cons	19.792 92	5.445 947	3.63	0.000	8.950 868	30.634 97

4. 股权融资结构对公司价值影响的回归分析（表6）

$$Q = \alpha + \beta_1 \cdot SI + \beta_2 \cdot SIZE + \beta_3 \cdot GROW + \beta_4 \cdot ROA + \beta_5 \cdot FCF + \varepsilon \qquad ⑤$$

表6　　　　　　　　　股权融资结构对公司价值影响的回归分析

Q	Coef.	Std. Err.	t	p>|t|	[95% Conf.	Interval]
SI	−0.046 300 6	0.019 236	−2.41	0.018	−0.084 567 2	−0.008 034 1
SIZE	−0.546 064	0.211 718 7	−2.58	0.012	−0.967 24	−0.124 888
GROW	−0.010 680 4	0.013 250 5	−0.81	0.423	−0.037 039 8	0.015 679
ROA	−0.860 887 7	2.653 259	−0.32	0.746	−6.139 066	4.417 29
FCF	0.005 158 5	0.006 316 9	0.82	0.417	−0.007 407 8	0.017 724 9
_cons	15.412 44	4.490 842	3.43	0.001	6.478 723	24.346 15

四、研究结论与对策建议

（一）研究结论

（1）我国房地产上市公司资产负债率近几年一直维持较高的比率，对于资产负债率低于最优资产负债率的房地产公司，其负债水平越高，公司价值也就越大，负债融资发挥了治理效应，公司负债水平向市场传递的有关房地产公司质量信号是有效的；而对于资产负债率高于最优资产负债率的房地产公司，其负债水平与公司价值呈"倒U形"关系。

（2）我国房地产上市公司的负债期限结构中，长期负债与短期负债都对公司价值起正面作用。此结果与假设2-2不同，短期负债对公司价值有积极的影响，负债期限越短，公司价值越大。这可能是由于公司短期负债时限越短，公司偿债期也就越短，公司可以快速偿还债务，说明公司的经营效益越好，公司声誉也就越好，公司价值也就越大。

（3）我国房地产上市公司存在负债融资类型结构不合理的现象，原因主要是企业债券融资比例过低；银行借款融资比例、债券融资比例与公司价值的相关关系不显著，商业信用融资比例与公司价值较弱负相关。这说明我国目前针对房地产业上市公司的银行借款的约束能力有所欠缺，企业债券市场发展欠缺，信用评价体系有待加强。

（4）我国房地产上市公司股权过于集中，原因主要是第一大股东持股比例过重。公司的决策权很可能完全落入股东或者内部人手中，在信息不是十分对称的情况下，外部债权人无法获取企业更多的信息，通常难以正常发挥其监督约束作用。通常情况下，大股东为其自身的利益考虑会通过增发新股来过度圈钱，从而形成对公司价值的负效应。

（二）对策建议

为解决我国房地产上市公司债权融资与股权融资结构不合理的矛盾，并利用公司价值的信号作用完善资本结构，积极促成融资结构与公司价值的良好互动循环，现提出以下对策建议，希望能对我国房地产上市公司融资结构决策提供借鉴与帮助：

1. 发展房地产业债券市场

具体措施如下：①在银行与房地产上市公司之间建立债权债务关系，使银行借贷成为硬性约束；②积极发展企业债券的二级市场，以增强企业债券的流动性，为房地产企业多元化融资渠道搭建良好的市场平台，从而发挥长期债权的公司治理价值效应。

2. 允许银行对房地产上市公司进行战略性持股，建立健全配套的债权人治理机制

具体措施如下：①逐步处理当前房地产上市公司对银行的巨额不良负债，对银行不良资产进行重组；②规范主办银行制度下的银企关系的实质，比如银行应对企业实行监控与约束，房地产上市公司的重大经营活动须向银行通报与协商等；③逐步强化银行债权约束，针对债权约束不强的现状，银行与房地产上市公司双方应协商确定有关条款，使其真正具有约束力。

3. 建立完善的商业信用体系和偿债保障机制

具体措施如下：①针对房地产市场商业信用不足的矛盾，重点解决商业信用评级、商业信用担保、支付清算等问题，加快商业信用结构调整，大力鼓励商业票据特别是商业汇票的使用；②健全房地产相关法律，强化政府管理措施，有效抑制房地产企业之间恶意拖欠的商业信用不良行为。

参考文献

［1］王娜. 债务融资结构与公司价值关系的实证研究——来自中国房地产上市公司的经验证据［D］. 成都：西南财经大学，2009.

［2］谢桦. 上市公司融资结构理论述评［J］. 财务管理，2011(1)：39-41.

［3］张明惠. 中国上市公司资本结构与公司绩效互动关系研究［D］. 青岛：青岛大学，2008.

［4］乐娜. 我国上市中小企业融资结构对公司绩效影响的研究［D］. 广州：暨南大学，2010.

［5］徐佳. 中国房地产上市企业融资结构与企业价值的实证研究［J］. 资本运营，2010(4)：39-41.

资源性产品资源配置中
市场发挥决定性作用的研究①

胡　欣②

[摘要]　市场在资源配置中起决定性作用，是十八届三中全会提出的一个重大理论观点。资源性产品与人类生产生活密切相关，是经济社会发展的战略性资源，对形成合理的资源性产品价格机制，对建设节约型和低碳型社会以及完善社会主义市场经济体制具有重大意义。本文从资源性产品资源配置中市场发挥决定性作用的重大意义、客观依据、前提条件三方面进行研究并提出相关政策建议。

[关键词]　资源性产品　市场　资源配置

党的十八届三中全会指出，经济体制改革是全面深化改革的重点，核心问题是处理好政府和市场的关系，使市场在资源配置中起决定性作用，同时更好发挥政府作用。资源性产品是指自然资源经过人类劳动的投入和改造后形成的基础性的生产和生活资料，具备使用价值和价值的物质。资源性产品主要包括水、能源、矿产、土地四大类产品，它是经济社会发展的战略性资源，与人类生产生活密切相关。

一、资源性产品资源配置中市场发挥决定性作用的重大意义

（一）对形成合理的资源性产品价格机制具有重大意义

我国价格形成机制有待提高与完善，尤其是改革相对滞后的资源性产品价格机制。长期以来受体制因素的制约，资源性产品市场化程度偏低，价格不能够真实地反映市场供求关系和资源稀缺程度，缺乏对投资者、经营者和消费者的激励和约束作用。同时在资源性产品价格构成只反映资源开发成本，资源破坏和环境污染的治理成本等外部成本没有体现，造成我国资源价格偏低。资源性产品之间的比价不合理，有的资源性产品价格偏低。市场在资源性产品资源配置中发挥决定性作用，有助于形成合理的资源性产品价格机制，完善我国价格体系。

---

①　本文系重庆工商大学融智学院人文社科项目《成渝经济区背景下重庆主导产业的选择》（项目编号：20110704）的阶段性成果。
②　胡欣：重庆工商大学融智学院讲师；主要研究方向：区域经济学。

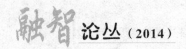

（二）对建设节约型和低碳型社会具有重大意义

我国既是能源消耗大国，也是能源资源短缺大国。2013 年国内对原油的表观消费量是 4.87 亿吨，国内原油产量是 2.08 亿吨，原油产量只能满足国内原油需求量的 42.7%。原油进口量为 2.82 亿吨，原油对外依存度已经达到 57.4%，比去年提高 1 个百分点。与此同时，与发达国家相比，我国的能源利用效率大约低 10 个百分点。资源的高投入支撑了我国经济的发展。资源高投入的一个重要原因就是资源价格偏低。因为资源性产品价格偏低，地方和企业在经济发展过程中，就会过多地使用稀缺资源并且加大污染物的排放。在资源和劳动力价格偏低的情况下，企业即使采用落后的生产技术和工艺流程，也能获得足够的利润空间。这样就抑制了企业对先进技术特别是节能减排技术的需求，降低了企业进行技术创新的积极性。从消费环节看，资源性产品价格偏低，刺激了居民对稀缺资源及其产品的不合理消费，从而加剧了资源的短缺矛盾和环境污染程度。

（三）对完善社会主义市场经济体制具有重大意义

我国从十一届三中全会以后开始探索经济体制改革的路径；党的十四大确定社会主义市场经济体制改革目标；党的十四届三中全会做出了"关于建立社会主义市场经济体制若干问题的决定"；党的十六大提出了"建成完善的社会主义市场经济体制和更具活力、更加开放的经济体系的战略部署"。在 30 多年的改革历程中，我国在产品市场领域已经初步建立了社会主义市场经济体制。据陈丹丹、任保平的研究，中国市场化指数得分（5 分制）不断降低、市场化程度不断提升，由 1992 年的 3.5（50%）降至 2006 年的 2.09（78.2%）。但是各组成因素得分并不平衡，要素市场化得分 2.4（72%），要素的市场化程度偏低，拉低了整体市场化程度，成为市场经济体制建设的薄弱环节。

二、资源性产品资源配置中市场发挥决定性作用的客观依据

理论上，资源配置有两种截然不同的方式：市场配置与政府配置。市场配置指的是经济运行过程中，根据市场需求与供给的变动所引起的价格变动实现对资源的分配、组合及再分配与再组合的过程，主要通过价格、供求、竞争等来进行。价值规律就像一只"看不见的手"，实现资源配置的高效。如图 1 所示：在完全竞争市场中，需求和供给共同作用决定市场均衡价格 P_e。市场配置具有诸多优点：其一，市场供求价格可以准确反映资源的稀缺程度，在灵活的价格信号引导下，可以实现稀缺资源在全社会范围的优化配置；其二，消费者和生产者的分散自主决策，有利于节约使用资源，降低资源开发利用成本；其三，这种自主决策如果失误，只是局部性的失误。

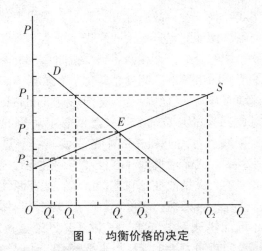

图 1　均衡价格的决定

政府配置方式是指由政府制订国民经济发展计划，通过层层行政审批甚至行政命令来统管资源和分配资源。政府价格可以实施政府最高限价和最低限价。如图 2 所示，政府实施最高限价。最高限价政策是指政府通过行政手段把价格限制在低于均衡价格的水平上。从图中可以看出实施最高限价后，消费者需求为 Q_3，厂商供给为 Q_4，$Q_3 > Q_4$，市场出现供不应求局面，价格上涨压力大。如图 3 所示，政府实施最低限价。最低限价政策是指政府通过行政手段把价格限制在高于均衡价格的水平上。从图中可以看出实施最低限价后，消费者需求为 Q_1，厂商供给为 Q_2，$Q_1 < Q_2$，市场出现供大于求局面。政府配置资源方式，在一定条件下，有可能从整体上协调经济发展，集中力量办大事。但是，审批排斥选择，统管排斥竞争，从而容易出现资源闲置或浪费、经济僵滞的现象。在经济结构简单、人们需求单一的情况下，政府配置资源有其简便和直接的功效。但是，随着经济规模的扩大，经济结构、产业结构、产品结构复杂化，人们的需求多样化，这种主要以政府行政审批配置资源的方式，很难把握瞬息万变的市场需求，就越来越不利于资源的优化配置了。因此，充分发挥市场机制在配置稀缺资源中的作用，这既已成为学界的共识，也在实践上为世界各国的经验所广泛证实。

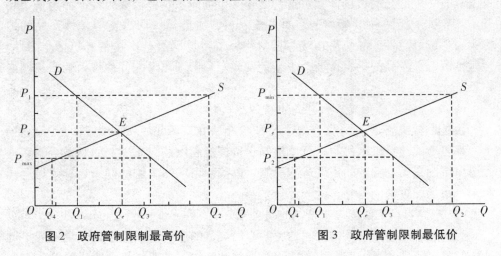

图 2　政府管制限制最高价　　　　　图 3　政府管制限制最低价

从我国自身的实践经验来看，政府配置资源的典型代表就是改革开放前实施的计划经济体制，资源流动和配置全部由政府指令下达。实践已经证明，由政府主导的资源配置无效率、不公平，存在诸多现实扭曲。在资源性产品市场政府配置资源要体现在：①严格的市场准入制度，弱化了有效竞争，维持了垄断。例如现有法律法规规定，勘探开发油气资源必须是国务院批准的石油公司或必须得到国务院的批准。这造成三大国有石油公司彼此间有限竞争的垄断市场结构。此外，即使在已放开的领域也对民资和外资存在"玻璃门"进入障碍。例如，虽然国家允许私企和外资进入成品油批发和零售市场，但是对批发市场规定了较高的进入条件，私企很难进入成品油批发和零售市场。②资源性产品价格长期受政府管制，资源自身价值、社会回报、环境代价等都没有得到体现，价格严重低于市场真实价格。由此形成粗放型的经济增长方式，导致低效率的能源生产和消费。③资源性产品技术创新动力不足，科技水平落后。计划经济体制存在的缺陷引致了我国经济体制市场化改革，其本质是市场主导资源配置，市场价格机制发挥资源配置的决定性作用，政府发挥协同作用，弥补、矫正市场失灵。改革开放30多年来我国经济高速增长，证明了市场在资源配置方面的优越性。

从国际经验看，第二次世界大战后，英国、法国等国家通过国有化的方式取消市场，由政府配置能源资源，其他各国也加强对能源领域的政府管制。但是不管是政府管制还是政府直接经营，都导致了诸多扭曲和无效率。自20世纪70年代后期，在全球范围内展开了能源行业的改革，大部分发达国家对电力、石油和天然气等资源性产品进行市场化改革，采取"打破垄断、引入竞争、减少政府直接干预"措施，逐步由政府管制均衡向市场竞争均衡转型。

三、市场在资源性产品资源配置中发挥决定性作用的前提条件

（一）具有健全的资源性产品市场体系

市场体系是市场发挥作用的物质载体，因此市场发挥作用的最基本的前提条件是具有一个健全的市场体系。这种健全的市场体系要包括资源性产品消费市场和生产要素市场两种市场类型；要覆盖农村、城市等一切需要资源性产品的地方；要形成资源性产品贸易市场、期货市场等市场层次；要具备有包括全国性、地区性资源性产品的批发市场、小型批发或专业市场在内的各种规模的市场网络体系。

（二）具有完善的资源性产品市场运行机制

市场运行机制是市场经济的灵魂和机能所在。无论在哪种类型的资源市场上，都要形成包括供求机制、竞争机制、价格机制以及由此决定的利益机制和进入退出机制在内的完善的市场运行机制，以确保市场体系能够健康、有效地运转起来，市场配置功能得到正常发挥。

（三）具有规范的资源性产品市场关系

市场关系是指市场主体之间的关系，而规范的市场关系是市场经济发展不可缺少的重要条件。通过市场主体的平等地位和契约关系形成符合市场经济体制要

求的市场关系。保证市场上各个主体公开、公平地参与市场竞争。

（四）具备有效、有度的宏观调控机制

由于市场自身缺陷，在市场发挥作用过程中，会产生消极影响。为此应建立起完善、有效的宏观调控机制，进行适度、有效的调控，使市场保持健康发展。

四、确保资源性产品资源配置中市场发挥决定性作用的政策建议

（一）明晰资源产权，建立合理的产权体系

对资源产权体系中的诸种权利归属作出明确的界定和制度安排，包括资源归属的主体、份额以及对资源产权体系的各种权利的分割或分配。根据各种资源的具体情况形成多元化的资源产权体系。产权边界模糊、难以界定，产权以国家为主体，产权界限清晰，能够明确界定的资源；依据其公共性和外部性大小，资源的所有权向社会开放，形成多元化产权主体。充分发挥市场资源配置功能，引导各产权主体的收益分配，激励产权主体对资源的可持续利用。

（二）形成多元化供应主体和供给方式，强化竞争机制

强化竞争机制，形成多元化供应主体和供给方式。多元化供应主体和供给方式是市场资源配置的基础。一方面，通过多元化竞争主体，打破市场垄断，增加市场竞争性；另一方面，放松行业准入限制，让民间资本进入资源性产品领域，强化市场竞争。

（三）建立反映供求关系的资源性产品价格形成的市场机制

通过放松政府价格管制和取消不合理资源补贴两个途径，建立反映供求关系的资源性产品价格形成的市场机制。放松管制按照产品的生产、流通和消费顺序开展。

资源补贴是政府国家发展战略的一个重要组成部分，适当的价格补贴是合理的，也是必须的。但应注意补贴的方式、使用的范围和程度，同时要与时俱进，随着社会经济和资源市场的发展进行不断调整，及时取消不合理的资源补贴。

（四）重塑政府与市场的关系，更好地发挥政府作用

重塑政府与市场的关系，更好地发挥政府作用，使市场在资源配置中起决定性作用。这并非否定或削弱政府的作用，而是要转变政府职能，回归市场经济中政府职能定位。在市场发挥决定性作用的前提下，政府的核心功能是弥补和矫正市场失灵，主要包括监管、服务和管理三大职能。监管职能，即政府通过制定规章制度和监督企业执行，干预和规范企业行为，矫正市场失灵，实现理想的经济效益和社会效益。监管不仅包括经济性（价格、成本、投资、服务质量等）监管，还包括社会性（环境、健康、安全等）监管。服务职能，即政府来做包括战略、信息、安全、技术、国际合作和普遍服务等涉及整个行业或者国家层面的事情（通常是企业和市场不愿意或者无法做到的），弥补市场失灵。管理职能，即国有资源的处置与管理，包括矿产资源勘查、探矿权和采矿权的设置与管理，资源开采活动的管理等。政府应以公共管理与提供公共服务、公共产品为中心，主动收缩自己的权力及资源控制范围，从全面积极有为转变为有所为有所不为。

参考文献

[1] 2013 年国内外油气行业发展报告 [R/OL]. //中国产业信息网. http://www.chyxx.com/news/2014/0208/228353.html.

[2] 2013 年石油和化学工业经济运行情况 [N/OL]. //中华人民共和国工业和信息化部. http://www.miit.gov.cn/n11293472/n11293832/n11294132/n12858402/n12858522/15891273.html.

[3] 陈丹丹，任保平. 中国经济转型绩效分析：1992—2006 [J]. 财经科学，2009（5）：80-88.

[4] 夏荣静. 深化我国资源性产品价格改革的研究综述 [J]. 经济研究参考，2013（12）.

[5] 李晓西. 中国能源改革战略："两只手"协同作用 [J]. 经济研究参考，2013（7）.

[6] 道格拉斯·C. 诺斯. 制度、制度变迁与经济绩效 [M]. 上海：上海人民出版社，1994.

[7 杜明军. 资源性产品价格改革对经济转型升级作用的再认识 [J]. 中国国土资源经济，2014（1）.

试析我国特区经济理论的创新

——以两江新区、浦东新区、滨海新区为例

岳　佳①

[摘要]　浦东新区、渤海新区和两江新区是我国在不同历史时期批准设立的新型经济特区。设立浦东新区旨在促进浦东及上海经济的发展，形成了包括上海、南京、杭州等16个城市在内的六大城市集群；设立滨海新区旨在促进北京、天津、河北为主的环渤海区域的发展；设立两江新区旨在建设呼应东部沿海的西部新区，带动广大西部地区加快发展，有利于形成沿海与内陆、东中西部协调发展的区域新格局。总结三个地区设立的动机，不难发现，我国正在发展与创新具有中国特色的特区发展理论体系。

[关键词]　经济特区　理论　创新

一、特区目标创新

设立浦东新区——全国综合配套改革试点区域和上海先行先试示范区域，其目的一是加快上海的发展，促进上海区域的协调发展，其二是实施建设和巩固上海作为我国境内国际金融中心的国家战略。

设立滨海新区主要因为天津滨海新区地处华北平原北部，在山东半岛和辽东半岛交界处，海河流域下游，天津市中心东面，与日本和朝鲜半岛隔海相望，是中西部重要的海上通道。设立特区，一是使环渤海地区成为北方对外开放的门户；二是滨海新区具备了建设现代制造业和研发转化基地所需要的市场需求、发达的现代服务业、强大的科技创新能力等条件，有利于建设高水平的现代制造业和研发转化基地；三是建设北方国际航运中心和国际物流中心。以滨海新区为核心，发挥其水路和航空交通优势，形成面向东北亚的国际航运和国际物流中心，最终促进环渤海区域的发展。

两江新区是我国内陆唯一经济特区。以其独特的区域和地理特点可看到，设立两江新区主要基于三个方面的考虑：一是探索内陆地区开发开放的新模式，为内陆地区提供借鉴经验。设立重庆两江新区，将其打造为内陆地区开放政策最优、开放领域最广、开放程度最深的重要窗口，探索一条全新的内陆开放型经济

---

①　岳佳：重庆工商大学融智学院教师；主要研究方向：政府经济管理。

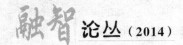

发展道路，促进内陆地区创新发展理念和发展模式，有效提升对外开放水平，为实现内陆与沿海联动开发开放充分发挥示范和带动作用。二是推进西部大开发，促进区域经济协调发展。两江新区设立在西部大开发第二个十年之际，也以其自身的江岸优势凸显开发潜力。两江新区的发展能有效地促进重庆与西部地区、东西区域的有效联动，最终促进西部地区又好又快地发展。三是提升重庆的经济实力和综合竞争力。从历史经验来看，2008 年浦东新区 GDP 达到 3 151 亿元，较 1990 年设立之时的 60 亿元增长了 5 151.7%；滨海新区达到 3 102 亿元，较之 1994 年的 207 亿元增长了 139.9%。按此增长速度，两江新区的设立对提升重庆经济实力作用巨大。

由此可见，两江新区的历史使命侧重于发展重庆经济继而带动西部及内陆地区经济的发展，滨海新区则是带动天津经济发展继而带动北方经济和环渤海区域经济的发展，而浦东新区则有着国家战略核心地位。浦东经济经过 21 年的发展已经初步完成了基础形态的开发，目前已进入功能开发阶段，所以浦东新区已经发展成熟，滨海新区处于相对成熟阶段。而两江新区则处于起步阶段，依靠西部的地理位置承担了承东启西的作用。

二、发展政策

政策创新是发展的重要组成部分，浦东新区、滨海新区和两江新区都获得中央政府赋予的先行先试权以及国家土地、税收、产业优惠的政策。同时，以不同的先天禀赋，赋予了具有倾向性的政策优势。

浦东新区在功能性支持政策方面享有综合性体制创新的先行先试权；在税收优惠政策方面享有中共中央和国务院通过的中委〔1990〕100 号、国函〔1992〕5 号和国函〔1995〕61 号三个文件给予浦东的优惠政策以及 2007 年由国务院颁布的《国务院关于实施企业所得税过渡优惠政策的通知》对浦东新区高新技术企业给予的两免三减半优惠政策；金融支持政策方面，人民银行央行上海总部设在浦东，证监会支持浦东批准首个 QDII 试点，银监会支持试点融资租赁业务并成立全国首家信托登记机构，保监会支持引进再保险业务，国家外汇管理局在上海浦东先行试点跨国公司（地区）总部的外汇资金管理方式改革。除了以上金融政策，浦东新区还享有人事部、商务部、海关总署、质检总局、国家工商总局以及科技部授权的种种优惠政策。

滨海新区也得到国家在功能性支持政策、财政优惠政策、金融支持政策、税收优惠政策、土地支持政策以及重大战略性产业布局等方面的优惠；另外，滨海新区得到了海关总署、质检总局、国家外国专家局等部门的具体政策支持。

两江新区在享受特区政策的同时，可以同步享受西部大开发的所有政策和城乡综合配套改革试验政策。两江新区享有比其他新区都要优惠的西部大开发政策。比如税收优惠政策。对设在西部地区国家鼓励类产业的企业，在一定期限内，减按 15% 的税率征收企业所得税。对在西部地区新办交通、电力、水利、邮政、广播电视等企业，企业所得税实行两年免征、三年减半征收；对在西部地区新办高新技术企业，经国家有关部门认定后，企业所得税实行两年免征、三年减半征收。对退耕还生态林草的特产品收入，10 年内免征农业特产税。在土地方面，实行谁退耕和造林种草，谁经营并拥有土地使用权和林草所有权的政策。各种经济组织和个人可依法申请使用国有荒山荒地，进行恢复林草植被等生态环境保护建设，可以出让方式取得国有土地使用权，减免出让金，实行土地使用权50 年不变，期满后可申请续期，可以继承和有偿转让。在开发方面，在享受城乡综合配套改革试验政策时，建立统一的行政管理体制，把政府有关部门的社会管理和公共服务职能由城市向农村延伸，创建新的城乡一体的行政管理模式。建立统筹城乡规划体制，将城乡分立、多头分设的规划部门统一于一个统筹城乡规划的部门之中，进行统一的空间布局。建立覆盖城乡的交通等基础设施的管理体制和投入机制，改善农村基础设施条件，形成城乡一体的基础设施网络。建立城乡一体的公共财政体制，推进县乡财政体制改革，调整和优化财政支出结构，推动财政资金更多地向社会公共服务领域和"三农"倾斜，完善财政转移支付办法。建立城乡一体的社会公共服务体系和管理体制，包括建立城乡一体的就业制度、城乡衔接的社会保障和救助制度、进城务工农民的基本社会保障制度、新型农村合作医疗制度、县乡村医疗机构的标准化建设、城乡教育均衡发展制度、农村文化建设等，推进城乡社会事业的均衡协调发展。建立城乡统一的户籍制度，允许在城镇已有稳定职业和住所的农民工转为城市居民，消除农民向城镇转移的"门户"限制。统筹城乡产业发展。加快发展现代农业、农副产品加工业和农业服务业，大力推进农业产业化经营，形成城乡一体的产业化链条和协作配套体系。加强基层民主政治建设，健全基层自治组织，调动基层干部和城乡居民的积极性和创造性。

西部大开发政策强调了土地继承和流转权，城乡综合配套改革试验政策则旨在建立统一的行政管理体制，把政府有关部门的社会管理和公共服务职能由只管城市向农村延伸，创建新的城乡一体的行政管理模式。一是建立覆盖城乡的交通等基础设施的管理体制和投入机制。二是建立城乡一体的社会公共服务体系和管理体制，包括建立城乡一体的就业制度、城乡衔接的社会保障和救助制度、进城务工农民的基本社会保障制度、新型农村合作医疗制度、县乡村医疗机构的标准化建设、城乡教育均衡发展制度、农村文化建设等，推进城乡社会事业的均衡协调发展。三是建立城乡统一的户籍制度，允许在城镇已有稳定职业和住所的农民工转为城市居民，消除农民向城镇转移的"门户"限制。除此之外，国发〔2009〕3 号文件即《国务院关于推进重庆市统筹城乡改革和发展的若干意见》（以下简称《意见》），对重庆的产布局也作了部署，打造"一圈"城郊都市型农业示范区、"渝东北翼"库区生态农业走廊和"渝东南翼"山地特色农业基地；第二产业主要是发展壮大汽车摩托车、装备制造、石油天然气化工、材料工业和电子信息五大支柱产业，形成实力雄厚、关联性强的优势产业集群；第三产业优惠政策是，加快北部新区和保税港区建设。设立重庆北部新区内陆开放型经济示范区，形成高新技术产业研发、制造及现代服务业聚集区。

滨海新区则重点强调了财政优惠政策和金融支持政策，即在一定时期内对天

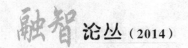

津滨海新区的开发建设予以专项补助，以及在产业投资基金、创业风险投资、金融业综合经营、多种所有制金融企业、外汇管理政策、离岸金融业务等方面进行改革试验。在产业布局方面，天津获得了空客 A320 大飞机、新一代运载火箭、百万吨乙烯、300 万吨造船等重大引擎项目。

浦东新区的扶持重点放在金融领域。央行上海总部落户浦东；证监会支持浦东以资产证券化形式实现投融资创新，批准首个 QDII 试点，成立中国金融期货交易所；银监会支持试点融资租赁业务，成立全国首家信托登记机构——上海信托登记中心，支持外资银行法人机构试点；保监会支持引进再保险业务；国家外汇管理局在上海浦东先行试点跨国公司（地区）总部的外汇资金管理方式改革。

三个新区都得到了国家土地、税收、产业优惠的政策。重庆两江新区不仅享有西部开发和统筹城乡综合配套改革实验等政策，还可以享有上海浦东新区和天津滨海新区同等优惠政策。我们在靠政府主导的招商引资、投资拉动经济增长的同时我们应加快转型，逐步建立起适合自身发展的具有差异的经济发展模式，形成具有核心竞争力的产业。比如上海浦东新区曾经在发展过程中就因政府优惠政策时限一过就出现土地和能源瓶颈，如优惠政策时效过去后，商务成本随之增加，众多企业纷纷向苏、杭撤离。所以在享受优惠政策的同时，我们还应培育自身优势，培养新区核心竞争力，吸引更多资本到新区投资，使得新区经济得到可持续发展。

三、行政体制创新

天津滨海新区、上海浦东新区的行政体制的发展模式是：领导小组办公室—管委会—行政区（区政府）。回溯滨海新区和浦东新区的发展历程，可以看到，浦东重点开发小区经济和社会的发展与周边的街道和乡镇很难协调起来。很难对浦东资源进行配置和利用，也很难解决城乡二元结构问题，就会出现重点开发小区引进的项目是国内一流的，但是周边乡镇发展的速度就比较慢。

在进行功能区域改革后，又出现两套机制并行的局面，造成了机构臃肿、相互推诿的局面。费孝通在《浦东开发与社会学》一文中指出："金桥镇在浦东新区开发开放中碰到了新体制衔接问题……"天津滨海新区的行政体制在 2009 年改革之前也存在如下问题：内部行政效率低、规划缺乏统一协调；下辖的几个功能区和行政区相对独立，各自为政，在一定程度上存在重复建设；资源不能得到合理有效配置，土地、资金、人才流动不畅等。

两江新区的运行总结了浦东新区和滨海新区的发展教训，借鉴其成功经验，结合我国具体实际，采用了"1+3"的过渡性策略，即在两江新区开发建设领导小组领导下，由两江新区党工委、管委会具体负责两江新区的统一协调、统一政策、统一规划、统一宣传、统一口径。与对外一张面孔不同，对内的开发任务则各有侧重。两江新区党工委、管委会会同江北、渝北、北碚三个行政区，实施"1+3"的开发模式，平行推进。在开发平台上，将采取"三拖一"模式。北部新区、两路寸滩保税港区管委会是市政府直属派出机构，市委、市政府将委托两江新区管委会在业务上进行统一管理,再加上两江新区管委会下即将成立的一个工业开发区,三个平台拉动两江新区发展。两江新区的社会管理事务,依然由江北、渝北、北碚三个行政区管理,形成行政权与开发权相互制衡的行政体制格局。

四、制度创新

在 1958 年之前,上海户籍制度比较宽松,随着经济的发展上海户籍制度越来越严格,作为有着更多优惠政策和机会的浦东新区也执行严格的上海户籍政策。上海户籍制度经历了 20 世纪 50 年代的宽松时期、60~80 年代的指标控制时期、90 年代的"蓝印户口"时期以及 21 世纪的"打分制"时期。这一系列的户籍制度都是为了控制日益增长的上海人口和满足上海需要人才引进而制定的。上海吸引人才的主要原因是:①经济的发展。上海是我国的经济、金融、贸易和航运中心,经济发达,就业机会多,能吸引人才。②政策的优惠。有上海户籍的公民可以享受到上海优质的医疗、教育和服务等资源,很多人才愿意到上海发展。③相对完善的基础设施。上海有着发达的交通、通信等基础设施,在上海居住能享受到完善的配套设施。良好的经济、政治和社会环境使得大量人才涌入上海,上海户口炙手可热。由此可见,要想吸引人才,首要任务是发展经济,其次制定引进人才的优惠政策和建立完善的基础设施。

滨海新区为"优秀外来建设者"颁发户口准迁证。其中属于个人落户无合法固定住所的,在单位、人才市场登记集体户口;属于携配偶、子女落户的,经本人申请,所在单位同意,在合法固定住所处登记家庭户口。滨海新区在 2010 年为 1 000 名"优秀外来建设者",解决其在津落户等事宜,向优秀外来建设者降低户籍准入门槛。重庆则在直辖后就推行了"不唯其在,但唯所用"的人才策略,解决了人才出入自由的瓶颈问题。

与城市户籍相比,重庆和天津对待农村户籍用比较宽松的户籍政策。滨海新区和两江新区政府还制定了一系列政策使农民转户成为城镇户口。滨海新区对于新区近郊农民采取"宅基地换房"政策,农民可用宅基地换取小城镇商品房。具体政策为:1 平方米主房可换取 1 平方米商品房,2 平方米附房可置换 1 平方米商品房。对置换后的宅基地进行土地复耕;积极引导农民就业;由天津市政府为换房农民缴纳 40 元/人的养老保险。两江新区对接重庆市农转城市户籍政策。即农民转户进城设"3+5"政策体系。"3 年过渡"是指对农村居民转户后承包地、宅基地的处置,设定了 3 年过渡期,允许转户农民最长 3 年内继续保留宅基地、承包地的使用权及收益权。"5 项纳入"是指农村居民转户后,可享受城镇的就业、社保、住房、教育、医疗政策,实现转户进城后"五件衣服"一步到位,与城镇居民享有同等待遇,真正体现"劳有所得、老有所养、住有所居、学有所教、病有所医"。

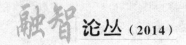

五、结论

纵观三个新区的发展历程，可以看到，我国的特区理论正在由开发到开放，从经济发展到经济社会协调发展，从创富于国到创富于民发展，从区域内快速发展到区域内可持续发展，从一元发展到多元并进演进，完善了特区带动区域，区域促进全国发展的特区理论模式，其特区的"特"也正在从"经济权"的"特"向社会发展的"特"演进，同时，特区的社会管理也从过去遇到问题解决到今天的有预见性地规避问题演进。从而将特区的示范效应发挥到最大，社会不安定因素减少到最小。

参考文献

［1］重庆市发展和改革委员会. 重庆两江新区基本情况［J］. 重庆，2009(7).

［2］费孝通. 浦东开发与社会学［J］. 特区经济，2007(7)：8.

基于"微笑曲线"的
重庆加工贸易全产业链分析①

滕学英②

[摘要] 金融危机后跨国公司加快了新一轮全球产业转移步伐。重庆市在承接产业转移中,从加工贸易入手,创新性地实现了"一头在内,一头在外"的重庆加工贸易模式。本文基于"微笑曲线"理论的附加值理论,从产业链的延伸分析认为重庆加工贸易全产业链模式为我国加工贸易转型升级提供了新的参考。

[关键词] 微笑曲线 加工贸易 全产业链

全球金融危机给我国的加工贸易带来了严峻的挑战,致使众多加工贸易企业举步维艰。但重庆加工贸易却逆势发展,签下惠普、富士康、英业达、广达、思科等IT巨头,横跨笔记本产业、手机产业、服务器产业、网络路由器产业等多个IT制造核心业务群。经过近几年的发展,重庆通过创新加工贸易发展新模式,收到了较好效果。本文将引入"微笑曲线"理论对重庆加工贸易的全产业链模式进行分析。

一、"微笑曲线"理论与加工贸易转型升级

(一)"微笑曲线"理论

"微笑曲线"是由我国台湾宏碁集团总裁施振荣先生于1992年根据波特理论结合其多年从事IT产业的丰富经验总结提出来的,该理论以附加价值的高低来判断一个产业或者企业的国际竞争力。初始阶段,该理论用来描述生产个人电脑的各个工序的附加值。

后来"微笑曲线"被引用到产业链及国际分工中(如图1所示)。"微笑曲线"有两个高端:一端是产品研发设计;另一端是品牌运作与营销渠道。在这两端业务可以产生更高的附加值,从而获得高额经济利润。中游部分如组装产品等工序产生的利润也较低,因而附加值较低。只有不断地往"微笑曲线"两端发展,不断往附加值较高的区块移动和定位,才能获得更多的附加值,从而获得更

---

① 本文为重庆工商大学融智学院2011年度人文社会科学研究项目《承接服务外包对重庆产业结构升级的影响研究》(项目编号:20110801)的阶段性成果。
② 滕学英:重庆工商大学融智学院讲师;主要研究方向:区域经济与贸易。

多的利润，最终提高产业竞争力。

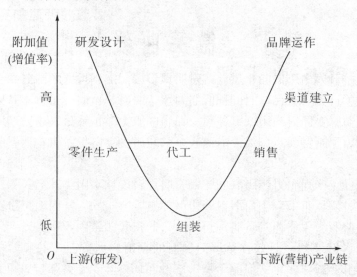

图1　微笑曲线示意图

（二）"微笑曲线"理论下的加工贸易转型升级

我国的加工贸易是从20世纪80年代逐渐发展起来的。东部沿海依靠区位优势发展对外加工贸易，形成了基本特征为"两头在外，大进大出"的沿海传统加工贸易模式，即原料来自国外，产品销往国外，国内只是加工制造。这种模式的企业大多是劳动密集型企业，需要高昂的物流成本。在加工贸易产业链的环节中，只从事加工装配，甚至是简单的加工装配附加值很低，处于"微笑曲线"的底端。

30年来我国加工贸易已实现了从简单的初级劳动密集型产品向机电产品等资本、技术密集型产品的转型升级。这与发达国家或地区相比，我国加工贸易的增值率低，国内配套作用低。随着国内外环境的变化，劳动力成本逐步提高，贸易壁垒日益频繁，国际竞争更加激烈，加工贸易的发展面临着巨大压力。

根据"微笑曲线"理论，我们可以分析加工贸易转型升级包含以下几层含义：一是提升价值链环节。从最后工序开始依次向前延伸，循着"简单组装→复杂组装→零部件制造→原材料生产→产品研发→自有品牌产品的研发、设计、生产"的轨迹，提高加工贸易整体水平。二是延伸产业价值链。可以向产业链的上游和下游进行相关产业延伸。三是优化产业价值链。依照国际产业"劳动密集型→资本、技术密集型→高科技产业"的转移路径，加快加工贸易产业结构的升级。

二、重庆加工贸易全产业链分析

金融危机加速了跨国公司新一轮全球产业转移的步伐。重庆在承接产业转移中打破了传统上的"两头在外，一头在内"的出口型加工贸易模式，实现了"一头在内，一头在外"。在沿袭销售市场"一头在外"的同时，将原材料、零部件等生产全部实现本地化，聚集在同一城市和地区，从而大大降低物流成本。重庆模式核心价值是集群模式推进产业链、价值链的垂直整合以及整体产业链的引进，开创了重构全产业链的内陆加工贸易新模式。

（一）发展以 IT 产业为主导的加工贸易产业

重庆加工贸易全产业链模式充分考虑了产业价值链的优化，即产业和产品结构的升级。依照国际产业"劳动密集型→资本、技术密集型→高科技产业"的转移路径，重庆抓住了当前以 IT 产业为主导的高科技产业转移机遇，实现加工贸易产品构成向高新技术产品为主方向的转变。随着惠普、富士康、英业达和思科相继入驻，重庆已成为亚洲最大的 IT 业综合制造基地，重庆西永微电园已形成 IT 产业集群。在软件领域，重庆正打造"软件研发高地""服务外包前沿城市"。依托惠普项目，重庆引进了惠普全球软件测试中心、全球软件服务中心和中国呼叫中心、日本 NTTDATA 软件研发中心等核心企业。

（二）不断扩大重庆加工贸易产业链辐射范围

从现代工业的产业链环节来看，一个完整的产业链包括技术研发、产品设计、原材料加工、中间产品生产、制成品组装、销售、服务等多个环节，不同环节上有不同的参与角色，发挥着不同的作用，并获得相应的利益。加工贸易产业链是指加工贸易企业通过深加工结转、外发加工及原材料和零部件的国内供给，从单一企业加工向多企业的生产联合体深加工方向转变，逐步形成深度关联、相互配套的产业集群，进而不断实现价值增值的过程。就国民经济发展而言，加工贸易留在国内的加工环节越多，产业链越长，国内增值率就越高，对国民经济的发展就越有利。以惠普（HP）为例，其笔记本电脑生产布局在重庆西永的生产业务板块有研发、工业设计、测试、采购、生产、包装、质检、仓储、物流等，在重庆的其他服务还有品牌管理、销售和物流枢纽、客户服务呼叫中心、全球采购中心和全球离岸结算中心等。由于产业集聚效应及重庆建设中国内陆开放高地的影响，重庆市的加工贸易模式正逐步演变为集设计研发、生产制造、物流配送和金融结算为一体的较为完整的产业链。这将极大地促进城镇就业和地区经济增长。

（三）向上游延伸重庆加工贸易产业链

首先，推进中间产品投入本土化，增加国内原材料的采购率。重庆采取"整机+零部件"垂直整合一体化的加工贸易模式，将笔记本电脑零部件 70%～80% 本地化制造，降低了物流成本。目前，重庆的笔记本电脑基地，有惠普、思科等品牌商出品牌、下订单，富士康、广达、英业达等代工商做整机、搞组装，上百家零部件供应商搞配套、做零件，形成了"品牌商+代工商+零部件制造商"的加工贸易全流程集群。

其次，提高产业链上游核心部件研发能力，积极引进具有核心竞争力的研发中心。目前，加工贸易企业一般只做了"微笑曲线"中附加值最低的整机组装部分，而具有核心竞争力的研发环节基本控制在外国企业手中。随着跨国企业在全球范围内进行的新一轮资源配置和生产要素的整合。在"一头在内、一头在外"新模式下，生产供应全流程的企业集聚，必然对新技术催生旺盛的需求。

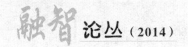

（四）向下游延伸加工贸易产业链

首先，改善市场环境，不断提高物流配送服务能力。一是重庆通过发展航空物流、开通铁海联运，打通欧亚大陆桥南线等三方面的努力，降低出项物流成本。二是设立两路寸滩保税港区和西永综合保税区，借助 GPS 定位等物联网高科技手段，创新内陆保税区监管模式，实现了"一次报关、一次申请、一次验放"。企业进口货物，边境海关直接放行，进入重庆保税区后再查验；重庆保税区验放的出口货物，边境关区不二次查验；重庆保税区之间的货物交换，不需重复办理进出关手续。由此，通关更加便捷，效率大大提高。

其次，引进加工贸易结算中心。加工贸易的结算具有高附加值特征，处于"微笑曲线"的高端。加工贸易作为一个完整的生产供应链，品牌商、代工商和众多的零部件供应商、物流企业之间有十分频繁的结算往来，为简化程序、提高效率、降低成本，品牌商往往以一个第三方所在地作为结算中心。因此具有离岸金融特征和高附加值特征。每百亿美元的加工贸易进出口额，可产生约 1% 的税收结算；每百亿美元账户，可为主办银行带来 0.5%~1% 的中间业务收入；还能够提供大量的会计师等岗位。目前，重庆在国家外汇管理局的支持下，对加工贸易结算需要的相应管理办法进行了改革创新。

三、重庆加工贸易全产业链模式的启示

由于受地理条件的限制，重庆采取了原材料本地化、产品出口"一头在内、一头在外"的新型加工贸易全产业链模式。2011 年重庆市加工贸易进出口额达到 69.12 亿美元，同比增长 335.7%，占外贸进出口总额的 23.7%，提高了 11 个百分点。其中加工贸易出口额 61.67 亿美元，同比增长 413.6%；进口额 7.45 亿美元，同比增长 93.1%。

由此可见，虽然加工贸易技术含量低、附加价值少，但它顺应了社会化大生产合理分工的必然趋势，改变了企业研发、生产、销售、结算等"小而全"的传统模式，将整个产业链条分为若干环节，每个环节由全球最具优势的企业生产经营，从而提高了专业化程度，降低了成本，提高了效益。

对于面临发展瓶颈的我国加工贸易，进行转型升级的本质就是在保持我国加工贸易价值链环节绝对优势的基础上，使我国部分有条件的企业从价值链底端，逐渐向价值链的高附加值环节延伸。首先，完善市场服务网络，加强对第三产业的培育。企业既要提高上游技术研发和产品设计能力，又要打造品牌，拓展下游营销渠道、物流配送、售后服务等服务工作。其次，加强人才培养、加强区域合作，建立产业集群支持体系。最后，实施错位竞争，合理布局产业集群。通过采取以上措施，最终实现产业价值链、企业和区域的全面转型升级，从而使我国加工贸易真正微笑起来。

参考文献

[1] 方海燕,白硕,钱洁. 由"微笑曲线"看我国的加工贸易 [J]. 西南农业大学学报:社会科学版,2009(12):51-53.

[2] 袁畅彦,聂华. 我国加工国际贸易的产业创新与科学发展 [J]. 科学管理研究,2010(4):30-33.

[3] 黄奇帆. 加工贸易在内陆地区发展的模式探索 [J]. 新重庆,2010(10):3-5.

[4] 佚名. 内陆加工贸易模式创新的"重庆路径" [EB/OL]. http://chongqing.zaobao.com/2012/02/content_12905722.htm,2012-02-16.

第二编　金融聚焦

重庆打造长江上游金融中心的路径解析

尹 丽① 杨 帆② 张红梅③

[摘要] 重庆的城市功能定位是我国西部地区重要的增长极。其中，金融业发展的重要性尤显突出。本文结合国内较成熟金融中心的产生条件及发展路径，结合重庆金融发展的目标定位和具备的优劣势，对重庆打造长江上游金融中心的路径展开解析。

[关键词] 区域金融发展 城乡统筹 成渝经济区

区域金融中心是以经济区域为基础而形成的资金融通、聚散的枢纽，货币金融业务的汇集和转口地，是金融机构集中、金融市场发达、金融信息灵敏、金融设施先进、金融服务高效、金融影响面较广的融资枢纽。它是一个地区金融体系的有机组成部分，也是该地区金融体系发展的产物，具有一定经济或政治影响力、具有大量高质量信息的中心城市应该构建区域金融中心。影响区域金融中心建设的主要因素有区位优势、经济发展水平、商业环境、金融活动的广度和水平、金融法律体系和金融制度、交通与基础设施状况以及地方政策的作用力等。

一、重庆金融发展的目标定位

重庆拥有百年金融文化沉淀，抗战时期即为中国金融中心。从西南地区第一家银行濬川源银行1904年3月在重庆打铜街成立，到抗战爆发后大批银行陆续迁到重庆，截至1942年9月重庆银行总数达53家。1945年抗日战争结束时，国统区共有416家银行，重庆就占了15%，沪港沦陷后，重庆成为大后方唯一的外汇交易和管理中心。当时银行向重庆集中，也向外扩展，形成了以重庆为中心、以国统中心为活动范围的金融市场和金融网络。它代表当时中国民族金融资本的主体，是中国金融业的核心。

目前，重庆作为西部地区唯一的直辖市，同时也是西部最重要的区域经济中心城市，其经济发展将对整个中西部地区起到辐射作用。《国务院关于推进重庆市统筹城乡改革和发展的若干意见》中明确提出，重庆要"建设长江上游地区金融中心，增强重庆的金融集聚辐射能力"。这是新时期党中央、国务院关于重庆市统筹城乡发展的新的战略指导方针，也是我国深入实施西部大开发战略的一

---

① 尹丽：重庆工商大学融智学院讲师；主要研究方向：金融学、信用管理。
② 杨帆：重庆工商大学融智学院讲师；主要研究方向：产业经济学。
③ 张红梅：重庆工商大学融智学院讲师；主要研究方向：会展经济与管理。

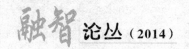

部分。通过重庆的金融辐射作用，推进长江上游地区经济社会的协同发展，形成东部沿海和内陆腹地一同开发开放的新格局。

二、国内较成熟金融中心产生的条件及发展路径借鉴

笔者选择北京、上海、深圳三地较为成熟的金融中心作如下归纳和对比（表1），为重庆打造长江上游金融中心提供借鉴：

表1

城市	功能定位	优势条件及发展路径选择
北京	国内政策决策中心	**优势条件**：中国的金融决策监管中心、金融信息发布中心、金融结算中心、资金调配和业务批发中心。其中，金融街区域的金融资产总额占全国金融资产总额的60%左右，控制着全国90%以上的信贷资金、65%的保费资金，是国内最大的货币资金市场。 **发展路径**：首先完善国内金融中心的地位，其次建成辐射周边国家的准区域性国际金融中心，最后建成区域性国际金融中心。
上海	国际金融中心	**优势条件**：拥有完整的工业体系，也是全国最大的工业中心。2007年1月"上海利率"的产生对上海国际金融中心具有象征性的意义。现已形成了包括银行间同业拆借市场、银行间债券市场、银行间外汇市场、上海证券交易所、上海期货交易所和上海黄金交易所在内的多层次先进金融市场体系。许多全国性金融机构的主要营运中心、交易中心、票据中心、离岸业务中心、授信评审中心、数据处理中心、研发中心等已汇聚于此。 **发展路径**：依托上海完善的金融市场体系，在人民币实现自由兑换、利率市场化进程的推动下，使上海首先成为投资、交易、开发人民币金融产品的国际金融中心，并伴随着人民币国际化程度的不断提高和国际影响力的不断增强，争取到2020年逐步发展成为亚太地区国际金融中心之一。
深圳	珠江三角洲的金融中心	**优势条件**：一是深圳证券交易所的创立特别是中小企业板的开设，使深圳成为全国中小企业特别是成长型科技型的金融中心；二是深圳是创业投资最活跃的地区；三是毗邻香港国际金融中心。通过推进深港金融一体化，深港两地资本市场相互开放，借力香港是深圳建设区域性金融中心的捷径。 **发展路径**：以"一个核心""三大特色"来构建深圳国家级金融中心的地位，即以中国创业投资型的资本市场为核心，以中国金融创新的试验场，连接内外两个资本市场的转换器，中国中小企业、高新技术企业和外商投资企业投融资服务中心这三大特色为支撑点，积极创造条件，打造特色鲜明的中国内地第三大金融中心。把深圳建设成"产业金融中心""金融创新中心""金融信息中心"以及"金融配套服务中心"。

三、重庆打造长江上游金融中心的优劣势分析

重庆已具备建设长江上游金融中心的基本条件，可与北京、上海、深圳金融中心功能互补，协同发展。

（一）优势分析

2009年，金融产业占重庆全市GDP的6%，第一次成为重庆市支柱产业，为

全市第五大支柱产业。目前全国金融占 GDP 的比重超过 5% 的仅有 6 个省市，重庆居第四位。特别是 2010 年 5 月 7 日，国务院在国家战略层面正式设立重庆两江新区——中国的第三个副省级新区，重庆迎来了借上海浦东新区和天津滨海新区政策建长江上游金融中心的春天。

重庆金融发展已然上升到了国家战略。国务院出台了《国务院关于推进重庆市统筹城乡改革和发展的若干意见》（以下简称《意见》）。《意见》对重庆金融改革和率先发展寄予了很高的希望，也为重庆打造长江上游金融中心提供了契机和条件。对于重庆打造长江上游金融中心的优势，本文主要以各个金融要素市场为切入点进行分析，包括资本市场、银行借贷市场、产权交易市场、票据中心，在金融要素市场的培育上重庆已取得了较好的成绩。

1. 资本市场

资本市场分为几个层次：在上海证券交易所和深圳证券交易所上市的公司组成的市场叫做"一板市场"，把创业板市场看做"二板市场"，而场外交易市场，即 OTC 市场为"三板市场"，主要为没有达到上市资格的一些公司提供融资和股权转让的场所。

（1）一板市场

基于最新数据，仅从上交所一家分析，中西部各城市在上交所的上市公司数量比起东部和沿海地区来少很多。重庆在上交所的上市公司的数量比武汉和西安略少，但与成都相当（表 2）。

表 2　　　　　　　　　各主要城市在上交所上市公司数目对比表

	北京	上海	天津	重庆	成都	西安	武汉
在上交所的上市公司数目	72	185	17	21	18	29	40

（2）创业板市场

我国于 2009 年 8 月正式推出了创业板块，给新兴企业提供了发展和融资的平台。迄今重庆已有莱美药业、智飞生物和福安药业成功上市，还有许多其他重庆企业正在积极准备。

（3）OTC 市场

重庆股份转让中心（以下简称"股份中心"）成立旨在积极参与全国证券场外交易市场建设，在证监会统一监管的市场体系中承担证券场外交易市场建设试点的任务，推动企业在场外交易市场挂牌，完善多层次资本市场体系，服务于成长型企业和区域经济发展。

2. 银行借贷市场

截至 2011 年 6 月末，重庆银行业总资产突破 2 万亿元，增长 14.5%；全市本外币各项存款余额 1.53 万亿元，本外币各项贷款余额 1.25 万亿元，西部排名第二；存贷比 81.8%，高于全国平均水平 13.7 个百分点。同时，银行业利润增长迅速，上半年实现税后净利润 187.9 亿元，比去年同期增长 50%。此外，重庆银行机构体系建设西部领先，今年上半年新增银行 9 家，截至 6 月末全市已有各类银行 57 家，银行数量继续保持西部城市第一。此外，浙商银行重庆分行即将

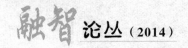

开业，另有已获批正在筹建的分行和法人级机构6家。

3. 产权交易市场

重庆的产权交易所可以分为国有产权交易所和土地交易所。

2007年5月23日，经国务院国资委批准，重庆联交所被确定为授权从事中央企业国有产权交易试点机构，成为继京、津、沪之后的全国第四家国务院国资委授权从事中央企业国有产权交易的全国性市场。另外，重庆土地交易所成立于2003年8月29日，位于渝中半岛。2008年12月，重庆农村土地交易所挂牌成立，推动了土地的流转，提供了新的融资方式，同时也可盘活土地，给农民带来收益。这是农村金融的一个重要方面，在重庆这样的城乡结合城市中，具有十分重要的意义。

4. 电子票据中心

《意见》称"依托全国金融市场中心建设整体布局，待时机成熟后，优先考虑在重庆设立全国性电子票据交易中心"。我国目前有80%的电子票据交易都发生在上海、江苏等沿海发达地区。在重庆搭建这样一个平台，企业和银行可以在上面报价、交易、背书，票据交易可以更安全，使资金流动更为充分。目前已有中国工商银行在重庆设立票据中心，以票据营业部为"龙头"、七家分部为"主干"，实现了总分部一体化、网络化经营运作。

5. 商品期货交割仓库和远期交易市场

《意见》称"支持期货交易所在重庆设立当地优势品种的商品期货交割仓库，支持在重庆设立以生猪等畜产品为主要交易品种的远期交易市场"。重庆周边有很多区县，他们都有各自的特殊产业，使用期货和远期等现在的金融衍生产品，可以推动区县特色产业的发展，也可以丰富全国的市场，给广大人民带来实惠。

（二）劣势分析

首先，重庆的经济发展水平比起东部城市差很多。其次，重庆地处西部地区，经济开放程度不够。最后，重庆的金融产业聚集度不高：一是金融人才相对缺乏，特别是高素质、创新型金融人才的匮乏制约了重庆金融产业的集聚和升级；二是从行业来看，重庆金融业的组成仍主要表现为以以银行为代表的传统金融机构为主体，新型金融机构和金融业务发展相对滞后；三是重庆地区金融机构和实体企业本身资产规模相对较小，抑制了金融业务的拓展和创新，从而造成了重庆金融业综合竞争力偏弱。

此外，成都、西安等西部中心城市的竞争压力也不容小觑。据统计，成都已有52家银行机构、62家保险公司、44家证券公司落户，外资银行、外资保险机构和上市公司数量均列中西部第一，金融交易量居西部第一。2011年9月发布的当年国务院综合开发研究院第三期CDI中国金融中心指数报告对全国29座城市进行了中国金融中心综合竞争力评价排名。成都的综合竞争力从2010年第二期的第十九位上升到第九位，位居西部之首，重庆和西安则分别位列第十四和十五位。

四、重庆打造长江上游金融中心的路径

重庆打造长江上游金融中心应考虑到自身的现实条件，利用自身的特色和优势，谋求具有创新性的、最适合的路径。

（一）城乡统筹金融模式

重庆当前改革的重点在于城乡统筹发展，打破城乡间制度藩篱，建立健全城乡统一的基本公共服务体系，健全城乡统筹的社会保障制度。因此，重庆的金融发展应当重点关注农村金融的发展。可考虑从几方面推进：一是创新农村金融服务可持续发展机制，提高金融机构支持城乡一体化发展的积极性，引导金融机构将优势资源向农村配置，鼓励农村金融产品创新；二是政府加大对农村经济建设的资金投入，成立专项基金扶持农村城镇化；三是创造性地引导社会资金进入支农领域，激励并引导民间借贷的发展；四是加强农村金融监管，着力建立风险为本的监管制度，促进农村金融机构稳健经营和可持续发展。

（二）市场与政府主导相结合，促进重庆金融产业集聚

重庆目前虽然有着如前所述的诸多优势，但与其他先进地区相比，金融体系尚不完善，金融运作环境相对较差，如何吸引资金、鼓励运作更是问题。政府主导将是重庆金融发展、长江上游金融中心建设初期的必然选择。根据经济结构的发展状况，在合适的时间点上，金融发展模式将向市场主导型发展，政府逐渐放松金融政策等的管制。金融产业集聚是重庆提升金融竞争力的重要动力，金融集聚一旦形成，将以区域金融为中心、以中央金融商务区为空间载体、以重庆各区域金融为支点，通过金融资源整合实现区域资源优化，并促进区域贸易、投资的增长和产业集聚的扩张，最终促进区域经济和金融的发展。现阶段重庆金融产业集聚的发展，已经不能简单地仅依靠市场或政府的主导力量，需要有效的政府行为和市场机制相互作用，促进金融集聚的发展。

（三）加快成渝金融一体化进程

依照《成渝经济区区域规划》，"努力将成渝经济区建设成为西部地区重要的经济中心、全国重要的现代产业基地、深化内陆开放的试验区、统筹城乡发展的示范区和长江上游生态安全的保障区，在带动西部地区发展和促进全国区域协调发展中发挥更重要的作用"。成渝金融合作的加深，有助于金融资源在更大范围的便利流动和跨界优化配置，并最终促进成渝经济区的协调发展，重庆金融在整个长江上游地区、西部地区的聚集效应和辐射效应亦能随之提升。

近年来，成渝两地的金融合作基本仍处于发展的初期阶段。可借力国家统筹城乡改革综合试验区和成渝经济区规划发展的战略契机，一方面积极争取在金融准入、机构设置、市场建设、金融业务等方面率先进行金融改革和创新试点，提升重庆的区域性金融中心功能，构建辐射西南地区的金融服务网络，形成多元化、多功能的金融产业体系；另一方面，搭建成渝两地金融交流平台，形成政府相关部门、金融宏观调控部门、商业性金融机构等信息共享机制，整合信息资源，推动成渝经济区内金融业务联动。

（四）构建地方金融控股集团

重庆已成为西部法人金融机构最为齐全的省市，近年来渝富、城投、地产、交旅、机电控股等多家国有集团先后介入金融领域，重庆已具备组建金融控股集团的条件。重庆目前已纳入统计的8户地方金融机构——重庆农商行、重庆银行、重庆信托、三峡担保、安诚保险、大东方保险、西南证券、三峡银行，地方金融体系已初步形成。

近期可借鉴国内外成熟的金融控股集团的组建模式，从维护重庆市地方金融业安全和稳定的角度出发，夯实现有战略业务单元（商业银行、保险、证券、信托等），初步组建重庆地方金融控股集团，搭建产业投资基金、地方法人保险等业务平台，参与重庆市地方商业银行重组。远期可发展成为控制重庆市地方金融行业的主导型金融航母，旗下拥有信托公司、证券公司、商业银行、产业投资基金、地方法人保险公司等门类齐全、风控严密、治理完善、效益显著的金融控股集团，为重庆经济发展提供一揽子金融产品和服务。

参考文献

［1］王明国，王春梅. 区域金融中心形成理论与青岛区域金融中心建设的战略选择刍议［J］，华东经济管理，2010（8）.

［2］何晓夏，章林. 论区域金融发展模式的选择［J］，时代金融，2009（12）：21-24.

［3］黄奇帆，推动重庆金融机构超常规发展［N］. 上海证券报，2010-04-22.

知识产权质押融资的瓶颈与前景[①]

孙妙娟[②]

[摘要] 从事文化产业的中小企业，拥有大量的无形资产——知识产权。这些无形资产若能转化为有效的融资担保品，将会为这些中小企业的发展壮大带来新的机遇。目前，知识产权质押融资仍面临诸多瓶颈，有效地化解制约因素，将能带动文化产业的兴盛。

[关键词] 知识产权　质押融资　瓶颈

文化产业的兴起和发展，给我国经济注入了新的活力。从事文化产业的企业多为中小企业，这些中小企业在发展壮大过程中，通常都会遇到融资困难的窘境。其实，从事文化产业的中小企业拥有诸如著作权、专利权等知识产权，符合担保品的要求。但实践当中，由于知识产权的无形性，银行对知识产权质押担保贷款慎之又慎，加大了知识产权质押融资的难度。本文针对目前困扰知识产权质押融资的因素进行分析，并提出相应的对策建议。

一、知识产权质押融资的内涵

知识产权质押融资是指企业以其拥有的知识产权为质押标的物，向银行申请贷款，而当企业不偿还贷款时，银行有权依法将该知识产权折价或拍卖，变卖的价款银行优先受偿的一种融资方式。

与有形资产抵押方式相比，知识产权质押业务存在五大特点：

（一）信息不对称更严重

银行与企业之间的信息不对称是中小文化企业贷款的特点之一。由于企业和银行之间普遍存在着信息不对称，加之中小文化企业财务制度不够健全，银行对成长初期企业经营者个人信用、企业管理水平、企业盈利性、知识产权价值及有效性难以把握，导致银行"逆向选择"的产生。同时，因知识产权专业性强，银行收集和处理信息难度大，以致贷款成本较高，易导致银行对中小文化企业的"惜贷"行为。

---

① 本文系重庆市教委 2012 年度人文社会科学研究项目《重庆市文化产业知识产权质押融资模式研究》（项目编号：12SKR02）和重庆工商大学融智学院 2012 年度科研培育项目（编号 20112001）的阶段性研究成果。

② 孙妙娟：重庆工商大学融智学院讲师；主要研究方向：金融投资。

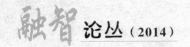

（二）知识产权权利不稳定

知识产权质押融资的标的物应是依法可转让的无形财产，出质的应是无形资产可转让的财产权。由于无形资产具有创造性、无形性、时间性、专有性和有价性等特点，其权利人可在同一时间对其行使占有、使用和处分的组合策略。在我国知识产权保护、登记制度尚未健全的国情背景下，知识产权的权属难以明晰，权利不稳定，银行对出质人知识产权权利法律状况难以监控。这些特点均抑制知识产权质押融资方式的拓展。

（三）知识产权价值难确定

价值评估是知识产权质押的重要环节。由于知识产权本身存在较大的专业性和复杂性，与有形资产的评估相比，其价值评估更加复杂，且需经过市场调研、市场分析、收益预测等程序。外加我国缺乏健全的知识产权评估机制，评估人才素质参差不齐，评估机构龙蛇混杂，这些均加大了知识产权价值评估的难度。

（四）知识产权易贬值性

虽然不少知识产权具有较高的价值，但其价值波动性大，易贬值。例如技术创新的周期缩短，极易引发专利权丧失预期经济价值；或是企业发展中突发事件，极易使企业品牌价值大打折扣等，如毒奶粉事件爆发后，曾经价值近 150 亿的"三鹿"品牌一夜之间被摧毁。这种价值的易贬值性直接构成信贷资产贬值，加大了银行放贷风险。

（五）知识产权流动性差

与有形资产抵押的物品处理机制相比，知识产权拍卖具有价值变动大、流通性差、变现困难等特点。尤其在我国技术交易市场不成熟、交易信息不对称、转让程序复杂的背景下，一旦贷款发生逾期，银行就将面临质押物难以处置、成本高、债权得不到实现的高风险，导致银行对知识产权质押贷款望而却步。

二、知识产权质押融资的瓶颈

（一）估值问题

首先，知识产权价值的评估直接关系到专利质押的设定及实现。知识产权客体的非物质性、知识产品生产的独特性和唯一性，使得知识产权的价值评估本身存在风险，导致很多商业银行至今无法推出知识产权质押贷款产品。

其次，银行由于无法直接占有质押的知识产权而被认为存在信贷风险。对银行而言，对知识产权的占有不是一种实在而具体的占据，而是表现为对某种知识、经验的认识与感受。这种占有是一种虚拟占有而非实际控制。另外，知识产权的价值还容易受到各方面因素的影响而具有不稳定性，这些因素又是银行难以直接控制的。

最后，知识产权的变现能力，即第二还款能力较差。我国的知识产权交易市场还不完善，知识产权的独特性决定了它的应用不像机器、厂房等有形资产那样具有普遍性，知识产权是很难达成交易的。评估和转让程序复杂严格，需要耗费银行相当多的人力、物力和财力，处置成本也相当高。

(二) 法律问题

1. 知识产权的质押标的的范围

我国的《知识产权法》颁布于 20 世纪 80 年代末 90 年代初。由于当时的国情和认识水平有限,一些智力成果并未纳入知识产权法的调整范围。随着知识的进步与科学的发展,知识产权的范围正在逐步扩大。一些在过去不被视为知识产权的东西,现在得到了认可。它们之所以与传统知识产权一样可以设质,是因为它们同样具有知识产权质押的特征。扩大知识产权质押标的的范围,使民事主体在质押融资时有更多的选择,从而促进知识产权质押制度的发展。

2. 知识产权质押合同的生效要件

我国《担保法》第 79 条规定:"以依法可以转让的商标专用权、专利权、著作权中的财产权出质的出质人与质权人应当订立书面合同,并向其管理部门办理出质登记。质押合同自登记之日生效。"显然,担保法没有区分质押合同与质权的设立,将质押合同的生效与质权的生效混为一谈。新通过的《物权法》对该规定作了一定的修改。第 277 条规定:"以依法可以转让的商标专用权、专利权、著作权中的财产权出质的,当事人应当定立书面合同。质权自有关主管部门办理出质登记时设立。"可见,《物权法》将知识产权质押合同的成立与质押合同的生效要件作了区分,知识产权质押合同的成立,只要当事人的行为符合民事法律行为的成立要件即可,但质权的生效仍然需要登记。因此,《物权法》关于质权的设立仍然采取登记生效办法,没有登记,质权不成立,当然也不生效,质权人的权利依然得不到保障。这说明,在我国,登记是质权的生效要件,不是对抗第三人的要件。而事实上,将知识产权质押登记规定为对抗要件而不是生效要件更为合理。

3. 知识产权质押登记问题

目前,我国法律规定的质押登记机关繁多,对当事人设定知识产权质押极为不利。若出质人以其不同的两项以上的知识产权向同一人担保同一债权,需向不同的机关登记方能设立质权。如果出质人以其两项以上的无形财产或以有形财产和无形财产共同出质,其登记机关更为复杂。此外,各登记机关所发布的登记程序内容相差甚远,其登记期限和费用也并不相同。从成本与效率的角度考虑,这种登记制度会加重质权设立的成本,降低质权设立的效率。

4. 知识产权质押的转质问题

我国《物权法》第 217 条规定:"质权人在质权存续期间,未经出质人同意转质的,造成质押财产毁损、灭失的,应当向出质人承担赔偿责任。"第 229 条规定:"权利质权除适用本节规定外,适用本章第一节动产质权的规定。"这就为知识产权质权人转质提供了法律依据。从《物权法》第 217 条的规定来看,质权人经出质人同意后,方可将质物转质,未经同意的不得转质。这说明我国物权法只规定了承诺转质,而未规定责任转质,实行的是瑞士模式。但是,一方面为了促进交易、物尽其用,另一方面为了有效保护出质人利益,我国法律应当在规定知识产权责任转质的同时,给予其操作要件和效力等必要限制。因此,应当增加关于责任转质的规定。

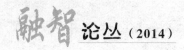

三、突破瓶颈的建议

（一）估值问题

首先，要控制主要风险点。银行质押贷款前提下的知识产权评估业务应当研究知识产权基本特征，即可转移性、地域性和时间性。另外，银行关注的不仅是质押的知识产权未来最有可能实现的价值，更关注知识产权的变现能力，即知识产权变现性特征。评估机构应当把这几个方面作为风险点，特别予以关注，从而控制评估的风险。

其次，要关注三类因素对银行质押贷款下的知识产权价值产生的影响。

第一类是法律因素。除了在常规的知识产权评估中应注重对保护范围、法律状态及知识产权类型等因素的分析外，在银行质押贷款前提下，评估师还应关注以下因素的影响：一是质押物在质押日的权属及有效性。以专利为例，众所周知，专利证书仅记载授予专利权时的状态，对于随后发生的权属变化、许可他人使用及有效性变化均没有反映，如专利权人因不了解各种许可方式的区别，已将委估对象以独占方式许可他人并收取了全额转让费用，虽然该专利权人仍享有委估专利，但就质押贷款而言，已经无法继续进行。二是质押物权利的稳定性。评估师应要求借款人提供国家知识产权局出具的新颖性检索报告，以确保质押物权利的稳定性。商标权利的稳定性相对专利要高一些，但也要关注商标权的变化。三是关注一个产品的若干核心技术由不同权利人控制的情况。由于拟质押物无法单独形成产品且借款人无权处置同一集团公司下属的其他经济实体拥有的专利，而严重影响到质押物的变现能力，从而影响其价值，评估师应充分考虑该因素对质押物价值的影响。此外，在银行质押贷款前提下对知识产权价值进行评估过程中，评估师还应注意拟质押知识产权是否存在权利纠纷及专利无效等事项、是否必须与专有技术相结合使用以及质押期间的专利年费或商标续展费的交付是否有构成权利法律风险等因素。

第二类是专利技术因素、商标维护因素。与一般评估业务不同，在银行质押贷款前提下，银行一般仅针对成熟的专利技术及商标等开展信贷业务；对于研发阶段的专利技术，由于风险较高，一般不会给予信贷。但有些研发阶段的专利技术由于具有较高的价值，对未来的变现能力可以预计，在充分研究其风险后，也可以进行质押贷款。对此，就必须研究技术因素、商标维护因素对银行质押贷款前提下知识产权价值的影响。一是产品获利能力与质押物之间的关系。一般而言，知识产权的价值是通过企业产品或服务的获利实现的。评估机构可以建立一套数学模型，通过对质押物多种特性的分析，确定质押物与产品获利能力之间的定性定量关系。二是替代技术对委估对象价值的影响。对拟质押的专利技术的替代技术出现的可能性进行分析，从而对其质押期间可能出现的价值变化进行判断。

第三类是经济因素。对于银行质押贷款前提下的知识产权价值评估，应适用谨慎原则，仅根据拟质押物的现实应用进行测算，对于未来潜在的可能应用，应不计入其价值。此外，评估师还应考虑质押物所涉及产品的财务数据与企业整体财务数据的分割，将技术价值与企业价值进行剥离来确定质押物的价值。

（二）法律问题

1. 扩大知识产权标的的范围

我们可以通过修改相应的法律来做到这一点。可以修改《中华人民共和国物权法》（以下简称《物权法》）第 227 条，将植物新品种权、商号权、商业秘密权等知识产权纳入质押标的的范围，然后将该条款设计得更具有弹性，以适应以后新权利的加入。或者可以通过最高人民法院的司法解释，对"知识产权"一词的范围做扩张解释，以适应当前出现的问题。

2. 修改《物权法》中有关知识产权质押合同的生效要件

可以将第 227 条修改为："以商标专用权、专利权、著作权等知识产权中的财产权出质的，当事人应当订立书面合同，质权自合同成立时生效。质权未经登记的，不得对抗第三人。"将知识产权质权的登记设立要件修改为登记对抗要件。

3. 修改《物权法》中涉及知识产权转质部分的规定

由于我国《物权法》只规定了承诺转质，而对责任转质没有作规定，应当将 217 条修改为："质权人在质权存续期间，可以将质物转质于第三人。质权人对质物转质后的任何损失对出质人承担赔偿责任。但经出质人同意而转质于第三人的，质权人仅对质物转质后因转质人的过错而发生的损失承担赔偿责任。"

4. 修改《专利法》和《专利权质押合同登记管理暂行办法》的相关规定

首先，取消行政部门对全民所有制企业在国内自然人和法人之间专利转让、质押的审批限制。其次，对外国人转让、质押的审批，可以等待条件成熟后逐渐让其市场化。完善知识产权质押登记制度。知识产权质押登记的法律，将分属于不同行政机关制定的规章统一起来，经过修改完善，形成统一的知识产权质押登记规范；设立统一登记机关，在政府中设立专门负责知识产权质押登记这一部分的行政机关；规范和统一登记事项和程序。

通过对知识产权质押融资制约因素的有效化解，知识产权质押融资必将成为从事文化产业的中小企业融资的新亮点，也会成为银行贷款业务的新增长点。目前，我国各地的知识产权质押融资的规模都在逐年扩大，北京市仅中关村一地，知识产权质押融资规模就已达 76 亿元，苏、浙、沪后来居上，其知识产权质押融资规模也达到了 40 亿元以上。因此，知识产权融资前景广阔，有待更进一步发展。

参考文献

［1］耿明英. 知识产权质押贷款——破冰科技型中小企业融资［J］. 国际商务财会，2009（1）：63.

［2］杨晨，陶晶. 知识产权质押融资的政府政策配置研究［J］. 科技进步与对策，2010（7）：105-106.

［3］刘伍堂. 质押贷款中知识产权价值评估［J］. 安徽科技，2008（5）：39.

［4］方珏. 我国知识产权质押制度浅析［J］. 理论导报，2008（12）：40.

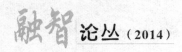
重庆市微型企业融资服务探讨

赵朝霞①　梁彦博②

[摘要] 融资难始终是阻碍重庆市微型企业发展的主要原因。本文从重庆市政府的政策支持、商业银行微型金融服务和非银行金融机构微型金融服务三个方面来探讨重庆市微型企业融资服务，并提出拓宽微型金融机构融资渠道、增加微型金融覆盖面、加快微型企业集群化发展、构建微型企业融资担保体系等建议来进一步完善重庆市微型企业融资服务。

[关键词] 微型企业　融资　政策支持　微型金融

一、重庆市微型企业融资难的问题分析

自 2010 年率先提出扶持微型企业发展以来，重庆市政府陆续推出各项政策措施大力支持和鼓励微型企业的创立和发展。预计到 2015 年全市要发展微型企业 15 万个。截至 2013 年 9 月底，重庆市共发展微企 10.03 万户，带动和解决 76.28 万人就业，微企注册资本金总额达 105.94 亿元，实现产销值 510 亿元。其中，近 9 000 户发展为成长型微企，取得了显著的社会效益和经济效益。

北京大学国家发展研究院调研结果显示，小微企业中需要融资的占大多数，约 73%。银行贷款远不能满足企业的融资需求，其中 70% 的小微企业主要依靠向亲戚朋友借款。来自全国工商联的数据则显示，小微企业中的 95% 没有与金融机构发生任何借贷关系。重庆市工商联（2013）对重庆市小型微型企业调研报告显示，中小微企业融资困难仍然是重庆微型企业面临的主要困难和挑战。重庆市小微企业大多数为劳动密集型行业，融资渠道主要以间接融资为主。但银行准入门槛高，手续复杂，且小微企业本身素质不高。银行一方面对微型企业存在"惜贷"现象，另一方面缺乏符合微型企业"短、小、频、急"的信贷产品，最终导致微型企业融资困难。目前，绝大部分微型企业不具有发行股票或者债券的资格，不可能通过资本市场直接融资。因此，银行或小贷公司这种直接融资的方式是微型企业融资的首选。针对微型企业融资难的问题，重庆市多方助力微企融资，出台了一系列促进微型企业融资的相关政策，主要从政府政策支持、微型金融两个方面来分析重庆市服务微型企业融资的现状。

---

① 赵朝霞：重庆工商大学融智学院讲师；主要研究方向：金融投资。
② 梁彦博：重庆工商大学融智学院教师；主要研究方向：区域金融发展。

二、重庆市政府对微型企业融资的政策支持

2010—2013 年年底，重庆市建立了扶持发展微企"1+3+3+3+N"的政策体系，即创业者"自己出一点"加上"财政补一点、税收返一点、金融机构贷一点"，加上搭建"微型企业培训平台、龙头企业对接平台、微企创业孵化平台"（简称"三个平台"），再加上"准入门槛管理分类指导、非银行金融融通、建立成长和退出机制"三项跟踪服务等系列帮扶措施。重庆市政府对微型企业融资方面的政策支持主要包括财政补贴、直接融资鼓励和间接融资引导三个方面。截至 2013 年 7 月底，重庆共发放微型企业财政补助资金 28.04 亿元。

（1）重庆市政府对微型企业直接给予补贴或直接发放贷款，主要体现在微型企业创业资金需求上。微企创办人如果自己持有 10 万元以上的资本金进行注册申请创办企业，重庆财政将给予 3 万~5 万元的补助，并提供资本金 1∶1 的融资担保贷款，同时由具有政府背景的担保公司为其提供无抵押担保。

（2）鼓励中介机构对微型企业发放直接融资贷款，体现在"金融机构贷一点"当中的无抵押担保创业扶持贷款和小额担保贷款。一方面，创业扶持贷款最高不超过 15 万元，以控制银行的信贷风险，而为了降低创业者的成本，鼓励银行放贷利率执行基准利率，而由政府对放贷银行给予 1%的奖励以补偿银行的利息收入，这样在控制风险的情况下保证银行利润。另一方面，小额担保贷款额度根据贷款人不同而有所不同——个人申请小额担保贷款最高达 15 万元，而企业申请小额担保贷款最多可申请 200 万元，同时由政府财政进行全额贴息，降低微型企业融资成本。除此之外，重庆市财政局还会为微型企业担保贷款在 15 万以内的担保公司提供担保，且收取不高于 1%的担保费，市财政将从市级民营经济发展专项资金中为担保机构列支担保补贴，补贴力度为按贷款担保额度给予年度 1 个百分点补贴。

（3）鼓励和引导金融机构为微型企业提供间接融资服务。尤其是针对一些高科技公司，根据其本身的不还本、可分红等特点，引导非银行类金融机构为微型企业提供上市、OTC、信托、债券以及风险投资基金、私募基金等资本运作方面的升级服务，为重庆市微型企业融资提供更多的渠道。目前，重庆市成立了金融资产交易所和场外交易平台，由保险公司、证券公司等金融机构为其提供资金和信用担保，帮助企业进行资产证券化、私募债券等融资服务，推动企业上市融资。2014 年，重庆市将继续推动微企创新发展，成立"微企发展引导基金"，主要用于扶优扶强，微企得到的资金扶持不再局限于财政补贴的 5 万元，可能高达数十万，甚至数百万元，用基金的力量帮助企业做大做强，最后实现创业板上市。

目前，重庆市在财政补贴以及鼓励金融机构直接融资两个方面力度比较大，也取得了比较好的效果。各大金融机构也都纷纷开展微型企业融资业务，但担保问题是放贷的主要障碍，而政府的担保支持政策力度仍然难以解决微企融资担保的难题。微企间接融资服务在重庆市极力打造良好的融资环境的推动下有序地发

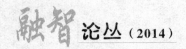

展起来，但仍然处于探索阶段，规模还比较小，适用于少数成长型企业。因此，要真正实现普惠金融，还是应该推动小微金融的发展，为微型企业融资提供良好的环境。

三、重庆市微型金融服务微型企业融资分析

巴曙松（2012）指出，从金融结构的调整、利率市场化推进、农村金融发展等角度来看，下一阶段有必要将小微金融发展作为金融改革的一个重点。目前，我国金融体系为小微企业提供的服务还远远不够，难以满足小微企业发展的需要。因此，要推动作为发展主力的小微企业发展，就必须进行金融改革。近年来，重庆在建设长江上游金融中心的过程中，注重金融改革，在小微金融方面取得了比较大的进展，在全国有很好的示范效应。这不仅体现在银行业积极开展微型金融业务，更突出的是小贷公司、担保公司等各种非银行类金融机构迅速发展起来，并将微型企业作为其主要业务对象。

（一）商业银行积极开展微型金融业务

自2011年银监会发布《关于支持商业银行进一步改进小型微型企业金融服务的通知》及《补充通知》两项政策以来，国内商业银行为了实现客户结构、业务结构的优化以及盈利能力的提升，纷纷将小微金融作为一项重点业务大力发展，纷纷推出了针对小微企业的金融服务产品。重庆市商业银行也不例外。

（1）重庆市各商业银行与担保公司进行合作，推出"微企通""见贷即保、见保即贷"等方便微型企业获得贷款的渠道和产品，其中最早且具有政府背景的有三峡担保公司。

（2）针对微型企业"短、小、频、急"的特点，商业银行对微型企业融资进行业务创新，设立小微企业金融服务专营机构，积极开发微型企业的专属贷款。各商业银行简化了微型企业贷款流程，推出"一表通""打捆式批量担保"等融资模式。比如建行的"速贷通"、重庆农商行的"商易贷"，通过下放授信审批权限、简化贷款审批流程，最快可在3日内完成500万元以内个人贷款、1 000万元以内企业贷款的审批和发放，为小微企业提供更加便捷高效的金融服务。

（3）针对微型企业担保难缺乏抵押物的问题，商业银行开始办理联保贷款、无抵押贷款、小额保证保险贷款以及针对新兴技术型、绿色环保型微型企业的信用贷款等。比如，工商银行重庆市分行在全市首家试点推出了小额保证保险贷款品种，中国银行重庆分行为新兴技术型小微企业提供信用贷款，以"小额、信用、高效"为核心为微型企业提供贷款服务。截至2013年10月重庆微企已从各大金融机构得到4.51万笔83.85亿元贷款。

（二）非银行微型金融机构逐渐成为微型企业融资主力

近年来，重庆市金融高地的建设推动了金融业务的高速发展，尤其是非银行金融机构的发展在全国首屈一指，有示范作用。2013年重庆市总融资增量达4 800亿元，而其中50%来自"影子银行"，为重庆市发展提供了一半的融资增

量。目前，重庆市的非银行类金融机构种类繁多，包括小贷公司、担保公司、信托公司、私募股权基金、风险投资基金、汽车金融公司等，约 664 家，总资本金约 1 456 亿元，融资规模达 2 400 多亿元，改善了重庆市企业和居民的融资结构。其中，小贷公司是服务微型企业的主要微型金融机构，对小微经济发展起到支撑作用，小贷公司就像金融毛细血管，已经渗透镇乡和村，小额贷款已经到千家万户，在缓解小微企业融资难方面取得良好服务效果。截至 2013 年 12 月，重庆地区共有已开业小贷公司 207 家[①]，小贷公司的客户 87% 为小企业和个体工商户，发放的贷款当中 80% 以上是半年以内的短期贷款。

从重庆市微型金融服务微型企业融资的现状来看，在重庆市政府的推动下，无论是商业银行还是非银行金融机构微型金融服务近几年都有了比较明显的发展。这也在一定程度上缓和了微型企业融资难的问题。当前的重庆市金融体系对于小微企业各方面的服务与实际需求还存在较大的距离，财政支持资金量、商业银行可贷量以及小贷公司等影子银行放贷规模都还无法满足广大的微型企业的融资需求量。

四、进一步完善重庆市微型企业融资服务的建议

2013 年下半年，重庆市中小企业局副局长周奎指出，中小微企业反映得最多的问题还是融资难、融资贵。要进一步解决微型企业融资问题，就必须进一步完善重庆市微型企业融资服务。

（一）利率市场化将拓宽微型金融业务覆盖面

2013 年 7 月，中国人民银行放开贷款利率管制，由金融机构根据商业原则自主确定贷款利率水平，利率市场化进程加快。一方面，根据近年来重庆公司的经验，小贷公司平均放贷利率约为 19%，不良资产率在 0.5% 以下，利润增长率则在 40% 以上，微型企业资金需求旺盛会推动贷款利率上升，小贷公司利润增长率还会继续上升，利益驱使将增加小贷公司的数量以及小贷公司的放贷规模。另一方面，商业银行面临的竞争日益激烈，同时在政府的政策支持下，将业务转向广大的小微企业的零售业务是商业银行经营转型的最佳选择，这样使得微型企业融资供给在量上面有了质的飞跃。

（二）扩宽小贷公司等微型金融机构融资渠道

小贷公司等金融机构不能吸收存款，只能依靠资本金以及贷款来进行资产运作发放贷款。尽管 2013 年年末重庆市小贷公司贷款余额约占全国的 1/15，远远超过其他直辖市小贷公司贷款规模，但依然不能满足重庆市微型企业的融资需求。政府应该加大对小贷公司的支持，在鼓励银行贷款的同时应该允许并协助小贷公司发行金融债券，增加其直接融资的渠道，更大范围地获得资金。

（三）加快微型企业集群化，创新集群融资模式

重庆小微企业的发展呈现出一定的地域集聚性，应利用该特点推行微型企业

---

① 数据来源于中国人民银行. http://www.pbc.gov.cn/image_public/UserFiles/goutongjiaoliu/upload/File/附表:小额贷款公司分地区情况统计表(5).pdf。

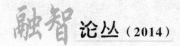
集群化发展，形成特定的区域集群产业。根据大数定律，商业银行可以根据产业链以及商圈发展模式，创新集群融资模式，解决信息不对称，绕过抵押物的障碍，获得广泛的客户群，分散银行风险，稳定资产结构，保障持续发展。

（四）构建完善的微型企业融资担保体系

目前，重庆市金融机构为微型企业提供融资仍然以担保融资为主。在未来的融资模式当中，担保融资始终会是一种安全、迅速、持续的融资模式。因此，完善微型企业信用制度、设立多元化的担保机构、创新担保方式来构建完善的微型企业融资担保体系是重庆市发展微型金融服务的必然选择。

参考文献

［1］北京大学国家发展研究院与阿里巴巴集团. 中西部小微企业经营与融资现状调研报告［R］. 2012(5).

［2］重庆市工商联. 重庆市小型微型企业调研报告［R］. 2012.

［3］覃昌令. 重庆小微企业发展融资难问题探析［J］. 经济研究导刊，2013（13）：157-158.

［4］巴曙松. 将小微金融发展作为下一步金融改革的重点［J］. 西南金融，2012(6)：4-6.

［5］佚名. 我市将扶持更多中介和担保机构缓解"融资难"［N］. 重庆日报，2013-12-16.

［6］卞彬. 集群融资与重庆小微企业融资机制创新的对策研究［J］. 探索，2013(1)：98-103.

［7］张晋东. 产业链金融：应对小微金融"三难"的有效模式［J］. 浙江金融，2013（11）：41-43.

金融排除视角下重庆市合川区
农村金融服务滞后的成因分析①

彭子洋②

[摘要] 改革开放以来，我国农村金融改革取得了一定的成果，但和农村经济发展所需的金融服务相比，仍然存在着巨大的差距。结合个案分析，发现金融机构的经营目标与农户的金融需求之间的矛盾是最终直接造成边远地区、农村地区金融服务缺乏的根本原因。本文运用金融排除的理论框架，从农户需求的角度就重庆市合川区的农村金融服务进行了实地调研，分别从地理排除、条件排除、价格排除、市场营销排除和自我排除五个方面，分析了农村地区金融服务不能满足农户金融需求的深层次原因，提出有效的对策措施，期望为农村金融服务的长足发展提供一定的借鉴。

[关键词] 农村金融服务　金融排除　农户

重庆作为我国城乡统筹改革试点的前沿阵地，农村地域广阔，人口众多，是我国重要的粮食主产区和商品猪肉生产基地。该地区自然条件较差，地区差异较大，农业生产技术和手段相对落后，拥有大量外出务工劳动力，是一个大城市与大农村的结合体，具有典型的"二元"经济结构。据统计，全市主城区以外的县域地区每万人拥有金融网点 1.39 家，只占主城区每万人拥有金融网点数的33.7%，其中经济发展较好的渝东北翼金融网点覆盖面为90.7%，经济发展相对较差的渝东南翼金融网点覆盖面为85.6%。金融产品、业务品种大多局限于传统的存款、贷款和结算业务，远远满足不了农村经济主体发展现代农业所需要的现代金融服务。

一、合川区金融服务调查结果（农户需求角度）

（一）调研地区样本的选取

笔者选取重庆市西北部重要农业区县——合川区的 4 个镇的 10 个行政村，开展农户金融需求和农村金融服务状况方面的随机抽样调查和实地调研。在样本选择上，农户样本选择的依据为：①选择的合川区在整个重庆地区处于中等水平，且该区历来都是农业大县，故具有一定的典型性；②在具体乡镇的选择上，

---

① 本文系重庆工商大学融智学院人文社会科学研究项目（项目编号：20110706）的阶段性成果。
② 彭子洋：重庆工商大学融智学院讲师；主要研究方向：农村经济。

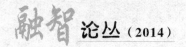

按经济发展水平分为高、中、低三类，共选 4 个镇；③在农户的选择上，随机选择距离乡镇中心和公路有一定差异的群体进行入户问卷调查。期望研究结果对全市乃至全国西部县域经济都具有一定的推广和借鉴价值。

（二）调查结果

调查共发放问卷 163 份，其中有效问卷 154 份，有效率为 94.48%。对农户基本信息的调查包括农户基本特征，财产及收支情况，基本金融行为，金融意识，基本金融产品（储蓄、信贷和保险）的认识、持有状况及其影响因素，周边金融服务机构的情况等方面的内容。

重庆市合川区农村金融服务调查结果显示：①农户的金融需求呈现多元化特点。②农户储蓄呈现资金来源多样化特点。③农户依然面临较强的信贷约束：农户信贷需求的满足程度不高；信贷服务的来源单一，信贷需求的用途、数额和期限上有较大的关联性；贷款意愿受周围环境影响较大，享有金融服务的意识淡薄；贷款的成本成为农户获取贷款的一大瓶颈；难以满足抵押和担保条件。④农户的保险意识淡薄，保险服务发展滞后。⑤政府扶持措施会影响农户的金融行为。

二、金融排除角度对农村金融服务滞后的成因解释

（一）农村金融机构的双重目标，导致地理性排除依然严重

我国金融服务业发展的地区差异显著，特别是农村金融服务供给相对滞后。面对农村地区存在更为严重的信息不对称、农户贷款笔数多、金额小、缺乏可抵押物、特质性成本与风险、非生产性借贷为主的贷款需求，以及农民居住地分散和交通不便、涉农金融机构收贷收息的工作量和难度加大、经营成本提高，从经济学角度讲，农村金融机构自然不愿提供"三农"金融服务，撤并设置在农村地区的金融网点也是理性的选择。从调查来看，中国农业发展银行在合川区仅保留了一个营业点，中国农业银行和农村商业银行在所调查的 4 个镇 10 个行政村中仅各有 1 个网点，平均每万人拥有机构网点数只有 0.67 个。从分布结构看，都集中分布在乡镇 1 公里以内。可见，即便是从早期的金融排除理论来看，在广大农村地区，这样的网点收缩与布局，无疑增加了对农村居民尤其是边远地区农民的金融排除。即不但降低了农户获得贷款的可能性，而且也增加了农户进行储蓄的难度，以及通过银行或信用社购买债券和保险产品的难度。

同时，随着地理信息系统（GIS）的普及，很多金融机构开始利用 GIS 来确定分支机构的定位和布局。通过 GIS 的地图显示结果考察高盈利区域、金融产品开发和服务提供的可行性等，结果在新产品、服务的宣传和营销过程中，落后的农村地区日益被金融主流媒介所孤立，直接导致了城市金融极化效应的加大和城乡金融空间的割裂。

其原因，涉及对农村金融机构所赋予的双重使命：社会责任与其经济人身份，强迫农村金融机构在公益性与商业性之间作两难选择。政府赋予其的社会责任，不管是对政策性金融机构还是商业性金融机构，甚至包括后来的小额信贷公

司都要求加大金融服务的覆盖面，关注弱势群体，致力解决贫困，这些金融机构在承担责任的同时，又没有有效激励或激励机制不可控，这样势必会造成首先顾及金融机构作为风险与收益相对称的独立经济人的目标，实现收益最大化，寻找自己的"蓝海"，并在此基础上与政府谈条件，进行政策套利，造成了较大的道德风险。最终形成机构之间争夺利益、转嫁风险的局面，金融服务真空地带较大。

（二）金融服务的接受性差，不符合农户的认知

农村金融服务的客户群已经开始分化，大多数农户受教育水平较低，并且高度分散、相对封闭，信息化水平也较低。而已经有一部分农户由于教育程度较高（高中毕业水平）或家庭成员跳出农门，已经开始由生存理性向经济理性转变。

通过调查发现，农户摆脱生存危机后，有意愿改善生活质量和有意识扩展社会关系，一部分农户已经具有了追逐利益最大化的动机。在资金安排上，部分富裕农户已经通过经商和投资等方式，实现资产的增值保值；在风险转移上，也有从试图通过自己的社会安排来抵御风险，向专业化、商业化规避风险的方式转变。对于前者，农户自然希望购买金融产品时手续能够简便、灵活，对产品的种类要求不高，服务条款简单、明了。而对于后者，则可能需要多元化的金融服务。

然而，现有的农村金融机构对农户的认识仍然停留在 20 世纪 90 年代，认为农户受教育水平低下，接受新鲜事物的能力较差，抵御风险能力差，金融需求单一，不需要花大力气进行细分，出现了农户多元化、层次化的金融需求与标准化的金融服务错位现象，使得农村居民对金融需求产生了自我排斥性。而农村金融机构却造成金融服务在狭小的空间中无序竞争。这种结果又反过来进一步强化了农村金融机构对农户的固有认识，造成恶性循环，最终撤离农村地区。

于是，农户被迫又退回到了主要依靠血缘和友情而形成的关系型信用金融行为。对调查结果的分析也证实了这一点，有 64.28% 的农户觉得自己在金融机构没有"关系"，9.6% 的农户不懂正规贷款的申请程序，76.6% 的农户首选亲友之间的借贷。于是，在这样的预期之下，以信贷为例，农户在选择借贷方式时，便主动放弃了从正规金融机构进行贷款申请。从而，也就主动把自己排除在从正规金融机构获得金融服务的范围之外。

（三）农村金融机构的业务流程仍显繁复

我国的农村金融机构在经营中为防止事前的逆向选择和事后的道德风险，套用服务城市客户的严格的准入标准和业务流程，与现阶段"三农"客户业务经营急需的客户准入低标准、服务范围小半径、业务办理短流程和操作方法简明化的现实金融需求不匹配，导致"三农"客户的金融需求无产品支持，无流程配合，特别是农户在信贷资源的获取和农业保险的开展上更是如此。

在贷款发放的评估中，金融机构通过审查农民的个人信用档案或者可资抵押的资产以评估信用风险。而农户资信档案的缺失、可抵押担保的合格品不足，以及金融机构搜集信息的成本较高，对信息进行甄别也相当困难，从而增加了对信贷风险评估的难度，限制了信贷的发放。此外，农村金融机构在内部管理中实行

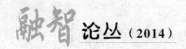

较为严格的信贷管理政策（如严厉的贷款责任追究制度），也使信贷员不肯轻易向农户发放贷款（成思危，2005）。

在调查大石、龙市两镇中主要面临两大难题：一是投保户数少，业务不成规模，风险大，从保险理论上讲不具备可保性。保险公司一户只收2 000多块钱，一旦发生损失，一赔就是几万，一共才几户、十几户投保。即使有这个险种，保险公司也不敢开展。另外，大石的种猪基地、龙市的枇杷示范园等农业巨灾风险等，都因为形不成规模而没法开发新产品。二是在农村开展业务本身困难比较多，分户办理手续复杂、耗时较长、过于专业，保险公司很难也不愿开展业务。

于是，在包括农村农业保险覆盖率低下的多种因素作用下，农村金融机构便很自然地在信贷风险的评估程序中将农户接近和使用金融资源的金融需求排斥在服务范围之外。

（四）农村金融服务的市场定位与"三农"需求有些偏离

在市场营销方面，农村金融机构的经营取向也把农村地区的金融需求排除在金融产品营销目标市场之外。这具体表现在：①金融服务单一，主要从事信贷资产业务，中间业务拓展困难。如农村信用社固守于小额农户贷款，采取"春放秋收冬不贷"的传统发放模式多年不变，与市场经济下的农业生产周期和农户的资金需求不相协调。②县域资金外流。目前仍在农村开展业务的国有银行分支机构却寥寥无几，农业发展银行作为政策性银行，从事的业务与农户关系也不大。农村信用社在改革中强调风险防范以及商业化经营也不愿多向农户放贷，农村邮政储蓄只存不贷，造成农村的各个金融机构业务都成为单纯吸收存款。③创新力度不够。农业产业化的发展需要农村金融提供技改信贷和贸易结算等专业化服务，而农村信用社专业化程度不够，还无法适应和满足需要，就更谈不上针对农民这一群体推出其他特色金融服务。

究其原因，主要是随着商业化改革的快速推进，农村金融机构为了抢夺优质客户（城市优良的大客户、行业垄断性客户、城镇高收入群体客户），市场定位的重心从农村转向城市，金融产品的开发也从以农业为主转变到了以工商业为主。以扎根于农村地区的、基本上垄断了农村信贷市场的农村信用社为例，出于财务上可持续发展和盈利的考虑，在市场定位上也出现了脱离"三农"的倾向，大量资金流向相对收益率较高的城市或非农部门。而且涉农金融产品和服务也失去了创新的动力，不仅贷款品种及其期限（如农村信用社的贷款期限大部分为10~12个月）不能够适应农业生产特点和生产周期（一年或一年以上）；而且为了降低单位交易成本、管理和人工费用，农村信用社也是尽量使小额零售业务转变成适合城市居民需求的批量批发式的大额业务。这样，农村金融服务在市场营销和目标定位方面就将广大农村地区需要金融服务的农民排斥在外。

（五）农业风险分散机制尚不能满足农民需求

农业保险作为促进农村经济平稳发展、推动农村金融市场深化的重要工具，是农村金融不可缺少的组成部分。当前农业保险的规模与农村经济对农业保险的需求还不相称。2012年，重庆农业保险保费收入1.9亿元，能够为农业生产提供150多亿元的风险保障。虽然较过去农业保险已经有了一定的发展，但是还不完善。部分农民意识的滞后性，导致主要还是以采取自救、依靠政府救济（社会捐助）等方法来防范和分散农业风险。因此，很多农户为了规避风险，往往选择低收益、低风险的经营活动，这将不利于农民收入的增加和稳定，也导致农村金融市场的信贷风险较高。

由于受《中华人民共和国担保法》和《物权法》等法律法规的限制，农户的抵押产品极端缺乏，当前的农村贷款产品中，信用贷款和联保贷款仍是最主要的品种，从而导致农户融资难、金融机构风险大，供给与需求之间存在严重失衡。我国按照农村地区正规金融部门的信贷制度要求，在发放贷款时，往往要求借款人提供一定的抵押，如果以信用方式发放贷款，也要求借款人提供一定的资信档案，这种做法在事实上已经将广大农户排斥在金融服务之外。因为，不仅农村金融机构没有建立起全面、系统的农民个人信用档案，而且农民也难以提供证明自己信誉和还款能力的有效资信；在农民缺乏可抵押的资产（即便作为抵押的房屋，也难以处置变现）的情况下，金融机构即便是向农民发放担保贷款，农村中也很难找到有担保能力并愿意为农民贷款承担保证责任的担保人。相关调查显示，在目前农户的融资过程中，90%以上的农户连融资历史记录、可考察的历史资料都没有，更不用说资信档案；目前农户贷款大多是生活性融资，极少谈得上是为了满足经济发展。由于这些贷款很少具有生产性，所以在农村金融机构看来，贷款成功回收的可能性也就值得担忧。

（六）农村金融服务成本高，产生较强的价格排除

发展农村金融的难点在于金融服务的小型化、分散化。首先，我国农村地区人口密度低，平均贷款额度小，家庭储蓄少，业务规模小，造成金融机构交易成本高。对于银行来说，一笔1万元的贷款和一笔100万元的贷款都要经过办理评估、抵押物登记等环节，成本相差无几；而若借款者不能还贷，还要经过诉讼、执行等程序，银行为此又要支付一笔费用，如果贷款额度小，银行扣除相关费用后得不偿失，而规模效应在银行正常运营中至关重要。其次，农村客户常常缺少现代商业银行所要求的传统形式的抵押品，或者有抵押品，但是确认农村抵押品物权的成本很高，造成贷款人缺乏物权保障，风险较高。再次，农村地区交通条件差、农村金融市场高度分割，使得金融风险集中度高。最后，由于农业生产的周期性和对自然条件的依赖使得不同农产品之间的价格相关性高，"一荣俱荣，一损俱损"的特点使得农村金融资产组合的整体风险高。

以主导农村金融供给的农村信用社为例，信用社出于自身财务上可持续发展和盈利的考虑，在经营中也有日趋脱离"三农"的商业化倾向。有研究表明，在政策允许的情况下，农村信用社贷款利率大部分上浮幅度达到或接近最高限，增加了农户借款的成本。最近的调查结果显示，大约34.6%的农户能够接受的最高借款利率甚至低于中国人民银行的存款基准利率（利率调整前的2.25%）；64.9%的农户能够接受的最高借款利率低于中国人民银行的贷款基准利率（利率调整前的5.58%）。但是，农村信用社发放贷款的平均利率却高达6%~42%，不仅高于其他商业银行利率，甚至还高于一些民间贷款利率，明显高于农户可接受的最高借款利率的平均值5%。可见，我国农村金融服务的主要供给者——农村

信用社，在贷款价格方面已经对大多数农户的金融需求产生了金融排除，降低了农户对资金的可获得性。

（七）政府对农村金融发展的支持错位

1. 支持农村金融发展的政策建设滞后

一是贷款财税补偿不够，监管政策引导不足；二是配套金融法律法规不完善，农民有效抵押不足，以致农民的各种权益和财产无法尽快参与农村金融活动中。

2. 政府服务农村金融的职能发挥不充分

一是对服务农村的金融机构政策待遇不等同，对服务"三农"的金融机构缺乏相同的政策环境。二是对金融机构提的要求多，为其排忧解难解决具体问题的少。个别地方政府甚至对金融机构依法清收或处置风险资产进行行政干预，严重挫伤了金融机构服务"三农"的积极性。三是地方政府在处理信用违法者时往往从社会稳定方面为借款人考虑的多，为金融机构资金安全考虑少，执法部门"有法不依、执法不严"现象时有发生。

三、一点想法

从重庆合川区农村金融服务调查结果可以看出，农村金融机构没有很好地满足农户对金融服务的需求。不论是正规农村金融机构，还是民间金融组织，在经营过程中，在经营取向上对农户的金融需求都造成了一定的金融排除，从而没有为农村经济发展配置足够的金融资源。

综上，在农村金融机构对农户金融需求产生一定金融排除的情况下，要清除农村金融服务的障碍，需要进一步深化改革。基于金融排除的框架，从农村金融机构经营层面的视角来看，不外乎集中在以下几个方面：一是稳步开放农村金融市场，建立有序竞争的多层次农村金融机构体系；二是开发并提高适合居民需要的金融产品；三是明确市场定位，建立合理的风险分散机制和金融服务定价机制；四是发挥政府的作用。

参考文献

[1] 宋爱苏. 统筹城乡发展中的重庆农村金融改革与发展问题 [J]. 探索，2009(1).

[2] 田霖. 我国金融排除空间差异的影响要素分析 [J]. 财经研究，2007(4).

[3] 田霖. 城乡统筹视角下的金融排斥 [J]. 工业技术经济，2007(7).

[4] 张惠如. 国外农村金融市场研究进展 [J]. 预测，2006(5).

[5] 李晓明，何宗干. 传统农区农户借贷行为的实证分析 [J]. 农业经济问题，2006(6).

[6] 吴典军，张晓涛. 农户的信贷约束 [J]. 农业技术经济，2006(4).

[7] 白莹. 新农村建设中的资金供求与制度设计 [J]. 金融研究，2006(10).

[8] 田力，胡改导，王东方. 中国农村金融融量问题研究 [J]. 金融研究，2004(3).

[9] 许圣道，田霖. 我国农村地区金融排斥研究 [J]. 金融研究，2008(7).

[10] 熊建国. 中国农户融资的现状分析与民间融资——来自江西省上饶市的个案调查与思考 [J]. 中国农村经济，2000(3).

［11］中国农村金融需求与农村信用社改革课题组．中国农村金融现状调查及其政策建议［J］．改革，2007(1)．

［12］张杰，刘东．金融结构、金融生态与农村金融体系的建构［J］．当代经济科学，2006(7)．

［13］中国人民银行农村金融服务研究小组．中国农村金融服务报告［R］．2008．

［14］孔祥智．中国农业社会化服务：基于供给和需求的研究［M］．北京：中国人民大学出版社，2009．

［15］何德旭，王朝阳．中国金融服务业的体制改革与产品创新［J］．财经问题研究，2007(6)．

夹层融资对我国券商融资业务创新的适用性分析[①]

郭静林[②]

[摘要] 在我国现阶段的金融市场中，夹层融资业务主要被商业银行和信托公司联合发行场外结构化产品的运营模式所垄断，尚未构成以证券经营机构为主导的局面。本文从我国券商业务的现状分析出发，分析夹层融资对券商融资业务创新的现实意义，并主要从组织形式、退出机制、收益与风险三方面分析夹层融资对我国券商融资业务的适用性。

[关键词] 夹层融资　券商融资业务　券商创新

一、引言

夹层投融资模式作为私募股权市场的一个重要组成部分，在欧美的资本市场中已成为一个成熟的资产类别。对于融资方，夹层融资是一种风险和收益介于优先债务与股权融资之间的融资形式，对于投资方，夹层投资是风险资本对成长到扩张阶段尚未盈利却仍然需要大量资金进行再扩张的企业进行投资的行为。在欧美金融市场中，伴随着房地产商业抵押贷款、资产证券化等金融工具的演化，证券经营机构作为融资市场的中间机构，极大地推动了夹层融资市场发展和规模的提升，其中保险公司、商业银行、投资银行、养老基金、对冲基金等各类机构都不断增加对夹层资本的投资和运营。而在我国现阶段的金融市场中，夹层融资业务主要被商业银行和信托公司联合发行场外结构化产品的运营模式所垄断，尚未构成以证券经营机构为主导的局面，并且，由于我国《商业银行法》以及巴塞尔协议对商业银行的投资风险限制，以及近期我国加大对商业银行的风险监管力度，规定了部分银行的房地产夹层融资，导致我国夹层融资市场无法像国外成熟市场一样做到透明化、规模化以及制度化。因此，夹层融资在我国的发展急需摆脱银行信托的单一运行模式，向以券商为主的非银行类证券经营机构寻求业务拓展和创新。

---

① 本文系重庆工商大学融智学院科研培育项目"夹层融资在证券公司创新业务中的应用研究"（项目编号：20140203）的阶段性成果之一。

② 郭静林：重庆工商大学融智学院讲师；主要研究方向：金融投资。

二、我国券商融资业务现状与夹层融资创新

我国的融资市场长期以来呈现以间接融资为主、直接融资为辅的格局，而我国直接融资发展较慢的原因与证券业发展水平直接相关。证券公司在直接融资中可发挥独特的作用，诸如财务优势、独立分析与尽职调查、金融创新与产品开发等，但券商融资业务的发展现状却因为创新能力不足、资产规模过小而受到限制。本部分通过将券商融资业务规模与我国社会融资市场总量进行对比，以及对券商融资业务细分类别进行对比，分析我国券商融资业务的发展现状以及夹层融资模式对券商融资业务发展的现实意义。

（一）券商融资业务在我国社会融资总量市场中的现状

根据央行公布的2013年全年社会融资统计数据，我国社会融资大体可分为三大类：银行信贷、企业债券和股票融资、其他非银行贷款类融资（如表1所示）。按增量口径统计，2013年我国社会融资总额为17.3万亿元，其中银行信贷融资占比为54.8%，而企业债券和股票融资占比只有11.7%；按存量口径统计，截至2013年年末，银行信贷、非金融企业债券以及贷款类信托存量规模，再加上历年累计股票融资额，合计96万亿元，其中银行信贷存量规模占比高达79.6%，而企业债券和股票融资额占比相形见绌，仅占15.2%。因此，在当前我国融资结构中，作为间接融资主渠道的商业银行仍占主导地位，而作为直接融资主阵地的资本市场作用有限。

表1　　　　　　　　　　2013 年各类社会融资规模占比分析

	按增量口径统计		按存量口径统计	
	额度（万亿元）	占比（%）	额度（万亿元）	占比（%）
银行信贷	9.5	54.8	76.6	79.6
企业债券和股票融资	2	11.7	14.9	15.2
其他类（包括委托贷款、信托贷款、未贴现银行对汇票、保险公司投资等）	5.8	33.5	4.5	5.2

数据来源：中国人民银行。

欧美成熟的资本市场的直接融资业务中，投资银行和大型券商占据主导地位；然而，在我国直接融资市场上，证券公司的发展水平无法与直接融资市场发展相匹配，导致我国商业银行取代证券公司在直接融资市场占据主要地位。过去五年，证券公司在非金融企业债券承销的市场份额由2009年的43%下降至2013年的29%，呈逐年下降趋势。而在2013年，包括企业债、公司债、短融、中票、资产证券化等各类非金融企业信用债的发行规模中，由证券公司承销的规模仅占29%，而商业银行承销额占比高达71%。综上可见，券商债券业务受到商业银行挤压现象严重，并且在直接融资市场中的作用没有得到充分发挥。

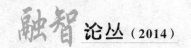

（二）券商融资业务细分类别的发展现状

我国券商的主要融资业务，按资本市场融资方式划分可大体分为公募融资和私募融资。其中公募融资包括新股发行、公开增发、配股和公募非金融债券；而私募融资包括定向债务融资工具、贷款类信托、资产支持证券、A股定向增发、新三板定向增发以及中小企业私募债。对比2012年与2013年的私募公募融资规模（如表2所示），私募融资规模仅约公募融资规模的四分之一。其中，私募业务所包含的资产支持证券、定向增发、私募债以及公募业务所包含的新股发行、公开增发和配股，都隶属于证券公司主导实体经济融资，但其规模在资本市场中的占比不及十分之一。

表2 　　　　　　　　　　券商私募融资与公募融资规模对比

私募（亿元）	2012年	2013年	公募（亿元）	2012年	2013年
定向工具	3 137	5 491	新股发行	436	0
贷款类信托	1 802	1 678	公开增发	0	80
资产支持证券	232	224	配股	20	476
A股定向增发	1 267	2 247	公募非金融债	33 898	33 625
新三板定向增发	9	10	—	—	—
中小企业私募债	94	311	—	—	—
私募总额	6 541	9 961	公募总额	34 354	34 181

数据来源：WIND资讯。

同样以私募和公募融资结构作为衡量标准，2013年美国开展私募证券承销业务和柜台市场证券交易的证券公司占比分别为59.2%和45.9%，占所有单项业务的第一位和第三位，开展公募业务的公司比例则只有25.3%，并且场外结构化产品和高收益债券等场外市场产品成为券商拓展私募业务的重点。就美国证券行业来讲，进入21世纪以来，来自非交易所产品佣金收入占比则从47.34%升至62.82%。① 尤其是金融危机以来，美国高收益公司债券发行量及其在发行总量中的比重都显著增加，交易也更趋活跃。相比之下，我国券商融资业务一直限制在以公募融资为主要融资渠道的操作模式中，缺乏完善的私募发行体系，这也是限制券商融资业务的竞争力和发展速度的原因之一。

（三）夹层融资模式对券商融资业务创新的现实意义

结合上述分析，我国券商融资业务的发展急需创新的两方面重要原因在于：一是券商的传统融资业务无法使其在直接和间接融资市场中与商业银行的业务规模相抗衡，从而无法体现证券机构在融资市场上理应存在的竞争优势；二是我国券商现阶段的融资业务结构比例与发达资本市场的发展标准相差甚远，从而导致我国券商融资业务在内部结构优化方面存在较大的问题，削弱整体业务在融资市场中的竞争力。针对直接融资业务和私募融资业务的发展需求，证券公司开拓夹

---

① 数据来源：海通证券研究所。

层融资业务对其在融资市场的角色转变具有重要的现实意义。

首先，在当前金融混业化经营的趋势下，直接融资和间接融资的界限开始模糊。证券公司目前开展的融资融券、股票质押等类信贷业务以及小贷业务，性质上更接近间接融资。如果证券公司把类信贷业务的受益权转让，打包发行产品发售给投资者，这就转变为直接融资。而夹层融资产品是夹层资本所依附的金融合同或金融工具，能提供形式非常灵活的较长期融资，券商对其操作方式既能契合间接融资市场的需求又能通过产品打包的形式符合直接融资市场的需求，提高券商融资业务在直接和间接融资市场转换方式的灵活度，并丰富资本的融通渠道。

其次，夹层融资属于私募股权资本市场的一种投融资形式，发展夹层融资产品不仅能丰富我国券商私募融资形式，还能拓展我国私募融资市场在融资业务结构中的比重。

同时，如表2所示，我国的公募融资业务来源主要体现在新股发行和公募非金融债，在融资结构中尽可能多地使用了股权、优先级与普通债务的形式来融资，这也导致了我国券商融资体系在股权和优先级债务之间存在一个资金缺口，而夹层融资正好提供利率比优先债券高同时承担较高风险的债务资金，其风险与收益结构能弥补债务和股本融资之间的资金缺口，使我国券商融资体系在风险收益上具备连贯性。

三、我国券商开展夹层融资业务的适用性分析

夹层融资从其特性上来看，结合了固定收益资本和股权资本的特点，从其本质来看，它仍然是一种债务融资工具，主要应用于杠杆收购融资、企业并购融资、企业扩张融资、债务重组、资本结构调整和企业再融资，属于适用于资本市场融资多样化发展的一种融资方式。但目前我国夹层融资业务开展的矛盾在于：这种具备中高风险特征的融资方式更多地被有明确风险监管限制的商业银行采用，以此发行场外结构化产品，却没有被风险监管标准与之契合度更高的证券公司广泛运用。因此，本部分以西方成熟的资本市场运作模式作为分析基础，从夹层融资的组织形式、退出机制、收益与风险三方面，对我国券商开展夹层融资业务的适用性进行研究，分析论证夹层融资在券商融资业务创新中的可操作性。

（一）夹层融资组织形式的适用性分析

夹层融资组织形式一般包括夹层贷款、优先股权和两者结合这三种情况。夹层贷款是一种介于一级担保债券和权益之间的融资工具，由优先偿付债务组成，包括期权、固定收益的权益投资部分等收益增级工具，旨在抵补高出一级杠杆贷款的风险。在欧美发达资本市场，证券经营机构对夹层贷款模式的应用已经拓展到夹层贷款证券化阶段，而在我国证券经营机构的融资业务中，由于风险监管的限制和创新业务的审批权限制，夹层贷款业务的可操作空间主要适用于私募融资业务中的贷款类信托产品。因为证券公司不具备像商业银行一样雄厚的资金实力，在贷款性质的业务中，无法发挥商业银行一样的贷款人作用，所以夹层贷款成为券商融资的方式之一。

而在优先股权方式中，夹层投资者是优先合伙人，在收益分红时，夹层投资者优先于其他合伙人，并且一般情况下，夹层投资者拥有实际借款者的实体控制权。我国于 2013 年 11 月颁布了《国务院关于开展优先股试点的指导意见》，其颁布与实施为夹层融资在优先股权组织形式上提供了政策环境的支持，丰富了我国直接融资市场的证券品种，为证券公司在直接融资市场上的业务提供了更大的灵活性和创新空间。

（二）夹层融资退出机制的适用性分析

在资金的退出方面，夹层融资与单一的股权投资相比具有一定的优势。夹层融资通常会在融资协议中规定明确的还款日期和额度，可采用分期付款或一次全部偿还的方式，夹层资金的借款者可根据自身的现金流状况选择还款方式。相比之下，私募股权投资的退出方式更多地采用清算方式，因此夹层投资的退出渠道要优于其他传统私募股权投资。这为券商私募融资业务提供了更多样化的资金退出机制。

夹层融资的退出方式主要是优先股、可转换债券、目标企业或管理层回购，其中可转换债券和管理层回购的退出方式对于券商来说，比商业银行更具备操作性。因为券商相较于商业银行在资本运作业务中，更多地涉及可转债交易中介和管理层回购的财务顾问角色，因此具备运作夹层融资退出机制的运营条件和基础设施，从而提高券商开展夹层融资业务的适用条件。

（三）夹层融资收益与风险的适用性分析

夹层融资收益结构主要由利息收益、股权收益以及融资项目的预期收益三方面构成。其中利息收益部分属于夹层融资中的低风险收益部分，主要涉及现金利息和实物偿付两部分，但由于夹层资本的投资标的都是处于成长期的中小企业，而这类企业由于处于扩大生产阶段，一般都不具备充分的现金储备，因此夹层融资中的低风险利息收益部分占比相对较小。而收益占比较大的部分主要来自于股权投资收益和项目预期收益，后者主要是由公司的短期收入和股权参与部分的其他潜在收入构成，这部分收益具有持续性高收益和低波动性的特征，且该特征的显著性高于一般私募股权。基于上述三种收益特征，夹层融资的收益率大概处于13%～18%[1]之间，符合券商在直接融资市场业务中的收益率要求；若券商以贷款类信托或资产支持类证券的方式将夹层融资业务转换为间接融资方式，那么参照美国资本市场上夹层基金产品的收益率，按照资产规模的不同，其收益率分布大概在 3.9%～12.04%[2]之间，同样符合我国券商现阶段在间接融资市场中的平均收益水平。

夹层融资的风险特征一般包括退出风险、行业风险、协议风险，而夹层融资风险对于券商融资业务的适用性主要体现在券商的风险控制能力、业务运作能力对夹层融资的接受程度，以及券商风险监管制度对夹层融资业务的准入程度。

首先，因为对于中小企业和民营企业来说，进入公开股票市场进行 IPO 的机

---

① 数据来源：UBS FS Alternative Investments.
② 数据来源：Thomson One.

会非常有限，资本退出问题在我国私募股权市场一直存在较大的困难，但夹层资本的回收主要是通过债务的还本付息来实现的，因此具备天然的退出优势，从而丰富了券商在私募股权融资运营中的退出渠道。

其次，夹层债务产品的设计通常与融资方及其所处行业的风险相匹配。对新兴市场的高成长行业，夹层资本要求更高收益率，相反，对于发达市场的成熟行业的夹层融资，在企业或项目现金流稳定、汇率风险较小的情况下，夹层债务可以设计成一个简单的普通高利率次级贷款。在我国现阶段商业银行开展的夹层融资业务，主要针对房地产企业，属于成熟行业的夹层融资，因此容易获取稳定的现金流；而券商开展的夹层融资业务在现今很难与商业银行分割成熟行业的融资需求，因此必然面对向高成长行业拓展夹层融资渠道，从而提高券商夹层融资的行业风险。

最后，夹层融资通过在融资协议中加入限制性条款为投资者提供了更强的保护，包括对融资方财务比率的限制、对再融资的限制和其他法律条款，有时还与优先债务人拥有同顺序的破产清偿权，而且可拥有董事会的出席权和否决权等更多的股权投资人所拥有的法律权利。因此，夹层融资模式若以间接融资业务的方式运作，能降低券商夹层产品的投资方的协议风险，使夹层融资产品在间接融资市场上比其他私募股权融资产品更具吸引力。

四、结论

夹层融资在我国虽然还处于起步阶段，并且其业务主要被商业银行所垄断，但其发展模式在券商类金融机构中仍具备很强的适用性。在组织形式方面，夹层贷款业务的适用性主要体现在券商私募融资业务中的贷款类信托产品中，而其优先股权融资方式能为证券公司在直接融资市场上的业务提供更大的灵活性和创新空间。在退出机制方面，夹层融资能为券商私募融资业务提供更多样化的资金退出机制，提高券商资金对私募融资业务的参与度和规模扩张程度。在收益与风险的适用性方面，夹层融资产品的收益率结构以及风险结构能与券商私募融资业务的收益风险结构相匹配，并且能对券商的部分高风险业务进行风险补偿，有效调整券商融资业务的整体风险结构。

重庆互联网金融现状与发展建议

黎 莹①

[摘要] 随着互联网技术和移动终端设备的广泛使用，借助网络实现资金支付、融通和信息中介服务的互联网金融飞速发展。以"余额宝"为代表的互联网理财、以 P2P 为代表的网络借贷等各式互联网金融产品，如雨后春笋般涌现并快速增长。重庆市为打造长江上游金融中心，通过互联网技术来进一步拓展银行的服务种类和领域，以扩大对跨国企业及周边金融服务的辐射面。本文将从互联网金融的概况进行梳理，对重庆当前的互联网金融发展情况作整理，并对其发展提出建议。

[关键词] 重庆 互联网金融 现状 建议

互联网与金融的相互渗透，催生出互联网金融模式。互联网金融的发展提高了金融业务的普惠性，这与"十二五"期间中国金融业发展和改革的目标不谋而合，与中国深化金融机构改革的步伐相适应。互联网金融的崛起，实有其必然性。因为互联网金融所带来的是更广泛的客户，以及更低廉的资金与交易成本。透过搜索引擎、大数据、社交网络及云计算，互联网金融能够建构的是更有效率也更优质的资源配对。随着网络经济的迅速发展，第三方支付、网络信贷、众筹融资、云金融等金融创新业务方兴未艾，互联网金融热潮正席卷全国。截至目前，我国已有 250 家企业获得第三方支付牌照，其中包括阿里巴巴、腾讯、网易、百度、新浪等互联网巨头。以阿里巴巴的"余额宝"为例，2013 年 6 月 17 日，"支付宝"正式推出"余额宝"，上线 18 天就让天弘货币基金成为中国用户数量最大的货币基金。截至 2014 年 2 月底，"余额宝"的规模约为 5 000 亿元，用户数超过 8 100 万，天弘基金公司因此成为国内管理资产规模最大的基金管理公司。

当下，重庆正致力于打造长江上游金融中心，金融持续健康发展，技术、人才储备、业务的创新方面，都走在全国前列。重庆已经建立起门类齐全、结构合理、风控健全的金融组织体系。通过对外开放高地的建设，著名跨国 IT 企业惠普全球结算中心已在渝顺利运行多年，第三方支付机构不断增多，金融业发展不断加快。重庆将通过互联网技术来进一步拓展银行的服务种类和领域，以扩大对跨国企业及周边金融服务的辐射面。互联网金融的出现，对重庆地区传统金融机构和金融企业、实体企业的经营模式和运行格局产生了重大影响。

---

① 黎莹：重庆工商大学融智学院讲师；主要研究方向：互联网金融。

一、互联网金融（Internet Finance）

（一）互联网金融的内涵

当前，业界和学术界对互联网金融尚无明确的、获得广泛认可的定义，但对互联网支付、P2P 网贷、众筹融资等典型业态分类有比较统一的认识。一般来说，互联网金融是互联网与金融的结合，是借助互联网和移动通信技术实现资金融通、支付和信息中介功能的新兴金融模式。广义的互联网金融既包括作为非金融机构的互联网企业从事的金融业务，也包括金融机构通过互联网开展的业务。狭义的互联网金融仅指互联网企业开展的、基于互联网技术的金融业务。腾讯、阿里巴巴、百度等互联网巨头推出的金融产品都在较短时间内受到了广泛的关注和追捧。

（二）互联网金融的主要特征

一是以大数据、云计算、社交网络和搜索引擎为基础，挖掘客户信息并管理信用风险。互联网金融主要通过网络生成和传播信息，通过搜索引擎对信息进行组织、排序和检索，通过云计算处理信息，有针对性地满足用户在信息挖掘和信用风险管理上的需求。二是以点对点直接交易为基础进行金融资源配置。资金和金融产品的供需信息在互联网上发布并匹配，供需双方可以直接联系和达成交易，交易环境更加透明，交易成本显著降低，金融服务的边界进一步拓展。三是通过互联网实现以第三方支付为基础的资金转移，第三方支付机构的作用日益突出。

（三）我国互联网金融的主要业态

1. 互联网支付

通过计算机、手机等设备，依托互联网发起支付指令、转移资金的服务，其实质是新兴支付机构作为中介，利用互联网技术在付款人和收款人之间提供的资金划转服务。典型的互联网支付机构是"支付宝"。2013 年全年，支付机构共处理互联网支付业务 153.38 亿笔，金额总计达到 9.22 万亿元。互联网支付业务的应用范围也从网上购物、缴费等传统领域，逐步渗透到基金理财、航空旅游、教育、保险、社区服务、医疗卫生等领域。

2. P2P 网络借贷

P2P 网络借贷平台为借贷双方提供信息流通交互、撮合、资信评估、投资咨询、法律手续办理等中介服务，有些平台还提供资金转移和结算、债务催收等服务。典型的 P2P 网贷平台机构是宜信和人人贷。当前，又衍生出"类担保"模式，当借款人逾期未还款时，P2P 网贷平台或其合作机构垫付全部或部分本金和利息。

3. 非 P2P 的网络小额贷款

网络小贷凭借电商平台和网络支付平台积累的交易和现金流数据，评估借款人资信状况，在线审核，提供方便快捷的短期小额贷款。例如，阿里巴巴所属的网络小贷向淘宝卖家提供小额贷款，旨在解决淘宝卖家的短期资金周转问题。截

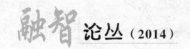

至 2013 年年末，阿里金融旗下三家小额贷款公司累计发放贷款 1 500 亿元，累计客户数超过 65 万家，贷款余额超过 125 亿元。

4. 众筹融资

这是通过网络平台为项目发起人筹集从事某项创业或活动的小额资金，并由项目发起人向投资人提供一定回报的融资模式。典型代表如"天使汇"和"点名时间"。目前我国约有 21 家众筹融资平台，其中"天使汇"自创立以来累计有 8 000 个创业项目入驻，通过审核挂牌的企业超过 1 000 家，创业者会员超过 20 000 人，认证投资人达 840 人，融资总额超过 2.5 亿元。

5. 基于互联网的基金销售

基金公司基于第三方支付平台的基金销售本质是基金公司通过第三方支付平台的直销行为，使客户可以方便地通过网络支付平台购买和赎回基金。以支付宝"余额宝"和腾讯"理财通"为例，截至 2014 年 1 月 15 日，"余额宝"规模突破 2 500 亿元，用户数超过 4 900 万；"理财通" 1 月 22 日登录微信平台，不到 10 天规模已突破 100 亿元。

二、重庆互联网金融的业态发展现状

（一）重庆互联网金融新添网络贷款平台

近年来，网络贷款平台作为金融领域的新兴产业逐步兴旺，为小微企业的融资和市民理财提供了更多选择。但由于监管缺失，少数网络贷款平台的"跑路"和"倒闭"，导致人们对网贷行业爱恨交融，喜忧参半，引发了人们对互联网借贷平台的争议。

2014 年年初，由中国首家双向借贷网络平台原创团队开发的"财迷中国"网贷平台，全权委托迅付信息科技有限公司旗下的"环迅支付"第三方支付平台为"财迷中国"平台提供资金托管，使"财迷中国"平台的资金真正实现了信息与资金的完全独立，保障个人在网贷平台的闲置资金安全。而迅付信息科技有限公司旗下的环迅支付是中国最早成立的第三方支付平台，该公司支持所有国内主流银行及国际信用卡，为全球 60 万家商户及 2 000 万用户提供金融级的支付体验，在业内具有很高的知名度和影响力，且在重庆设有分支机构。为此，"财迷中国"网选择了与"环迅支付"合作进行资金托管。这种真正的"资金托管模式"能让投资人和借款人分别在第三方支付平台的系统中开设账户。在交易发生时，资金是从投资人的账户直接转入借款人的账户，中间不会通过"财迷中国"平台，真正体现了个人对个人的 P2P 网贷本质，将贷款项目和资金完全剥离开来，为投资人和借款人创造了更为安全的交易空间。"财迷中国"网系重庆拉勾企业管理顾问公司创立，公司通过"财迷中国"网开展互联网金融信息与技术服务，其主要业务将以重庆为据点，陆续进入四川、贵州和云南等西部各省市场。

（二）重庆 P2P 网络平台"隆金宝"发行，助力小微企融资

重庆两江担保公司与重庆市隆金资产管理公司、第三方支付机构"易极付"

联合打造的"隆金宝"互联网金融产品成功上线试运行，该产品的成功发行，将进一步拓展中小微企业的融资渠道。

"隆金宝"作为P2P互联网金融信息平台，可供需要借款融资发展的优质中小微企业发布融资需求信息，同时为有闲散资金且有投资需求的投资者提供可投资信息。该互联网金融产品第一批试发行2笔，金额200万元，下一步将根据测试情况继续扩大发行额度。该互联网金融产品是两江担保公司在互联网金融热潮下，探索金融服务的创新举措，不仅拓展了中小微企业的融资渠道，还为公司业绩带来了新的增长点，预计今年可完成担保金额3亿~5亿元，公司盈利增加700万~1 000万元。

（三）重庆地方商业银行加快互联网金融布局

互联网金融模式下的商业银行为客户搭建了电子商务和金融服务综合平台，客户可以在平台上进行销售、转账、融资等活动。平台不赚取商品、服务的销售差价，而是通过提供支付结算、企业和个人融资、担保、信用卡分期等金融服务来获取利润。目前这类平台有建设银行"善融商务"、交通银行"交博汇"、招商银行"非常e购"以及华夏银行"电商快线"等。

重庆农村商业银行（以下简称"重庆农商行"）适时调整经营策略，专设"IT战略发展委员会"指导电子银行的发展。2009年，重庆农商行在同业中较早推出网上银行业务；2011年9月推出移动金融业务，携手中国银联推出NFC/SD银联标准手机金融产品；2013年7月"微信银行"正式上线，成为国内首家可直接办理资金类交易的微信银行，同年10月，升级江渝手机银行卡，"江渝移动金融"客户端正式亮相，推出基于苹果手机IOS操作系统和安卓操作系统的移动客户端。重庆农商行将发展电子银行业务与践行普惠金融服务理念紧密地结合在一起，打通了超级网银、同城支付、网关支付、第三方支付等多种支付结算渠道。截至2013年年末，重庆农商行电子银行服务交易替代率达70.21%，较上年末提高14.12个百分点，线上服务能力持续提升。

2014年，重庆农商行加大对互联网金融的投入，以理财产品为切入点，搭建由重庆农商行发起的其他地方农信社（农商行）参与的"直销银行联盟"，为异地金融客户提供更加便利的互联网理财服务，创新推出"类余额宝产品"。以应对第三方支付公司的互联网金融竞争，并在大数据支持下，借助重庆农商行的多个电子信息渠道，实现小额贷款的快速申请、审批、发放和还款，促进小额贷款业务的发展。

（四）重庆本土企业借力互联网金融颠覆传统零售模式

互联网金融除了对传统银行带来冲击外，也对传统零售带来越来越多的挑战。目前，传统行业触电并成为生力军是大势所趋，接地气的区域性食品电商具有强劲增长空间。美家颂去年成立了重庆首家网上超市，也是西南地区最大的网上同城超市，在互联网金融发展大潮下，依托互联网平台，美家颂计划在2014年将网上超市服务全面覆盖主城9区，为更多的消费群体带来完美便捷的购物体验，预计在未来5年美家颂将全面覆盖西南地区，实现互联网电子商务与传统行业的完美融合。美家颂还正在打造重庆本土第一个"互联网金融商业地产"，透

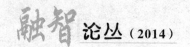

过网络搭建一个服务民众、丰富便捷的互联网 CBD，前期以重庆主城 9 区作为试验开发点，通过网上超市、全城免费配送、联盟商家团购等一系列优势配套服务炒热"网上地产"，吸引更多传统行业商家进驻此平台。

（五）互联网金融与线下实体消费结合

互联网金融算是对传统金融的一种补充，互联网金融给传统企业带来的商机，在于和线下实体消费相结合。

商通实业是西部首批获得第三方支付牌照的企业，正在做的就是搭建传统企业、实体消费与互联网金融相结合的平台。早在 2012 年下半年，就开发了互联网金融产品"和信通"电子商务综合支付平台，目前已经涵盖餐饮娱乐、汽车服务等多个领域，与成都王府井百货、美美百货、新世界百货、远东百货等开展合作，2013 年用户达到近 400 万，总销售额达 10 亿元。目前商通实业在四川已经和电信、联通开展合作，推广手机移动支付，在重庆正在开拓业务市场，2015 年将与多家地产商、百货商场以及超市合作，推广使用互联网金融新产品"和信通" APP。

三、重庆互联网金融发展建议

（一）规范互联网金融发展

重庆作为西南地区的金融汇集高地，未来将会需要打造更多的高端产业、战略产业，重庆市政府相关部门应出台专项政策，统筹规划互联网金融产业基地，加大对网络第三方支付和众筹等互联网金融业态的支持力度，争取设立互联网银行、互联网证券公司和互联网保险公司，加快培育互联网金融龙头企业。通过探索第三方资金托管等模式，建立互联网金融行业管理规范。成立互联网金融行业自律组织，打造具有国际影响力的互联网金融论坛，推动行业健康发展。引导金融机构与互联网企业的深度合作，构建深圳互联网金融产业链联盟，加快形成传统金融与创新金融互补发展的良性格局。支持设立提供数据存储及备份、云计算共享服务、大数据挖掘和服务、销售结算服务的机构，完善互联网金融的配套支持体系。

（二）建立信用识别与风险防范体系

正如马云所言："金融的本质是做信用，互联网金融本身是建一个有信用的体系。"对众多的从事互联网金融业务企业和互联网产品的消费者而言，互联网金融所面临的最大风险就是信用风险。在金融活动中，信用是促成交易的关键因素，也是金融风险产生的重要原因。作为信息技术与金融的结合体，互联网金融产生了更加复杂的信用风险，这不仅严重损害了广大参与者的切身利益，而且也极大地阻碍了这种金融形式的持续健康发展。目前，人民银行的征信系统接口门槛比较高，导致互联网金融机构无法直接连接该系统，从而使得这些企业很难真正掌握借款人的信用信息，这不仅降低了经营效率，增加了交易成本，而且直接放大了互联网金融的经营风险。譬如，在实际操作中，信贷网站很难明确借款人的信用记录、还款能力以及抵（质）押物的情况，增加了交易双方的信息不对称程度，提高了借款人的恶意违约风险。因此，为了更好促进重庆市互联网金融的持续健康发展，降低整个行业的经营风险，相关监管部门应该尽快建立针对互联网金融业态的信用识别与风险防范体系。

（三）加强互联网金融下的消费者权益保护建设

互联网金融的兴起，在一定程度上提高了支付便捷度，提升了资源配置的效率，提供了多元化的金融消费需求，但同时，互联网金融风险的复杂性、隐蔽性也给消费者权益带来更多的隐忧。目前，我国没有针对消费者互联网金融权益保护的法律制度，对消费者保护的法律条文只有《消费者权益保护法》，而该法只对实物产品的消费者进行保护，没有涉及金融产品。重庆监管部门应适时出台相应的互联网金融消费者权益保护的专门法规和制度，从法律层面界定互联网金融的相关问题，规范市场主体的各项行为。对交易过程中的风险分配和责任承担、机构的信息披露、消费者个人信息保护等作出明确规定。

此外，应设立专门的维权机构，健全投诉处理工作机制，使互联网金融消费者能够"投诉有门"，主管部门也要结合投诉开展相应的监督检查。参考欧美金融服务发达国家的例子，可以借鉴英国金融申诉专员服务公司的形式和做法，建立独立于金融机构和消费者的第三方架构，作为替代性的争议解决制度。同时，严格审查参与者身份和交易的真实性也是必要的，多管齐下，切实保护消费者互联网金融权益。

（四）加大重庆本土互联网金融产品的研究

对重庆本土互联网金融企业而言，发展互联网金融，首先需要的是扩大市场影响力，不断扩大和维护客户群，充分利用互联网开放式平台优势，强化互联网金融产品开发，满足客户一站式和多样性需求服务；其次，加大技术研发，改进互联网金融的运行环境，实现互联网金融交易平台安全畅通和信息安全传输。对金融机构而言，需要充分利用互联网平台的开放优势，加强对其他金融机构、互联网平台尤其是第三方支付机构的互联互通，开发更多适合网上营销满足客户需求的金融产品，鼓励推进金融产品创新。

参考文献

［1］陈一稀. 互联网金融的概念、现状与发展建议［J］. 金融发展评论，2013(12).

［2］郭畅. 互联网金融发展现状、趋势与展望［J］. 产业与科技论坛，2013(19).

［3］李文韬. 加强互联网金融监管初探［J］. 时代金融，2014(5).

［4］汤皋. 规范互联网金融发展与监管的思考［J］. 金融会计，2013(12).

［5］苏鹏飞. 深圳规范互联网金融发展［J］. 中华工商时报，2014(1).

我国互联网金融的发展现状与对策分析①

周婧玥②

[摘要] 互联网金融在中国已经成为一个热门话题，国内对于互联网金融的研究，也是随着互联网金融的发展才刚刚起步。伴随着全球互联网技术的快速发展，消费者的生活方式正在从各方面受到越来越深入的影响并发生改变。现代金融理念革新，互联网与金融业相互融合和渗透并日益深化。作为一项金融创新，以第三方支付、P2P 网络信贷、众筹融资等为代表的互联网金融模式从诞生到呈业态发展，对传统金融模式、货币政策、金融监管和金融消费者权益保护都产生了重要影响。本文拟从互联网金融的界定、发展现状入手，主要分析了我国互联网金融的发展现状及相关问题的对策。

[关键词] 互联网金融 发展模式 信息技术 业务创新 法律监管

一、引言

在网络技术被大众广泛接受且运用的今天，互联网金融这个名词也是从无到有，随着时代和信息技术的发展已经成为社会生活不可忽视的一部分。可以说互联网金融是传统金融与互联网相结合的一个新兴事物，是在金融创新、用户需求及信息技术发展的多重推动下，由传统金融机构及互联网企业等多种主体以互联网和信息技术为金融服务中介，向互联网用户提供的便捷、高效、智能的金融服务模式。互联网金融与传统金融的区别不仅在于所采用的媒介不同，更重要的在于金融参与者通过互联网、移动互联网等工具，使得业务具备透明度更强、参与度更高、协作性更好、中间成本更低、操作上更便捷等一系列特征。

二、互联网金融的概述

（一）互联网金融的界定

互联网金融并非是单纯的互联网与金融合并的概念。目前，从全球来看，还没有给予互联网金融一个完整统一的界定。有专家认为，市场人士将互联网企业从事金融的行为称为互联网金融，而将传统金融机构利用互联网的业务称为金融

---

① 本文系 2014 年重庆工商大学融智学院人文社会科学研究项目（20147003）、2013 年度重庆市社会科学规划培育项目（2013PYYJ08）和重庆工商大学融智学院科研团队（030101）的阶段性成果。
② 周婧玥：重庆工商大学融智学院讲师；主要研究方向：互联网金融。

互联网。不过随着金融和互联网的相互渗透、融合，这一狭义概念的界限正变得模糊。从广义的范围来看，互联网金融是指传统金融行业与互联网信息技术，特别是搜索引擎、移动支付、大数据、云计算和社交网络等相结合产生的新兴领域，是借助新兴互联网技术来实现融资、支付和信息媒介等业务的创新型金融模式。自20世纪90年代，世界主要国家金融机构自发地对传统金融业进行产业升级，互联网企业也通过产品创新抢占了部分市场，其不同时期的不同形式也都和网络信息技术的发展息息相关。我国金融业的信息化起步较晚，是互联网企业主导了本轮的业态革新，同时，利率市场化加快、增长方式面临转型等当前特殊的经济形势，也客观上为互联网金融的规模性增长创造了条件。[①] 从目前互联网金融的发展趋势来看，其重要意义在于：在避开中介直接通过金融市场直接融资的项目成功率开始超过银行的融资项目成功率。金融市场这种活跃趋势不仅有助于自身融资能力的改善，而且将通过与银行机构的互补性竞争，帮助金融市场和银行机构的双方效率相互提升，从而大大提高金融体系的整体效率。

（二）互联网金融的发展模式

在互联网金融模式下，支付便捷，超级集中支付系统和个体移动支付统一；信息处理和风险评估通过网络化方式进行，市场信息不对称程度非常低；资金供需双方在资金期限匹配、风险分担等方面的成本非常低，可以直接交易；银行、券商和交易所等金融中介都不起作用，贷款、股票、债券等的发行和交易以及券款支付直接在网上进行。市场充分有效，接近一般均衡定理描述的无金融中介状态，可以达到与现在资本市场直接融资和银行间接融资一样的资源配置效率，在促进经济增长的同时，还能大幅减少交易成本。因此，互联网创新金融模式的增多，不是多种融资方式的简单替代，而是促进金融市场向成熟高效演变的重要助力。

在互联网金融发展当下，金融业的细化和专业化被逐渐淡化了，在互联网的相关信息技术的影响作用下、社会大众都可以通过互联网进行各类金融业务选择和交易；风险定价、融资融券等复杂交易的操作也都被大大简化了；市场参与者的组成部分更为百姓化，享受互联网金融市场交易所产生的收益的对象也更加百姓化。这也是一种更为民主化，而不是少数专业精英控制的金融模式。目前的金融市场主要存在以下几种互联网金融模式：

1. 信用融资的互联网化

伴随着计算机信息技术的发展，P2P网贷和众筹模式可以说是金融网络化的最典型模式，也是互联网金融最为重要的分支。网络存贷款最主要的业务就是P2P，通过网络贷款平台，资金需求和供给双方在互联网上完成资金融通，它完全脱离传统商业银行，是脱媒的典型表现。

众筹则是集中平台上众多参与者的资金，为小企业或个人提供资金支持。创

---

① 中国农业银行信息技术管理部副总经理涂晓军则认为，互联网金融的实现途径主要有两个：一是互联网企业从事金融服务，推出第三方支付，并逐渐开展融资、理财等业务，进而全面涉足金融业务领域；二是商业银行通过加强对互联网技术的运用，拓展服务渠道，创新金融产品，改进运营流程，改善客户体验，从而使银行业务网络化。

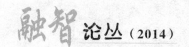

意众筹模式指创意的发起方在众筹网站上发布自身的创意项目或产品，并以公众捐助方式募集实现创意项目或产品资金的模式。该模式下，公众对于资金的捐助完全是出于对创意的认可和喜爱，公开募集资金一般数额较小，而创意方无须转让自身股权，也不存在资金借贷关系，只是最终产品需交付给捐款的公众作为回报。

2. 支付结算方式的互联网化

第三方支付是在网络和智能终端的发展下推广使用的。它是支付系统与互联网的结合，也是互联网金融中的"基础设施"。通过第三方支付平台，买家在选择商品后，利用网络第三方平台申请的账户支付货款，再由第三方通知卖家款到发货。而在买方收货验货后，再通知第三方，将款项转至卖家账户。该种模式在国外和国内都趋于成熟，如美国的第三方支付 PayPal，中国的支付宝。目前，我国的第三方支付企业已经突破百家，比较有代表性的有支付宝、财付通、银联在线支付等，其应用领域也从一开始的网上交易支付、转账，扩展成为线上与线下全方位的客户生活服务支付，除了最基本的银行网上转账之外，还包括日常中的生活缴费、充值、代付等。

3. 传统金融产品与服务的互联网化

这主要是传统商业银行业务的互联网化、证券交易业务的电子化以及保险产品、个人账户管理等业务的信息网络化升级，本质上就是传统货币市场基金产品的营销方式网络化。主要是通过互联网向用户销售金融服务和互联网理财产品，如基金、保险、期货及其他种类的理财产品等。与传统理财模式的区别在于：互联网理财模式由金融机构和电商平台进行深度合作，金融机构负责理财产品的运营，电商平台提供技术支撑、潜在的客户群和企业品牌的声誉作为信用担保，通过较高的收益率，吸引用户购买。该模式的优势在于：既可以方便地在互联网上进行购买和赎回，又可以通过互联网及时了解产品的收益情况。以支付宝推出的余额宝产品为例，用户可以在支付宝网站内方便地购买余额宝基金产品，在随时可以赎回的同时，还保证了较高收益，同时余额宝内的资金能随时用于消费支付，因此受到用户的广泛欢迎。目前该领域的发展在群体上有一定的局限性，其中中国消费者的参与度要远低于发达国家，中国互联网金融业务参与占比最大的还是 18~33 岁的年轻群体，有近四成主要通过网上银行来参与金融行为。

三、我国互联网金融的发展现状

在近十年的时间里，随着网络技术的发展和接纳度的扩大，中国也开始进入了互联网金融的时代。但从技术成熟度、网络覆盖范围、网络速度的局限以及金融产品业务的发展来看，相较于国外，我国的互联网金融发展还处于初级阶段。

（一）传统金融业务逐步实现电子化

从线下来看，各大银行已经逐步把线下业务搬到线上；从线上的互联网金融产品来看，各银行、公司除了在遵循之前的金融服务产品化、金融产品标准化之外，也依据互联网的特点，设计了种类繁多的金融产品，所有金融机构的竞争慢慢地都将在信息平台上展开。从这个角度来看，可以说是"数据为王"。将来谁掌握大数据资源，谁就掌握了风险定价的主动权，也就可以获得准确、高额的风险收益，最终获得竞争优势。以阿里金融为例，阿里巴巴在金融服务领域已包括贷款、担保、保险、信用卡、支付结算等全流程。

（二）网络信贷、众筹的规模不断扩大

在中国市场，得益于国内个人经营、消费贷款和个人投资理财的巨大市场需求，互联网金融不可置疑的进入了信贷融资领域。P2P 网络信贷平台就是在这样的发展趋势中因运而生的。我国从 2007 年 6 月首家成立以来，由个人单一的线下模式发展为线上线下并行的通过网络平台相互借贷的模式。但是和国外不同之处在于，目前我国还存在一种特殊的 P2P 信贷模式，它主要依靠线下行为、通过债权转移的方式进行。以宜信为代表，根据央行的统计[①]，截至 2013 年年末，全国范围内活跃的 P2P 借贷平台已超过 350 家，累计交易额超过 600 亿元。非P2P 的网络小额贷款行业也在不断发展，截至年末，阿里金融旗下三家小额贷款公司累计发放贷款已达 1 500 亿元，累计客户数超过 65 万家，贷款余额超过 125亿元，整体不良贷款率约为 1.12%。

2011 年 7 月我国的众筹融资才刚刚发展起步，截至 2012 年 7 月，国内第一家众筹公司点名时间共成功完成项目 281 个，成功融资规模达到 636.7 万元。可以说因为我国还没有出现有重要影响力的众筹平台，因此无法形成规模效应；另一方面，用户投资理念仍然趋于保守，创新金融方式的接受能力较弱。这些因素都导致了众筹融资方式没有 P2P 网络贷款方式发展迅速。

（三）第三方支付异军突起

第三方支付的出现在很大程度上解决了互联网交易中的资金安全和资金流动问题，使得网络支付在整体支付业务中的地位变得越来越引人注目。2010 年中国人民银行《非金融机构支付服务管理办法》的发布以及 2011 年非金融机构支付业务许可证（简称"第三方支付牌照"）的颁发，使第三方支付行业的外延有了进一步扩大，把第三方支付企业扩展为在收付款人之间作为中介机构提供网络支付、预付卡发行预受理、银行卡收单以及中国人民银行确定的其他支付服务的非金融机构。由此，第三方支付企业也由互联网支付企业扩展为从事资金转移服务的各类支付企业。至 2013 年 9 月末，获得第三方支付牌照的企业累计已达 250余家。

互联网金融使金融信息成本降低，人人贷等创新模式能纳入信用记录，不仅削弱了银行在信息筛选和处理方面的优势地位，而且突破了银行作为交易中介的传统理念，对未来商业银行的存在价值构成直接挑战。

四、我国互联网金融发展中出现的问题

（一）互联网金融缺乏行业规范性，法律法规急需完善

首先，互联网金融业务的合法性没有法律上的界定，违法操作经营的现象突

---

① 见央行发布的《中国人民银行年报 2013》。

显。我国当下互联网金融市场中的多样化业务模式和产品种类对于法规和监管的规避性较强，"无门槛、无标准、无监管"的背景，再加上交易双方金融信息的不对称性，直接导致我国 P2P 网贷平台发生挪用，卷走客户资金的问题频频发生。就 2014 年短短半年内，就已经发生了多起互联网信贷平台"非法集资"和"携款潜逃"事件，据统计，已经有 45 家 P2P 平台"跑路"。其中 5 月份就有 8 家平台"跑路"或关闭，包括"马上有钱""日升财富""信誉财富""中信创投""股民贷""仁信贷""威泰创投"和"弘昌创投"等，给互联网信贷的声誉带来极坏影响。这一现象最主要的原因在于，截至 2014 年 6 月我国还没有明确出台针对互联网信贷业务监管的法规细则。因此我国目前的网络信贷业务实际上还没有任何法律条款来对网贷平台经营、客户违约等行为进行管理和约束。除此之外，网络借贷平台其纷繁复杂的债权运作行为，也让我国金融行业现有的金融法、银行法和证券法无法对其借贷行为进行界定。

其次，互联网金融机构合法性也难以确定，客户的合法权益难以得到保障。目前我国对互联网金融机构的市场准入还没有一个确定的标准，因此在机构申请建立流程上也没有按照金融机构的法定市场准入程序进行注册登记。这一结果直接导致投资者难以确认这些网络信贷、融资机构身份的合法性，也没有渠道去掌握与获取互联网金融机构的资质、业绩和信用度等信息数据的真实性和完整性，加上互联网导致的交易虚拟化，在诚信认知上就更加难以确定。

最后，不可忽视的问题是还没有建立明确的监管机构。由于目前我国还没有明确建立监管机构对互联网信贷、融资平台进行实际的监管，所以当下没有一个合法的身份能够对互联网金融从业机构的资格进行审查，同时也没法对这些机构的资金安全性、信用度进行时时监督。此外相较于国外比较成熟的网络信贷平台的自律协会的建立，我国该行业中的行业自律协会也是尚未成形，导致了互联网金融行业中机构和经营行为既没有上级部门的实际监管，也没有自身行业的相互约束。所以说互联网金融的法律法规的建立完善是不可忽视的重中之重。

（二）网络资金存管制度与风险控制制度不健全

近年来，互联网金融行业 P2P 网络信贷和众筹发展得异常迅猛，传统银行改革建立的网络银行，如支付宝、微信、财付通等也建立起庞大的支付链条模式，第三方支付平台工具正在逐渐成为银行、卖家与客户、消费者之间的资金流通桥梁。这些创新的资金流通，不仅是资金的不断流通过程，同时也是大量资金沉积在第三方平台的过程，而资金存管的安全性风险就成了不可避免的问题。由于第三方支付机构受限于用户、商品和银行卡等信息不足，不太可能完全识别和控制交易环节中的风险。银行则负责对用户信用卡信息核对，提供不同安全级别的安全认证接口，一旦用户信息泄露，银行很难作出判断。这也就是第三方支付金融终端等工具的漏洞频频被不法分子所利用的根本原因。支付风险控制是一个链条系统化、结构化的体系，一个安全的消费环境需要商户、第三方支付机构和金融机构三方共同营造，任何一方存在漏洞，都有可能引发安全风险。随着互联网金融的不断发展，越来越多的消费者选择采用快捷支付方式进行网上购物，但第三方移动支付平台的快捷支付功能，本身还需要去不断寻找解决安全与快捷之间矛盾的措施。

此外互联网金融在资金风险控制中征信基础也相当薄弱，面对高风险的交易模式，通常都没有建立客户身份识别制度，也没有采取交易记录保存与可疑交易分析报告机制。这也是网络资金存管常出现问题的原因。

（三）互联网金融的信息安全管理不到位

由于互联网金融是以互联网作为基础建立起来的，所以其信息技术特点决定了其引发的风险具有特殊性。中国网上购物，以淘宝网为首的长期扩展和持续增长的交易量，为互联网企业积累了大量消费者交易记录、消费倾向、现金额度和信用资料。截至 2013 年年底，仅淘宝网一家就积累了 4 亿用户的交易相关信息。在互联网金融不断深入发展的今天，互联网金融企业通常将这些大数据信息作为核心资源对相关信息进行分析。从数据分析结果中，互联网金融机构通常可以掌握客户的消费偏好、信用情况等信息，再为客户提供有针对性的金融服务和产品。这样的方式能对互联网金融中出现的信息不对称和信用风险有所控制。然而，正因为拥有庞大的数据，一旦相关数据遭到泄露、篡改或者窃取的话，消费者的个人隐私与权益等方面将受到损害。如何有效保护消费者的私人信息，同时避免非法窃取已经成为互联网金融行业中的一个重要问题。当前，我国政府已经着手保护金融消费者的合法权益，人民银行还专门下发了《金融消费权益保护工作管理办法（试行）》，用于指导各级金融机构的金融消费权益保护工作，但该《办法》只将传统的银行、证券、保险、期货等金融机构纳入监管范围，新兴的互联网金融企业并不在规范之列，这是监管的漏洞。可以说，互联网金融行业的金融消费权益保护工作还是一片空白。

五、推动我国互联网金融未来发展的对策

（一）出台法规制度，对互联网金融行业进行分类监管

面对不断出现的互联网金融风险，制定促进互联网金融行业健康发展的导向规范，设立相应机构对行业进行行为监管，已经是迫在眉睫的任务。[1] 一是可以成立互联网金融监管委员会，由中国人民银行、金融监管部门、公安部、商务部和工信部等单位组成，形成监管合力，联合监管互联网金融业务发展；二是建立互联网金融监管信息交流平台，促进监管部门的监管信息交流和资源共享，降低监管成本，提高监管透明度和监管效率；三是构建互联网金融业务统计监测指标体系，要求互联网金融企业定期向有关监管部门报送数据信息，实现对互联网金融平台的风险监测分析和风险预警；四是要成立专门的互联网金融风险处理机构，及时处理违法、违规和发生风险的互联网金融企业，从而防范互联网金融风险的蔓延。

（二）提升对互联网金融资金风险的防范能力

其一，加强社会信用体系建设，使个人资信状况日益透明化，提高客户资信

---

[1] 央行条法司司长穆怀朋此前表示，对互联网金融从业机构仍然要实行必要的监管，不过不应管得过死，要留出发展的空间，监管力度要适度。

审核的准确性，建立互联网金融平台信用体系，发展信用评级服务市场，解决参与各方的信息不对称问题；其二，开展互联网金融消费教育和保护工作，针对目标群体进行有针对性的教育，提高互联网金融消费者的风险意识和自我保护能力，同时严肃查处互联网金融信息的不实宣传，严密防范互联网金融平台从事违规吸收公众存款和非法集资等活动；其三，完善各项风险管理制度，强化风险控制，例如建立资金监管和反洗钱制度等，防范互联网金融平台发生资金挪用和洗钱等风险事件的发生；其四，加大信息披露的程度，构建更加人性化的计算机网络安全体系，规范互联网金融操作流程，形成相互信任的互联网金融交易市场。

（三）加强互联网金融信息安全的管理

首先，在用户信息安全方面，互联网金融企业应当切实加强互联网金融基础设施建设，对核心技术、关键产品进行整体规划，重点攻关。通过构建完善和严密的互联网金融信息安全防护体系，为客户的信息安全保驾护航，规避信息泄露或者被盗取的风险，真正起到维护消费者合法权益的作用。其次，在涉及投融资和资金进出方面，企业应当加强信息披露的透明度，对客户进行充分的金融风险提示与信息披露，重视参与互联网金融活动的客户的信息知情权，避免客户遭遇网络欺诈等风险。最后，除了自身的管理提升外，在法律监管约束方面也是不容忽视的。建议通过立法来提升对于互联网金融安全的治理能力，将互联网金融企业纳入《金融消费权益保护工作管理办法（试行）》监管范畴，尽量避免互联网金融消费权益保护工作监管真空状态，做到有法可依，全方位地保障个人信息隐私安全，增强必要信息的透明度。

六、总结

互联网金融是否可以持续发展，应该遵循怎样的原则、采取何种模式、以多快的方式来改变或者贴近当下的金融体系，还需要边走边看，是不可能一帆风顺的。[①] 任何存在的事情都可能发生风险，当下对于互联网金融发展的任务在于把握好金融的创新性和市场良好秩序的平衡。为此，需要保持理性，做好自我监管工作，同时积极完善和创新互联网金融市场。在未来的发展过程中，应该继续发展互联网金融，最终达到互联网金融的便捷性和金融行为的安全性的统一，从而保障整个社会金融市场的稳健运行，保护消费者的权益安全以及规范金融市场上的种种行为。

参考文献

［1］Xie Ping, Zou Chuanwei［J］. The Theory of Internet Finance［J］. China Economist, 2013（3）.

［2］宫晓林. 互联网金融模式及对传统银行业的影响［J］. 南方金融，2013(5).

［3］李博，董亮. 互联网金融的模式与发展［J］. 中国金融，2013(10).

---

① 根据诺思等制度经济学家的研究，决定社会和经济演化的技术变迁和制度变迁具有较强的"路径依赖"。

［4］谢平，邹传伟. 互联网金融模式研究［J］. 金融研究，2012(12).

［5］周文蕾. 互联网金融发展研究——由余额宝引发的经济学思考［J］. 时代金融，2014
(9).

［6］张晓芬，张羽. 互联网金融的发展对商业银行的影响［J］. 兰州学刊，2013(12).

［7］刘师媛. 互联网金融的风险与监管探析［J］. 现代经济信息，2014(6).

［8］王琴，王海权. 网络金融发展趋势研究［J］. 商业时代，2013(8).

［9］冯娟娟. 互联网金融背景下商业银行竞争策略研究［J］. 现代金融，2013(4).

［10］伍兴龙. 我国网络借贷发展现状与监管路径探析［J］. 南方金融，2013(3).

［11］张洪伟，张运燕. 国外互联网第三方支付的监管比较［J］. 金融科技时代，2013
(6).

［12］侯婷艳，刘珊珊，陈华. 网络金融监管存在的问题及其完善对策［J］. 金融会计，
2013(7).

［13］刘俊奇，陈冉. 欧美网络金融监管模式的借鉴与启示［J］. 社会科学辑刊，2008(1).

第三编　管理探索

上市公司独立董事监督弱化的博弈分析

习孝华①

[摘要] 目前，虽然独立董事监督在一定程度上在促进上市公司提高管理效益、保护投资者利益等方面做出了有益的贡献，但是，在市场经济下的经济主体的利益个体价值取向是多样化的，在其价值实现过程中，一旦独立董事监督不力，就表现为独立董事监督弱化，导致投资者利益受损等。从博弈论来看，独立董事监督的执行过程就是独立董事监督者与上市公司之间的博弈。按照纳什均衡原理，参与双方可能经过一次或多次重复博弈，最终达到均衡状态。文章从静态博弈与动态博弈两方面对其进行了论述，得出了上市公司与独立董事监督者的纳什均衡点，最后，提出了上市公司独立董事监督完善的路径。

[关键词] 独立董事监督　博弈　分析

我国上市公司的独立董事制度实施以来，效果可谓喜忧参半，没有达到投资者的预期效果，独立董事监督不力和弱化的问题普遍存在。独立董事监督弱化最主要的结果就是导致上市公司投资者的利益受损。独立董事监督制度是一种社会运行规则，运用博弈论，独立董事监督的执行过程就是其参与各方的博弈过程。本文将独立董事归为一组，作为博弈的甲方——独立董事监督者，将上市公司经理人员及会计人员归为另一组，作为博弈的乙方——上市公司，二者因"利害冲突"而博弈。在二者的博弈中，独立董事监督者的纯战略是监督或不监督，上市公司的纯战略是实施随意财务行为（投资者利益保护）或不实施随意财务行为（投资者利益受损）。

一、静态博弈分析

在完善的市场经济体系中，假定上市公司实施随意财务行为，给其带来的收益为 R，独立董事监督者对上市公司实施监督管理的成本是 C，F 是上市公司实施随意财务行为的成本，且 $C<F$（表1）。

---

① 习孝华：重庆工商大学教授；主要研究方向：金融投资。

表1　　　　　　　　　　　独立董事监督博弈的支付矩阵

		上市公司	
		实施随意财务行为	不实施随意财务行为
独立董事监督者	实施监督管理	$F-C$, $-F$	$-C$, 0
	不实施监督管理	$-R$, R	0, 0

$$\begin{pmatrix} F-C, & -F & -C, & O \\ -R, & R & 0, & 0 \end{pmatrix}$$

　　上述矩阵是博弈双方进行博弈的可能的结果。由于博弈双方处于完善的市场经济体系中，博弈双方同时采取行动或虽非同时采取行动，但后者并不知道前者会采取什么行动。如果独立董事监督者与上市公司达成协议，即双方采取"合作"战略，独立董事监督者不实施监督管理，上市公司也不实施随意财务行为，则他们支付的成本均为零；若双方未达成协议，即采取"非合作"战略，那么对于独立董事监督者来说，如果他实施严格的监督管理，其发现上市公司的随意财务行为将获益（$F-C$），其未发现上市公司实施的随意财务行为，则将花费成本 C。如果独立董事监督者对上市公司的随意财务行为不实施监督管理，则独立董事监督者将产生机会成本 R。而对上市公司来说，如果其实施随意财务行为在独立董事监督者严格监督管理下被发现，将产生成本 F，而在独立董事监督者不实施监督管理的条件下，上市公司将获利 R；如果上市公司不实施随意财务行为，那么无论独立董事监督者实施或不实施监督管理行为，他都不会产生任何成本。但是在现实生活中，博弈双方对各自战略的选择存在着随机性，也就是说存在一定的概率，假设只要独立董事监督者实施监督管理，上市公司的随意财务行为就会被发现，且独立董事监督者实施监督管理的概率是 p，上市公司实施随意财务行为的概率为 q。

　　根据以上假设和前面的支付矩阵，独立董事监督者的期望效用为：

$U_s = p \times [(F-C) \times q + (-C) \times (1-q)] + (1-p) \times [(-R) \times q + 0 \times (1-q)]$

设 q 一定，实施监督管理的概率 $p=1$ 和 $p=0$ 时，有：

$U_s(1,q) = (F-C) \times q + (-C) \times (1-q)$

$U_s(0,q) = (-R) \times q$

当 $U_s(1,q) = U_s(0,q)$ 时

$$q = \frac{C}{F+R}$$

　　这就是说，如果上市公司实施随意财务行为的概率小于 $C/(F+R)$ 时，独立董事监督者的最优选择是不实施监督管理；如果上市公司实施随意财务行为的概率大于 $C/(F+R)$，独立董事监督者的最优选择是实施监督管理；如果上市公司实施随意财务行为的概率等于 $C/(F+R)$，独立董事监督者可随机选择监督管理或不监督管理。同时可以看出，上市公司实施随意财务行为的概率同监督管理成本正相关，跟其承担的成本和预期的收益负相关。当 F、R 一定时，监督管理成本 C 越大，上市公司实施随意财务行为的概率就越大，同时均衡点 q 就越高，独

立董事监督者选择不实施监督管理职能的可能性就会相对增大；当 F、C 一定时，投机收益 R 越大，上市公司越容易采取投机行为，但是由于上市公司实施随意财务行为的概率的均衡点 q 降低，独立董事监督者实施监督管理的可能性会同时增大；当 R、C 一定时，上市公司实施随意财务行为的成本 F 越小，上市公司采取投机行为的概率就越大，同时由于均衡点 q 增高，独立董事监督者实施监督管理的可能性反而减小。反之，上市公司实施随意财务行为的成本 F 越大，其实施随意财务行为的概率就越小；独立董事监督者实施监督管理所花费的成本越低，上市公司不遵守财经法律法规的行为的概率就越小，独立董事监督者实施监督管理的可能性也会增大，同时上市公司的投机收益 R 越低，上市公司的投机兴趣就越小，从而降低其实施财务行为的可能性。

同理，上市公司的期望效用为：

$U_a = q \times [(-F) \times p + R \times (1-p)] + (1-q) \times [0 \times p + 0 \times (1-p)]$

若 p 一定，设上市公司实施随意财务行为的概率 $q=1$ 和 $q=0$ 时，有

$U_a(p,1) = (-F) \times p + R \times (1-p)$

$U_a(p,0) = 0$

当 $U_a(p,1) = U_a(p,0)$ 时

$$p = \frac{R}{F+R}$$

上式说明：如果独立董事监督者实施的概率小于 $R/(F+R)$，上市公司的最优选择是实施随意财务行为。如果独立董事监督者实施监督管理的概率大于 $R/(F+R)$，上市公司的最优选择是不实施随意财务行为；如果独立董事监督者实施监督管理的概率等于 $R/(F+R)$，上市公司随机地实施或不实施随意财务行为。$p=R/(F+R)$ 还说明，独立董事监督者实施监督管理的概率同上市公司实施随意财务行为的预期收益正相关，与上市公司承担的成本负相关。当 F 一定时，上市公司的投机收益 R 越大，均衡点 p 越大，上市公司实施随意财务行为的可能性会增大，同时独立董事监督者实施监督管理的概率也会越大；当 R 一定时，实施随意财务行为的成本 F 越大，独立董事监督者实施监督管理的概率越小，但是均衡点 p 也会降低，上市公司实施随意财务行为的可能性也随之减小。反之，上市公司实施随意财务行为的成本越小，则独立董事监督者实施监督管理的概率的均衡点越高，上市公司实施随意财务行为的可能性也越大。

上述博弈的混合战略纳什均衡点是：$p=R/(F+R)$，$q=C/(F+R)$。这一均衡与上市公司实施随意财务行为的收益 R、成本 F 及独立董事监督者的监督管理成本 C 有关。投机收益 R 越大，上市公司越是千方百计实施随意财务行为以获取 R，而采取这种行为所付出的代价成本越小，越是给上市公司的投机行为提供了可乘之机。同样，独立董事监督者的监督管理成本与独立董事监督者的积极性密切相关，监督管理成本越高，越制约独立董事监督者实施监督管理职能的积极性，致使上市公司实施随意财务行为的可能性越大，从而造成上市公司独立董事监督弱化。

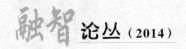

二、动态博弈分析

在独立董事监督博弈过程中，上市公司负责提供会计信息，独立董事监督者在实施其行为之前，能观察到先行动者——上市公司所选择的行动及不遵守财务准则的可能性，并在此基础上作出和制定相应的、符合各自利益的反应和对策。同时在财务会计中，会计信息的不对称客观存在，这就决定了独立董事监督博弈是一个不完全信息的动态博弈。

在现实生活中，独立董事监督博弈并不是只进行一次，而是经过多次重复博弈，才达到完美的贝叶斯均衡状态。下面先就两个周期的博弈进行讨论。假设在重复博弈的最后两个阶段之外的所有阶段都合作。在这里，把合作博弈定义为：（不实施监督管理，不实施随意财务行为）。

（一）从独立董事监督者角度进行讨论

博弈顺序如下：

（1）自然选择独立董事监督者的类型。前文中已经假设独立董事监督者实施监督管理的概率为 p，即独立董事监督者为理性的概率为 p（$0<p<1$），非理性的的概率为 $1-p$，独立董事监督者知道自己的类型，但上市公司并不知道对手的类型。假设上市公司是理性的。

（2）独立董事监督者与上市公司进行第一周期博弈后进行第二次博弈，第二次博弈即最后一次博弈。

（3）二者在博弈中的支付应为各自在阶段博弈中支付的贴现和（本文设贴现因子 $\delta=1$）

与前面静态博弈中的矩阵形式相同，动态博弈模型也存在这样一个支付矩阵（表2）：

表2　　　　　　　独立董事监督博弈的支付矩阵

		上市公司	
		实施随意财务行为	不实施随意财务行为
独立董事监督者	实施监督管理	$F-C,\ -F$	$-C,\ 0$
	不实施监督管理	$-R,\ R$	$0,\ 0$

为方便起见，将"合作"战略（不实施监督管理，不实施随意财务行为）以字母 A 表示，"非合作"战略，即（实施监督管理，实施随意财务行为）用字母 B 表示。我们从最后一个阶段博弈开始向后倒退进行讨论。如果单独考虑最后阶段的博弈，显然，上市公司与理性的独立董事监督者都会取策略 B，这是因为 B 优于 A 的缘故。对于理性的独立董事监督者来说，他考虑到在第二阶段中，上市公司肯定取 B，因此自己没有任何理由在第一阶段取 A，于是他会在第一阶段取 B。根据假设，合作类型的独立董事监督者从合作（A）开始博弈，由于上市公司不知道独立董事监督者究竟属于哪种类型，所以他采取的行为无法确定，这里假定上市公司在第一阶段的行动为 X（X 可取 A 或 B），博弈进行情况见表3：

表3

	$t=1$	$t=2$
非理性独立董事监督者	A	X
理性的独立董事监督者	B	B
上市公司	X	B

通过选择$X=A$，上市公司在第一阶段的期望效用为$(1-p)\times0+p\times0=0$，在第二阶段的期望效用为$(1-p)\times R+p\times(-F)$。如果通过选择$X=B$，上市公司在第一阶段的期望效用为$(1-p)\times R+p\times(-F)$，在第二阶段的期望效用为$-F$。

由于贴现因子$\delta=1$，当$(1-p)\times0+p\times0+(1-p)\times R+p\times(-F)>(1-p)\times R+p\times(-F)+(-F)$，即$F>0$时，上市公司才会在第一阶段采取行动$A$。反之，无论$p$值为多少，只要$F$尽可能地小，上市公司就会在第一阶段尽可能采取$B$。也就是说，上市公司实施随意财务行为所花费的成本$F$越小，其实施随意财务行为的可能性就越大。

（二）从上市公司角度进行讨论

其博弈顺序如下：

（1）自然选择上市公司的类型。前文已假设上市公司为"理性"即不遵守财务准则的概率是q，则上市公司为"非理性"即遵守财务准则的概率就是$1-q$，$(0<q<1)$。

（2）上市公司与独立董事监督者进行第一周期博弈后，就进行下一阶段博弈。

（3）二者在博弈中的盈利为各自在阶段博弈中的盈利贴现和（设$\delta=1$）。假设独立董事监督者是理性的。

同样，如果单独考虑最后阶段博弈，独立董事监督者与理性的上市公司都会采取战略B。对于理性的上市公司来说，他虽然考虑到第二阶段独立董事监督者肯定会取B，但在其个体利益最大化的诱惑下，他仍然会在第一阶段取B，而独立董事监督者并不知道上市公司的行动。由于独立董事监督者的监督管理行为要花费成本，在利益最大化原则下，独立董事监督者也存在着选择类型的决择，现假定独立董事监督者在第一阶段的行动为Y（Y可取A或B），同样假设上市公司是从A（合作）开始博弈。博弈情况见表4：

表4

	$t=1$	$t=2$
非理性的上市公司	A	Y
理性的上市公司	B	B
独立董事监督者	Y	B

通过选择$Y=A$，独立董事监督者在第一阶段的期望效用为$0\times(1-q)+(-R)\times q$，在第二阶段的期望效用为$(-C)\times(1-q)+(F-C)\times q$。通过选择$Y=B$，则独立董

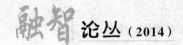

事监督者在第一阶段的期望效用为 $(-C) \times (1-q) + (F-C) \times q$，第二阶段的期望效用为 $F-C$。由于贴现因子 $\delta = 1$，因此只有当 $[0 \times (1-q) + (-R) \times q] + [(-C) \times (1-q) + (F-C) \times q] > [(-C) \times (1-q) + (F-C) \times q] + F-C$ 时，即 $q \leqslant (F-C)/(-R)$，独立董事监督者才会在第一阶段采取 A 战略。由于前面我们已假设 $F>C$，$R>0$，$0<q<1$，因此只有 q 等于0。也就是说，只有当上市公司不遵守财务准则、实施随意财务行为的概率为零时，独立董事监督者才会采取不监督管理的战略。但是我们从上式也可以看出，如果 F 小于 C，独立董事监督者实施监督管理职能的积极性就会受到严重制约，并随着监督管理成本 C 的增大或上市公司违规所付出的代价成本 F 的减小，独立董事监督者实施监督管理的积极性越小，不执行监督管理职能的可能性就越大。

现在进一步讨论三个周期的情况。在第一周期，非理性类型总是以 A 开始博弈，因此先考虑理性的上市公司与独立董事监督者的战略选择。假如理性的上市公司与独立董事监督者在第一周期均取合作，而且在已知的条件 $(-R) \times q \geqslant F-C$ 即 $q \leqslant (F-C)/(-R)$ 得到满足的情况下，三个周期的博弈进程如下：

表5　　　　　　　　　　　　三个周期的博弈进程一

	$t = 1$	$t = 2$	$t = 3$
非理性上市公司	A	A	A
理性的上市公司	A	B	B
独立董事监督者	A	A	B

在上述路径中，理性的上市公司的期望效用为 $0+R-F=R-F$，独立董事监督者的期望效用为：

$$0+(1-q) \times 0 + q \times (-R) + (1-q) \times (-C) + q \times (F-C) = (-R) \times q + (1-q) \times (-C) + q \times (F-C)$$

由于非理性类型一定在第一周期取 A，如果理性的上市公司在第一周期就取 B 的话（见表6），就"暴露"了他的"理性"面目，而此时，理性的上市公司的期望效用应为 $R-F-F$，它肯定小于 $R-F$，因此理性的上市公司对第一周期的自我暴露不会感兴趣，他宁肯遵照表5的路径进行。

表6　　　　　　　　　　　　三个周期的博弈进程二

	$t = 1$	$t = 2$	$t = 3$
非理性上市公司	A	A	B
理性的上市公司	B	B	B
独立董事监督者	A	B	B

对于独立董事监督者来说，如果独立董事监督者在第一周期就取 B，那么当上市公司属于非理性类型时将在第二周期取 B，而由于独立董事监督者在最后一个周期肯定取 B，故理性的上市公司在第二周期将取 B。在第一周期取 B 后，独立董事监督者将面临在第二周期选 A 或选 B 的抉择。

如果独立董事监督者在第二周期取 B，那么非理性将在第三周期取 B，博弈进程如表7：

表7 三个周期的博弈进程三

	$t=1$	$t=2$	$t=3$
非理性上市公司	A	B	B
理性的上市公司	A	B	B
独立董事监督者	B	B	B

在这种情况下，独立董事监督者的期望效用为：$(-C)+(F-C)+(F-C)=2F-3C$

假定$(-R)\times q+(1-q)\times(-C)+q\times(F-C)\geqslant 2F-3C$

可得 $q\geqslant\dfrac{2(F-C)}{F+R}$

又由于 $q\leqslant(F-C)/(-R)$，可推出 $F+R\leqslant 0$，因此只有当 $q=0$ 时，独立董事监督者在第一周期选择 A，且使博弈进程遵照表5的形式进行。如果独立董事监督者在第一周期发生偏离取 B，但在第二周期又取 A 的情况下，非理性将在第三周期取 A，博弈进程如表8：

表8 三个周期的博弈进程四

	$t=1$	$t=2$	$t=3$
非理性上市公司	A	B	A
理性的上市公司	A	B	B
独立董事监督者	B	A	B

那么独立董事监督者的期望效用为：$(-C)+(-R)+(1-q)\times(-C)+(F-C)\times q=(-2C)+(-R)+F\times q$

假定 $(-R)\times q+(-C)\times(1-q)+q\times(F-C)\geqslant -2C-R+F\times q$

则 $q\leqslant(R+C)/R$

显然 $(R+C)/R\geqslant 1\geqslant q$，所以独立董事监督者决不会选择表8的路径。

综上所述，只有当 $q=0$ 时，独立董事监督者才会按照表5的路径进行博弈，否则将按表7的路径进行博弈。同样我们可以看出，F、C 的大小仍然制约独立董事监督者实施监督管理职能的重要因素。

对于 $t>3$ 时的情况继续讨论如下：

首先从理性的上市公司出发，给定独立董事监督者取合作均衡战略，即在任何 $t<t-1$ 周期独立董事监督者取合作 A，若理性的上市公司在 $t<t-1$ 周期取 B，就会"暴露"自己的"理性"类型，从而使独立董事监督者在 $t+1$ 周期也开始取 B，于是上市公司在 t 周期的效用为 R，以后各阶段的期望效用为 $-F$。如果理性的上市公司在 t 周期不偏离合作均衡，而是在 $t-1$ 周期取 B，则上市公司在 t 至 $t-1$ 周期的期望效用为 0，在 $t-1$ 周期的效用为 R，最后一个周期的期望效用为 $-F$，显然在 $t<t-1$ 周期取 B 对理性的上市公司是不利的。

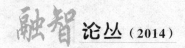

设想独立董事监督者在 t 周期取 B，在 $t+1$ 周期又取 A。由于独立董事监督者在周期 t 取 B，必然引起非理性类型的上市公司在 $t+1$ 周期取 B，同时理性的上市公司在 $t+1$ 周期也会取 B，而独立董事监督者在 $t+1$ 周期又回到合作均衡战略取 A，那么从周期 $t+2$ 开始的后续重复博弈就相当于 τ 周期（$t=T-(t+2)+1$）的有限重复博弈。在进行这样的 τ 周期后续重复博弈时必定存在合作均衡。如果独立董事监督者在 t 周期取 B 而又在 $t+1$ 周期取 A，并令 $[T-(t+2)+1]$ 周期后续博弈的合作均衡期望效用为 M_1，则他从 t 周期开始的期望效用为：

$$-C-R+[T-(t+2)+1]+M_1$$

如果独立董事监督者在 t 周期选择 A，并令 $[T-(t+2)+1]$ 周期后续博弈的合作均衡期望效用为 M_2，则从 t 周期开始的期望效用为：

$$0+0\times(1-q)+(-R)\times q+M_2$$

由假定 $(-R)\times q \geqslant -C-R$，可得 $q\leqslant (R+C)/R$，上式显然成立。因此独立董事监督者不会愿意在 $1\leqslant t\leqslant T-3$ 的任何一步不选择 A。

如果理性的上市公司在 t 周期取合作均衡战略，而独立董事监督者在 t 周期取 B 战略，从而"暴露"其"理性"的类型，于是非理性类型的上市公司就会在 $t+1$ 周期取 B 战略，理性类型的上市公司也会在 $t+1$ 周期取 B 战略，致使双方在 $t+2$ 周期均取 B，那么从周期 $t+3$ 开始的后续重复博弈就相当于 τ 周期（$t=T-(t+3)+1$）的有限重复博弈，在 τ 周期的博弈中也必定存在合作均衡。令 $[T-(t+3)+1]$ 周期后续博弈的合作均衡期望效用为 N_1，因此独立董事监督者在从 t 周期开始的博弈的期望效用为：

$$-C+(F-C)+(F-C)+N_1$$

如果独立董事监督者 t 周期不偏离合作取 A，而由于独立董事监督者在 $t+2$ 周期肯定取 B，故理性的上市公司在 $t+1$ 周期将取 B，那么从 $t+3$ 周期开始的后续重复博弈也相当于 τ 周期（$t=T-(t+3)+1$）的有限重复博弈。令 $[T-(t+3)+1]$ 周期后续博弈的合作均衡期望效用为 N_2，独立董事监督者从 t 周期开始博弈的期望效用为：

$$0+0\times(1-q)+(-R)\times q+(1-q)\times(-C)+q\times(F-C)+N_2$$

同样，从两个公式可推出 $q\leqslant (F-C)/(-R)$，进一步推出 $F+R\leqslant 0$，因此只有当 $q=0$ 时，才能使独立董事监督者在 $1\leqslant t\leqslant T-3$ 周期取合作均衡战略。

同理，我们也可以证明在 t 周期的博弈中，只有 $F>0$，上市公司才会在 t 阶段采取行动 A，而且随着 F 的增大，上市公司实施随意财务行为的可能性就会越小。

三、结论与对策

（1）从静态博弈模型的分析可以看出，只有在纳什均衡的状态下，即达到均衡点 $p=R/(F+R)$、$q=C/(F+R)$ 时，上市公司与独立董事监督者才会同时选择"合作"战略，上市公司在独立董事监督者不实施监督管理职能的时候也会自觉遵守财务准则。根据纳什均衡原理，在均衡状态下博弈双方都会自觉遵守博弈规则，任何一方都不会主动去打破这一均衡，否则将付出沉重的代价。也就是说，在均衡状态下，如果上市公司要违规操作，主动去打破均衡，那么他就会付出巨大代价。

（2）从独立董事监督的静态博弈过程与动态博弈过程的分析，我们也可以看出，只要上市公司实施随意财务行为所付出的成本 F 越小，上市公司不遵守财务准则的可能性越大；独立董事监督者实施监督管理职能所花费成本越大，独立董事监督者执行监督管理的积极性越差，相反，上市公司不遵守财务规则、实施随意财务行为的可能性就会相应增加。因此，增加上市公司实施随意财务行为的成本 F，可以减少上市公司违规的可能性；减少监督管理成本 C，不仅有利于提高独立董事监督者的积极性，加强监督管理职能，而且能极大地降低上市公司实施随意财务行为的可能性。

（3）加强独立董事监督，就必须完善独立董事的法律监管制度。我国的资本市场还不完善，相关的法律法规还不健全，对违规的上市公司和独立董事的处罚不严，这给某些上市公司创造了可乘之机。完善独立董事的法律监管制度是加强独立董事监督的重要措施。

（4）加强社会审计，强化上市公司的独立董事监督。政府应该加强对社会审计机构的监督管理，完善上市公司的社会审计制度。要加强这方面的法制建设，增强其风险意识，在独立董事的聘任、社会审计机构和审计人员的聘用、业务承接等方面，要接受政府的监督管理，对于违反国家法规规定的独立董事、社会审计机构和注册会计师，要严格从法律上加以惩处。

（5）加强上市公司内部控制制度的建设。《中华人民共和国会计法》明确要求，各单位应当建立、健全本单位内部控制制度，并具体强调了会计分工和内部控制的各项要求，同时还规定，单位应明确对会计资料定期进行内部审计的办法和程序。只有在会计核算过程中进一步加强内部审计监督制度和内部控制制度，才能实现有效的事前、事中、事后监督管理，才能在机制上、制度上达到规范行为、控制风险、防范舞弊、纠正差错的效果。因此，强化上市公司内部自我约束机制，建立健全协调有序的内部控制制度是加强独立董事监督的重要路径之一。

参考文献

［1］ Kong J. J., Kwok Y. K. Real Options In Strategic Investment Games Between Two Asymmetric Firms ［J］. European Journal of Operational Research, 2007, 181(2)：967-985.

［2］ Claessens, Stijn, Simeon Djankov and Larry H. P. Lang. The Separation of Ownership and Control in East Asian Corporations ［J］. Journal of Financial Economics, 2000, 58 (1/2)：81-112.

［3］ Moerland, P. W. Corporate Ownership and Control Structures：An International Comparison ［J］. Review of Industrial Organization, 1995, 10(4)：443-464.

［4］ 李增泉, 孙铮, 王志伟. "掏空"与所有权安排——来自我国上市公司大股东资金占用的经验证据 ［J］. 会计研究, 2004 (12).

［5］ 叶康涛, 陆正飞, 张志华. 独立董事能否抑制大股东的"掏空"? ［J］. 经济研究, 2007(4)：101-111.

［6］ 吕长江, 肖成民. 最终控制人利益侵占的条件分析——对 LLSV 模型的扩展 ［J］. 会计研究, 2007(10)：82-86.

质押监管模式下基于监管能力的物流监管企业选择机制构建[①]

刘　岱[②]　康世瀛[③]

[摘要] 质押监管是物流金融的一种比较常见的模式，在这种模式下，物流企业、金融机构和质押企业形成了一种制约关系，而作为承担物流监管业务的物流企业又在其中扮演了非常重要的角色。本文对质押监管模式下物流企业的责任进行了分析，从业务能力、管理能力、诚信等级、信息化水平和风险防范能力五个方面构建了基于监管能力的物流监管企业选择指标，用灰色关联法对各项指标的权重予以分配，并用模糊综合评价法对物流企业进行评价，进而选择出监管能力优秀的物流企业。

[关键词] 质押监管　监管能力　物流监管企业　选择机制

质押监管是物流金融常见的一种模式，是指出质人（货主）以合法占用的货物向质权人出质，作为质权人向出质人授信融资的担保，监管（保管）人接受质权人的委托，在质押期间按质权人指令对质押物进行监管的业务模式。质押监管业务一般涉及三方，即贷款人（客户）、金融机构（以银行为主）和物流企业（监管方）。通俗地讲，就是贷款人把质押物寄存在物流企业的仓库中，然后凭借物流企业开具的仓单就可以向金融机构申请贷款融资，物流企业作为公正的第三方对客户的货物进行动态监管，直至贷款人将全部质押品赎回。质押监管模式下三方的关系如图1所示：

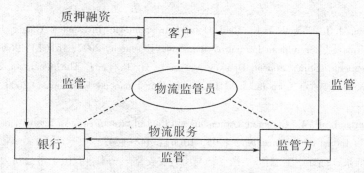

图 1　物流金融质押监管三方关系图

---

① 资助项目：本文受重庆工商大学融智学院"物流管理"科研培育团队项目（编号：030201）资助。
② 刘岱：重庆工商大学融智学院管理系讲师；主要研究方向：物流管理、人力资源管理。
③ 康世瀛：重庆工商大学教授；主要研究方向：供应链、管理决策与决策支持系统。

质押融资作为一种创新的金融产品，缓解了企业的资金困难，同时，也促进了物流企业的业务发展。该模式操作得当对参与的三方都会带来有利的影响。作为质押监管中的关键企业，物流企业的监管能力也就显得格外重要。

一、质押监管模式下物流企业的责任

物流金融的质押监管模式下，物流监管企业的监管能力直接关系到整个质押业务的风险。通常，在物流金融质押监管模式下，物流监管企业承担着以下职责：

（一）监管的基础工作

通过派驻物流监管员等方式，掌握质押企业及其仓库的基本情况、质押货物品种及规格、设定质押货物动态监测的标准和质押货物出入库程序及注意事项。

（二）日常监管操作及资料管理

按照与银行约定的质押监管规范进行每日动态库存报告，准确把握质押物的价值及其数量。由于质押品的数量和质量直接影响对在库质押品价值的判断，因而，要求物流监管企业掌握对质押品数量和质量鉴定的基本技术，搞好质押物品质押的日常跟踪管理。

（三）监管异常处理及监管风险防范

密切关注质押企业的经营状况，及时上报物流监管异常情况；制定监管风险预警应急机制，对可能产生的监管风险提早防范，在风险发生的时候及时予以响应。

二、物流监管企业监管能力指标体系

物流金融监管业务不同于传统的物流业务操作，对物流企业的业务能力和管理能力提出了更高的要求。根据物流监管企业在物流金融质押业务模式下发挥的作用，可从业务能力、管理能力、诚信等级、信息化监控能力和风险防范能力五个方面来构建物流金融质押模式下物流监管企业的监管能力指标体系。

（一）业务能力

业务能力是物流企业监管能力的核心体现，这一能力要求物流企业能对质押品进行准确的监测。这一能力又与企业是否接触过类似业务、是否有操作类似业务的经验有一定的关系，同时，物流企业经营的网络也会影响到能否就近监管。基于上述因素，可将这一指标细分为行业关联度、企业规模和仓储动态监控能力三个二级指标。

（二）管理能力

管理能力关系到物流企业监管业务的可预期性，操作规范、管理水平高的物流企业会降低物流金融质押业务潜在风险发生的可能性。这一能力与企业整体的管理水平、企业的执行力、企业文化和员工管理相关。

（三）企业诚信等级

物流企业的诚信与否直接关系到物流金融业务监管风险的大小。对物流企业

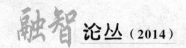

诚信等级的认定可从物流企业的行业口碑（行业诚信记录和合约履行能力）进行信息搜集；也可关注物流企业的企业文化，看企业是否提倡和重视诚信理念，或将员工的诚信经历提炼成企业精神。诚信理念根深蒂固的企业往往其员工在业务过程中违约的风险也较小。诚信等级还可从接触的物流企业负责人及其员工身上来予以评定。企业的诚信文化最直接的体现就是对于员工的影响。

（四）信息化监控能力

质押监管业务需要实时掌握质押物动态库存信息及其价值变化。因而，物流企业仓储管理的信息化水平也是监管能力的重要体现，企业现有的仓储信息化水平和管理方式及其在仓储管理和对质押监管业务平台建设的规划（即企业信息化发展的预期）都是监管能力的重要体现。

（五）风险防范能力

质押监管来自物流企业的风险主要有三方面：一是来自质押企业的风险，即质押企业以次充好、虚假质押或不遵守质押监管规范带来的潜在隐患；二是来自物流监管员的风险，物流监管员渎于职守，与质押企业相勾结所带来的风险；三是质押物本身的风险，即仓储不当所带来的质押物价值的风险等。这三方面的风险一旦发生都会对质权人的利益产生极大的损害。所以，对于物流企业监管能力的考查应当包括质押企业监管防范、员工监管风险防范、质押物风险防范及其风险预警应急机制，以便在风险发生时能及时减少损失。

物流监管企业监管能力指标体系汇总如下（表1）：

表1　　　　　　　　　　　物流监管企业监管能力指标体系

监管能力一级指标	监管能力二级指标	指标描述
业务能力（0.25）	行业关联度（0.2）	质押企业所在行业及其相关业务； 评价企业与质押企业业务往来情况； 监管企业是否有质押企业所在行业的质押监管操作经验
	企业规模（0.2）	企业资产规模；员工规模；企业现有仓库布局
	仓储动态监控能力（0.6）	在明确了质押物资的前提下，明确该质押物资动态库存的监控手段，含数量和质量确定的方法，以此考核该物流企业是否具备测定质押品库存的必要技术及其水平
管理能力（0.25）	企业整体的管理水平（0.5）	管理的规范性，即是否依制度来进行规范管理
	执行力（0.3）	各项制度的落实情况
	企业文化与员工管理（0.2）	企业文化对员工的影响程度；员工对企业的认可和归属感
诚信等级（0.2）	行业口碑（0.5）	行业诚信记录与合约履行能力
	企业文化与诚信（0.3）	企业是否提倡和重视诚信理念
	负责人诚信水平（0.2）	企业的诚信文化对员工的影响

监管能力一级指标	监管能力二级指标	指标描述
信息化水平（0.15）	企业仓储管理的信息化水平（0.6）	企业现有的仓储信息化水平和企业整体的信息化现状
	企业信息化发展的预期（0.4）	企业近期的信息化建设及其质押监管业务平台建设的规划
风险防范能力（0.15）	质押企业监管防范（0.25）	对于质押企业以次充好、虚假质押或不遵守质押监管规范带来的潜在隐患的防范
	员工监管风险防范（0.25）	物流监管员渎于职守、与质押企业相勾结所带来的风险防范
	质押物风险防范（0.25）	质押物仓储不当所带来的风险防范
	风险预警应急机制（0.25）	风险发生后的及时响应机制

三、基于监管能力的物流监管企业选择机制

依据上述物流企业监管能力的指标体系，我们可以对不同物流企业进行评价。具体评价步骤如下：

（一）确定物流监管企业监管能力指标体系各指标权重

目前用于确定指标权重的方法很多，如德尔菲法、层次分析法、灰色关联法、熵值法等。这里我们邀请了一些相关行业专家，采用灰色关联法来确定表1各层次指标的权重。表1中显示了我们最终所求得的指标权重。

（二）确定物流监管企业监管能力指标评价的等级/备择集（V）

V＝（优、良、中、差、劣）

（三）建立评价矩阵

邀请到相关专家，对该物流监管企业监管能力的实际情况和相关数据进行风险分析时，从行业关联度、企业规模、仓储动态监控能力、企业整体的管理水平、执行力等15个二级指标一一进行打分，按照评估等级集为优、良、中、差、劣进行了评价，得到评价矩阵：

$$M = \begin{pmatrix} m_{11} & m_{12} & m_{13} & m_{14} & m_{15} \\ m_{21} & m_{22} & m_{23} & m_{24} & m_{25} \\ \cdots & \cdots & \cdots & \cdots & \cdots \\ m_{151} & m_{152} & m_{153} & m_{154} & m_{155} \end{pmatrix}$$

其中：

m_{ij} 表示 N 个专家对第 i 项评价指标的评价中第 j 等级的平均统计数。

j 对用于：1 优、2 良、3 中、4 差、5 劣

$i = 1，2，3，\cdots，15$

$m_{ij} =（N$ 个专家对第 i 项评价指标的评价中 j 等级的合计数）$/N$

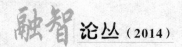

（四）模糊综合评判

$L = K * M$

其中：

K——对各项指标的权重矩阵，$K = \{k_1, k_2, k_3, k_4, k_5\}$，$k_1$ 为业务能力，k_2 为管理能力，k_3 为诚信等级，k_4 为信息监控能力，k_5 为风险防范能力；

M——指标的评级集合，用矩阵表示；

L——评价结果矩阵；

$*$——矩阵乘积运算符号。

以上公式适用于各级指标的评价。

最后的模糊矩阵乘法评价矩阵

$$L = K * M$$

$$= (k_1, k_2, \cdots, k_5) * \begin{pmatrix} m_{11} & m_{12} & m_{13} & m_{14} & m_{15} \\ m_{21} & m_{22} & m_{23} & m_{24} & m_{25} \\ \cdots & \cdots & \cdots & \cdots & \cdots \\ m_{151} & m_{152} & m_{153} & m_{154} & m_{155} \end{pmatrix}$$

$$= (L_1, L_2, L_3, L_4, L_5)$$

假定"优" = 100，"良" = 80，"中" = 60，"差" = 40，"劣" = 20，则最终评价结果为：

$$V = 100 \times L_1 + 80 \times L_2 + 60 \times L_3 + 40 \times L_4 + 20 \times L_5$$

V 是一个代数值，取值范围为 0～100，表示此方案的最终得分，V 值越高说明该方案在所有评价指标上的综合表现越佳，意味着该物流企业物流监管能力越强，反之则相反。

四、模糊综合风险评价示例

以某银行在选择某质押仓储的物流监管企业为例，采用多级模糊综合评价方法来举例说明多级能力评价的整个过程。

（一）建立二级指标的评价矩阵

首先邀请到相关专家，对该物流监管企业监管能力的实际情况和相关数据进行风险分析时，对各二级指标评估等级集为优、良、中、差、劣进行了打分。得到表 2 所示的评价矩阵：

表 2　　　　　　　　　　该物流企业监管能力评价表

二级指标	权重（K）	评价值（M）				
		优	良	中	差	劣
行业关联度	0.2	0.3	0.2	0.25	0.1	0.15
企业规模	0.2	0.25	0.35	0.2	0.1	0.1
仓储动态监控能力	0.6	0.4	0.2	0.15	0.1	0.15

二级指标	权重（K）	评价值（M）				
		优	良	中	差	劣
企业整体的管理水平	0.5	0.35	0.35	0.2	0.05	0.05
执行力	0.3	0.3	0.25	0.3	0.1	0.05
企业文化与员工管理	0.2	0.4	0.2	0.1	0.2	0.1
行业口碑	0.5	0.3	0.3	0.2	0.1	0.1
企业文化与诚信	0.3	0.25	0.3	0.2	0.1	0.15
负责人诚信水平	0.2	0.3	0.3	0.2	0.1	0.1
企业仓储管理的信息化水平	0.6	0.25	0.25	0.2	0.2	0.1
企业信息化发展的预期	0.4	0.35	0.2	0.15	0.1	0.2
质押企业监管防范	0.25	0.3	0.3	0.2	0.2	0.1
员工监管风险防范	0.25	0.3	0.2	0.1	0.15	0.25
质押物风险防范	0.25	0.2	0.4	0.2	0.1	0.1
风险预警应急机制	0.25	0.25	0.25	0.3	0.1	0.1

有关数据及评价结果如下：

对于业务能力的三个二级指标（行业关联度、企业规模、仓储动态监控能力）的评价数据为：

$$M_1 = \begin{pmatrix} 0.3 & 0.2 & 0.25 & 0.1 & 0.15 \\ 0.25 & 0.35 & 0.2 & 0.1 & 0.1 \\ 0.4 & 0.2 & 0.15 & 0.1 & 0.15 \end{pmatrix}$$

业务能力各指标权重 $K_1 = (0.2 \quad 0.2 \quad 0.6)$

按照业务能力模糊矩阵乘法公式计算：

$$L_1 = K_1 * M_1$$

$$= (0.2 \quad 0.2 \quad 0.6) * \begin{pmatrix} 0.3 & 0.2 & 0.25 & 0.1 & 0.15 \\ 0.25 & 0.35 & 0.2 & 0.1 & 0.1 \\ 0.4 & 0.2 & 0.15 & 0.1 & 0.15 \end{pmatrix}$$

$$= (0.35, 0.23, 0.18, 0.1, 0.14)$$

归一化后可得：

$$L_1 = (0.35, 0.23, 0.18, 0.1, 0.14)$$

同理，管理能力 L_2 运用模糊矩阵乘法计算，经过归一化后可得：

$$L_2 = (0.38, 0.32, 0.13, 0.1, 0.07)$$

诚信等级 L_3 运用模糊矩阵乘法计算，经过归一化后可得：

$$L_3 = (0.25, 0.36, 0.13, 0.12, 0.14)$$

信息化监控能力 L_4 运用模糊矩阵乘法计算，经过归一化后可得：

$$L_4 = (0.29, 0.23, 0.18, 0.16, 0.14)$$

风险防范能力 L_5 运用模糊矩阵乘法计算，经过归一化后可得：

$L_5 = （0.26, 0.29, 0.2, 0.11, 0.14）$

（二）建立一级指标的评价矩阵

对各一级指标而言，其权重风险大小为：$K = （0.25 \quad 0.25 \quad 0.2 \quad 0.15 \quad 0.15）$，评价矩阵 $M = （L_1, L_2, L_3, L_4, L_5）$，具体表示为：

$$M = \begin{pmatrix} 0.35 & 0.38 & 0.25 & 0.29 & 0.26 \\ 0.23 & 0.32 & 0.36 & 0.23 & 0.29 \\ 0.18 & 0.13 & 0.13 & 0.18 & 0.20 \\ 0.10 & 0.10 & 0.12 & 0.16 & 0.11 \\ 0.14 & 0.07 & 0.14 & 0.14 & 0.14 \end{pmatrix}$$

根据公式 $L = K * M$ 计算，归一化后可得 $L = （0.20, 0.21, 0.20, 0.19, 0.19）$（此处因四舍五入保留两位小数而有 0.01 的误差）。

（三）计算最后的评价结果

假定"优" $= 100$，"良" $= 80$，"中" $= 60$，"差" $= 40$，"劣" $= 20$，则得到最后的评价结果：

$V = 100×0.2 + 80×0.21 + 60×0.2 + 40×0.19 + 20×0.19 = 60.2$

这说明该物流监管企业监管能力在所有的评价指标上的综合表现为 60.2。

五、小结

运用上述方法进行评价的时候，一定不能忽略呈现给专家的原始数据。首先，银行应公布监管能力的评价指标体系，让各应标的物流企业按照各个指标进行陈述，这样方便专家打分。其次，对于部分二级指标，银行还应当进行实地调研，并将调研所得的数据作为补充，形成企业自评报告和银行调研报告两部分，收集的资料应尽可能具体。比如对于信用和违约方面的数据应尽可能具体到违约次数和每次的违约金额等。最后，专家结合两部分的数据对每一项进行综合评价。

鉴于监管风险中影响因素的复杂性，本文在分析物流监管企业监管能力的影响因素的基础上，讨论了物流监管企业监管能力分析及其步骤、各种能力的量化方法以及采用模糊评价方法如何对物流监管企业监管能力进行评价。通过实例分析，说明方法计算简便可行，能够全面反映企业具体实际和专家意见。至于所采用的物流监管企业监管能力评价指标体系，在具体的实际运用中还需要根据实际情况进行修改。本研究为物流监管企业监管能力选择决策提供了重要参考。

参考文献

[1] 刘岱. 基于监管能力的重庆物流金融发展研究 [J]. 河北经贸大学学报：综合版，2013(12).

[2] 罗娟娟. 3PL 企业运作物流金融能力指标体系分析 [J]. 宜宾学院学报，2012(10)：38-41.

[3] 张丹丹. 中部地区物流金融业务模式与发展对策研究 [D]. 武汉：武汉工业学院，2011：28-44.

销售预测分析在 ERP 环境下的
持续改进研究

付东炜①

[摘要] 现代企业采用 ERP 实现对其自身资源的集成化管理,进而增强企业的核心竞争力,然而在应用中发现 ERP 在产品销售量预测分析中常将销售量预测和客户独立开来,这势必会影响 ERP 的应用效果。本文针对 ERP 系统在销售量预测中存在的问题,结合行业特点采用相应的预测方法构建符合本行业的销售量预测分析模型,再根据模型对 ERP 中销售量预测分析模块进行二次开发。最后以重庆地区摩托车销售预测分析为例对 ERP 在销售量预测中的改进方法进行了实证分析。

[关键词] ERP 销售量 预测分析 模型 实证分析

一、引言

党的十八大报告中明确提出我国必须转变经济增长方式,加快工业化与信息化高度融合,走新型工业化道路。ERP 是当今世界最先进的企业管理模式,融入了最先进的企业管理思想并提供了企业信息化集成的最佳解决方案。它将企业的物流、人流、资金流、信息流等资源统一起来进行优化与管理,实现对整个供应链的有效管理,并充分利用现有企业资源,实现企业经济效益的最大化,增强企业的国际竞争力。目前我国企业主要通过 ERP 系统来实现对其自身的信息工业化管理,从而 ERP 系统的应用效果备受关注。基于 Oracle 数据库技术的 ERP 系统目前在我国企业中广泛运用,然而其实际应用效果并不尽如人意,发现在实际运用中存在一些缺陷。在计划模块中,将销售量预测和客户独立开来,这势必会影响销售量预测的及时性和准确性。为了更好地完善 ERP 系统的功能并方便操作,对 ERP 计划模块中的销售量预测应结合行业特点进行必要的修正。

二、ERP 系统框架及存在的不足

(一) ERP 系统框架及功能介绍

ERP 系统是在 MRP-II 的基础上增加人力资源模块和多企业的分销计划,对

---

① 付东炜:重庆工商大学融智学院讲师;主要研究方向:信息工程。

整个企业资源进行控制和管理的信息系统，实现了对一个企业内部多个制造厂或者分销中心的资源和生产过程进行管理和控制的目标，使企业的物流、资金流、信息流和人流四流合一，为企业的管理提供了统一集成的信息平台。基于 Oracle 数据库技术的 ERP 系统在整体架构上主要分为计划层、供应链和财务三大模块，如图 1 所示：

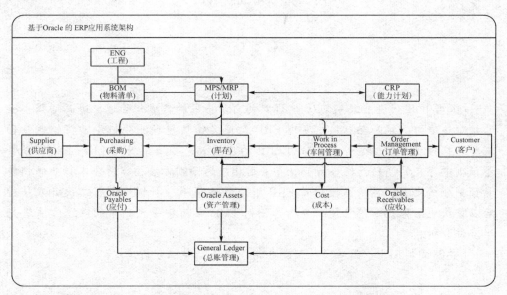

图 1 基于 Oracle 技术的 ERP 系统应用架构图

从图 1 中可以得知，该系统不仅在生产线上进行了整合，而且将制造的整个流程和财务模块以及计划模块综合起来，使企业的财务管理更加科学。

企业需要生产产品，首先需要去购买原材料和固定的资产，应对供应商进行管理。采购部分将财务信息传送给应付模块，如果购买的是固定资产，则将信息传送给固定资产管理；企业采购回原材料，进入库存，系统应对库存进行管理。其次要对车间进行管理，包括从库存领取物品，将成本信息传送给财务的成本模块等。然后企业生产出商品，把商品卖出去获得利润，为此需要对订单进行管理。订单是由客户提出的，从而需对客户进行管理，订单系统将财务信息传送给财务的应收模块，企业会根据这些信息进行收款，财务的各个模块将所有的信息传送给总账模块，总账模块在年终会产生企业所需要的报表，计划模块会根据采购、库存、车间和订单的信息拟订计划并按计划实施。

（二）ERP 系统存在的不足

企业为了较准确地预知未来一段时间的经营状况，通常会对销售量进行预测，从而可以较准确地预知企业将生产什么、生产多少，以便提前采购原材料，控制资金的流动，进而可以减少盲目性生产，提高效率。基于 Oracle 数据库技术的 ERP 系统的计划模块也有类似的功能，但此系统是将预测和客户需求分开的，即客户必须自己先做预测，然后将自己的预测输入系统中，系统不具有自己做预测的功能。这样的系统用起来很不方便，势必会影响销售量预测的及时性和准确性，这是 ERP 系统的一大缺陷，会导致企业实施 ERP 的成效与人们的预期存在巨大落差，会挫伤企业管理人员推动实施 ERP 的积极性，甚至会影响信息化的进程。

三、ERP 在销售预测中的改进路径和方法

（一）ERP 系统在销售预测中的改进路径

企业管理者要想通过 ERP 系统方便、准确、及时地预知本企业未来的发展方向，预测本企业产品在未来的销售量，制定出更加科学、合理的企业发展战略，就必须对 ERP 系统在销售预测中的不足进行改进。其改进思路和方法应结合本地区行业特点构建出相应的销售预测分析模型，然后再将预测分析模型写成一个程序包，最后通过 web service 技术手段嵌入 ERP 系统，这将增强 ERP 系统的自主预测功能，而不用客户自己预测后再输入 ERP 系统进行计划安排，极大地方便了企业管理者对 ERP 系统的使用。

（二）ERP 系统在销售预测中常用的预测方法

对 ERP 系统在销售预测中的改进，其核心是结合地区经济发展水平及销售行业特点建立相应的销售预测分析模型。建立销售预测分析模型的方法主要有：移动平均法、线性回归法及指数平滑法。当产品需求平稳、不受季节因素影响且历史数据较少时，常使用移动平均法来进行预测，这将有效地消除预测中的随机波动；当某一市场现象的发展和变化取决于几个影响因素的情况且几个影响因素主次难以区分时，使用线性回归法来预测会更加准确；当时间序列的态势具有稳定性时，常用指数平滑法来对企业的中长期经济发展趋势进行预测。预测方法的选择流程如图 2 所示：

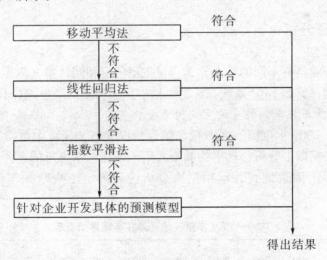

图 2　预测方法选择流程图

1. 移动平均法

该方法采用移动平均的办法对系统本身的数据进行挖掘，把企业早几年的数据根据 $Y = (Y_1 + Y_2 + Y_3)/3$ 进行移动平均，其中 Y 表示当年需要预测的数据，Y_1 表示相距 1 年的数据，Y_2 表示相距 2 年的数据，Y_3 表示相距 3 年的数据。然后再

用离当年比较近的几年的数据进行验证，如果验证的误差在百分之十范围内，则认为这样的预测结果是可以接受的。系统则自动停止下一步操作，自动进行预测，并将预测的结果呈现给管理层，为管理层决策提供重要的依据。

2. 线性回归法

（1）用层次分析法确定需要预测的因变量和自变量之间的关系。

（2）收集一组包含因变量和自变量的数据，在本文中是企业的原始数据。

（3）建立线性回归模型：

$$\hat{y} = \hat{B}_1 X_1 + \hat{B}_2 X_2 + \cdots + \hat{B}_n X_n + \hat{B}_0 + \zeta$$

其中 $\hat{y}$ 表示要预测的值，$\hat{B}_1$，$\hat{B}_2$，$\cdots$，$\hat{B}_n$ 表示变量系数，X_1，X_2，$\cdots$，X_n 表示自变量，$\hat{B}_0$ 表示常量，ζ 表示误差，$\zeta \sim (0, \delta^2)$。

然后对每一个变量进行验证，看是否存在线性相关性。如果存在，则利用最小二乘法求出变量对应的系数；如果不存在，则在线性回归中不研究该变量。

（4）利用所建立的模型计算出结果，并对结果进行验证。如果与原始的数据误差较小，则得出结果；如果与原始数据误差较大，则可采用其他的预测方法。

3. 指数平滑法

指数平滑法的基本公式是：

$$S_{t+1} = a y_t + (1 - a) S_t$$

其中 S_{t+1} 是指时间 $t+1$ 的平滑值；y_t 是指时间 t 的实际值；S_t 是指时间 t 的平滑值；a 是指平滑常数，其取值范围为 $[0, 1]$。

如果上述模型都不可以，那便根据企业具体的需要去建立新的模型。

四、实证分析

不同的行业具有不同的特点，销售量也不一定相同，本文以重庆地区摩托车销售预测为例，给出 ERP 系统在计划模块中预测功能的改进路径和方法。

（一）影响摩托车销售量的主要因素分析

从 1999—2009 年重庆地区摩托车销售情况表（表 1）中可发现销售量是逐年递增的，根据以上分析移动平均就不实用于摩托车销售量的预测。通过对影响摩托车销售量的因素调查并运用层次分析法可确定影响摩托车销售量的主要因素。

表 1　　　　　1999—2009 年重庆地区摩托车销售情况表　　　　单位：辆

月 \ 年	1999	2000	2001	2002	2003	2004	2005	2006	2007	2008	2009
1 月	1 203	1 666	1 789	1 823	1 578	1 209	2 323	2 453	2 098	4 092	4 009
2 月	879	1 882	1 890	1 780	1 890	1 245	2 123	2 097	2 890	3 087	3 358
3 月	789	1 908	1 679	1 967	1 205	1 685	2 467	2 568	3 031	3 076	2 867
4 月	689	1 607	1 702	1 857	1 109	1 458	2 687	2 780	3 308	3 276	2 908

表1(续)

月\年	1999	2000	2001	2002	2003	2004	2005	2006	2007	2008	2009
5 月	978	1 605	1 690	1 607	1 407	1 609	2 413	2 460	2 987	3 345	3 709
6 月	875	1 209	1 845	1 756	1 437	1 301	2 146	2 784	2 658	3 079	3 468
7 月	679	1 409	1 367	1 409	1 489	1 209	2 879	2 478	2 895	3 905	3 807
8 月	793	2 188	2 209	2 098	1 503	1 467	2 389	2 187	3 031	3 186	3 208
9 月	690	2 267	2 305	1 567	1 604	1 908	2 105	2 679	2 267	3 568	3 305
10 月	1 080	2 001	1 293	1 890	1 307	2 003	2 247	2 418	2 799	3 706	3 509
11 月	1 302	1 793	1 670	1 678	1 506	1 376	2 509	2 379	2 654	2 990	3 611
12 月	838	1 685	1 341	1 507	1 277	2 117	1 981	2 033	2 884	2 957	4 031
合计	10 795	21 220	20 780	20 939	17 312	18 587	28 269	29 316	33 502	40 267	41 790

影响摩托车销售的因素（V）是多维的，概括起来主要反映在供应商因素（V_1）、市场需求因素（V_2）及其他因素（V_3）方面。供应商的因素主要有利润（V_{11}）、品牌（V_{12}）和成本（V_{13}）等；市场需求因素主要有人均可支配收入（V_{21}）和销售价格（V_{22}）等；其他因素主要有城市交通（V_{31}）和油价（V_{32}）等。根据摩托车行业特点及用户需求特性，可建立影响摩托车销售量因素的层次结构图，如图 3 所示：

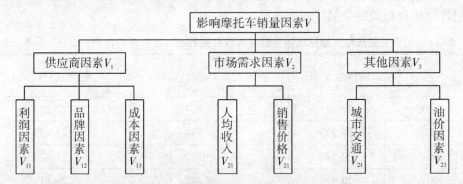

图 3　影响摩托车销售量因素层次分析结构图

确定准则层对目标层的权重 W_0 并构造对比矩阵：

$$A = \begin{pmatrix} 1 & 1/3 & 1 \\ 3 & 1 & 3 \\ 1 & 1/3 & 1 \end{pmatrix}$$

根据 $|\lambda E - A| = 0$ 可求出最大的特征值为 2，并对相应的特征向量求解可得 $W_0 = (0.2, 0.6, 0.2)^T$。同样可确定指标层对准则层的权重分别为 W_1、W_2、W_3，可得：

$W_1 = (0.4, 0.3, 0.3)^T$，$W_2 = (0.5, 0.5)^T$，$W_3 = (0.6, 0.4)^T$。

进一步可求出各指标的权值，如表 2 所示。

表2   各指标的权值表

指标	权值	指标	权值
利润因素	0.08	油价因素	0.06
成本因素	0.06	人均可支配收入因素	0.3
销售价格因素	0.3	城市交通因素	0.12
品牌因素	0.08		

从表2可以得到影响摩托车销售量因素的重要程度序列为：人均可支配收入、销售价格、城市交通、品牌、利润、成本、油价。其中影响摩托车销售量最重要的两个因素为人均可支配收入和销售价格。

（二）建立线性回归模型

假设摩托车销售量 Y 与人均可支配收入 X_1、销售价格 X_2 线性相关，X_1、X_2 之间线性无关，则可得到 Y 对 X_1、X_2 的线性回归模型：

$$Y = \hat{B}_1 X_1 + \hat{B}_2 X_2 + \hat{B}_0 + \zeta$$

其中 $\hat{B}_1$ 表示人均可支配收入系数，$\hat{B}_2$ 表示销售价格系数，$\hat{B}_0$ 表示常数，ζ 表示误差，$\zeta \sim (0, \delta^2)$。

（三）实证分析

本文收集了1999—2009年重庆地区摩托车销售量、人均可支配收入及摩托车销售价格等相关的数据。如表3所示：

表3   重庆地区摩托车销售量与人均可支配收入及销售价格表

项目 年份	销售量（辆）	人均可支配收入（元）	销售价格（元）
1999	10 795	5 828	23 290
2000	21 220	6 176	22 440
2001	20 780	6 572	21 670
2002	20 939	7 238	20 810
2003	17 312	8 093	19 010
2004	18 587	9 220	15 690
2005	28 269	10 243	13 240
2006	29 316	11 569	12 770
2007	33 202	13 715	11 330
2008	40 267	14 368	10 770
2009	41 790	15 749	9 000

资料来源：《重庆统计年鉴2010》。

运用 SPSS 对该模型进行计算可得如下结果：

对 X_1 的相关性分析结果有：X_1 对 Y 的相关性系数 $R = 0.932$，X_1 对 Y 的决定

系数 $R_s = 0.869$，这说明 X_1 对 Y 线性相关；对 X_1 的线性回归方程分析结果有：对于 Y、X_1 的线性回归方程，截距为 6.424，X_1 系数为 0.259，对 X_1 进行 t 检验，得 t 值 $= 7.735$，$sig = 0$，说明其具有线性关系；对 X_2 的线性分析结果有：在对 X_2 进行 t 检验时 $sig = 0.722$，不具有线性关系，因此 X_2 对于 Y 的线性关系被排除。

由上面的分析可知，摩托车销售量仅与人均可支配收入存在线性关系，和销售价格不存在线性关系，所以，对于摩托车销售量的预测，应该用摩托车销售量与人均可支配收入的一元线性回归模型来预测。该模型为：

$$Y = A_0 + A_1 X + \zeta$$

上述表达式中 Y 表示销售量的预测值，X 表示人均可支配收入，A_1 表示人均可支配收入系数，A_0 表示常数，ζ 表示误差，$\zeta \sim (0, \delta^2)$。用最小二乘法求出：

$$\hat{A}_1 = \frac{11 \sum_{i=1}^{11} X_i Y_i - (\sum_{i=1}^{11} X_i)(\sum_{i=1}^{11} Y_i)}{11 \sum_{i=1}^{11} X_i^2 - (\sum_{i=1}^{11} X_i)^2} = 2.59$$

$$A_0 = \bar{Y} - A_1 \bar{X}_1 = 64.24$$

拟合优度为：

$$r^2 = 1 - \frac{\sum_{i=1}^{11} (Y - \bar{Y})^2}{\sum_{i=1}^{11} (Y - Y_i)^2} = 0.849$$

从而可得到摩托车销售量与人均可支配收入之间的关系模型：

$$Y = 2.59 X + 64.24$$

如果重庆地区某摩托车企业使用基于 Oracle 数据库技术的 ERP 系统来进行本企业的信息化管理，那就可以将上述预测分析模型导入 ERP 系统，这样 ERP 系统使用起来就会更加方便，预测就会更加准确、及时，有利于提升企业的市场竞争力。

五、结束语

现代企业主要通过 ERP 系统来实现对企业内部所有资源进行集成化管理与统一优化，从而达到资源的最佳组合，进而降低成本来增强企业自身的市场竞争力。然而 ERP 系统的实际应用效果与企业的预期存在巨大的落差，其根本原因就是对系统的功能需求不明，并忽略了企业的行业特点和区域性等因素。本文针对 ERP 在销售量预测中常将销售量预测和客户分离而影响销售量预测的准确性和及时性这一不足，提出了相应的改进路径和方法，并以重庆地区摩托车销售预测为例进行了实证分析。同时指出企业在实施 ERP 过程中不仅应根据自身的需求选择 ERP 系统功能，还应根据企业的行业特点和区域性进行适度再修正后方能使用。如此可降低 ERP 实施过程中的风险性和盲目性，并增强企业对实施信息化的信心，对企业实施信息化具有较强的指导性。

参考文献

［1］冯纯纯. ERP 实施对公司绩效影响的实证研究［D］. 石河子：石河子大学，2009.

［2］涂智寿. 网络经济环境下客户满意度动态分析评价模型［J］. 软科学，2012(5).

［3］陈庄，等. ERP 原理与应用教程［M］. 北京：电子工业出版社，2003.

［4］甘应爱，田丰. 运筹学［M］. 北京：清华大学出版社，1994.

［5］贾俊平. 统计学基础［M］. 北京：中国人民大学出版社，2013.

［6］庄芝茗. ERP 环境下企业的物料研究［J］. 福建企业管理，2008(7).

［7］崔旭. 企业 ERP 系统的持续改进研究［D］. 保定：河北大学，2010.

［8］王春燕. ERP 未来发展趋势研究［D］. 北京：北京交通大学，2009.

［9］Li Bingguang，Michael W.，Riley. MAKING ENTERPRISE RESOURCE PLANNING (ERP) IMPLEMENTATIONS SUCCESSFUL［R］. New Management Trends in New Century – Proceedings of the 4th International Conference on Management.

重庆市耕地变化驱动因素分析[①]

姜　文[②]　　胡雪梅[③]

[摘要] 在我国经济不断发展和耕地资源持续减少的双重背景下，如何处理好社会经济发展和耕地保护的关系是长期关注的热点。重庆市经济发展和城市化进程加快、人口增加等客观因素导致耕地形势日趋严峻。文章以重庆市为例，借助 SPSS13.0 软件的分析，结合重庆市近年的土地数据和社会经济统计数据，运用主成分分析法，选取适当的分析指标对重庆市耕地资源减少驱动因素进行了定量分析。最后提出耕地保护的对策和措施，为合理开发利用及保护耕地提供依据。

[关键词] 耕地　驱动力　分析　重庆市

一、前言

经济的不断发展使城市化进程加快、人口增加、基本建设投资规模扩大、城镇扩展、工业规模扩大、道路交通用地增加等等，导致人口、资源与环境之间的矛盾日显突出。耕地是最基本的自然资源，是人类赖以生存的基本条件。耕地的数量和质量反映了一个国家的基本国情，大体上决定了国家的人口承载量和可持续发展能力。影响耕地面积变化的因子错综复杂，包括自然、社会、经济、政策等多方面因素的影响，总的来讲自然因素相对来说较稳定，对耕地变化的影响较小，而社会、经济、政策等人文因素则对耕地资源的时空变化具有决定性的影响。

二、重庆市耕地变化情况及特征

重庆市耕地变化可以分为三个阶段：

第一阶段，即 1999—2001 年，重庆市耕地面积总量变化不大，耕地总面积从 1999 年的 1 601 060 公顷（1 公顷＝0.01 平方千米。下同）下降至 2001 年的 1 583 165 公顷（图 1）。

---

① 本文系重庆工商大学融智学院人文社科课题《重庆市土地资源环境承载力研究》（项目编号：20110702）的阶段性研究成果。

② 姜文：重庆工商大学融智学院讲师；主要研究方向：土地资源管理与环境管理。

③ 胡雪梅：重庆工商大学融智学院 2010 级学生。

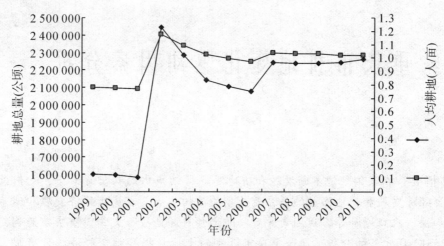

图1　1999—2011年重庆市耕地总量及人均耕地变化情况

　　第二阶段，即2002—2006年，耕地总面积在大幅度地下降。伴随经济的增长，城市建设大量占用耕地，对用地的需求增加，农业和农村现代化步伐加快，进行农业结构调整从而占用耕地，政府实施退耕还林计划，这些都导致耕地减少。耕地面积从2002年的2 443 139公顷减少至2006年的2 076 424公顷。这是重庆市耕地变化中最明显的一次，减少366 715公顷。

　　第三阶段，即2007—2012年，耕地面积又呈现略增趋势，主要是土地开发、土地复垦及整理导致耕地面积增加，同时科技水平的提高和人们对土地的集约利用观念的加强也使可利用耕地面积略有增加。

三、耕地变化驱动力分析

　　从重庆市耕地变化的实际情况看，人类活动是主要影响因素。本文主要分析社会经济因素对耕地变化的影响。影响耕地变化的社会经济因素很多，分析认为经济发展、工业化、第三产业的发展、人口增长、农业结构调整以及人类社会行为等驱动力因子是影响耕地动态变化的主要因素。这些因素不仅与因变量——耕地面积之间存在着相关关系，而且各自变量因素相互之间也存在耦合关联。文章选用主成分法分析重庆市耕地减少的驱动因子，结合重庆市耕地变化特征和资料收集程度，选定了以下8个主要社会驱动力因子：X_1——GDP（亿元）；X_2——总人口数（万人）；X_3——第二产业生产总值（亿元）；X_4——粮食产量（万吨）；X_5——全社会固定资产投资总额（亿元）；X_6——第三产业生产总值（亿元）；X_7——非农业人口占总人口的比率（%）；X_8——林业总产值（万元）；Y——为耕地面积（hm^2）。选取以上变量的2001—2011年数据作为分析样本。指标综合后得出相关系数矩阵、特征值、主成分的贡献率与累计贡献率以及主成分载荷矩阵（表1）。

表 1　　　　　　　　　2001—2011 年重庆市耕地资源变化情况及其分析

年份	X_1 GDP （亿元）	X_2 总人口数 （万人）	X_3 第二产业 生产总值 （亿元）	X_4 粮食产量 （万吨）	X_5 全社会固定 资产投资 总额（亿元）	X_6 第三产业 生产总值 （亿元）	X_7 非农人口 占总人口 比率（%）	X_8 林业 总产值 （万元）	Y 耕地 面积 （hm²）
2001	1 976. 86	3 097. 91	841. 95	1 035. 35	801. 82	840. 01	22. 26	112 044	1 555 100
2002	2 232. 86	3 113. 83	958. 87	1 082. 15	995. 66	956. 12	23. 17	135 143	2 282 525
2003	2 555. 72	3 130. 10	1 135. 31	1 087. 20	1 269. 35	1 081. 35	24. 09	145 824	2 144 365
2004	3 034. 58	3 144. 23	1 376. 91	1 144. 57	1 621. 92	1 229. 62	24. 99	184 814	2 105 852
2005	3 467. 72	3 169. 16	1 564. 00	1 168. 19	2 006. 32	1 440. 32	25. 79	199 704	2 067 634
2006	3 907. 23	3 198. 87	1 871. 65	808. 40	2 451. 84	1 649. 20	26. 43	220 369	2 052 255
2007	4 676. 13	3 235. 32	2 368. 53	1 088. 00	3 161. 00	1 825. 21	27. 11	178 527	2 047 398
2008	5 793. 66	3 257. 05	3 057. 78	1 153. 20	4 045. 25	2 160. 48	27. 86	217 986	2 235 932
2009	6 530. 01	3 257. 05	3 448. 77	1 137. 20	5 317. 92	2 474. 44	28. 96	258 084	2 229 493
2010	7 894. 24	3 303. 45	4 359. 12	1 156. 13	6 934. 80	2 881. 08	33. 51	304 021	2 243 888
2011	10 011. 1	3 329. 81	5 543. 04	1 126. 90	7 685. 87	3 623. 81	38. 37	380 907	2 259 413

注：以上数据资料来自重庆市统计年鉴。

主成分分析：借助 SPSS13.0 软件，使用 FACTOR 过程，采用主成分分析法对选取的指标数据进行分析，得到一系列的结果：耕地变化驱动因子相关系数矩阵（表 2）、特征值、主成分贡献率及累计贡献率。

表 2　　　　　　　　　耕地资源变化驱动因子相关系数矩阵

变量	X_1	X_2	X_3	X_4	X_5	X_6	X_7	X_8
X_1	1. 000							
X_2	0. 968	1. 000						
X_3	0. 999	0. 965	1. 000					
X_4	0. 296	0. 240	0. 299	1. 000				
X_5	0. 992	0. 964	0. 993	0. 307	1. 000			
X_6	0. 999	0. 972	0. 997	0. 267	0. 990	1. 000		
X_7	0. 980	0. 928	0. 979	0. 260	0. 964	0. 980	1. 000	
X_8	0. 963	0. 916	0. 958	0. 205	0. 949	0. 969	0. 977	1. 000

从表 2 可以看出，在影响耕地变化的上述因子中，可以看出因子之间存在着较高的相关性。X_1 与 X_3、X_1 与 X_5、X_1 与 X_6 之间具有较高的相关性，说明了耕地资源变化与经济发展的密切相关；X_2 与 X_6 之间也具有较高相关性，人口的变化也与耕地资源变化有直接的因果关系；X_3 与 X_5、X_3 与 X_6 之间也具有较高的相关性，说明社会固定资产的投入和第三产业生产总值的变化对耕地资源也有影响。

为了获得简单结构，以帮助解释因子和更清楚地反映变量之间的关系，对分析结果进行方差旋转，得到了旋转后的因子载荷矩阵（见表 3），计算主成分贡

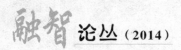

献率及累计贡献率（见表4）。

表3	主成分载荷矩阵	
变量	第一主要成分	第二主要成分
X_1	0.994	−0.062
X_2	0.968	−0.086
X_3	0.993	−0.061
X_4	0.328	0.872
X_5	0.988	−0.049
X_6	0.994	−0.086
X_7	0.979	−0.093
X_8	0.969	−0.120

表4	特征值及主成分方差贡献率		
主成分	特征值	贡献率（%）	累计贡献率（%）
1	6.915	86.435	86.435
2	0.923	11.537	97.972
3	0.103	1.289	99.262
4	0.032	0.396	99.658
5	0.019	0.238	99.895
6	0.008	0.096	99.991
7	0.001	0.009	100.000
8	$5.888E-06$	$7.360E-05$	100.000

　　耕地资源的变化情况由表3可知，在第1主成分中X_1、X_3、X_5、X_6载荷的绝对值较大，这4个因素产生重要驱动作用。第二主成分中，X_4、X_8荷载的绝对值较大，它主要反映农业科技发展情况，概括为农业科技进步因素。同时由表4可知，第一、二主成分的累积贡献率已达97.972，完全符合分析要求。

　　由此得出结论，重庆市耕地资源变化的驱动力主要是社会经济因素，其中经济发展尤其是全社会固定资产投资、第三产业的发展、非农业人口占总人口的比例，农业科技发展等反映出的社会进步起主导作用。虽然政策因素无法进行定量分析，但是在以上指标中也间接地体现出了它对耕地变化的驱动作用。

四、耕地变化驱动因素分析

（一）社会驱动因素

　　人口是人类社会驱动因素中最主要的因素，也是最具活力的土地利用与土地覆盖变化的驱动力之一。人口密度和耕地减少速率成正相关关系，人口增长速度越快，耕地减少速度也越快。一方面，人口增加需要更多的耕地提供粮食以满足人们生存的需要；另一方面，人口增加导致居民点用地、公共设施、交通、城镇等各项建设用地需求增加，其中很大一部分来自对耕地的占用，造成耕地减少。由图 2 可知，重庆市总人口由 1999 年的 3 072.34 万人增长到 2011 年的 3 329.81 万人，增长率为 8.38%。

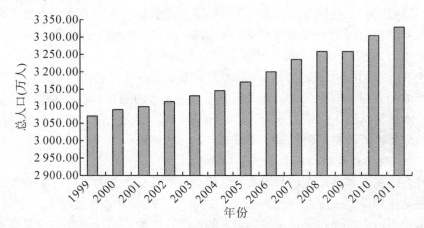

图 2　1999—2011 年重庆市人口变化趋势

　　城市化是社会驱动因素中另一个主要因素。城市的发展需要大量土地，建设用地需求增加势必对耕地资源造成占用压力，位于城郊的耕地也被建设用地大量占用，造成耕地减少。

　　社会的进步必然伴随着科技的发展，农业科技的进步对耕地变化也起着重要的驱动作用。农业机械的广泛使用，化肥和农药等的施用以及灌溉水平的提高都会在一定程度上提高粮食单产，从而缓解耕地的生产压力，也就在一定程度上放宽了耕地占用的"门槛"。此外，农业科技水平的提高会使园地、养殖等其他农业用地的比较利益再次提高，致使耕地收益与其差距拉大。在经济利益的驱动下人们将大力进行农业结构调整，耕地面积会进一步减少。

　　1. 经济发展与人口增长因素

　　通过以上分析可知，耕地资源变化和驱动因子 GDP、全社会固定资产投资额、第二产业和第三产业占国民生产总值的比例的相关性较大，说明经济发展对耕地资源减少有明显的驱动作用。2011 年重庆市生产总值为 10 011.13 亿元，同比增长 16.4%。其中第一产业增加值为 844.52 亿元，增长 5.1%；第二产业增加值为 5 542.80 亿元，增长 21.8%；第三产业增加值为 3 623.81 亿元，增长 10.8%。社会固定资产投资规模总量突破 7 000 亿元，完成 7 631.80 亿元，同比增长 30.0%。经济的快速增长往往与固定资产投资额的大幅度增加密不可分，而固定资产投资规模又与土地的占用有密切的关系。基本建设项目增加，城市范围日益扩大，郊县农村城市化加快，政府、高校等机构盲目占地扩建，都会导致耕地的大量减少甚至破坏耕地。人口因素是引发耕地变动的最基本要素。人口增加导致住宅用地、公共设施、交通、城镇建设等各项用地需求增加，造成耕地总量不断减少，2001—2011 年，重庆市总人口从 3 097.91 万人增加到 3 329.81 万人，年均增加约 21.08 万人，而同期耕地增加总量远远小于人口增加所需要的耕地总量，可见两者之间存在明显的负相关性。以上说明经济发展与人口增长是影响重

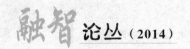

庆市耕地变化的主要因素。

2. 农业科技进步因素

粮食产量在第二主成分中起主导作用（见表4）。为提高土地生产力，保证农业的稳定发展，重庆市采取了一系列措施，使农业技术装备水平显著提高，由传统农业逐步向现代农业转变。如农业机械化程度的大幅度提高，2001年农业机械总动力为628.07万千瓦，2011年农业机械总动力为1 141.00万千瓦，约是2001年的1.81倍；化肥施用量不断增加，农田基本建设也得到了改进，2011年全市有效灌溉保证率达75%，大大缓解了旱涝灾害的困扰。农业生产条件的明显改善、农业的增产，促使农业内部结构调整加快，使得一部分耕地变成园地、林地、鱼塘等，致使耕地面积进一步减少。

（二）经济发展驱动因素

社会经济的发展是土地利用及其结构演变的最根本动力。经济发展对耕地变化的驱动作用主要表现在两个方面：一是第二、三产业的发展增加了用地需求，不可避免要占用耕地；二是市场导向下的农业资源配置引起农业结构调整不断深化，造成耕地减少。由表5知，重庆市国内生产总值2000年为1 791.00亿元，到2011年增长到10 011.13亿元，增长了5.59倍。

表5　　　　　　　　　　2000—2011年重庆市GDP变化情况

年份	2000	2001	2002	2003	2004	2005
GDP（亿元）	1 791.00	1 976.86	2 232.86	2 555.72	3 034.58	3 467.72
年份	2006	2007	2008	2009	2010	2011
GDP（亿元）	3 907.23	4 676.13	5 793.66	6 530.01	7 894.24	10 011.13

注：以上数据资料来自重庆市统计年鉴。

随着经济增长，建设用地也会增加，导致耕地面积减少，还有第二、三产业的发展势必带动用地的增长，并且必将涉及耕地占用问题。

（三）政策驱动因素

政策对土地利用方式起着重要的引导和规范作用。正确的政策可以引导形成合理的土地利用方式，而片面、错误的政策会忽视土地的本质特性，以短期的经济、政治目标选择不适当的土地利用方式。

为落实"富民强省（市、区）"战略，抓住"中部崛起""西部大开发"、社会建设、社会主义新农村建设及承接东部沿海产业转移等重要发展机遇，2007年重庆市经国务院批准设立"全国统筹城乡综合配套改革试验区"。2009年2月，《国务院关于推进重庆市统筹城乡改革和发展的若干意见》公布，标志着重庆市的发展战略有了更加清晰的方向。大城市与大农村并存，大工业与大农业并存，较小范围的都市和较发达地区与较大范围的农村和欠发达地区并存，东部现象与西部现象叠加，这便是重庆最典型的特征。重庆提出了"一圈两翼"的空间发展战略，作为推进统筹城乡综合配套改革的重要举措。这一战略的深入实施，构建了重庆统筹城乡发展的新格局。但推进城乡统筹和社会主义新农村建设这一过程必将带动交通、水利、能源等基础设施建设，均需大量的建设用地作保障，重庆市的发展定位及产业政策极大地促进了耕地向园地、其他农用地、居民点及工矿用地和交通用地等土地利用类型转变，间接地导致耕地总量持续下降。

五、合理开发利用和保护耕地的建议

耕地保护的根本目的是为国民经济和社会可持续发展提供可靠的资源保障。因而，建立与经济发展相适应的耕地保护机制，在满足经济建设合理用地的同时，也为耕地保护创造良好的经济环境。根据重庆市耕地资源减少驱动因素定量分析的结果，可知经济发展、人口增长和农业科技进步导致的农业内部结构调整是影响重庆市耕地变化的主要因素。

（一）合理调整和优化农业产业结构

调整和优化农业布局结构，充分发挥区域比较优势。整合资源配置，加大土地整治力度。建议将水利、林业、农业、国土等部门的一些农业项目整合在一起，形成合力做好长久的耕地保护项目；以资源为依托，按照自然规律和市场经济规律配置资源，结合各地区的自然优势，因地制宜，优化产业结构；大力发展农产品加工业，提高农业的整体效益。坚持以市场为导向，立足现有加工能力的改组、改造，加快农产品加工、保鲜、储运技术和设备的引进、开发，加强对农产品加工企业的扶持；加快建立和完善农业调控体系。同时调动一切积极因素，进一步落实农业补贴，增加农民种田的积极性；健全我国的农业保障机制，保护农民种田的长远利益。

（二）坚持土地用途管制制度，完善耕地保护相关地方法规

重庆市经济发展水平存在较明显的区域性差异，现有土地利用率普遍低下，各地政府可以组织清理收回企业效益低下、土地利用不达标的土地，提供给新落户的企业；对新增建设项目要严把用地预审关，从源头上控制节约集约用地，杜绝圈地、占地的现象发生，同时要制定更加完善的土地利用地方规定。

（三）建立有效的耕地保护保障机制和社会监督机制

因地制宜制定耕地保护措施，建立土地开发整理市场运作机制。提高节约集约用地管理水平，完善地籍管理制度，并以此为基础构筑土地市场，充分发挥土地市场在经济宏观调控、资源配置、利益分配和引导投资方面的调节作用；实行建设项目补充耕地与开发整理项目挂钩，将耕地占补平衡制度落到实处。

此外，实行耕地保护奖惩制度；实现最严格的耕地保护制度，明确细化市、县、乡三级政府对耕地保护责任目标考核标准，科学高效地实施耕地保护责任目标考核；制定出地方政府主要领导在耕地保护上的责任制度；明确未经批准擅自占用耕地责任追究办法。

只有根据各地的实际情况，充分考虑经济发展的阶段性和经济社会非均衡性发展的特点，制定相应的政策措施，耕地保护才能落到实处。

参考文献

［1］李亮，但红文. 五马河流域土地利用格局时空变化级驱动因子分析［J］. 贵州师范大学学报：自然科学版，2013，31（3）：1-6.

［2］张术. 基于主成分长沙市耕地利用变化驱动分析［J］. 农业与技术，2012，32（2）：156-158.

［3］熊鹰，等. 湖南省耕地动态变化及驱动机制研究［J］. 地理科学，2004，24（1）：29.

［4］李平，李秀彬，刘学军. 我国现阶段土地利用变化驱动力的宏观分析［J］. 地理研究，2001，20（2）：129-138.

［5］廖和平，沈琼，谢德体. 中国耕地资源及其可持续利用［J］. 西南师范大学学报：自然科学版，2002（6）：94-98.

［6］钱文荣. 城市化过程中的耕地保护问题研究［M］. 北京：中国农业出版社，2002：29-33.

［7］张新华. 耕地保护政策的制度经济学分析［D］. 乌鲁木齐：新疆农业大学，2005：9-12.

［8］魏勇，等. 莱芜市耕地保护面临的问题及对策［J］. 山东国土资源，2007（1）：36-40.

供应链信息化战略规划构建探究

赵礼玲[①]

[摘要] 在分析供应链信息化战略的含义、重要性和特征的基础上，阐述了建立及实施供应链信息化战略规划的步骤，着重论述了在确定了供应链信息化战略目标后如何对供应链信息化内外部战略环境以及目标有效性进行分析，进一步论述了进行供应链信息化战略方案的制订、实施和效果评估。

[关键词] 信息技术　供应链信息化战略　核心能力　战略定位

信息技术的广泛运用与互联网技术的飞速发展把传统供应链企业带入了一个发展的新纪元。很多传统供应链已经开始强烈意识到信息时代的新竞争对企业的威胁性以及供应链应用信息技术和 Internet 技术的必要性和重要性。我国联想集团面临计算机价格平均每年下降 30% 的挑战，建立了全世界吞吐能力很强、反应速度迅速的低成本双模式供应链。习惯了传统商业模式和运作环境的传统供应链如何才能有效实现信息化呢？我们认为，传统供应链应该从战略的高度来看待供应链信息化的应用和实施。

一、正确理解信息化战略及其与供应链总体战略的关系

传统供应链应该对传统生产制造和流通服务等各类经济组织的特点进行认真分析。当前，传统供应链仍然保留着计划经济时代企业的特点：一是在组织结构上具有"科层化"特点，不利于人才的发展和网罗，更不利于信息沟通；二是其运营方式主要通过传统经营手段来进行企业内部管理和开展市场交易等工作；三是其经营的产品或服务主要通过实体产品的生产和经营活动来获取利润。无论从短期还是长期角度看，都无法与已经实施信息化的供应链企业相竞争。信息技术的广泛运用与互联网技术的飞速发展将给供应链的生产运作方式带来巨大变革。

供应链信息技术的应用必须以供应链信息化战略为基础和导向。供应链信息化战略是指在供应链总体战略体系内，利用信息技术和 Internet 技术对传统业务进行改造和创新，发掘和提升企业的竞争优势。现阶段，国内众多传统供应链企业往往只重视信息技术的应用，而忽视了前期的供应链信息化战略的开发。事实上，没有供应链信息化战略的信息技术应用是无本之木，难以成功。

---

① 赵礼玲：重庆工商大学融智学院讲师，研究方向：信息决策支持。

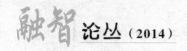

根据迈克尔·波特的观点，战略是由独特而有价值的定位所创造出来的，它涉及一连串不同的活动。其本质是选择能与竞争对手有所区别的活动。企业竞争优势体现为企业能够比竞争对手以更快的速度为顾客提供更高的顾客价值。要正确理解供应链信息化战略，必须做到以下三点：

（一）灵活地把握信息化的内涵

实施信息化不仅仅是供应企业之间实现信息流通的技术活动，更是一种在信息网络上以建立新型经济联系和战略联盟从而与对手进行强有力竞争为目的的经济行为和重要战略措施。在互联网时代，企业利用 IT 技术来改善内部运作，提高工作效率，利用网站塑造企业和产品形象，加强与供应商和销售商的联系，提高客户满意度，以及加快订单响应和处理速度，建立供应链信息系统集成，都是信息化活动之一。其实质是构建一种 IT 管理技能——一种能够创造更多价值的异质的不能模仿的竞争优势。所以，针对不同企业的经营管理特点和企业文化，信息化的内涵应该有不同诠释。

（二）协调供应链信息化战略与供应链总体战略体系

在进行供应链信息化战略规划时，企业应该把供应链信息化战略纳入供应链的总体战略体系中，指导各企业的经营策略和信息技术应用，指导供应链各流程改造和运作，使之与供应链总体战略协调。如果供应链总体战略中某些部分与供应链信息化战略矛盾，应该考虑调整，使其服从供应链信息化战略。

（三）加强理解供应链信息化战略的重要性

尽管目前很多传统企业已经意识到供应链信息化能够给企业的经营活动带来活力和价值，但是却往往非常重视各企业的信息技术的使用，而对信息化前期的信息化战略缺少系统且全面的规划，因而对后期的系统实施留下很多隐患。

二、实施供应链信息化战略规划的步骤

战略规划的过程就是一个资源与机遇的匹配过程，也是一个为供应链发展指明方向的过程（图 1）。供应链信息化战略规划明确了供应链信息化战略目标，对实施供应链信息化所需资源和其带来的机遇进行匹配的过程，是信息技术应用实施的行动纲领。

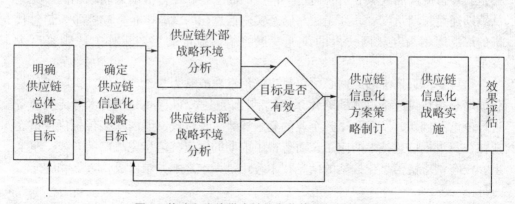

图 1　构建和实施供应链信息化战略规划的过程

我们参考国内外学者关于信息化战略规划的研究，提出了以下建立和实施供应链信息化战略规划的八个步骤：

（一）明确供应链总体战略目标

供应链总体战略目标是供应链企业长期计划和运作方案。总体战略目标限定了供应链竞争活动的范围。实施供应链信息化应该从考察供应链总体目标出发，考察供应链信息化战略是否适应供应链的总体战略，为信息技术的应用范围指明方向。

（二）确定供应链信息化战略目标

供应链信息化的实施工作将会以供应链信息化战略目标为导向，其运作将以该目标为基准。供应链信息化战略目标主要体现在以下四个方面：差异化、管理变革、权益保护、品牌与信任。如图2所示，实施供应链信息化就是围绕以下目标体系中的一个或几个目标组合而努力。

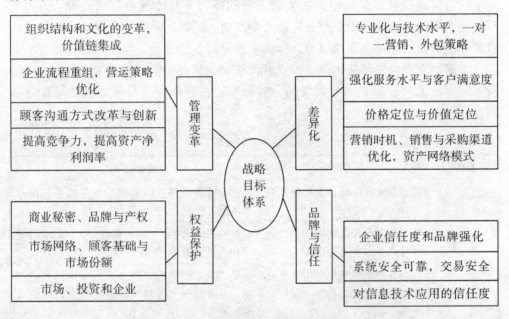

图2　供应链信息化战略目标体系

（三）对供应链信息化外部战略环境进行分析

正确地对战略环境进行分析能够为供应链信息化战略的开发打下坚实的基础。应该注意分析供应链信息化的外部宏观环境和所处的行业环境，包括经济环境、政治环境、社会环境、竞争环境、技术环境、供应环境、顾客环境等。表1所示的内容只是一个分析框架，应该根据供应链自身实际环境仔细地考察，然后与战略目标认真地比较分析。

表1　　　　　　　　　供应链信息化外部战略环境分析

外 部 环 境	内 　　　　　容
经济环境	经济增长上升还是下降？运输及流通成本如何？市场规模扩展还是缩小？
政治环境	是否有成熟的法律政策支持和舆论监督？环境是否稳定？

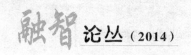

表1（续）

外部环境	内容
社会环境	竞争环境是否公平？生活方式改变否？收入分配构成如何？消费者价值观如何？
竞争环境	市场竞争激烈否？竞争对手对信息化的态度如何？应用如何？
技术环境	新技术方向如何？对手是否有技术优势？新技术应用速度如何？
供应环境	供应商对信息化的支持力度如何？讨价还价能力如何？外包环境如何？
顾客环境	议价能力如何？产品适合消费吗？顾客忠诚度和满意度如何？

（四）对构建和实施供应链信息化战略的内部相关资源和能力进行分析

供应链应该对自身成功实施该战略的内部相关资源和能力进行分析和检验。与供应链实施信息化战略相关的关键资源和能力主要体现在技术资源、人力资源、运营资源、组织能力、财务资源五个方面。同样，供应链应该认真地将这些资源和能力与所定的信息化战略目标的需求进行比较分析。如果不满足需求，就应该重新制定供应链信息化战略，或者设法加强资源和能力的补充水平。如表2所示，该表也只给出了一个大致的分析框架，在具体应用时可以灵活增加评估内容。

表2　　　　　　　　　　资源和能力分析

资源/能力	主要特征	关键内容
技术资源	信息技术是实施信息化的前提和保障	技术及设备资料；所掌握的现有技术与所需技术的差距等
人力资源	有与信息化相关的技术和管理专业人员是成功的保证	人员的技术水平；人员的观念；人员的学习能力和人员数量
运营资源	包括各类信息系统等用来支持供应链信息化流程顺利开展的资源	各类信息系统的先进性；数据采集的难易程度；业务流程复杂程度；系统整合升级的难易程度等
组织能力	能够协调和组织各业务流程，以便供应链信息化的开展	组织流程变革的难易程度；协调整合能力；供应链信息化管理水平等
财务资源	充足的资金支持了供应链信息化的开展	提供的资金与所需资金的比较等

（五）对供应链信息化战略目标的有效性评估

供应链各企业应该协调一致，结合对供应链战略外部环境和内部资源与能力的分析，评估供应链信息化战略目标的有效性。如果评估的有效性存在问题，供应链企业应该重新审视和修改供应链信息化战略目标，回到步骤二。

（六）供应链信息化战略方案制订

供应链信息化战略方案制订是指把企业所要实施的所有信息化活动系统化和明确化。供应链信息化战略方案制订主要是要确定以下三个问题：

1. 供应链信息化运营模式

供应链信息化运营模式包括网站基本运营模式及其组合和策略模式信息化。

网站基本运营模式包括七种：内容提供商、直销、全面服务提供商、中介网站、共享基础设施、增值网络集成商、虚拟社区。

不同企业可以选择不同的网站基本运营模式组合建立自身的网站运作模式。策略模式信息化包括为运营策略（库存生产、按单生产、按单装配、按单加工）、渠道策略（分销商、零售商、直销）、外包策略、客服策略（根据客户重要性不同来提供差异性的服务）和资产网络策略（全球化模式、国家化模式、区域化模式）的实现提供的信息决策支持系统。

2. 供应链信息化核心能力

核心能力是产生竞争优势的基础。在供应链信息化战略方案制订过程中，应该根据供应链的具体情况，选择一项或者几项作为供应链信息化核心能力并且进行集中强化，如高效的内部运作管理、良好的客户关系服务、直销与订单装配以及优化的敏捷供应链集成等均能形成核心能力。注意将管理能力与信息化运作相结合，形成持久的竞争优势。

3. 供应链信息化战略定位

定位的目的是把 IT 提供的核心价值在恰当的环境传递给恰当的受众（消费者、供应商、社会公众等），并使其在消费者的心目中得到强化。供应链信息化战略定位主要应在技术、产品、服务、品牌四个方面下功夫。企业可以结合实力选取最能体现其价值的一个或几个方面定位。

在技术方面，应强化技术为客户提供的功能全面性、应用方便性、高质量和信息安全性。在产品方面，应强化产品的质量、品种、展示等。在服务方面，应强化使用的人性化、物流的快捷性、支付的方便性等。在品牌方面，应强化品牌的信任度和美誉度。供应链企业应该选取自身的强项进行定位，创造差异化，形成优势。有实力的供应链也可以从技术、产品、服务、品牌四个方面进行综合强化定位。

（七）供应链信息化战略的实施

有效实施是保证战略成功的关键。在实施阶段，要注重每个细节的执行，并且应该制订出详细的战略实施方案。从企业全局的角度来看，领导、人员、资源、组织 4 个方面尤需关注，是战略成功实施的重要保障。

（八）供应链信息化战略实施效果的评估

效果评估的目的就是看先前所确立的战略目标在实施后是否达到。效果评估必须以确立的战略目标为基准，在比较全面地评估指标体系基础上进行定性与定量评估，注意隐性效果也不容忽略。

供应链管理层每年应针对供应链的技术、产品、服务、品牌重新回顾供应链信息化战略定位。供应链的每个成员及其主要业务流程都要将降低各种成本包括采购成本、生产成本，降低各种中间产品和服务的成本作为目标，评估指标体系应该与这些流程的评估体系基本相吻合，同时根据参与的供应链成员在采购、生产、分销、客户服务等方面情况不同而有所差异。评估体系还应该从竞争者、客

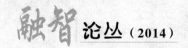

户、供应链成员之间以及企业内部四个维度对实施效果进行全面评估。

由于国际经济形势变化异常和信息技术发展日新月异，动态的环境必然要求我们在实施供应链信息化战略的过程中，随时结合内外条件的变化，灵活地对以上规划作相关调整，将信息技术与供应链智力资本、人力资源和各种资源结合，以求获取持久竞争优势，保证供应链信息化战略的成功实施。

参考文献

［1］ ［美］迈克尔·波特. 竞争论［M］. 高登第，李明轩，译. 北京：中信出版社，2003.

［2］李纲，李伟. 传统企业电子商务战略规划研究［J］. 管理学报，2005（2）：9-92.

［3］吴思. 在整体战略体系中规划电子商务［J］. 情报杂志，2004（5）：46.

［4］史晓尔，关志民. 供应链管理库存新模式 VMI 及其在我国的应用［J］. 企业信息化，2004（5）：34-35.

［5］陈至发. 企业战略联盟的竞争优势：基于资源理论的观点［J］. 商业研究，2006（10）：21-23.

城乡统筹视野下的"智慧农村"建设刍议^①

周广竹^②

[摘要] 近几年，"智慧城市"成为学术界的热门话题，我国也有为数不少的城市已经推出相应的"智慧城市"实施方案并试点。在新一轮的"智慧城市"建设中，农村被遗忘。这势必会进一步扩大城乡之间的差距，为农村社会管理带来更多难题。本文以"智慧城市"的建设为契机，提出农村社会管理的当务之急是建设"智慧农村"，以及阐述"智慧农村"建设的内容、问题及建设建议。

[关键词] 城乡统筹　智慧农村　社会管理

2013年7月，习近平主席在湖北考察时指出："城镇化要发展，农业现代化和新农村建设也要发展，同步发展才能相得益彰，要推进城乡一体化发展。"城乡一体化是社会管理的一个新课题。传统农村社会管理的方式和手段已不适应今天的新情况。笔者以城乡统筹的视野，借助"智慧城市"建设的契机，提出农村社会管理的重点是建设"智慧农村"。所谓"智慧农村"，就是依托物联网、云计算、人工智能等先进的信息技术，提高农村规划、建设、管理、服务的智能化水平，构建一个全新的、面向未来的农村。

一、"智慧农村"的内容

如何建设好"智慧农村"，即建设"智慧农村"应该包括哪些内容，学界没有定论。本文将探讨智慧农业、智慧农民、智慧医疗和智慧交通。

（一）智慧农业

农业是农村的主要业务，是国之根本。世界各国都在积极追求农业现代化。2012年11月8日，党的十八大报告提出：坚持走中国特色新型工业化、信息化、城镇化、农业现代化道路，促进"四化"同步发展。所谓农业现代化是指用现代工业装备农业，用现代科技改造农业，用现代管理方法管理农业，用现代社会化服务体系服务农业，用现代科学文化知识提高农民素质的过程。"智慧农业"是农业现代化实现的一个途径，最终目标就是实现农业现代化。以宁波"智慧农业"试点为例，其主推农业示范基地，包括各县、各市的特色农业基地、农业园区，推广应用信息化管理系统，农业专家咨询服务系统和农业电子商务，逐步实

---

① 本文系重庆工商大学融智学院2013人文社科研究项目"重庆创新型农村社会管理模式研究项目"（编号：20137001）的阶段性成果。
② 周广竹：重庆工商大学融智学院讲师；主要研究方向：社会管理。

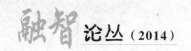

现农产品生产、加工、储藏、运输、营销等环节的科学化和智能化，取得了很好的效果。

（二）智慧农民

"智慧农村"的建设离不开农民的参与。目前农民综合素质依然不高。资料显示，农民受教育的年限不足7年。由于农村的教育资源相对匮乏，现代信息技术相对落后，在农村接受的7年教育与在城镇接受的7年教育有非常大的差异。随着科学技术的发展，农民对信息技术的了解和使用非常重要。不少地方出现了农产品"卖不出去"和消费者"买不到"的局面。这主要是因为大部分农民不会使用现代信息技术，更不会利用它服务自己、服务他人。"智慧农民"就是要学会享受现代信息技术带来的便捷和实惠，主动了解相关信息，缩小信息鸿沟。

（三）智慧医疗

2011年我国卫生事业发展统计公报显示，全国平均每个乡镇所拥有的卫生院数仅为1.11个，农村每千人拥有的病床数仅为1.16个，每千农业人口乡镇卫生院人员为1.32人，远远低于全国平均水平。目前，80%左右的卫生资源集中在城市，城市卫生资源总量中又有80%以上集中在高等级医院。这使广大农村地区尤其是欠发达农村地区与边远山区缺医少药现象突出，导致农村、农民看病难。智慧医疗，就是把优质医疗资源通过现代信息技术，即将优质医疗资源通过一个平台进行整合，转变传统的医疗服务方式，让个人的健康信息和医疗服务信息之间无缝连接，使农民能享受远程诊疗、远程体检、远程健康指导以及医疗教育。

（四）智慧交通

随着国家"村村通"战略的实施，农村基本上解决了交通问题，拥有的机动车和驾驶人的数量大幅度快速增长。农村道路状况复杂，车辆司机交通规则意识淡薄，一些道路、桥梁老化无人管等现象，严重威胁着广大农民的生命财产安全。智慧交通，就是用传感器、RFID技术以及物联网，对农村的路桥状况、车辆定位与调度、车辆远程监测与服务、车路协调控制及建设，通过开放的综合智能交通平台，对相关数据进行智能化的分析、处理，最终达到智能化管控。

二、"智慧农村"建设存在的问题

（一）资金不足

"智慧农村"的建设是一个庞大的工程，包括农业、农民、交通、医疗以及承载这些的信息技术，需要充足的资金来保障。政府每年都在增加对农村建设的投入，可农村真的要搞建设的时候又没钱。导致这种情况的原因有：一是农村的建设投入力度不足。我国长期的二元机制，导致农村的公共产品欠账太多，农村公共产品供给与资金不足的矛盾非常突出。以农村教育为例，我国教育经费的整体投入不足，加之城乡在教育资源配置方面不平衡，导致农村教育的经费更是少之又少。据《中国新闻周刊》报道，我国在2002年全年全社会各项教育投资5 800亿元，但77%的教育投资都用在城市教育建设上，而占总人口60%以上的农村却只获得了其中的 23%。二是资金来源单一化。农村的公共产品，比如医疗、教育、社会保障和基础设施建设等，其资金基本来自政府，没有很好地发挥第三方的作用。这与农民没有从"遇到问题就找政府"的传统思维中走出来，以及我国政府没有大力宣传农村发展的潜力来吸引相关投资者有着莫大的关系。

（二）信息技术人才缺乏

"智慧农村"的建设需要大批信息技术人才。农村人才现状依然是"引不来、留不住"。应届毕业生不愿意去农村，即使去了也不愿意留在农村。在调查新疆阿克苏市的"村官"情况时，现任大学生村官最大的顾虑是期满后的出路问题。在回答"三年以后有何打算"这一问题时，58% 的人选择考公务员，17% 的人选择续签做村官，8% 为缓解就业压力而当村官的人决定在任职期满后选择自主创业，还有 8% 的人表示对未来茫然，没有打算。受过一定教育或经过培训的农民也不愿意留在自己的家乡，绝大部分都选择外出务工。这就导致了农村成为老、弱、病、残村。2010 年，国家统计局安徽调查总队对 3 100 户农村住户的检测显示，外出就业农民工人数比上一年增长 4.34%。其中，在外出农民工中，不识字、小学文化程度、初中文化程度、高中文化程度、中专文化程度、大专及以上文化程度分别占外出农民工总数的 1.94%、8.52%、69.66%、11.35%、4.23%、4.30%，仅 57.25% 的农民工接受过各种农业、非农业和其他生产技术培训。

（三）农村信息基础设施建设不足

智慧化的基础设施是建设"智慧农村"的保障。自 2003 年以来，我国提出建设新农村，对农村的资金支持力度很大。截至 2013 年 9 月底，我国已累计拨付农业综合开发转移支付项目资金 312 亿元，占农业综合开发中央补助地方支出预算的 99.9%。国家农业综合开发办公室有关负责人表示，上述资金拨付后，主要用于加强农业基础设施建设和推进农业产业化经营，切实提高农业综合生产能力，促进农业增效和农民增收，大力推进现代农业发展。虽然收到了一定的成效，但农村信息技术的建设还没得到应有的重视。这主要是因为对农村基础设施建设认识不到位，理念没跟上。我国大部分农村地区供电空间布局不科学，配电线路半径长，缺少生产用电设施，有些老旧电网存在电压不稳、安全性能不可靠等问题，不能保证用电需求。我国农村信息化水平很低，有线电视网和互联网在绝大部分农村家庭没有安装。据统计，截至 2009 年年末，全国平均每百户农村家庭接入有线电视网的不足 1 户，拥有家用计算机仅为 7.5 台。在实际的走访过程中，大部分村、镇办公室有电脑、网络，可很少有人把它用起来。在村民眼里，这种"高科技"的东西与他们无关，与农村建设无关，与农民增收无关，与现代农业无关，不会产生效益。在这种理念之下，建设"智慧农村"的难度可想而知。

三、建设"智慧农村"的建议

（一）资金来源多元化

建设"智慧农村"要多渠道地融资。首先，形成"政府引资，企业出资"

这种模式。通过当地的民族文化、产业优势、自然资源和生态环境等，加大招商引资宣传力度，利用相应的配套政策，让出资人或企业享受优先、优惠，最终让企业受惠、农民受益。其次，采用"政府出'大头'，农民出'小头'"的方式。一是各级政府继续增加对"三农"的投入，不断扩大覆盖农村的范围。二是农村在基础设施建设等方面，农民应出相应的资金，共同建设自己的家园。以西安户县农村公路建设为例，2003年以来平均每年建成油（水泥）路100多公里，县级投入、项目融资和群众投资占到全县农村公路建设总投资的50%，有效打破了建设资金瓶颈。再次，成立"智慧农村"基金。通过一些农民企业家以及热心农村事业的爱心人士和企业进行募捐，增加"智慧农村"建设资金总量。最后，充分发挥农村金融机构的作用。目前，农村金融机构职能单一，很难适应新时期的农村建设。必须开展制度创新，完善支农、惠农职能。富裕的农村和农民是农村金融机构坚强的后盾，农村金融机构的市场竞争力依赖于其服务和面对的农村、农民的富裕程度，两者之间只有形成良性的互动，才能在更大程度上促进农村的发展。

（二）培养"智慧农民"

对于"智慧农民"的培养，政府应高度重视，统筹规划，创新现有培训机制，采取多种多样的形式，使受训农民的科技文化素质在总体上与我国现代农业发展水平相适应，奠定建设"智慧农村"的人才基础。

第一，加强远程教育。可以通过电视、网络平台，把学校的优质教育资源进行整合，然后通过农村基层政府有计划、有目的的组织进行相应的科技知识和农业技能培训。

第二，继续实施农家书屋工程。国家从2007年就开始实施农家书屋工程，到2015年将基本覆盖每个行政村。农家书屋的建设可以扩展农民的视野，让其了解当今社会，了解科学技术，了解当下的竞争是科技的竞争，是知识的竞争。可以通过农家书屋，定期举办"读书节""故事节"，进行思维碰撞。

第三，举办农民培训班。不仅要充分利用农广校和农技、植保、林业等农业技术人才，还要利用各个高校的计算机、信息管理等人才进行多层次、多渠道、多形式的培训，全面提高农民素质。

第四，与学校展开合作。通过政府牵头，与相应的高校合作，把一部分有水平、有理想致力于农村事业的人送到高等学府进行短期的培训，让其感受现代大学、现代城市，感受科学信息技术的魅力。

（三）加强信息基础设施建设

首先，应从理念上予以重视，加大对"智慧农村"的宣传力度，让人人知晓农村可以"智慧化"以及"智慧农村"需要现代信息技术支撑。其次，以现有的信息技术，让农民切身感受到"智慧农村"带来的实惠。例如，浙江下姜村的"智慧农业葡萄园"，通过网络和相应的传感设备，在手机上实时监测大棚温度、湿度、土壤水分、光照情况，并远程控制大棚卷帘开关和滴灌。湖北通过智慧农村网为农民开设了咨询频道、农技频道、民生频道、产业频道和商务频道。在每一个频道里都设有农民急需的信息。在商务频道里就有田园超市，通过这个平台,可以切实帮助农民解决找不到渠道出售农产品的问题。最后,需要政府高度重视,不仅在理念上,更应该在行动上,积极探寻与相关信息技术的企业合作,拿出力度共同把"智慧农村"的基础建设搞好。

四、结语

在现代信息技术日新月异的今天,"智慧农村"的建设是农村未来发展的趋势,应该站在国家整体发展战略的高度予以重视。"智慧城市"才刚刚开始,系统地、整体地去看待"智慧城市""智慧农村"的建设,只有这样,才能真正做到城乡统筹。

参考文献

[1] 李云才,刘卫平,陈许华. 中国农村现代化研究 [M]. 长沙:湖南人民出版社,2004.

[2] 彭继东. 国内外智慧城市建设模式研究 [D]. 长春:吉林大学,2012:57.

[3] 何贤良. 浅谈新农村建设中新型农民的培养 [J]. 中国校外教育,2012(15):17.

[4] 江平. 农民为何看病难 [EB/OL]. http://www.people.com.cn/GB/32306/33232/7556379.html.

[5] 杨春花. 大学生"村官"调研报告 [J]. 教育学研究,2013(10):93.

[6] 佚名. 中央财政加快拨付农业综合开发资金 [EB/OL]. http://www.hbncw.cn/zixun/minsheng/20131030/12033.html.

[7] 魏跃军. 我国农村基础设施建设现状与对策 [J]. 北京林业大学学报:社会科学版,2011(2):46.

我国低碳城市交通发展措施研究

岳晓娟①

[摘要] 低碳城市交通是一种以高能效、低能耗、低污染、低排放为特征的城市交通发展模式。发展低碳城市交通是我国城市交通发展的必然趋势，也是实现可持续发展的战略要求。本文在借鉴英国、日本、美国等发达国家在发展低碳城市交通中所采取的一系列措施的基础上，提出适合我国可持续发展的低碳城市交通发展措施。

[关键词] 低碳城市交通 可持续发展 措施

一、前言

气候变化事关人类生存和各国发展，成为 21 世纪全球面临的重大挑战。自 2009 年哥本哈根会议后，全球变暖问题开始受到国际的高度重视。人为造成的温室气体排放是致使全球变暖的主要原因，而交通运输产生的碳排放占了很大比例。2009 年国际能源署报告表明，全球二氧化碳排放量约有 25% 来自交通运输，美国的大气污染 50% 来自运输工具，日本也占到 20%。预计到 2050 年全球交通运输业的能源消费量将翻一番。亚洲发展银行预计，在未来的 25 年内，全球交通源二氧化碳排放将增加 57%，而由于发展中国家的汽车行业发展迅速，其排放增长将占到 80%。交通运输作为主要碳排放源之一，是进行温室气体减排、缓解气候变化的重要领域。2009 年 11 月 25 日，我国政府正式对外宣布，到 2020 年我国单位 GDP 二氧化碳排放量将比 2005 年下降 40%~45%，并作为约束性指标纳入国民经济和社会发展中长期规划，强调加快建设以低碳为特征的工业、建筑和交通体系。同时，为了缓解交通运输业的能源消耗，减少其碳排放，国务院已将城市碳排放作为约束性指标纳入到对当地政府的考核。城市交通作为仅次于工业的碳排放大户，碳减排压力巨大。因此，发展低碳交通城市交通已成为我国发展低碳经济的必然选择。

随着各国城市化水平的提高，城市交通与环境保护之间的矛盾日益凸显，发展低碳城市交通已成为各国城市交通的发展趋势，各国都在加大资金投入和政策支持力度，积极探索符合各自国情的低碳城市交通发展道路。

---

① 岳晓娟：重庆工商大学融智学院教师；主要研究方向：低碳物流与低碳交通。

二、发达国家低碳城市交通的发展措施

（一）英国低碳城市交通的发展措施

英国是世界上控制气候变化的倡导者和先行者，也是最早提出"低碳"概念并积极倡导低碳经济的国家。

英国交通部自20世纪80年代末开始实施一体化交通规划，即要实现交通与经济繁荣、环境保护、健康和社会公平的可持续发展。

为了打造城市低碳交通，英国政府在2009年公布了《低碳转型发展规划》白皮书（The UK Low Carbon Transition Plan）。根据白皮书，到2020年，交通领域温室气体排放量须在2008年的水平上减少14%。为此，政府将采取多项措施：

（1）降低新增常规交通工具的能耗，包括未来两年内投资3 000多万英镑生产数百辆低碳巴士等；

（2）采用新技术、新能源，包括试行340辆电动低碳轿车，从2011年开始为每台超低碳车提供2 000~5 000英镑补贴，投资3 000万英镑用于在约6个城市中安装电车充电站等；

（3）其他辅助措施，包括发起全国首届可持续出行城市的竞赛等；

（4）努力促成对国际航班和航船进行碳排放限制的国际协定。

（二）日本低碳城市交通的发展措施

自20世纪石油危机以来，日本在通过"调结构、转方式"等手段舒缓、规避困局的过程中，在以低能耗、低污染、低排放为核心的发展低碳经济、构建低碳社会等方面，逐渐形成了诸多国家难以比拟的制度基础、技术优势与人文积淀。2008年6月，日本首相福田康夫提出了建设日本低碳社会的蓝图，即"福田蓝图"，力争到2050年，日本的碳排放总量在1990年的碳排放总量的基础上减少60%~80%，最终建成一个可持续发展的低碳社会以取代目前以化石燃料为基础的工业社会。在一系列战略论证的基础上，2008年7月25日，日本政府正式公布了发展低碳经济、构建低碳社会的国家战略——《构建低碳社会行动计划》，这标志着日本正式将构建低碳社会提升到国家战略的高度来实施。并且，日本还提出了"面向低碳社会的12项行动方案"，其中涉及城市交通的是良好的人行城市设计支持方案。该方案主要内容是制定与实施适合步行、自行车出行乃至电动车出行的城市规划。具体实施方案包括：

（1）政府与市民共同制定与实施低碳城市规划；

（2）引入税收制度，实现中心城区的高效配置；

（3）对高效能的辅助电池与轻便交通工具的研发予以资助；

（4）利用绿色税收制度加速环保型交通工具的推广，同时加强燃料规范；

（5）引入和扩大环保型交通工具的行使与停放的优先权。

（三）美国低碳城市交通的发展措施

第二次世界大战以后，随着汽车的普及，美国许多城市规划设计把住宅与工作所在地、生活服务设施分隔开来，独立设在不同的区域。这样的城市规划设计

不但造成极大的浪费和社会、环境等问题，而且不可避免地造成严重的交通拥堵和交通安全问题。在这种背景下，"智颖增长"应运而生。"智颖增长"强调环境、社会和经济的可持续发展，强调减少交通、能源需求以及环境污染来保证生活品质，是一种较为紧凑、集中、高效的发展模式。美国确立把为市民提供多样化的交通选择作为城市"智颖增长"的基本原则之一。在交通改善方面，保证步行、自行车和公共交通之间的连通性，并把这些方式融合在一起，形成一种新的综合交通系统。其具体体现在以下几方面：

（1）公交优先与多种交通方式有效结合；

（2）城市交通基础设施完善，商业布局合理；

（3）大力发展和应用智能交通系统；

（4）政府高度重视城市交通规划及其协调组织对经济社会发展的统筹协调作用。

近些年，随着奥巴马政府的上台，美国更加重视发展低碳经济。2007年11月，美国民主党的智库"美国进步中心"提出了名为《渐进增长，促使美国向低碳经济转型》的报告书。该报告书提出了美国发展低碳经济的10大措施。其中涉及城市交通方面的主要措施有：

（1）发展汽车燃油经济，大力发展新能源汽车；

（2）投资建设低碳交通运输基础设施。

（四）小结

通过对英国、美国、日本等发达国家发展低碳城市交通的措施进行研究，得到以下结论：

（1）政府层面高度重视低碳城市交通的发展，都制定了详细的规划，并且很多内容用法律法规形式予以发布。例如英国在《低碳转型发展规划》中制定了交通领域温室气体减量目标，并且制订了专门的配套计划《低碳交通规划》；日本在《日本建设低碳社会行动方案》中提出了低碳交通运输的目标、实现障碍以及战略对策；美国在《渐进增长，促使美国向低碳经济转型》报告中提出的发展低碳经济的10项措施中有2项涉及低碳城市交通，在"绿色经济复苏方案"中提到要大力投资的六大领域中，扩展公共交通运输和铁路货运也是其中之一。

（2）各国都大力投资来构建低碳城市交通。例如英国在未来两年内将投资3 000多万英镑生产低碳巴士；日本在2011财政年度的预算中，留出400亿日元的资金用于公共交通；美国拨款24亿美元用于投资新能源汽车的研发与生产。

（3）重视新技术、新能源的开发。例如英国试行340辆电动低碳轿车；从2011年开始，为每台超低碳车提供2 000~5 000英镑补贴；同时，投资3 000万英镑用于在约6个城市中安装电车充电站等。日本对高效能的辅助电池与轻便交通工具的研发予以资助。美国大力发展和应用智能交通系统。

（4）重视城市布局规划对低碳交通的影响。例如日本引入税收制度，实现中心城区的高效配置；美国政府高度重视城市交通规划及其协调组织对经济社会发展的统筹协调作用。

（5）在低碳交通建设中充分调动市民的积极性。例如英国发起全国首届可持续出行城市的竞赛等辅助措施；日本政府强调与市民共同制定与实施低碳城市规划。

（6）各国都采用了一定的奖惩制度来发展低碳交通。例如英国在《低碳转型发展规划》中规定，为超低碳车提供补贴；日本为加速环保型交通工具的推广，引入了绿色税收制度；美国通过消费税促进消费者购买新能源汽车。

三、我国发展低碳城市交通的措施

发展低碳城市交通是一项系统工程，涉及生产、流通和消费等各个环节。与英国、日本、美国等发达国家相比，我国城市交通存在人口密度大、基础设施不完备、区域发展不平衡、技术上又比较落后等诸多难题。因此，我国低碳城市交通发展之路需发动全社会的力量，在学习发达国家经验的基础上结合我国具体国情。其具体措施如下：

（1）组织制定城市交通专项规划和落实控制碳排放行动目标的宏观政策。我国在"十二五"规划中明确提出"十二五"期间控制温室气体排放行动目标等其他相关指标，但并未将其分解到城市交通领域。目前，当务之急是制定发展低碳城市交通专项规划，提出今后在发展低碳城市交通的指导思想、原则、目标和发展低碳技术等相关领域的主要任务，并制定相应的统计指标体系，指导和引领全国的低碳城市交通规划工作以及政府、企业、民众的行动方向和行为方式。

（2）切实加强发展低碳城市交通立法和基础能力建设。近几年，我国出台了汽车产业政策、城市土地政策等一系列与城市交通发展具有直接关系的方针政策，但是，低碳城市交通领域的专项法律体系还不够完善。所以，对于政府来说，当前刻不容缓的任务是全面开展低碳城市交通立法调研和法案起草，从而为发展低碳城市交通的政策措施提供有力的保障。此外，基础能力建设也要放在重要的位置，如加快道路的建设、温室气体观测等，为全国建立低碳城市交通提供硬件支持。

（3）优先发展公共汽车与轨道交通，适度发展小汽车，有效结合多种交通方式，优化城市交通网络结构。20世纪90年代以来，我国汽车行业的飞速发展带来了交通拥堵等诸多问题。从国际经验看，发展公共交通与轨道交通是解决城市交通问题的根本出路。在我国，可以考虑以不同档次和质量的公共交通形式来满足各类乘客的需求，但要求公交车为舒适型，且要有较高的服务水平，以提高公共交通的生存能力。另外，考虑到汽车工业是我国国民经济的支柱产业之一，在优先发展公共交通的同时，可通过采取正确的措施和遵循适当的步骤，以发展公共交通来促进我国汽车工业的发展，最终实现公共交通与汽车工业的协调发展。

（4）提高传统能源利用效率，加大轻碳和无碳能源供应力度，积极推广新型交通方式，鼓励智能技术与新能源的使用，从源头控制碳排放。目前，我国城市交通中化石能源的消耗是最大的碳排放源。就我国而言，提高传统化石能源的利用效率，要比可再生能源的开发更紧迫、更有效。同时，在新能源和可再生能源方面，结合本地资源状况，积极开发利用无碳能源，推广新型交通方式，重视新能源车辆的使用，可以有效降低碳排放。此外，利用智能交通可以最大限度削减无效碳排放。但由于我国交通运输具有明显的区域不平衡性，在发展智能交通时应有步骤地进行，可先从东部沿海等有条件的城市开始，逐步向全国各城市推广。

（5）大力发展和建设立体交通与整体化交通网络。近年来，车辆拥堵问题已成为城市交通中不可忽视的问题。解决好这一问题将是城市交通规划中的重要任务。从发达国家经验看，大力发展纵横交错的立体交通网络，可以有效解决车辆拥挤等诸多城市交通问题。从我国国情出发，可在部分城市规划和建设轨道交通线网，与其他地区的陆、海、空直接连通，实现不同交通方式的协同发展。

（6）合理规划城市布局，增加绿地规模，增加有效碳汇。城市规划对于城市交通的发展起着至关重要的作用，为避免世界上大城市曾经发生的错误，我国应将城市规划与城市交通联系起来。在城市规划中，增加土地使用与交通等部门之间的对话，加强不同地区政府间在城市规划布局中的协商与合作，从而减少交通和用地功能的干扰和无谓的交通穿插。此外，建设适当面积的站前广场，搞好广场绿化，一方面可做乘客休息、娱乐场所，更重要的是做好人流的疏散。大量的绿地还可以增加碳汇，减少碳排放。

（7）积极探索开展低碳城市交通专项试点。今年我国在五省八市启动低碳试点，但对于低碳城市交通的专项试点还没有正式启动。我国在发展低碳城市交通的初期，可选择有一定条件和影响力的城市，建设一批具有试点示范作用的城市。通过试点示范城市交通的建设，研究适合地方特点的城市交通规划方案，总结规划、设计、推广和应用等方面的经验，从而推动全国的低碳城市交通建设。

（8）积极探索和利用市场机制和经济手段控制城市交通碳排放，支持低碳城市交通发展。近年来，企业在城市交通中的作用越来越重要。因此，在城市交通规划中需提高企业参与减少碳排放的积极性。在我国，可根据具体城市的具体情况，在保证市场公开、公正和透明的前提下，结合低碳城市交通试点，探索开展碳排放权交易，制定自愿减排交易的管理办法，研究征收碳税的可行性。

（9）加快推进城市交通领域的低碳技术创新和制度创新，加强国际交流与合作。低碳技术的创新能力在某种程度上决定了我国是否能顺利实现低碳城市交通的发展。目前，我国迫切需要研发清洁能源、可再生能源等新技术。为此，需要加快推进我国能源体制改革，建立有助于实现能源结构调整的价格体系；推动我国可再生能源发展的机制建设，改善健全可再生能源发展的市场环境与制度创新。同时，还要向发达国家学习经验，大力引进资金和技术支持。

（10）加强人才培养力度。目前，国际上对于碳排放的计算还没有一个统一的标准，在低碳城市交通方面的人才相当匮乏。加强地方和部门的能力建设，做好有关人才队伍的培养，对于将来建立城市交通碳排放清单数据库以及其他方面的工作都非常重要，特别是对于缺乏技术等条件的西部地区更是如此。

（11）强化交通宣传教育与低碳交通观念，积极倡导低碳生活方式和消费模式。社会大众是发展低碳城市交通的重要主体，所以必须动员全社会、各行各业都重视交通法规普及教育，特别是驾驶人员的教育和管理，通过宣传教育和严格管理，提高全社会的文明程度和守法意识。同时，政府要联合企业、研究机构以及新闻媒体形成良好互动，在全社会形成人人支持和参与低碳城市交通建设的良好风尚。

（12）广开渠道，以多种形式扩大资金来源。由于发展低碳城市交通是一项耗资大、周期长的工程，所以资金是一个重要的问题。单纯的规划并不足以保证低碳城市交通的顺利发展，只有具备足够的投资或者融资引导才能有助于规划的落实。可适当调整税收政策来引导大众的交通消费趋向，如用大税种（烟草）的部分税收来解决城市交通建设资金来源的短缺问题。此外，还可利用中央政府、地方政府、私人投资三方结合等多元化投资方式，扩大低碳城市交通建设资金的来源，保证我国低碳城市交通的长期发展。

四、结束语

目前，我国发展低碳城市交通仍处在起步阶段，同时鉴于我国城市交通与发达国家存在诸多差异，适合我国发展低碳城市交通的措施不能照搬发达国家的做法，需要结合我国的具体国情，研究适合我国的城市交通规划方法和策略指引。本文仅在宏观上研究了我国发展低碳城市交通的措施，有关这方面的具体措施还有待进一步研究。

参考文献

［1］陆健. 当代世界城市低碳本位的交通战略［J］. 上海城市管理，2011（1）：47-51.

［2］徐建闽. 我国低碳交通分析及推进措施［J］. 交通观察，2010（4）：13-20.

［3］王振华. 中国大城市治堵：伦敦、纽约和香港妙招不妨一用［N］. 经济参考报，2010-11-04.

［4］杨东. 日本声称引领全球低碳经济革命［N］. 中国能源报，2009-04-27.

［5］刘召峰. 日本建设低碳社会的方案及特色［J］. 上海节能，2010（2）：14-16.

［6］张可喜. 日本战后调结构经验：力转公害危机 紧抓环保机遇［J/OL］. http://news.xinhuanet.com/fortune/2009-09/25/content_12111604.htm.

［7］方晓. 奥巴马最核心智库访华［N］. 东方早报，2009-09-04.

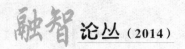

融智论丛（2014）

基于会计信息化视角的
企业内部控制优化研究

罗　萍①

[摘要] 当今世界已经进入全面信息化时代，信息技术、网络技术快速发展，无论是会计审计准则、内部控制标准的贯彻实施，还是宏观经济决策与微观经营管理都更加依赖于企业、单位的信息化基础，尤其对会计信息化提出了更高要求。本文首先阐述了会计信息化与内部控制相关概念，然后分析了会计信息化对企业内部控制存在的影响，进而提出会计信息化的内部控制优化措施。

[关键词] 会计信息化　内部控制　企业　优化

一、会计信息化与内部控制相关概念

（一）会计信息化

会计信息化是会计理论和计算机网络技术的结合体，它充分利用了计算机技术的自动计算数据功能、自动汇总数据功能、自动存储数据等功能，这是会计信息化的基础和前身，即会计电算化。除此之外，会计信息化还利用了现在发展最迅速、最前端的网络技术，这使得会计信息化不光是简单针对数据的处理，还大大扩展了其内涵。网络技术及时性、多元性、动态性等特点把企业中原有的孤立和滞后的财务信息有效地带动起来，使企业信息、资金、业务等各个方面的信息融合为一体。会计信息化是国民经济信息化和企业信息化的基础和组成部分。

会计信息化是一个全新的概念，它是在会计电算化的基础上发展起来的，既保留了原来会计电算化的自动快速、准确便捷等优点，还弥补了会计电算化缺乏及时性、动态性和综合性的不足。

（二）内部控制

美国注册会计协会所属的审计程序委员会在 1958 年发布的《独立审计人员评价内部控制的范围》是目前为止有据可查的最早使用"内部会计控制"一词的文件，它将内部控制的主要内容分为内部会计控制和内部管理控制两类，并将内部会计控制定义为"涉及与财产安全和会计记录的准确性、可靠性有直接联系的方法和程序"。

---

① 罗萍：重庆工商大学融智学院讲师；主要研究方向：会计信息化。

1988 年美国注册会计师协会发布的《审计准则公告第 55 号》中第一次用"内部控制结构"这一词汇取代原有的"内部控制制度",标志着内部控制结构理论的形成。此时的内部控制结构包括三个部分,分别是控制环境、会计制度和控制程序。

按照以美国权威审计机构 COSO 为代表的现代内部控制理论,将内部控制定义为"由企业董事会、管理层和其他员工制定和实施的,旨在为经营的效果和效率、财务报告的可靠性以及相关法律法规的遵循性等目标提供合理保证的过程",其由内部环境、目标设定、事项识别、风险评估、风险应对、控制活动、信息与沟通、监控八项要素构成。将内部控制上升至了全面风险管理的高度,由企业管理人员、审计人员通过经营管理实践,将现代内部控制理论运用于会计信息系统,逐步形成较为完善的自我监督和行为调整的会计内部控制整合框架。

1997 年中国注册会计师协会实施的以规范注册会计师审查公司时的行为为目的的《独立审计具体准则第九号——内部控制与审计风险》,对内部控制的定义是"单位为了保证业务活动的有效进行,保护资产的安全和完整,防止、发现、纠正错误和舞弊,保证会计资料真实、合法和完整而制定和实施的政策与程序"。

上述内部控制含义的发展历程表明,内部控制并非简单的制度条令,而是有着系列过程的政策和程序。

二、会计信息化对企业内部控制的影响

(一)会计信息化改变了内部控制的形式

传统的手工核算会计条件下,内部控制是单纯由人工操作的,计算机和网络信息技术普及后,会计核算引入信息化理念,在会计信息化环境下的内部控制严密等级更高,主要是利用计算机和网络技术编成很多严密的程序来进行控制的,是一种人和计算机、网络通信的综合控制。例如,有些企业利用会计软件设置了控制凭证序号程序、控制凭证类型程序、控制时间程序、控制授权口令及操作权限程序等等,内部控制就避免了原先手工操作的随意性和主观性,避免了一些人为的舞弊和失误,控制的效果就更加严密和精确,保证了控制的严格性和可靠性。

(二)会计信息化改变了内部控制的重点

传统的手工核算会计条件下内部控制的重点是各种账簿和报表会计数据的真实性和完备性。而在会计信息化环境下,各种账簿和报表凭证都是在数据录入后由程序自动生成的。所以,只要保证输入的会计数据是正确的,会计软件就能自动计算出结果,并正确地、快速地、无差错地分别记入各种账簿,并据此编制会计报表。因此,在会计信息化的环境下内部控制的重点是数据等的真实性、完整性和安全性,以避免出现"输入的是垃圾,输出的还是垃圾"。

(三)会计信息化改变了内部控制的范围

在传统手工核算会计环境下,内部控制主要是对会计人员的任用和分工、严

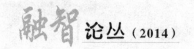

格的财务管理制度、信息处理方法和程序进行控制。通过严格的执行就可以达到控制的目的。在会计信息化不断推进的过程中，企业的内部控制的控制环境发生了变化，以往单纯靠人力来维护的内部控制现在需要加入先进的计算机技术。内部控制的范围不再仅仅是人和管理制度，内部控制从原有的对人的行为的控制，扩展到了对系统的控制。因而与传统内部控制相比，其不仅要保证会计信息的真实与完整性，还要对系统安全、人机交互处理进行控制。

（四）会计信息化改变了内部控制的授权和防护等级

在传统手工核算会计条件下内部控制主要是由职务分离的原则来实现相互监督和相互制衡，纸质账本数据配有专人加以保管，进行内部控制的监督和制衡。在会计信息化环境下，会计数据储存介质由纸质变为电子，通过计算机完成会计数据的输入、处理和输出。而在网络环境下使用数据具有开放性，任何人都可以接触到数据，因此需要进行管理人员身份的识别和授权，提高信息的防护等级。

（五）会计信息化改变了内部控制环境

企业使用计算机处理会计和财务数据后，企业会计核算的环境发生了非常大的变化，会计部门的组成人员从原来的财务、会计专业人员变为财务、会计专业人员和计算机数据处理系统的管理人员及计算机专家。随着远程通信技术的发展，会计信息的网上实时处理变为可能，可以在远离企业的某个终端机上瞬间完成数据处理工作，原先应由会计人员处理的有关业务事项，现在可能由其他业务人员在终端机上一次完成。原先可能需要几个部门共同协作才能完成的任务，现在可能只需要一个工作人员简单操作就可以独立完成。

三、会计信息化环境下企业内部控制的优化措施

（一）优化内部控制运行环境

自主研发会计信息化系统软件之前，对一定时期内的业务发生量、业务发生频率、业务处理流程、业务处理程序、信息控制程度等进行详细的评估和分析，对于系统的错误设置，管理层应该要求企业信息技术人员加强研发和做好维护工作，提高系统设计成功率；会计信息系统的运行离不开各种会计软件的支持，在会计软件的选择上，企业应该根据实际需要，选择适合企业的财务软件，在使用之前对管理人员进行必要的培训，使其熟悉软件的操作步骤，并在发生故障后能及时修复，确保软件功能正常发挥。随着信息技术的发展，还应进行系统升级，以满足会计工作的需要。

（二）强化会计信息系统的操作控制

会计信息化必将实现财务管理和业务一体化，使企业的经营管理活动依赖于网络系统，所以要求企业建立完善的操作管理制度。操作控制具体涵盖了数据流转的所有环节即数据输入、处理、输出等。

1. 输入控制

会计信息系统的输出质量，主要取决于输入数据的真实性、准确性和完整性，因此必须确保输入数据的正确性。因此，对数据来源的真实性、可靠性进行

控制，是数据输入控制的重点。应坚持以计算机程序控制为主，同时录入人员必须有有关部门的授权，所有的录入数据必须经过审核校验。

2. 数据处理控制

数据处理控制是指对计算机系统内部数据处理活动进行的控制。处理控制是通过计算机程序自动进行的，主要有处理的流程控制、数据修改控制、数据有效性检验和程序化处理有效性检验等。

3. 输出控制

数据输出控制是为保证合法而准确地输出各种会计信息而进行的。保证输出操作的授权，要由经过授权的人员进行数据的输出。对输出结果进行分析，检查其完整性和正确性，及时发现可能存在的错误，核实无误后，通过标准化的报告将数据结果传送到使用部门。

（三）提高企业员工素质

企业信息化的研究、软件开发与运用对会计信息化人才提出了新要求。企业信息化发展需要既懂会计专业知识又懂计算机技术的复合型人才。企业信息化的推广，促进会计软件从核算型向管理型拓展。目前的软件开发人员缺乏会计知识；而具备一定会计知识的人员，软件开发知识又知之甚少。所以软件开发需要一批高层次复合型的人才。此外，会计信息化使会计信息处理有了质的飞跃，随着 Internet 的出现，全球信息处理网络化成为历史的必然趋势。过去的单机工作系统的不足日趋明显，为了适应环境变化，网络会计应运而生，弥补了会计信息化的不足，成为会计发展的新领域。网络会计人才是继复合型人才之后，要求素质较高的综合型会计人才。此种人才将随着网络经济的发展，需求量日益增大。目前，这样的综合型人才在我国还非常缺乏。首先，在高校学习会计审计和相关专业过程中，重点强调增加信息技术有关方面的内容，加强信息技术方面的技能训练。其次，企业要为上岗后的员工提供继续教育和培训的机会，利用继续教育、实践和交流研讨等多种途径，不断加大人才培养力度，完善培养、评价与使用会计信息化人才培养机制。

参考文献

［1］梁楠. 企业会计信息化内部控制中存在的问题及对策［J］. 中国管理信息化，2012（12）.

［2］崔婷. 会计信息化环境下的内部控制［D］. 太原：山西财经大学，2011.

［3］宋建琦. 基于会计信息化的企业内部控制优化研究［J］. 会计之友，2013(24).

［4］辛歆，刘洪海. 基于会计信息化环境的内部控制优化研究［J］. 会计之友，2011（33）.

［5］徐丽群. 会计信息化对企业内部控制的影响及对策研究［J］. 财会研究，2009(20).

重庆新型农业经营主体发展现状研究

孙　敖①

[摘要] 伴随全球气候的变化和全球经济发展前景的不确定性，农业生产面临的自然灾害风险和市场变化风险日益增大，如何提高农业生产的抗风险能力与生产经营效益，成为重庆农业需要回答的问题。同时，随着重庆社会经济发展速度和城镇化进程的加快，大量农民进入城市寻求就业机会，推动了农村剩余劳动力的转移就业，极大地推动了城镇化的进一步发展，但另一方面也对农业生产造成了一定的影响，"谁来种地"随之成为当代中国社会必须回答的又一个问题。新型农业经营主体的出现，不仅让中国农业应对风险的能力大大加强，也解决了劳动力转移就业后的农村土地耕种问题。本文通过回顾新型农业经营主体产生的背景，分析了重庆市新型农业经营主体发展中存在的问题，并给出了相应对策，以期为加快重庆市新型农业经营主体发展提供一定的参考。

[关键词] 新型农业经营主体　发展现状　重庆

一、背景

伴随全球气候的变化和全球经济发展前景的不确定性，农业生产面临的自然灾害风险和市场变化风险日益增大，如何提高农业生产的抗风险能力与生产经营效益，成为重庆农业需要回答的问题。同时，随着重庆社会经济发展速度和城镇化进程的加快，大量农民进入城市寻求就业机会，推动了农村剩余劳动力的非农就业，极大地推动了城镇化的进一步发展，但另一方面也对农业生产造成了一定的影响，"谁来种地"随之成为当代中国社会必须回答的又一个问题。随着农村就业人口的减少，大规模的土地流转就必然出现，促使土地向少数拥有现代化经营理念、掌握现代化生产技术和设备的经营主体集中，便产生了以专业大户、家庭农场、农民合作社、农业产业化龙头企业为代表的新型农业经营主体。新型农业经营主体的出现，不仅让中国农业应对风险的能力大大加强，也解决了劳动力转移就业后的农村土地耕种问题。

中国共产党第十八次全国代表大会报告首次提出了新型农业经营体系的战略构想，该构想要求在坚持和完善农村基本经营制度的前提下，依法维护农民土地承包经营权、宅基地使用权、集体收益分配权等权利，积极发展农民专业合作和

---

① 孙敖：重庆工商大学融智学院助教；主要研究方向：土地资源管理。

股份合作，培育新型经营主体，以发展多种形式的农业规模经营，最终构建集约化、专业化、组织化、社会化相结合的新型农业经营体系。从此，新型农业经营主体开始频繁出现，进入公众的视野。

2013 年中央"一号文件"明确提出，按照依法自愿有偿原则，引导土地承包经营权流转，发展多种形式的适度规模经营，促进农业生产经营模式创新。2014 年的中央"一号文件"则提出，要在尊重农民意愿的前提下，鼓励发展多种形式的规模经营，扶持并发展新型农业经营主体。至此，新型农业经营主体进入实施阶段。

二、新型农业经营主体内涵

新型农业经营主体是一个相对概念，它是相对于我国传统的规模较小、产品半自给的家庭农户而言的。一般认为，新型农业经营主体就是指那些具有相对较大的经营规模、较好的物质装备水平和较强的经营管理能力，劳动生产率、资源利用率和土地产出率均较高，产品主要面向市场的农业经营组织。这些经营组织不仅包括从事农业生产、加工和销售等环节的生产经营组织或个人，也包括在农业生产中提供各种生产服务的经营组织或个人。在我国，这些经营组织以专业大户、家庭农场、农民合作社、农业产业化龙头企业为代表，共同构成了我国新型农业经营主体，它们代表着我国未来农业的希望和我国未来粮食安全的保障所在。新型农业经营主体的出现，对于推进我国农业由传统型转向现代型，加强农业生产的集约化、专业化、规模化和社会化，解决中国粮食问题具有重大意义，也是实现农业现代化的关键所在。

三、新型农业经营主体主要特征

新型农业经营主体有三个突出特征：一是适度规模和生产专业化。新型农业经营主体的经营规模大大高于传统的家庭经营规模，并且专门从事农业生产，能充分利用自身劳动力资源追求适度规模经济效益。二是集约化经营方式。新型农业经营主体拥有比传统家庭经营规模更好的物质装备条件和更高的生产技术水平，并且拥有现代经营管理和营销意识，能实现对资源要素的集约利用，劳动生产率、土地产投比和资源利用效率都具有较高水准。三是市场化程度高。新型农业经营主体能够积极主动地按照市场需求安排农业生产活动，产品主要面向市场，以获取利润为主要经营目的，能够实现与市场的有效衔接，商品化率和经济效益远比传统农户要高。

四、新型农业经营主体主要类型

伴随着农业剩余劳动力进城务工和非农就业，重庆市农业产业结构经历了较大的调整，农村土地流转的不断发展，为种养大户、家庭农场、农民合作社、农

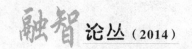

业产业化龙头企业和经营性农业服务组织的发展提供了千载难逢的机遇，这些农业经营组织不仅是新型农业经营主体的主要构成，也是推动农业经营机制创新的主要力量。除了这些农业经营组织形式外，还有产业联合体、联耕联种等组织形式。

专业大户是指专门从事农业生产中某一产业的专业化生产并初步实现规模经营的农户，在生产要素投入上实现了资本和劳动的双重密集投入。家庭农场是重庆当前重点推进和建设的新型农业经营主体形式，家庭农场是指以家庭成员为主要劳动力，从事农业规模化、集约化、商品化生产经营，并以农业收入为家庭主要收入来源的新型农业经营主体。其与传统农户最大的区别在于家庭农场生产以产品利润最大化作为最终的目标，并围绕此目标开展规模化、集约化和商品化的生产经营活动，弱化了农业的保障功能而突出其盈利功能。农民专业合作社是在农村家庭承包经营基础上，生产同类产品或者提供同类农业生产服务的经营者们，在自愿、民主的基础上成立的互助性经济组织，其经历了由专业技术协会向专业合作经济组织的蜕变。农民专业合作社的出现，可帮助农户分享来自加工、销售等不同环节的利润增值，实现农业经营利润的最大化。农业企业则是指从事农、林、牧、渔业的生产经营活动，具有较高的商品率，生产经营实现了独立核算且具有法人资格的营利性经济组织，特指那些农业产业化龙头企业。这类企业一般拥有雄厚的经济基础、先进的生产技术和优秀的经营管理人才，通过订单合同等方式将农户与市场联系起来，实行贸工农、产加销一体化经营。经营性农业服务组织是指在农业的产前、产中和产后等环节为农业生产提供市场化、专业化服务的经济组织，能够帮助农户改善资源配置效率，降低生产成本，提高农业经营的盈利能力。

五、重庆新型农业经营主体发展状况

重庆作为中国最大的一个直辖市，以山地为主以及大城市大农村是其重要特征。山地面积广大，平地面积狭小，地形条件限制了重庆市农业发展无法采取欧美发达国家的大型农场式机械化生产，只能借鉴韩国和日本的农业发展经验，更多地采取家庭农场、专业大户等适度规模的农业生产组织形式。在工业化、城镇化快速推进的社会大背景下，大量农村劳动力持续向外转移，导致重庆部分地区出现农忙季节人手缺乏、劳动力老龄化等现象。以家庭农场为代表的新型农业经营主体的出现，不仅可以实现农民就地就业，还可以解决重庆农业分散的家庭承包经营导致的农民兼业化、老龄化等问题。同时，新型农业经营主体在推动重庆农业发展、促进农民增收等方面也起到了积极作用。解决了传统农户家庭经营方式导致的规模不经济问题，通过资金、技术等方面的指导或合作，降低农业生产成本，提高了农户生产的集约化水平和农业资源的利用效率，更能通过龙头企业雄厚的经济实力、先进的生产技术和现代化的经营管理，实现与现代化、社会化的大市场对接。由于自然和社会两方面因素的客观原因，发展适度规模经营的新型农业经营主体成为重庆市农业发展的必然选择。

　　重庆市人民政府为推动重庆新型农业经营主体的发展，于 2013 年 9 月出台了《关于培育发展家庭农场的指导性意见》，不仅明确了家庭农场需要满足的几个基本条件，也制定了诸如家庭农场可申报农业综合开发、农业标准化等涉农项目，支持家庭农场开展无公害农产品、绿色食品、有机食品、农产品地理标志"三品一标"的申报认证和注册商标等政策，还通过组织开展建设示范家庭农场，通过以点带面，整体推进等方式，示范和引领重庆家庭农场的健康发展。此外，重庆市人民政府还计划新建 500 个村级农业科技服务站，300 个现代农业产业技术示范基地，完善农机购置补贴制度，推广农机具 20 万台套等方式大力培育农业新型经营主体。随着政府支持力度的加大，截至 2013 年，仅重庆市万州区就拥有无公害农产品产地认证 47 个，无公害农产品产品认证 61 个，绿色食品产品认证 24 个、2.8 万吨，出口农产品基地认证 1.43 万亩（1 亩 = 666.67 平方米。下同），15 万亩红橘获得无公害整体农产品产地认证。区级以上龙头企业销售收入 66 亿元，上交税金 2.3 亿元，出口创汇 2 141 万美元。在从事农业生产的 26 万农户中，龙头企业带动农户达 13 万户，极大地推动了重庆市农业的发展。

六、重庆新型农业经营主体发展存在的问题

（一）基础薄弱

　　重庆地貌以山区为主，农田地力水平普遍不高，且水利、道路等农业基础设施建设较为薄弱，抵抗干旱、洪涝等自然灾害的能力较弱，暴雨、滑坡、干旱等自然灾害的频繁发生极易导致前期投入的成本无法按期收回，收益无法得到保证严重制约了重庆新型农业经营主体的发展。

（二）量小质弱

　　重庆新型农业经营主体今年得到了较快发展，不仅数量增长迅速，经营规模也在不断扩大，但总体上仍处于量小质弱的起步阶段，产品科技含量低，经济效益差，辐射带动能力也不强，尚处于农业产业化的起步阶段。

（三）人才缺乏

　　管理团队在起步阶段尚能勉强支撑，但规模提升后，人才缺乏严重制约了新型农业经营主体在总体规划、项目包装、技术能力、市场营销等方面进步的空间，人才引进工作存在引进困难、留住更难的现状。管理阶层主体内在素质低，经营管理水平与现代企业发展要求尚有较大差距，自身经营管理水平需要提升。

（四）融资困难

　　重庆新型经营主体融资困难体现在两个方面：一方面农业企业大都缺乏实物产权抵押，同时一些没有土地、山林流转的经营主体无"三权"，不具备融资要件；另一方面，农业项目投资回报低、融资成本高使得一些主体"用不起钱"，农业项目贴息不管是主体覆盖面还是在利息总额中所占比例都不高。融资困难已经成为农业经营主体发展的"瓶颈"，融资渠道少，贷款难，资金周转缓慢，阻碍了正常发展。

（五）服务体系不健全

　　发展新型农业经营主体主要是为了进一步推动现代农业的发展，现代农业最

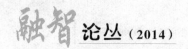

明显的特征就是农业服务业和服务体系的建设。服务农业经营主体的整体氛围仍需进一步增强，农业经营主体多头跑路、程序繁琐、时间堆积等问题仍然存在，特别是用地、用电、用水问题还存在困难。由于从事农副产品生产、加工的农业经营主体一般不在工业园区，这导致新型农业经营主体布局分散，导致用电、用水成本居高不下。此外，服务主体数量虽然多，但服务能力弱和服务市场发育不足，且没有形成合理的布局也制约了农业社会化服务的开展。

（六）缺乏政策支持

国家虽然在土地、资金、项目、税费等方面出台了一些扶持政策，但并无配套的具体操作方案，扶持政策也就成了空中楼阁。目前，我国的种粮直补、良种补贴和农资综合补贴等农业补贴都是直接发放给农民，种粮大户、家庭农场以及农民专业合作社等新型农业经营主体基本上拿不到或者只能拿到很少一部分。另外，大量涉农项目根本无法以农民合作组织作为申报主体，而要以各级政府的名义申报。

（七）土地流转缺乏规范，稳定性差

虽然重庆市早在2008年就成立了重庆农村土地交易所，允许土地流转，并建立了相应的土地流转程序，规范了流转合同文本，但在实际操作中仍存在着不规范的现象。目前土地流转期限都普遍偏短，以三五年居多，甚至一年一租，短期行为多。这使得新型农业经营主体对修建灌溉设施、培肥地力等事关长期发展的项目不愿也不敢投入，使农业基础设施薄弱的局面进一步加剧，影响了土地的产出率和农业的可持续发展。

七、重庆新型农业经营主体发展对策

培育新型农业经营主体不仅是转变重庆市农业发展方式、提高重庆农业综合效益和市场竞争力的迫切需要，也是构建农业发展支点，加速重庆农村实现跨越式发展的必然要求。

（一）加强农业基础设施建设

积极申请各种农业综合开发、农业标准化等涉农项目，利用政府资金支持，积极推进农村土地整理复垦工作，加强农田水利、道路、防护林等农业基础设施建设，提高应对自然灾害的能力。

（二）不断壮大规模

积极发展专业大户、农业合作社、龙头企业等新型农业经营主体，从财政扶持、税收优惠、工商支持、综合支持等方面，加大扶持力度，不断壮大规模。不仅让经营规模不断壮大，解决就业人数、产出效益等规模也要不断壮大，唯有经济效益不断增强，才能保障新型农业经营主体的经营实现良性循环。

（三）重视人才培养和引进

高素质的专门人才是实现新型农业经营主体不断壮大的根基所在，人才引进和人才培养要紧密结合才能建立起一支富有效率的管理团队。不仅要想方设法将优秀人才引进来，也要通过价值观认同、高薪或者是股权激励等方式提高人才的忠诚度，同时从资金、时间等方面支持和鼓励现有人员"走出去"，挖掘人才潜力，培养自己的人才队伍。

（四）融资支持

主要通过建立家庭农场信用档案，进行信用评级；贷款利率在国家规定的优惠范围内给予优惠支持；创新农（副）产品订单、保单、仓单等权利以及林权、水域滩涂使用权等抵（质）押贷款品种；农业担保公司为家庭农场贷款提供担保；支持获得信贷的家庭农场参加政策性农业保险等方式，保障新型农业经营主体能通过融资获得充足的资金，满足自身发展需要。

（五）健全服务组织

通过培育服务主体，建立健全各种形式的服务组织，推动农业生产经营社会化，不仅是现代农业发展的必然要求，也是全面提升农业社会化服务层次和水平的必然选择。健全农业社会化服务组织，能够完善统分结合的双层经营体制，弥补农村基本经营制度的不足；能够提供产前产中产后各领域、各环节的系列化服务，把千家万户联结起来，纳入社会化大生产轨道；能够激活生产要素，优化资金、技术、劳动力等资源要素配置。在强化公共服务机构建设的同时，发挥市场机制的作用，着力发展经营性服务组织，鼓励集体经济组织、农民专业合作社、龙头企业、专业化农业服务公司、专业化服务队、农民经纪人等参与农业社会化服务，打造多元化的农业社会化服务主体。加快构建便捷高效、保障有力、机制灵活的农业社会化服务新机制，全面提升农业社会化服务层次和水平。

（六）加强配套实施方案建设

在坚持国家扶持政策的前提下，制订具有可操作性的具体实施方案，将各级政府的扶持政策落到实处。完善种粮直补、良种补贴和农资综合补贴等农业补贴发放方案，让新型农业经营主体享受与农民同等的待遇，并加强补贴发放监管，确保补贴及时按量发放到位。允许农民合作组织作为申报主体申报涉农项目，以充分发挥新型农业经营主体在农业开发规模、技术、管理等方面的优势。

（七）规范并稳定土地流转

制定并完善各种政策措施与相应土地流转制度，确保土地流转能够长期稳定地进行，让新型农业经营主体安心进行水利、道路等农业基础设施建设，确保投资能够及时、安全地收回，并享受投资带来的红利。

八、结语

新型农业经营主体是我国"谁来种地"的生力军、现代农业的加速器，对于重庆这样的山城更具有特别的意义，培育和壮大新型农业经营主体更是推进重庆农业实现由大到强的战略性转变的一项重大而紧迫的任务。在重庆新型农业经营主体已进入一个快速发展期的新阶段，要求我们解决好新型农业经营主体发展中面临的问题，从资金、政策、人才、服务等方面给予大力支持，加快提升新型农业经营主体发展的层次和水平，从而推动重庆农业的快速发展。

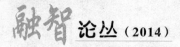

参考文献

[1] 张照新，赵海. 新型农业经营主体的困境摆脱及其体制机制创新 [J]. 区域经济，2013，228(2)：78-87.

[2] 周意珍，王丽兵. 新型农业经营主体发展特点与现实约束 [J]. 金融经济，2013，24(2)：31-33.

[3] 张兴旺. 新型农业经营主体都应学点市场营销之道 [J]. 工作研究，2014，24(5)：42-45.

浅析土地流转中租赁经营模式的不足与对策

宋桂君[①]

[摘要] 租赁经营模式是土地流转模式中一种典型的模式。这种以现金结算的模式在重庆市逐渐受到部分农民的喜爱。本文针对该模式在运行过程中存在的问题进行分析，指出该模式可能存在的风险，并提出了相应的防范措施。

[关键词] 土地流转　模式　租赁经营

城乡一体化是当今社会发展的大趋势。对于农村、农民而言，土地作为最基本的生产资料和生存资料，如何在城乡一体化的背景下得到最好的利用，给农民带来保障的同时更带来更多的收益是土地利用中一个重要的课题。土地流转作为一种重要的解决方案，科学合理的模式是保障该方案顺利实施的手段。在众多模式中，租赁经营这种以现金进行结算的模式越来越得到农民的喜爱。

一、租赁经营模式的基本内涵

土地出租是承包人将其承包的土地租给他人（既可以是本集体经济组织以内的成员，也可以是集体经济组织以外的人员）经营，但自己仍保留土地承包经营权人的法律地位，仍与发包方保持承包合同关系，承租人根据同承包经营权人的租赁合同享有权利，承担义务，不是物权法上的主体。出租主要适用于承包经营权人暂时脱离或无力进行农业生产经营，但又不想放弃其土地承包经营权的情况。承租双方可以对租金、期限、权利义务等进行协商。由于其有较大的灵活性，在农村的土地流转中占有比较大的比例。农户将土地经营权租赁给企业、单位和个人，用于发展开发性农业，业主一次性或分期付给农户一定的租金。以这种形式流转的土地一般是荒山荒坡边远地，流转期限较长，并履行租赁合同或相关协议手续。

在市场利益驱动和政府引导下，出租方（即农民）将其承包土地经营权出租给大户、业主或企业法人等承租方，出租的期限和租金支付方式由双方自行约定，承租方获得一定期限的土地经营权，农民按年度以货币的形式获得土地经营权租金。

---

① 宋桂君：重庆工商大学融智学院讲师；主要研究方向：土地流转。

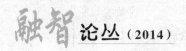

二、租赁经营模式存在的问题

出租是当前重庆市农村土地流转最为成熟以及各方均接受的方式，是推动农业规模经营和产业发展的主要内容和形式，但也存在一些法律障碍和不足之处。

（一）生产管理用房需改变土地用途的问题

《国务院关于深化改革严格土地管理的决定》第 12 条明确规定：基本农田一经划定，任何单位和个人不得擅自占用，或者擅自改变用途，这是不可逾越的"红线"。事实上，所有农村土地流转经营主体在租赁土地进行农业生产和经营时，均需要一定面积的土地用以建设生产管理用房。

对于建设用地的指标问题，重庆各区县执行的标准差别很大，有放宽到 10%的巴南区，有 2%~5%的江北区，也有由经营主体根据生产经营需要自行调整的梁平县和忠县，还有的区县政府没有明确规定。

（二）租赁期限有限制的问题

重庆市农村土地延租期限多为 2028 年，土地出租期限最长也只有 16 年。"农村土地流转期限不得超过承包期"是农业部颁布实施《农村土地承包经营权流转管理办法》中的明确规定。

部分承租业主和企业认为农业项目的投资回收期时间较长，大量的投入后投资回报率因租赁期限的限制而降低，更重要的是对租赁到期或本轮土地承包到期后，其土地上固定物处理等问题均找不到法律依据，影响了他们的投资积极性。

（三）农民的诚信问题

部分农民自己无力经营一些高投入、高产出的产业，把土地租赁给业主或公司，但当业主和企业投入大量资金进而土地产出效益逐步提高的时候，部分农民往往会在利益面前表现出对诚信欠缺问题，要求提高土地租金，甚至单方撕毁合同，要求退还其土地承包经营权，业主或企业的利益得不到保障。

如忠县的涂井乡友谊村的业主申继河（三峡首批迁到山东的移民），现租赁该村柑橘园 90 亩 3 500 株，2006 年签订的合同是每年每株 6 元，投入了 10 万多元，对柑橘园进行整治和管理。其中有户农民看到其柑橘种植效益较好，就要求提高租金。

（四）承租方的诚信问题

部分业主在取得土地经营权以后，擅自改变土地使用性质或对土地实行掠夺式经营导致耕地质量下降。部分业主和企业在其经营项目的收益没有到达其预期目的后，不兑现其租金承诺或要求降低土地租金，有的甚至携款潜逃，农民的收益得不到保障。

如大足县雍溪镇石堡村 2003 年引进铜梁正邦苗木有限公司，承租土地 260亩搞苗木基地。正邦公司在 2005 年 2 月"不辞而别"，致使政府筹资 25 万元支付农户的承包费并为土地复耕。

三、该模式存在的风险分析

由于土地租赁通常由集体经济组织等政府部门出面协调，极易出现权力寻租。这会使得政府的公信力在民众中受到极大的损害。对于农户来说，可能出现土地租赁商通过种种不正当的手段，盘剥农户的利益，使得农户的根本利益得不到应有的保障的情况。对于社会来说，特别是农户以农业为主要收入来源的地区，一旦出现租赁商通过一些手段强行租赁农户的土地，或者地方政府为了搞政绩工程"动员"农户流转土地，使得农户成为农业失业者，伤害农户对稳定的土地关系的信心，对社会的稳定埋下隐患。更有甚者，随意改变土地的用途，通过流转把农业用地变为工业用地，而且主要都是一些高污染工业，没有任何污染治理措施，废水废气直接排放，严重影响当地村民的生活，今后社会还将为其承担巨额的污染治理费用。

四、该模式下存在的问题的对策

（一）采用两种方式来解决生产管理用房问题

一是鼓励承租方以货币形式一次买断举家迁出农户的农村宅基地；二是在经行政主管部分审批和集体经济组织中大部分农户同意的情况下，在缴纳土地复垦费用后，采取临时建设用地方式来解决。

（二）建立土地流转风险保证金制度来保证租赁合同的实施

在签订土地租赁合同时由政府代收一定数量的土地流转风险保证金，以土地流转风险保证金制度来约束出租双方的行为，保证土地租赁合同的有效实施。

（三）约束承租方的行为

对部分改变土地农业用途的承租方，要收取一定数量的土地复垦保证金，以土地复垦保证金来防止承租方在生产经营过程中擅自改变土地使用性质或对土地实行掠夺式经营导致耕地质量下降等，保证农民利益。

参考文献

［1］孟勤国. 中国农村土地流转问题研究［M］. 北京：法律出版社，2008.

［2］杨德才. 论我国农村土地流转模式及其选择［J］. 当代经济研究，2005(12).

［3］向前. 统筹城乡发展中的农村土地流转模式探析——以重庆市为例［J］. 农业经济，2009(5).

［4］陈爱娟，程湘红. 萧山区土地流转模式、存在问题和对策研究［J］. 上海农业科技，2009(6).

对行政事业单位内部控制构建
过程中的沟通模式的探讨

肖　岚①

[摘要] 行政事业单位内部控制制度建设中使全体人员保持良好沟通是对这一变革过程进行管理的重要组成部分。本文首先按照变革管理的阶段理论的思想对行政事业单位内部控制制度构建工作内容进行了梳理，介绍了不同阶段应该使用的沟通方法，指出沟通贯穿了内部控制制度构建的全过程，提出在各个阶段全体相关员工的支持与否是内部控制制度能否成功构建的重要影响因素。

[关键词] 行政事业单位　内部控制　沟通

一、行政事业单位内部控制构建中的变革管理

根据财政部《行政事业单位内部控制规范》（以下简称《规范》）的规定，行政事业单位应以提高行政事业单位内部管理水平、规范内部控制、加强廉政风险防控机制建设为目标，构建符合《规范》要求且适应本单位工作特点的内部控制体系。根据《规范》，目前行政事业单位的内部控制主要以管理公共资产、国有资产和国有资源的经济活动为范围，制定相应控制制度、实施措施和执行程序。

由于经济活动涉及行政事业单位工作的方方面面，可以认为内部控制体系构建过程是一个对行政事业单位经济及相关业务活动涉及要素的变革过程。变革管理的相关理论和方法可以在一定条件下运用于行政事业单位内部控制构建的过程中，通过对内部控制构建这一变革的过程进行合理的管理使其顺利地完成。因此，根据 Kotter（1997）基于 Lewin（1951）提出的"解冻—行动—固化"变革三阶段理论发展而来的八步骤模式，同时考虑到行政事业单位金字塔式的管理结构以及特点，我们可以将行政事业单位内部控制构建的过程需要完成的工作分为以下的步骤：第一，明确本单位构建内部控制的必要性和紧迫性；第二，成立内部控制构建的领导小组并赋予相应的权利以及明确的任务；第三，规划构建内部控制的具体目标和推进的策略；第四，宣布内部控制构建的决定、将要达到的目标和优势，尽力取得较多的支持；第五，进行相关内部业务调整，准备人员物

---

① 肖岚：重庆工商大学融智学院讲师；主要研究方向：内部控制、国际经济。

资，启动内部控制构建步骤，进行风险点梳理和分级，按照规范要求将控制内容纳入业务框架并制定评价体系，重点进行高风险和重要控制点的监控和评价；第六，公布重点管控的风险和控制点的管理成果，为全面构建内部控制系统提供动力；第七，通过信息系统等固化已有的控制流程，并通过反馈对不适应的控制点进行调整；第八，将内部控制体系制度化。

二、单位内部职工的反对可能是成功的障碍

内部控制构建的过程是变革的过程。组织作为开放的系统，其变革的成功依赖于员工的态度和员工对变革的接受程度。基于《规范》的要求，行政事业单位的内部控制的客体定位于单位的收支及其他经济活动，包括对单位的预算、收支、资产、合同以及工程等经济活动的很多方面。内部控制的构建将对相当多岗位的工作产生影响，职工由于无法预测今后改变给自己带来什么影响，或者不同程度地担心自身利益受到损害，会反对进行变革或者采取不配合的姿态。现实中，很多行政事业单位长期以来习惯了人员固定在某个岗位工作，同时很多单位受到编制人数限制往往一岗多职，职工可能担心按照内部控制要求明确岗位责任可能会限制自己的权利，或者轮岗之后到其他岗位上会减少收入等等。职工的反对形式多种多样：有的人用语言或者行为表现出来，是显性的；有些则是非显性的，不容易察觉。按照 Doppler 和 Lauterberg（2004）的方法可以将单位职工在面对内部控制制度构建的反对表现征兆用表 1 来表示：

表 1　　　　　　　　　　　　　　　反对的表现

	语言	行为
主动	公开指责 恐吓 狡辩	工作情绪焦虑 暗中破坏 造谣 搞小团体
被动	拒绝合作 故意胡闹	回避 观望 保持距离 装病 辞职

但无论是哪种形式，这些消极的反对方式都会严重威胁内部控制的成功构建以及今后的实施。进一步分析单位内部人员对内部控制构建的消极反对情绪，根据 Lazarus（1990）和 Lazarus & Folkman（1984）的压力与合作认知现象模型以及 Liu & Perrewé（2005）在 Terry & Callan（2000）的员工组织变革调整模型的基础上提出的组织变革的认知情感模型都可以发现，信息沟通对职工认识变革、从情感上接受变革以及最终参与变革有着重要作用，推进内部控制构建过程中可以通过选择合适的沟通时机、内容以及沟通渠道来干预员工的认知过程。那么我们

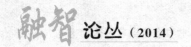

有理由认为，结合内部控制这一变革过程所经历的各步骤的内容，设计合理的沟通模式，在构建内部控制的同时建立合理的沟通模式，可以帮助行政事业单位成功地完成内部控制构建。

三、基于变革管理的内部控制构建过程沟通模式

行政事业单位无论是出于社会对公众服务部门的要求，还是出于本身作为组织正常运转的需要，每天都要面临大量的沟通。总的来说，可以将沟通按照发生的对象是来自单位外部还是内部分为外部沟通和内部沟通。当沟通发生在单位和外部公众之间是外部沟通，如通过新闻媒体、网络发布相关信息及与公众进行直接交流时的沟通。仅限于单位部门成员之间的是内部沟通，内部沟通按照信息联系的具体对象还可以继续分为上下级人员之间的垂直沟通、同级同部门人员之间的横向沟通和同级不同部门人员之间的斜向沟通。无论是外部沟通还是内部沟通，按照形式都可以分为正式沟通和非正式沟通。正式沟通包括召开会议、发布政府公告、正式下发文件、提交各种报告总结、登记反馈意见等方式；非正式沟通包括网络平台的交流、内部办公系统的通知、电子邮件等。按照信息内容的机密程度不同还可以分为公开沟通、小范围沟通和单独沟通。

在构建内部控制的过程中应结合不同的内部控制建设阶段和任务的内容，面对不同的沟通对象，选择不同的沟通方式，建立合理有效的沟通模式，以帮助内部控制体系建设得到单位内部人员和外部舆论尽可能多的支持，成功建立符合内控目标的有效的内部控制体系。

（一）"解冻阶段"重点使用正式沟通

在内部控制构建的解冻阶段，对应第一到第二项步骤的任务："明确本单位构建内部控制制度的必要性和紧迫性""成立内部控制构建的领导小组并赋予相应的权利以及明确任务"。这时，要求单位领导明确表明单位建设内部控制制度的任务的决心。这是执行《规范》的行政要求，也是提高单位管理公共事务水平的途径。在这一阶段，要注意内部和外部的沟通主要使用正式沟通的方式。对外，要公布单位将要进行内部控制制度建设的信息，通过宣传也可以取得公众对建设工作的支持。对内，将内部控制的重要性和紧迫性对各所属部门领导进行宣传，通过严肃的沟通使内控制度构建的各主要部门负责人能明确建设内部控制制度的必要性和紧迫性。在小组中使用正式的垂直沟通方式。召开由主要负责人亲自到场的会议并由领导正式宣读建设内部控制制度的决定，同时以单位文件的形式将决定和要求下发到各部门。鉴于该阶段的沟通往往要求控制制度建设的实际工作的关键人员参与，内控制度能否有效建立需要这些人员真正的支持，应更多地采用只有主要领导和主要部门领导参加的小范围沟通甚至是单独沟通，以得到他们的支持并明确不同部门在内部控制过程中的任务。由单位负责人任组长，并设立由具有内部控制专业知识的人员组成的内部控制职能部门或者设置相应岗位，由其具体执行小组的决定，其中应有专门人员负责沟通工作，这对于下面具

体执行的过程非常重要。

（二）"行动阶段"充分运用各种沟通手段

"行动阶段"是内部控制体系的实际操作阶段，也是涉及人员最广、沟通需求最多的阶段，应综合运用各种沟通手段进行全方位沟通。为了避免外部因素的干扰和降低复杂程度，本阶段的沟通主要是在单位内部进行，可以对外宣传阶段建设成果，但建设过程和细节应不对外公布。

"规划构建内部控制的具体目标和推进的策略"是内部控制构建的第三个步骤，也是"行动阶段"首先要完成的工作。在该步骤中，应由建设领导小组负责根据《规范》结合单位实际情况确定构建内部控制的具体目标以及规划出推进的策略，并提交正式报告交由单位领导小组审议并作出决策，同时对小组的后续工作进行授权。在此过程中，主要通过召开工作会议的形式进行充分的小范围的正式沟通。

进入第四步之后，由建设领导小组宣布内部控制构建的决定，将要达到的目标和优势向单位内部职工进行宣传，尽力取得较多的支持。这一过程要求建设小组成员特别是其中将要实际构建内部控制制度的各部门领导真正理解内部控制将给单位和本部门带来的革命性影响，并将其构建成功的愿景具体化，最好能够具体到每个岗位。这才能真正地影响职工，化解他们的疑虑。本步骤主要是对"行动阶段"的准备，主要的沟通发生在内部控制职能部门和将要推行内部控制的各级部门之间。该部分的沟通应尽量充分和及时，非正式沟通的方式将大量使用，特别是需要保持各部门负责内部控制推进的人员与内部控制职能部门间的沟通。

在第四步中，由内部控制职能部门配合各级领导向职工宣传内部控制的作用，争取绝大多数人员的支持。应该充分运用各种沟通手段和方式，首先进行全单位层次的正式沟通。通过召开全单位参加的会议，宣布构建内部控制的决定并强调对各部门和全体职工的影响，要求全体人员重视并积极参与，同时正式下发文件。然后，各部门召开会议，根据本部门的情况介绍内部控制制度构建的重要性和必要性。在非正式沟通的层面，应充分利用各种沟通方式宣传内部控制制度建立的优势，描绘完成内部控制建设达到相应目标对单位和职工个人的帮助。同时，在正式和非正式沟通中及时发现可能出现的反对声音，及时对其进行分析和评价。对有明确反对行为的人员采用个别沟通的方式，尽量找到其反对进行内部控制制度构建的原因并想办法解决，防止个别职工的反对情绪影响到整个单位。

第五个步骤，内部控制构建的各项工作进入具体开展阶段，所有相关人员开始按照内部控制制度建设的要求梳理各自的工作内容，并制定出工作流程。其中一个重要的环节是发现和评价所有的风险点，并将所有信息汇集到内部控制职能部门。内部控制职能部门根据各相关人员提供的信息，按照内部控制制度的方法完成内部控制制度的设计，将内部控制制度向建设小组进行汇报并取得单位领导的同意后，将其内容在单位内部进行公布。在此过程中，要求相关工作人员按照内部控制制度的要求完成工作，尤其要对重点风险控制点的工作情况进行控制和评价。这一步骤是内部控制制度建立的非常关键的一步，为了保证顺利地完成该

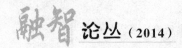

步骤的工作，同样需要全方位的沟通以保证完成相关工作。各部门梳理工作内容和发现风险点的过程中，应能够通过电话、聊天平台或者邮件等渠道随时得到内部控制职能部门的专业帮助，或者得到反馈信息。但是，需要注意的是，各岗位工作成果相关信息资料需要通过规定的方式和程序，正式向内部控制职能部门进行提交，并由建设领导小组对内部控制相关内容进行最后确认。在此期间，应重视收集各种渠道的沟通信息，要特别注意观察单位职工之间的信息沟通情况，比如观察单位的网络聊天室里的谈话。有研究表明，很大比例的单位的信息是通过职工个人之间的沟通进行传递的。对信息进行分析，及时发现阻碍工作正常进行的因素，及时排除障碍。

在内部控制制度运行了一段时间后，控制的成果开始显现。这是建立内部控制制度给企业带来的直接益处，起着鼓励单位继续执行和完善内部控制的作用。此时，应对成果进行充分的宣传，此时也应利用可利用的各种沟通渠道。对外，可以在单位门户网站上以新闻形式进行报道；对内，可以在单位的大会上正式宣布。同时要重视非正式渠道，强调企业内部控制制度执行前后的不同和继续深化内部控制的良好前景。这样可以打消部分前期没有明确反对行动但持消极态度的职工的顾虑，使他们支持内部控制工作，为内部控制制度真正持续执行打下基础。

（三）"固化阶段"形成沟通体系

在内部控制制度构建的最后"固化"阶段，一方面是将内部控制制度在信息平台上进行"固化"，形成沟通的体系可以长期使用。另一方面也是对内部控制制度在单位中的地位的"固化"。通过一段时间的建设和试运行，会发现制度设计中的缺陷和问题。这需要保持反馈信息渠道通畅，也需要内部控制职能部门主动接触基层人员。在信息平台上进行固化之后，需要提供专门的培训使相关人员在日常工作中能够比较容易地执行内部控制制度要求的工作内容。最后，将内部控制制度化并在单位内部正式执行。在"固化"阶段，对内部控制制度的调整和镶嵌到信息平台的过程需要正式的沟通并伴以非正式沟通。在最后正式形成内部控制制度的过程中必须采用正式沟通的方式，以严谨正式的法定的形式完成对内部控制制度的确定，并且正式向外进行通报，接受社会监督。对应内部控制建设过程的沟通方式如表2所示：

表2　　　　　　　　　　　内部控制建设过程和沟通方式

内部控制构建三阶段	内部控制构建的八步骤	沟通方式的选择
解冻	①明确本单位构建内部控制的必要性和紧迫性	外部沟通、内部沟通/垂直沟通/正式沟通、小范围沟通及单独沟通
	②成立内部控制构建的领导小组并赋予相应的权利以及明确的任务	

表2（续）

内部控制构建三阶段	内部控制构建的八步骤	沟通方式的选择
行动	③规划构建内控控制的具体目标和推进的策略	垂直沟通、横向沟通、斜向沟通/正式、非正式沟通/公开沟通、小范围沟通以及单独沟通
	④宣布内部控制构建的决定、将要达到的目标和优势，尽力取得较多的支持	
	⑤进行相关内部业务调整，准备人员物资，启动内部控制构建步骤，进行风险点梳理和分级，按照规范要求将控制内容纳入业务框架并制定评价体系，重点进行高风险和重要控制点的监控和评价	
	⑥通告重要风险控制取得成功，为全面完成内部控制的构建提供动力	
固化	⑦将内部控制系统用信息系统固化，并重视反馈信息改进内部控制制度	外部沟通、内部沟通、垂直沟通/正式、非正式沟通/小范围沟通及单独沟通
	⑧将内部控制体系制度化	

四、需要注意的相关问题

（一）领导重视程度关乎成败

内部控制制度是否能够成功构建，构建后是否能够真正发挥作用，行政事业单位领导起着决定性的作用，内部控制可以说是"一把手工程"。《规范》也明确规定，单位（领导班子）负责人对内控的建立健全和有效实施负责。领导层需要认识构建内部控制制度的作用和深远影响，从而真正支持建设内部控制制度并在运用中对其进行完善，同时说服单位中各部门负责人员也同意配合完成内部控制制度的构建和执行，并按照内部控制要求开展工作。在构建内部控制制度过程中与各级领导的相关沟通需要尤其重视。与领导相关的沟通包括单位决策层与各级部门负责人的沟通、决策层与普通员工的沟通、各级领导人与本部门员工的沟通、员工与各级领导人的沟通等多方面、多层次的沟通。

（二）内部控制职能部门应保障沟通顺利进行

为了完成内部控制制度构建和今后能够顺利运行，设立专门内部控制职能部门或者岗位是很有必要的。内部控制职能部门由具有相关知识能力的人员组成，其中应有人员专门负责与沟通相关的事项。他们应熟悉行政事业单位职工；了解各个岗位的工作情况；能够及时发现会给建设内部控制制度带来负面影响的征兆，并有足够的能力和经验作出合适的处理。另外，他们也应该具有良好的沟通能力，不只是面对单位的内部职工，还要熟悉外部沟通，能和新闻媒体和普通群众打交道，使内部沟通和外部沟通都能够顺利完成。不同于传统的宣传部门，这部分的沟通工作的内容围绕内部控制展开，需要熟悉内部控制制度的相关专业知

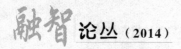

识，这也凸显了内部控制的专业性和特殊性。

（三）重视灵活运用网络平台进行沟通

随着现代信息技术的运用和网络的普及，越来越多的沟通手段被广泛地运用于社会生活之中。这些网络平台有着运行成本低、传递信息快捷、可以同时多方向和不同人群进行实时沟通的特点。很多的行政事业单位也开始将这些方式运用到工作中，职工个人之间也通过这些方式进行联系。在内部控制构建的沟通过程中应重视对网络平台的运用，使之成为非正式沟通方式中的重要组成部分。在虚拟网络上发言的人们由于不用透露真实身份会比较容易畅所欲言，借此也可以听到一些真实的想法和建议，或者提前发现工作过程中的问题，能够对构建工作带来帮助。

网络平台主要还是属于非正式的沟通途径，在运用时应以正式沟通的方式为前提，将网络平台的运用作为辅助。同时还要配合构建过程的不同阶段的任务，不能不分情况将单位工作的情况都向外公布；公布相关信息时要防止泄密以免给国家社会带来损失。

内部控制制度的建设是国家深化行政事业单位改革的一部分，涉及面大，影响深远。内部控制建设真正的成功以及在今后的工作中长期发挥作用，需要单位领导人和全体员工的支持和参与，是一个漫长而艰难的动态过程，但只要坚持正确的方向和科学的方法必然会取得成功。

参考文献

［1］刘永泽，唐大鹏. 关于行政事业单位内部控制的几个问题［J］. 会计研究，2013(1).

［2］Kotter, John P. Chaos, Wandel, Führung. Leading Change［M］. Düsseldorf, 1997.

［3］朱其权. 变革管理、仁慈领导与员工变革反应［D］. 武汉：华中科技大学，2012.

［4］Doppler, Klaus und Lauterburg, Christoph. Change Management：den Unternehmenswandel gestalten, 9. Aufl［M］. Frankfurt an Main, 2000.

［5］Lazarus, R. S. Theory-Based Stress Measurement［J］. Psychological Inquiry, 1990(1)：3–13.

［6］Lazarus, R. S., & Folkman, S. Stress, Appraisal and Coping［M］. New York：Springer Publishing Company, 1984.

［7］Liu, Y. & Perrewé, P. L. Another Look at the Role of Emotion in the Organizational Change：A Process Model［J］. Human Resource Management Review, 2005(5)：263–280.

［8］Terry, D. J., & Callan, V. J. Employee Adjustment to an Organizational Change：A Stress and Coping Perspective［J］. In P. Dewe, M. Leiter, & T. Cox (Eds.). Coping, Health, and Organizations London, Britain：Taylor & Francis, 2000：259–276.

［9］Koch, Alexander. Change-Kommunikation. Erfolgskriterien für Unternehmensinterne Kommunikation bei Veränderungsprozessen［M］. Marburg, 2004.

第四编　教育教学改革及教育管理

正确认识市场在民办高等教育及其内涵建设中的作用①

吴华安②

[摘要] 教育服务的性质及教育资源的配置方式一直是各界讨论的热点问题。弄清教育服务的本质属性，有助于理顺政府与市场在民办和公立高等教育中的作用差别。能否运用和发挥市场在民办高等教育尤其是内涵建设中的决定性作用，将影响甚至决定着民办高校的生存空间和发展高度。

[关键词] 市场机制　民办高等教育　内涵建设

《中共中央关于全面深化改革若干重大问题的决定》中"市场"一词出现频率达81次，但是并不是说所有领域的资源配置完全由市场发挥作用，市场起决定性作用尚需对所配置资源的性质进行区分。从经济学范畴看，资源配置对象的属性涉及私人产品、准公共品和公共品三种。按北京师范大学王善迈教授（2014）的观点：从整体来说，教育是一种具有正外部效应的准公共产品，但不同级别与类别的教育，其产品属性不尽相同。公共教育资源在公立三级学历教育中的分配是政府行为。这类教育资源的使用过程应当引入市场的竞争机制；而民办教育中的营利机构，其资源配置靠市场。

民办高等教育中是否能完全引入经济活动中的市场机制和规则？尤其是在内涵建设中是否该发挥市场的决定性作用？笔者将结合实际工作中的一些体会，谈谈对市场在民办高等教育及其内涵建设中所起作用的理解和认识。

一、关于市场在民办高等教育中的作用

首先，要弄清楚教育服务的本质属性。一般而言，教育属于准公共产品，对这一点学界和业界达成了共识。但教育又有别于物理化的准公共产品，它提供的是服务，而不是物质产品。只有明确了教育的服务性质，才能够回答有关这种服务的提供主体、教育资源的配置方式或采取的机制的问题。同时，教育本身也有级别和类别的差别，除义务教育和公立教育外，还存在非义务教育和民办教育，

① 本文为2013年重庆市高等教育教学改革研究项目——适应市场需求的重庆独立学院"五实衔接"+"五位一体"应用型人才培养模式改革研究与实践（项目编号：1333141）的阶段性成果。
② 吴华安，经济学博士、副教授，教育部人文科研重点研究基地重庆工商大学长江上游经济研究中心兼职研究员；主要研究方向：人口迁移与区域发展研究、高等教育管理。

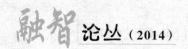

也存在公立高等教育和民办高等教育。从这个层面讲，教育的服务性质又涵盖了公共产品和准公共品双重属性，特别是民办高等教育，甚至有从准公共品向私人产品靠近的趋势。因此，弄清楚各级各类教育的属性，才能更准确地认识市场在民办高等教育中的作用。

其次，要正确认识政府在民办高等教育中的作用。改革开放以来，对政府和市场在教育中的作用曾有过三次讨论，主要围绕着在建立社会主义市场经济过程中教育体制应如何改革，改革的方向是否应当市场化（王善迈，2014）。其中对教育市场化争论的焦点是教育资源配置应完全由市场供求决定还是由价格来决定，也就是能否理解为消费者花钱买教育服务。这种认识和倾向的结果，会使政府对在各级各类教育服务中的尽职行为发生偏离，特别是义务教育阶段怀胎于公立学校的民办教育，以及母体为公立高校的独立学院。这些教育类型的出现，虽有教育需求与教育供给严重不均衡的客观历史因素，但也有教育改革方向曾偏向市场化倾向的结果。其实，政府在各级各类教育中均应负担起依靠市场无法满足教育需求的责任，义务教育必须尽责，非义务教育也需履责。公立教育如此，民办教育也需如此。当然，在高等教育中，民办教育虽然更多依赖于市场机制求生存和发展，但只要与公立教育承担了相同的服务功能，政府也应该在政策上一视同仁。

最后，要正确认识市场机制对民办高等教育的实质性影响。民办高等教育虽然提供的教育服务也具有准公共产品的本质属性，由于其与公立高等教育之间存在着办学主体、资金来源、办学环境、基础条件、目标诉求等方面的差异，市场在对民办高等教育、资源配置中发挥的作用以及作用的对象、范围、方式、力度等应该明显有别于公立高等教育。只有这样，起步晚、基础弱的民办高等教育才能在更短的时间形成自己的比较优势，也才能在与公立高等教育的激烈竞争中不断地为更多的优质消费者提供教育服务。

二、如何落实市场机制在民办高等教育内涵建设中的决定性作用

如果正确认识了市场在民办高等教育中的决定性作用，而这种作用又明显有别于公立高等教育，那么在民办高等教育中如何去运用和发挥这种决定性作用，必然会直接影响甚至决定着民办高校的办学质量、社会声誉评价直至生存空间和发展高度。

（一）对民办高等教育内涵建设的理解

针对高等教育而言，其内涵建设是指教育教学质量的提高、学生培养质量的提高以及科研成果数量的增加等；而其外延建设则指教育的各种硬件设施的改善以及招生规模的扩大等。

我国高等教育内涵建设的正式提出，始于2011年7月1日教育部和财政部联合发布的《关于"十二五"期间实施"高等学校本科教学质量与教学改革工程"的意见》（以下简称"本科教学工程"）。该文件出台的目的是为了贯彻落实胡锦涛总书记在庆祝清华大学建校100周年大会上的重要讲话精神和教育规划纲

要，旨在针对高等教育人才培养还不完全适应经济社会发展需要的突出问题，通过质量标准建设、专业综合改革、国家精品开放课程建设与共享、实践创新能力培养、教师教学能力提升等方面的改革建设，提高本科教育教学质量，大力提升人才培养水平，更好地满足经济社会发展对应用型人才、复合型人才和拔尖创新人才的需要。民办高等教育虽然成长于市场需求，其与经济社会发展需求之间的适应性对接也需更好更快，但仍受到较多与公办高等教育历史的和现实的问题的影响及制约，管理体制灵活性不够、教育教学质量偏低、师资队伍较弱、实践创新能力不强等外延式建设还在较长时期存在，也出现在较多领域。因此，民办高等教育也迫切需要进行一系列的内涵式建设改革，发挥自身存在的体制机制优势。

（二）市场机制与民办高等教育内涵建设的关系

民办高等教育的内涵建设离不开市场机制，二者之间存在着密切的联系。

第一，依托市场机制加强内涵建设，才能够推进民办高等教育实现科学定位，帮助民办高等教育形成发展特色。伴随着20世纪90年代高等教育规模扩张，公立高等教育中的大部分学校朝综合性大学目标一哄而上，千篇一律的"升格""升位""改名"，消灭了曾经的特色和个性。当下的民办高等教育在合格验收和转制转设过程中又一次显现出公立高等教育曾经的倾向，盲目地扩张及贪大与求全，使其发展也渐渐地脱离了市场的需求，原本就不多的特色也被逐渐弱化甚至扼杀，而依托市场塑造的特色和个性才是民办高等教育与公立高等教育在发展中的显著差别。因此，民办高等教育的科学定位和特色发展必须依靠源于市场的内涵建设，而非脱离市场的外延发展。

第二，依托市场机制的内涵建设，有利于民办高等教育适应和满足社会对优质教育服务的需求，为民办高等教育的可持续发展提供更可靠的保障。我国民办高等教育的产生和发展，始于公办高等教育所提供的服务即使经历了快速扩张也仍显不足的结果，而高等教育服务对象与高等教育服务提供主体之间从严重失衡逐渐均衡的转换，特别是在人口结构发生重大转折已可预期且日益逼近的过程中，加上我国经济发展水平的整体提升和日益改善的城乡居民生活，消费者对优质高等教育的需求会更加凸显，择校会在公办高等教育内部、民办高等教育和公办高等教育之间以及民办高等教育内部通过激烈的竞争形成一种普遍的、剧增的社会心态。面对必然到来的这种竞争环境，民办高等教育只有依靠市场机制积极主动地制定内涵发展的战略，不断追求和提供适应性、个性化、高品质的教育服务，才会发挥出民办高等教育的强大活力，也才有在适者生存、优胜劣汰的市场法则中获得整体性优势的可能。

第三，依托市场机制加强内涵建设，才能有助于民办高等教育培育形成独具特色的校园文化和主体精神。大学作为教育领域中层次最高的教育机构，其内涵建设的首要任务不仅要让学生在知识层次、智慧层次上有一个质的飞跃，还需要让学生在道德思想、社会责任等方面达到一个较高的标准。这主要依靠高等教育思想新、道德面貌好、主体精神强等校园文化内功的长期历史传承和积淀。这既是高等教育内涵建设的过程，也是一个培养高等教育主体精神的过程。由于公立

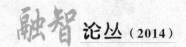

高等教育大都经历了一个相对长时期的发展过程，其中大多数高校已形成了自己的校园文化和主体精神，如果民办高等教育仍只沿着公立高等教育走过的路线行进，短期内不会形成特色鲜明的校园文化和主体精神。民办高等教育的校园文化和主体精神除了作为大学本身该具有的外，更重要的还应体现与市场无缝对接所爆发出的竞争意识、创新精神、价值创造等内涵。这方面的特色目前仍是从计划体制走过来的公立高等教育还相对欠缺的。因此，只有依托市场机制的内涵建设，才能让民办高等教育在培养人才的体制机制上培育形成独特的校园文化和主体精神。

（三）找准市场在民办高等教育内涵建设中起决定性作用的着力点

首先，有进有退的市场法则机制让民办高校必须关注服务质量。从本质上讲，民办高校提供的教育服务具有选择性和竞争性。生存与发展直接源于消费者对教育服务的选择和民办高校之间以及民办高校与公立高校之间的竞争。特别是在供求关系改变的情况下，选择余地变大和竞争状态加剧将使民办高校更看重服务质量，且更愿意将提供的服务质量进行宜识别的标准化，既便于正确区分民办高校之间的质量差异，也有助于避免服务对象的选择失真，同时有利于形成人才需求方与大学毕业生之间的有效对接。

其次，作为提供更偏向于市场化教育服务的民办高校，其组织架构设置及管理团队组建必须坚持效率原则。公立高校的管理体制常常带有"管理层级多、职能机构全、领导职数多、论资排辈重、组织程序严"等特点，管理团队也以偏行政化的上级任命为主。这种对接行政而非以市场为主的组织架构和管理团队，加上市场化退出受体制保护，必然形成对教育服务需求变化的反应滞后。民办高校则以市场需求为指针，进入退出偏重于市场法则难受体制关照，只能按效率原则搭建"管理层级简、职能机构精、领导职数少、能力实绩用、组织程序活"的组织架构，而管理团队的组建也需要摆脱行政色彩的组织任命程序，毕竟民办高校的运行经费是以服务对象的付费为主，财政经费的资助仅占很小一部分。

再次，作为能进能退的民办高校，其学科专业及课程体系的目标规划与设置必须以市场需求为导向。改革开放以来，公立高校的学科专业及课程体系本身虽发生了较大的变化，但对市场需求变化的反应仍存在适应性不足、灵敏性有限等问题，究其原因还在于市场机制难以发生作用或发生的作用较弱、"旱涝保收"难撼动。民办高校则不同，以学科专业及课程体系为支撑反馈的人才培养质量直接影响着其在竞争中的优劣与留退。因此必须紧紧盯住市场需求及其未来的发展变化趋势，在毫不动摇地坚持社会主义办学方向的前提下，让学科专业及其对应的课程体系能够围绕市场需求不断地进行科学性、前瞻性的适应性调整与优化。

再其次，作为应用型人才培养主体的民办高校，其师资队伍来源必须有行业企业等人才需求方参与。民办高校的性质及定位决定了师资队伍的来源与公立高校的差别，公立高校一般都以自有师资为主、来自各界的精英兼职为补充，而民办高校属于体制外的教育服务提供者，运行经费相形见绌且又面临更为激烈的竞争压力。体制机制的灵活性、应用型人才培养定位及运行经费来源等共同决定了民办高校必须依靠市场、必须发挥市场机制的作用，以一定比例的自有师资为基础，吸引一部分公立高校相对富余的优秀师资，同时柔性地引进一部分行业企业的实干精英，打造一支与人才培养目标相适应的、体现校园文化和主体精神的、灵活多元的师资队伍。

最后，进行民办高校薪酬体系设计，实现"效率优先、多劳多得、奖勤罚懒"。公立高校事业单位性质的收入分配体制虽然经历过几次调整和改革，但大多数高校仍主要沿用了按职级职务对号入座且只增不（难）减的收入分配模式，薪酬水平在校园内教育教学环节中的差距相对较小，更大的差距主要体现在校园外服务地方经济社会发展的智力贡献上。民办高校的生存竞争压力本身就远远大于公立高校，其教师、行政及教辅三支队伍又缺少事业单位的高福利保障，竞争性教育服务必然要求提供竞争性的收入分配模式。因而收入分配应更偏向于市场法则决定，三支队伍的收入均应更体现能力和贡献。与公立高校相比，民办高校虽有体制上的劣势，但另有机制上的优势，在薪酬设计上可以大胆创新、灵活多样。譬如，在人才引进时，需要根据岗位或专业的重要性和紧缺程度，实行具有更高吸引力的差别化薪酬及配套保障政策；在人才服务阶段，收入水平应真正体现工作业绩和实际贡献，采取留得住人才的薪酬制度；在人才离职或解聘时，则需要尊重和恪守劳动契约，真正体现有进有退、能进能退的市场规则。

参考文献

[1] 杨咏梅，陈中原. 市场机制应否完全移植到教育中？——访北京师范大学教授王善迈 [N]. 中国教育报，2014-03-14

[2] 教育部，财政部. 关于"十二五"期间实施"高等学校本科教学质量与教学改革工程"的意见 [R]. 2011. http://www.moe.gov.cn/publicfiles/business/htmlfiles/moe/s6342/201109/xxgk_125202.html.

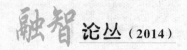

基于实验中心发展的独立学院
实验教学队伍建设研究

房朝君①

[摘要] 实验教学在独立学院应用型人才培养中起着重要的作用。实验教学队伍建制缺失、实验师资缺乏却是各独立学院普遍存在的问题。本文从实验中心建制的角度出发，立足于促进实验教学的发展，构建特色的独立学院实验教学管理体系，探讨实验教学队伍的建设的具体实施方案。

[关键词] 实验中心　独立学院　实验教学队伍

我国的独立学院始于 1999 年。作为普通高等学校与社会力量合作举办的相对独立的二级学院，由于开办时间较短，其在师资等多方面均不同程度地依赖于母体学校，并在专业设置上与母体学校雷同度较高，专业设置趋同性也较为严重。为实现人才的分层培养，独立学院应充分利用在建设实验室等硬件设施以及引进具有丰富实践教学经验的教师等方面的"后发优势"，加大实验教学力度，建立一支高素质的实验教学队伍，提高学生的实践能力，培养应用型人才。

一、独立学院实验教学队伍现状

（一）专业实验教师缺乏

独立学院师资队伍主要包括自有教师和外聘教师两个部分。其中，自有教师的来源基本上以应届毕业生为主；外聘教师包括了母体学校现有教师、各高校退休返聘教师以及"双师型"教师。母体学校教师因自身工作原因，只能按质按量完成教学任务，不能投入到独立学院的实验教学改革和实验课程建设中来。返聘的退休教师在吸收当前的新知识、运用较新的教学软硬件方面略有欠缺。业界教师虽然有较为丰富的实践经验，但受自身工作限制无法保证足量的教学时间。这些都无法让青年教师有充足的时间跟着有经验的教师学习，仅依靠独立学院的自我培养，成长较慢，造成了各专业实验教师缺乏。

（二）实验教师职称、年龄比例失衡

实验教师多为独立学院自有教师。以 2001 年开办的独立学院为例，招聘的硕士研究生一般至少经过 7 年的培养才能评为副教授。独立学院在办学初始，多

---

① 房朝君：重庆工商大学融智学院副教授；主要研究方向：区域经济学、高等教育管理。

过分依赖于母体学校，自有教师较少，2005 年之后新进的教师目前仍为讲师职称，因此实验教师队伍中初、中级职称居多，年龄也集中于 25~35 岁之间，职称和年龄结构不合理。

（三）实验教学队伍建制不全

经过近 10 年的发展，部分独立学院已建立实验教学中心，可以独立运行。但大多数独立学院的实验教学中心机制不全，形同虚设，甚至尚未设立实验教学中心，实验教学队伍并未单独建制。由此，实验教师的晋升、进修、约束、激励机制不健全，多数青年教师不愿意承担实验教学任务，更缺乏对实验教学改革的投入。

以上问题的解决，首先要从实验教学队伍的建制开始，设立实验教学中心，规范实验教学管理模式，才能进一步加大实验教学队伍的建设力度。

二、基于实验中心发展的独立学院实验教学队伍建设规划

（一）中心建制

学院可成立实验教学工作领导小组，由分管教学和实验中心的副院长担任组长；教学运行管理由小组组长直接统领。其中，教务处负责实验教学的运行管理和质量监控，实验中心负责实验室的建设与管理、实验教学改革与课程建设。各系（分院）设立实验实践教学管理科，统筹部门实验教学基本建设，直接归口于实验中心（图 1）。

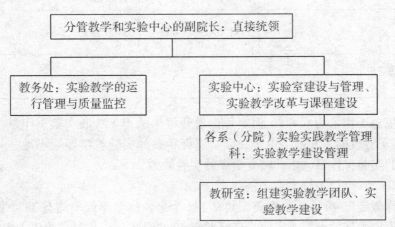

图 1　实验教学管理体系图

同时，为解决实验教学管理和实验室管理脱节的问题，实验中心主任可由教务处副处长兼任，便于统一组织实施实验教学，统一实验教学资源的管理，规范实验教学环节。实验教学队伍在各系（分院）实验实践教学管理科的统筹下，由各教研室根据课程需求实施建设环节，做到合理规划、有序建设，既满足教学需要，又兼顾各专业特色，构建专业实验课程教学团队。实验中心则可在各系（分院）的基础上，抽调部分教师，进行跨专业、跨学科综合实验项目建设，保障项目的实施可行性。

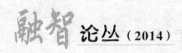

（二）实验教学队伍建设规划

实验教学队伍主要分为实验教师和实验技术人员两部分。其中，实验教师包括实验上课教师、实验指导教师、实验课程负责人以及实验教学研究人员，实验技术人员包括实验准备人员、仪器设备管理人员以及设备维修人员。由于实验技术人员需根据中心的规模来确定，本文主要针对实验教师队伍建设进行分析，并以 6 000 在校生为例进行测算以确定师资队伍建设规模。

方法一：按照学生规模测算总工作量。

假定以 40 人为一个班，共有 133 个班，每个年级平均有 38 个班，在不考虑单班实验课的前提下，每个年级共有 19 个合班，工作量均乘以系数 1.5。

通过对重庆市部分独立学院的调研，我们选取情况较好的学院作为分析样本（表1）。

表 1　　　　　　　　　　　实验教学工作量核算表（一）

	大学一年级	大学二年级	大学三年级	大学四年级
课程类型	计算机实验课程	学科基础课、专业基础课、专业主干课	专业基础课、专业主干课	综合实训项目
课时量	由于计算机实验课程与理论课程同时开始，师资较为稳定，不作为分析对象	3 门课程内实验，每年课程 6 课时，共计 18 课时；1 门独立实验课，32 课时；合计 50 课时	3 门课程内实验，每年课程 6 课时，共计 18 课时；2 门独立实验课，64 课时；合计 82 课时	96 课时
全院各年级工作量		50×1.5×19＝1 425	82×1.5×19＝2 337	96 × 1.5 × 19＝2 736
全院总工作量	6 498			

全院总工作量为 6 498，假定每位教师每年承担 150 的实验工作量，理论上需 44 名实验教师。实际上由于独立学院青年教师实验教学经验不足，并不能承担 150 的实验工作量，由此需要更多的实验教师。

方法二：以代表性专业为例测算总工作量。

同样假定以 40 人为一个班，共有 133 个班，每个年级平均有 38 个班，在不考虑单班实验课的前提下，每个年级共有 19 个合班，工作量均乘以 1.5 的系数。

通过调研，我们选取该学院国际经济与贸易专业作为代表性样本测算全院工作量（表2）。

表2　　　　　　　　　　　实验教学工作量核算表（二）

	大学一年级	大学二年级	大学三年级	大学四年级
课程名称及课时量	计算机实验课程	会计学实验：16 课时 统计学实验：16 课时 合计 32 课时	计量经济学实验：16 课时 国际贸易实务实验：32 课时 国际结算实验：32 课时 电子商务实验：32 课时 合计 112 课时	国际贸易实务实训：96 课时
全院各年级工作量	由于计算机实验课程与理论课程同时开始，师资较为稳定，不作为分析对象	$32 \times 1.5 \times 19 = 912$	$112 \times 1.5 \times 19 = 3\,192$	$96 \times 1.5 \times 19 = 2\,736$
全院总工作量	6 840			

全院总工作量为 6 840，同样假定每位教师每年承担 150 的实验工作量，理论上需 46 名实验教师，而实际上则需更多的实验教师。

以上使用的两种方法仅能根据工作量来测算实验教学队伍规模，为实验中心做师资队伍建设规划提供一定依据。但是，独立学院机制灵活，实验教学改革和实验创新较为活跃，实验教师在从事实验教学的同时，更需承担实验课程及实验项目的开发、实验室建设等任务。在合理规划师资队伍规模的同时，更应注重对青年教师的培养和高职称、高学历师资的引进，构建一支符合实验教学中心实际情况的高水平实验教学队伍，做到职称、年龄、学历等结构合理。

三、采取有力措施打造实验教学团队

实验教师一般是指主要承担实验教学任务的专职教师，不包括专任教师中兼上实验课程或实验教学环节的教师。然而在独立学院中，由于自有师资本身较为缺乏，在短期内加大专职实验教师队伍建设更显困难，为满足实验教学的需要，加快促进兼职实验教学队伍建设则尤为重要。

（一）制定相关制度，促使青年教师承担实验教学任务

学院可通过制定相关制度，要求专业教师必须承担实验教学任务，以充实实验教学队伍；坚持青年实验教师的"试讲"制度，经过一定时间的培养和提高，使其最终能够较好地承担一门乃至几门实验课的教学任务。

（二）制订培训方案，加大对青年教师的培训力度

为了进一步提高青年实验教师的综合素质和整体水平，学院需制订培养计划和目标，分批次、分层次地逐步培养。可以通过开展新进教师实验教学技能培训、有计划地组织教师外出学习交流、邀请兄弟院校专家指导讲学等方式，培养一批实验教学方面的骨干，以点带面，进而提高实验教学队伍的整体素质。

（三）制定激励措施，引导青年教师从事实验教学研究

为促进独立学院实验教学改革，调动实验教师的积极性、主动性和创造性是

关键。为此，学院可通过设置实验教学专项课题，鼓励实验教师开展实验研究；设置实验教学成果奖，促使实验教师在实验教学方法、实验教学内容改革等方面进行研究探讨；将实验教学效果纳入考评、评优体系，并结合所在院校专业特色合理设置分值。通过以上措施进一步推动实验室建设和实验教师自身素质的提高。

（四）完善聘任机制，构建实验教师职称晋升的导向机制

独立学院现有师资中硕士研究生及讲师占大多数，公开发表或出版的科研成果数量不多、档次不高，参照现有的高级职称晋升标准显然较难达到。为鼓励青年教师承担实验教学任务，独立学院可结合自身的发展定位和人才培养目标，构建一套院内职称聘任晋升评审标准，并将实验教师职称评审单列出来，在兼顾学历、学位和科研成果的同时，以实验教学能力和教学效果、实验教学改革与研究等作为考察的重点。以此为导向，体现学院对实验教学的重视，并能鼓励和引导专业课教师积极承担实验教学任务、不断加强教学改革、充实实验教学队伍。

总之，以实验教学示范中心建设为目标，大力培养具有高素质、创新意识和创新能力的实验教师队伍，让他们在教学科研中发挥重要作用，是独立学院实验教学改革的关键。

参考文献

[1] 吕英怀，等. 青年实验教师业务能力及素质的培养与提高措施 [J]. 实验室研究与探索，2010(1)：153-155.

[2] 韩常青. 应用型财经院校实验教师成长机制探讨 [J]. 全国商情，2010(9)：79-80.

[3] 钱小莉，姜子云. 论实验教师素质提高的可持续发展机制 [J]. 实验室研究与探索，2009(12)：218-220.

[4] 孙健，陆国栋. 高校实验教学队伍建设的思考与探索 [J]. 实验室研究与探索，2008(10)：92-95.

以培养应用型人才为核心的
保险学专业实践教学研究①

董　昕②

[摘要] 随着我国保险业的迅速发展，对保险人才的需求量也逐年增加，而目前各高校在保险学专业实践教学方面存在着一定的误区，难以为保险公司及其他金融机构提供急需的复合型应用人才。本文分析了加强保险学专业实践教学的必要性，明确了保险学专业应用型人才培养的目标定位，阐述了保险学专业实践教学现存的主要问题，并从加强校企合作、丰富实践教学手段、重视"双师型"师资队伍建设等几个方面提出了完善保险学专业实践教学的对策建议。

[关键词] 保险学　应用型人才　实践教学　措施

一、问题的提出

伴随着全球经济一体化的快速发展，人们在从事经济活动过程中的风险意识逐步加强，因此，对保险的认识和需求也随之进一步加深。特别是自 2006 年开始，在加入世界贸易组织 5 年后，我国金融市场全面开放，越来越多的外资保险公司进入我国保险市场，为我国保险行业的发展提供了千载难逢的机遇，同时也对我国保险专业人才的培养提出了更高的要求。为了顺应保险市场对专业人才的需求，全国各地高校纷纷开设了保险学专业。近几年的实践表明，保险学专业课程在理论上已经形成较为全面的体系结构。但是，从实践能力方面来看，由于受到传统教育理念及客观条件的限制，实践教学一直是保险学专业教学的薄弱环节，造成学生在实际工作中"眼高手低"，理论与实践联系不紧密，不能很好地适应保险企业对专业人才的需求。因此，以培养应用型人才为核心，加强保险学专业实践教学研究，是完善保险学专业建设、培养高素质专业人才、顺应保险市场需求的必然选择。

二、保险学专业应用型人才培养的目标定位

保险学专业应用性非常强，在传统的教学模式中往往只重视学生保险理论知

---

① 本文为重庆工商大学融智学院院级重点教改课题"应用型人才培养定位下保险学专业实践教学体系构建"（项目编号：2014003E）的阶段性成果。
② 董昕：重庆工商大学融智学院讲师；主要研究方向：金融理论与保险。

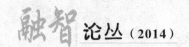

识的学习，而忽略实践操作能力的培养，甚至有的学生学了四年的专业知识，竟然连保险单都没见过一张，更不要提正确填写保险单了，以致出现用人单位提供大量的用人信息，而学生由于自身实践能力欠缺无法适应工作需要的尴尬局面，造成了社会日益增长的对保险专业人才的强大需求与学生实践能力不强从而无法适应工作的矛盾。要解决这一矛盾，就要迫使保险学专业要不断完善实践教学，构建科学的金融实践教学模式，最大限度地提高教学资源的配置效率，着力培养学生的实际操作和解决问题的能力。这就要求高等院校对保险学专业的人才培养有一个明确而又清晰的定位：保险学专业要培养具有良好的思想政治素质和道德修养，熟悉现代金融保险市场运营规律及金融、保险相关政策法规，熟练掌握各种金融理财工具，具有较深厚的经济学、金融学理论基础和扎实的保险学理论功底，具备较强的保险实践能力、应用能力、分析能力、策划能力和服务能力，能够独立从事保险公司业务及经营管理、企业风险管理及决策、个人理财顾问及保险规划、保险代理、保险经纪等相关工作的应用型高素质保险专门人才。简而言之，就是"厚基础、强能力、高素质、重应用"。

三、保险学专业加强实践教学的必要性

（一）加强实践教学是培养应用型保险专业人才目标的需要

高等教育培养应用型保险专业人才的目标是：培养具有良好的思想政治素质和道德修养，熟悉现代金融保险市场运营规律及金融、保险相关政策法规，熟练掌握各种金融理财工具，具有较深厚的经济学、金融学理论基础和扎实的保险学理论功底，具备较强的保险实践能力、应用能力、分析能力、策划能力和服务能力，能够独立从事保险公司业务及经营管理、企业风险管理及决策、个人理财顾问及保险规划、保险代理、保险经纪等相关工作的应用型高素质保险专门人才。上述培养目标的实现，需要通过实践教学的有力支撑来实现。

（二）加强实践教学为保险专业学生提供了一个直观了解本专业的平台

保险学专业实践教学具体分为校内实训和校外实践两种形式。就校内实训而言，通过实践教学，可以使学生在学习保险理论知识的同时，了解相应的实践操作。如在教授人身保险和财产保险等专业主干课程时，一方面向学生介绍相关保险领域的基本理论知识，另一方面，可利用学校金融综合实验室中保险模拟软件，指导学生完成诸如保单填写、核保核赔流程等实践操作，在校内将理论与实践紧密相连。加强校内实训，既可以使单调的理论知识生动起来，又可以深化学生对理论知识的认识。就校外实践方面而言，鼓励学生利用寒暑假以及大四下半学期毕业实习的机会到专业保险机构进行校外实践，通过接触真实的保险案例，学以致用，丰富学生的保险知识体系，对本行业有一个直观而又全面的认识，为日后走上工作岗位奠定实践基础。

（三）加强实践教学有助于解决我国保险专业人才供求矛盾

实践经验表明，我国保险专业教育存在一个普遍的问题，即：保险专业人才培养目标与企业人才需求不一致，保险专业理论教育与保险实践脱节。由此导致

的一个直接后果就是保险专业人才供求矛盾。这主要表现为：一方面，保险专业机构需要大量既懂专业知识，又具备较强动手能力，能从事产品开发设计、市场开拓与经营、保险企业管理、保险财务管理、保险资金运用以及保险市场监管等具体工作的保险专业学生；另一方面，为数众多的保险学专业毕业生因其自身实践能力不足、动手能力差等弱点，面临着"毕业即失业"的结局。因此，在根据保险企业需求修订保险专业人才培养方案的基础上，加强保险实践教学，将有助于摆脱这一困局。

四、保险学专业实践教学现存的主要问题

（一）对保险学专业实践教学的重视程度不足

目前，我国普通高校的保险学专业教育仍然偏重于课堂内理论教学，师资也是以理论教学为特长，甚至有些保险学专业教师是"从校门到校门"，即硕士研究生或博士研究生一毕业就进高校从事教学工作，其对自身的保险业务实践能力的认识都有待提高，更何谈主动重视学生的实践能力？对实践教学的忽视，或重视程度不足，直接导致了保险理论教学与实践教学的严重脱节，导致学生毕业工作过程中"眼高手低"，直接影响了用人单位对保险学专业毕业生的认可度，增加了学生的就业难度。

（二）保险专业实践教学体系不健全

我国保险行业起步相对较晚，发展比较落后，导致高校保险专业建设的历史较短。当前高校保险专业的理论和实践课程体系设置比例还不太科学合理，"重理论轻实践"的现象比较普遍。有的高校在开设保险学专业课程时，设置的全部都是理论课程，没有增加专业实践教学；有的高校虽然在课程设置时考虑了实践教学，但是实践教学所占学时、学分过少，表面上增加了实践教学，但实际上仍以理论课程为主；有的高校教师在授课中对实践教学理解不充分，认为只是在理论教学过程中增加案例教学即为开展实践教学，在实际教学过程中，往往是"案例由老师直接提供、案例分析由老师亲自分析、案例答案由老师直接给出"，学生在整个过程中只需要从事两个工作——听和记，并未直接参与到课堂讨论中。这样的教学方式使实践教学流于形式，并没有起到提高学生发现问题、分析问题、解决问题的能力的作用，教学效果不明显。此外，缺少专门的保险学实践教学的教材、大纲、授课计划等，也阻碍了保险学专业实践教学的进一步发展和完善。上述问题的存在严重制约了保险学专业人才的培养。

（三）保险学专业实践教学环境不完善

保险专业的实践教学环境，主要包括校内实验室和校外实习基地。保险业最大的特点是实践性非常强，高校保险专业教育应该与市场相联系，注重实践性教学。目前国家财政对地方本科院校的资金投入不足，导致了许多地方本科院校对校内实验室、实训室建设建设滞后，无法满足实训、实践教学的需要。此外，由于目前保险学界与保险业界之间缺乏有效、适当的合作方式和交流渠道，普通高校保险专业的校外实习基地建设也不尽如人意，已建立的校外实习基地不能真正

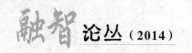

有效地用于实践教学，保险业界的保险资源尚未得到充分有效的利用。

（四）实践教学教师资源稀缺

从事实践教学的师资资源是否充足、能力是否强劲，是决定保险学专业实践教学能否顺利开展的决定性因素。要想培养出保险市场发展所需专业人才，就必须在开展理论教学的同时，不断充实和加强实践教学。但是，由于保险专业本身比较年轻，名师型教师缺乏，许多教师理论水平较高，但是没有实际业务操作能力，在保险实践教学过程中，不少教师实践教学的能力显得缺乏，教学中只能照本宣科，实践中只是机械地使用软件等资源，遇到现实市场问题时不能随机处理，影响教学效果。此外，随着保险行业的不断深入发展，对保险专业教师的要求也越来越高——不仅要有深厚的保险学专业理论功底，同时了解法律、金融学、统计学、精算学、人口学等相关领域的知识。但在实际中，现在的师资大部分是保险学专业出身，对于其他相关领域的知识了解相对较少，在工作过程中有时想去主动学习和了解，但迫于科研、教学等压力，往往是心有余而力不足。这些问题的存在严重影响了保险实践教学的质量和效果。

五、完善保险学专业实践教学的对策建议

（一）调整课程体系，加强实践教学培养

要提高学生的实践操作能力，必须对现有保险学专业的教学体系作出调整，特别是那些以培养应用型人才为主的高等院校更是如此。在调整课程体系方面，应重点注意理论存在重复教学的课程，如保险学原理这门专业课里面涵盖了人身保险、财产保险、保险经营管理、生命表的基础和构造等保险学专业课的理论基础，因此，在学生学习上述专业课程时，应适当缩减理论课时所占学时和比例，而增加相应的实践教学。此外，在实践教学环节，要把金融英语、计算机、金融软件操作、银行会计实务操作等纳入到实践教学体系中来，作为学生的实践能力加以培养。

（二）构建良好的校内实践教学环境

良好的校内实践教学环境有利于实践教学的落实，高校应尽可能利用校内资源，建设和改善教学环境。各高校应根据其办学的实际情况，结合保险学专业的学科特点，通过电脑软件形式为学生提供专业模拟的实验平台。专业实验平台可以通过市场上现有的保险专业软件搭建，但最好能结合本校办学特点、人才培养定位等实际情况，请高校计算机专业人员与保险公司人员根据实际情况共同研发适合本学校学生的专业软件，做到有针对性，提高使用效率和实践教学效果。

（三）加强校企合作，完善校外实训基地

应加强校企合作，发展和巩固校外实践基地。高校保险专业实践基地的建设应当以保险、证券、银行为核心，建立多层次、立体式实践教学基地网络。同时，校外实践基地建设应当遵循"双赢"原则，即专业金融机构，如保险公司、证券公司、银行等，为保险学专业学生提供专业实习岗位，以提升学生实践动手能力；与此同时，高校也应该成为各专业金融机构职工理论学习或再培训的基

地，以此达到双赢局面，促进长期沟通和合作。此外，在进行校外实训基地建设的时候还有一个问题需要明确，即校外实训基地不仅是学生的实训基地，同时也应该是保险学专业教师的实训基地；可以利用校外实训基地为专业教师提供实践、实习机会，以解决部分"从校门到校门"教师实践能力不足的问题。具体方式是：专业教师利用寒暑假到相关保险公司顶岗实习，熟悉各项业务的操作流程，以切实提高课堂实践教学效果。

（四）丰富实践教学手段

在教学中，应改革现行的单纯讲解、满堂灌的方式。传授知识固然重要，然而学生应用能力、创新能力的培养才是保险专业教育的最高追求。为培养学生的应用能力和创新能力，我们应该大胆改革传统教学模式，其中，情景模拟教学理应是校内实训项目的重要教学手段。该教学方式是根据不同的职位能力培养要求设计与现实相类似的工作流程、工作环境，进行合理的角色分工和相应的人文设定，将课堂教学与现实生产或经营活动紧密地联系在一起，让学生把学到的专业理论知识转化为实用的职业能力，并且突出操作而富有趣味。保险作为一门应用性较强的学科，在很多科目的实践能力培养项目中可以用到这种教学方法。例如通过对保险产品营销的情景模拟来培养基本的营销实践能力和语言表达能力，加强学生的心理素质和职业素养；通过对保险核保、核赔业务的情景模拟来培养核保、核赔的能力；通过对保险产品理财业务的情景模拟来培养数据计算能力，提高风险管理意识和理财意识；等等。在情景模拟实训完成后，教师要对整个过程进行总结，分析存在的问题，帮助学生进行反思，为下次模拟实训积累经验。此外，讨论式教学、探究式教学、现场式教学等教学方法也不失为新颖的实践教学手段，可以与情景模拟教学交替使用来提高保险学专业实践教学效果和质量。

（五）重视"双师型"保险师资队伍建设

教师是实践教学的组织者和指导者，加强实践教学师资队伍建设，是开展实践教学的重要保证。保险类课程的实践教学，要求教师既具有一定的专业理论水平，又要有丰富的保险实践经验和实务操作技能，必须具备"双师型"素质。要从各个环节加强队伍建设，特别是重视教师的实践经验，努力提高教师的技术应用能力和动手实践能力。要通过多种途径，采取灵活多样的方式方法加大对现职教师的培训。比如实施"走出去，请进来"。"走出去"，就是选派一些年轻的教师到保险公司中挂职锻炼，让他们熟悉整个保险业务流程的各个细节；"请进来"，就是选择一些有意进入高校任教并且已在保险业界取得较高成就的保险精英，担任实践性、操作性强的专业课程如保险中介、保险产品设计原理与实务、保险经营管理等的任课教师。总之，要本着重点培养和全面提高的原则，加强师资队伍建设，通过"双师型"教师的培养，提高现有教师队伍的业务素质和动手实践能力。

（六）建立有效的实践教学质量评价机制

实践教学质量评价是教学质量评价的重要组成部分，对实践教学的落实具有推动作用。由于实践教学相对于理论教学具有较大的主观性，因此评价标准的制定需要征求具有丰富实践经验的多方人士的意见，并且不断总结经验，最终做到客观、科学和全面。实践教学质量评价机制的落实主要是通过对整个实践教学过程进行监控，以及对学生和教师进行考核。首先，在实践教学的监控方面，高校可以成立督导小组，定期检查实践教学的进度，并且有权参与到实践教学过程当中。而对学生的社会实践和企业实习亦需要进行必要的跟踪调查。另外，建立实践教学信息交流平台，让学生可以对每一项实践教学任务发表意见和提出建议，在实践完后发表自己的心得体会；而教师则需要定期提交实践教学报告。其次，对学生的考核方式应从对传统的理论知识考核，转为对学生的应用能力、创新精神、综合素质等的全面考核，从而检验实践教学所取得的成效；而在对教师的考核方面，建立学生对教师实践教学质量的反馈机制，并引入激励措施，对表现好的教师予以一定的表扬和奖励，将其作为职称评定的一个考虑因素。

参考文献

[1] 雷冬嫦，周云. 培养应用型保险本科专业人才的实践教学研究 [J]. 教育与职业，2009(8)：152-154.

[2] 郭卫东. 保险专业实践教学体系改革之思考 [J]. 辽宁经济管理干部学院学报，2011(2)：103-104.

[3] 展凯. 高校保险专业实践教学体系的构建战略 [J]. 广东外语外贸大学学报，2013(5)：109-112.

[4] 姚惠. 对高职金融保险专业实践教学体系构建的思路 [J]. 成功（教育），2013(8)：193-194.

[5] 李献刚. 以培养应用型人才为核心的金融专业实践教学探讨 [J]. 成功（教育），2013(11)：134-135.

知识社会视域中的高等教育公平分析

叶远帆①

[摘要] "教育公平是最基本、最重要的社会公平。"在知识社会中,知识是高等教育公平正义的逻辑起点。高等教育作为知识社会高程度教育诉求的重要组成部分,其公平正义是高等教育的最高价值追求。面对知识社会对人才和教育提出的严峻挑战,应积极采取策略发挥政府、社会、高校的合力,从理念、程序、功能方面促使高等教育公平的实现。

[关键词] 知识社会　高等教育　教育公平

在知识社会,知识、创新成为社会的核心,人民的受教育水平成为经济和社会发展的基础。知识社会中的职业在很大程度上要求某些或更高程度的高等教育。知识发展水平在区域竞争中存在着的诸多差距,集中体现在高等教育上。高等教育领域的公平问题成为人们关注的焦点之一。2009 年 12 月,《中国青年报》社会调查中心通过北京益派市场咨询有限公司和民意中国网,对全国 30 个省、市、区 2 952 名公众进行了一项调查。调查中,56.5%的人表达了他们对当下教育现状的担忧——"越来越不公平"。实现高等教育公平,促进高等教育自身健康发展是知识社会的诉求。如何最大限度地实现高等教育公平,满足社会公众的合理需求,成为一项重要的理论与实践课题。

一、高等教育公平与知识社会诉求相契合

(一) 公平是知识社会高等教育的最高价值追求

教育公平是社会公平的重要基础,追求教育公平也是人类社会古老的理念。1866 年马克思明确提出了"教育是人类发展的正常条件和每个公民的真正利益,教育是每个公民都应该拥有的一项平等权利"。然而教育公平又是一个相对的概念,它是一个历史范畴,在不同的国家和不同的历史时期有着不同的含义。现今在高等教育领域内,学术界对于高等教育公平含义的界定,大多都是以对教育公平概念的认识作为基础的。其中较有代表性的观点主要有高等教育公平"即高等教育权利平等或机会均等""是教育利益分配的合理公正""是对高等教育现象的评价或价值判断"。这些观点基本上是从法律、经济或伦理等角度作出的考察和界定,都具有其独特视角和合理成分。笔者认为,作为社会公平一个组成部分

---

① 叶远帆:重庆工商大学融智学院讲师;主要研究方向:思想政治教育。

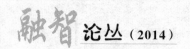

的高等教育公平，是社会公平价值在高等教育领域的延伸和体现。从高等教育对象的角度看，高等教育公平可以界定为：处在同一历史时期和社会环境下的个体，享有平等的接受高等教育的权利，获取均等的接受高等教育的机会，享有共同的高等教育资源与过程，最大限度地获取期待的高质量的高等教育结果。

高等教育作为知识社会高程度教育诉求的重要组成部分，它不仅传承知识和创新知识，而且在追求知识的过程中，使人类的伦理精神与价值诉求得到呵护和伸张。所以公平正义处于高等教育价值体系的首位，它统领着高等教育的各种价值观念，不仅体现在结果的意义上，它更是在过程中来实现的。

（二）知识社会呼唤高等教育公平的实现

知识社会主要有如下特征：①知识社会是以人为本，人与自然、社会协调发展的社会。②知识社会是以知识经济为基础的社会。任何社会形态必然以一定的经济形式作为基础，知识社会的基础是知识经济。知识成为创造财富的主力，成为经济增长的决定性力量。③知识社会是一个创新成为社会主要驱动力的社会，知识和创新成为社会的核心，知识社会的经济以大众创新、共同创新、开放创新为特征。知识社会经济和社会特征都清晰地告诉我们，知识社会的最鲜明的特点和最具主导性的因素是创新。如前所述，知识社会是一个高度文明、高度理性的社会。它要求推进社会发展的主体通过终身学习去不断完善，而高等教育则成为完成这一环节的重要体系。近年来，随着我国经济社会各项改革的深入发展以及高等教育大众化的实行，高等教育公平性问题更引起了全社会广泛的关注，并已经成为社会的热点和焦点问题。在知识竞争激烈的今天，社会越来越建立于知识之上。人民的受教育水平成为经济和社会发展的基础。知识社会更加要求高等教育公平的实现，要求每个人都要学会在信息海洋里来去自如，培养认知能力和批评精神，提高人民的整体素质。在知识社会里，高等教育公平面临极大的机遇与挑战。

二、知识社会对高等教育公平的影响

（一）知识社会影响教育理念

我国现行教育理念中往往潜藏着对受教育者主体性和个体性的忽视和不尊重，不易激发其发展自身优势的能动性，使得学生在被动学习中难以将所学理论知识运用于社会生活实践。这从公平的视角来看，意味着教育过程与结果的不公平。进入21世纪后，西方学术界便提出了"给每一个人平等的机会，并不是指名义上的平等——机会平等，而是要肯定每一个人都能受到适当的教育，而且这种教育的进度和方法是适合每个人的特点的"的观点。这也就意味着教育公平是使学生最大限度地获取知识，并突出学生作为个体所具有的个性、差异性。面对知识经济时代，高等教育者只有以科学发展观为指导，树立以生为本的观念，真正把学生放在主体的地位，重视学生的主体自觉性，积极激发学生主体性的充分发挥，才能不断创新工作思路，使之更加符合时代要求与学生的需要，真正提高大学生的思想政治素质和科学文化素质，把大学生培养成为当今时代所需要的综合能力强的复合型、应用型和开拓型人才，这样才真正符号教育公平目标的要求。

（二）知识社会影响教育过程

知识社会归根到底是人们理想和追求在现实中的具体体现，知识与创新是知识社会的核心。知识教育则成为一种创新与理想实现的重要途径。可见，知识社会当然对高等教育产生影响与作用。教育者、受教育者、教育内容、教育方法、教育形式是教育过程的几大主要构成要素，高等教育过程亦然。而知识社会对高等教育过程的影响主要也表现在这些过程要素中：教育者的教与受教育者的学互动凸显；受教育者个体主体性更加受到重视；教育内容上重视核心能力的培养；教学形式将由传统的人与人面对面的学习形式转向现代新兴媒体下的多样化学习形式；教育服务管理向以人为本模式转化，教育管理的行政规定取向向学习过程导向转化，这同时表现在教育网络的建立、知识物化的途径、长效教育管理体制的建立等方面。在知识社会的影响下，促进学生最大限度地发展是高等教育过程的出发点和最终归宿，从而促进高等教育公平的实现。

（三）知识社会影响高等院校职能结构

高等教育结构，是指高等教育系统内各组成要素的比例关系，大致可分为形式结构、布局结构、层次结构、能级结构、学科专业结构、科类结构、管理体制结构等宏观结构和队伍结构、学科专业结构、教材结构、课程结构、各类人员的知识结构等微观结构两部分。社会的发展、产业结构的不断优化，对为社会输送人才的高等教育结构也会带来较大的影响。在科技进步发展的知识社会时代中，市场竞争力的提高和综合国力的增强更多地依靠核心知识和人才的支撑。所以，知识社会条件下的产业结构升级不断需求核心技术人才、现代服务业人才，影响着我国高等教育内部结构作出方向性调整，促进高等教育的公平。

三、知识社会实现高等教育公平的对策探析

在不断面对教育公平问题、解决教育公平问题的今天，虽然在教育机会的扩大、资助体系的不断完善等方面，贯彻教育公平原则取得了很大的成效，但高等教育依然面临极大的挑战，与满足公众需求和实现经济社会发展目标相比仍存在差距。《教育改革和发展规划纲要》明确提出："要重视教育机会、过程公平，满足学生发展的基本需求。"这表明，高等教育领域内，不仅要重视教育机会的公平，更重要的是教育过程中的微观教育公平，着力促进学生全面、充分发展。因此，要积极采取对策发挥政府、社会、高校的合力，确保高等教育体系多样化，整合内部与外部质量保障机制，从理念、程序、功能上促进知识社会下高等教育公平的实现。

（一）转变知识社会教育理念，优化高等教育公平制度环境

高等教育体系中需要真正转变教育观念，树立以生为本的理念。以生为本就需要将学生放于主体地位、重视发挥学生的主体性作用，就需要杜绝高等教育领域中的特权效应，合理分配区域间高等教育资源，保护与重视弱势学生的地

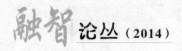

位等。

通过深化高等教育体制改革，确保高等教育公平的实现。要实现人人都有权利接受高等教育，人人都有权利享有平等的高等教育，人人都获取预期的高质量高等教育结果，还必须尽可能地缩小教育的差距。缩小教育差距的关键是在现有状态下的政策构建和制度建设。在促进教育公平问题上，政府发挥主导作用，明确各级政府提供公共教育服务的职责，完善教育经费投入机制，建立健全弱势学生群体贷款资助体系等公共教育服务体系，不断优化高校教育公平的制度政策环境义不容辞。此外，促进教育公平是全社会的共同责任，在政府主导的基础上，还要充分调动推动教育改革发展的积极性，开拓社会资源进入教育领域的途径，丰富社会力量兴教办学的形式，扩大人民群众对教育事业的参与度，把全社会的热情和力量都凝聚到促进教育公平、提高教育质量的重心上来。

（二）创新知识社会教育过程要素，实现高等教育实质性公平

1. 牢固树立正确的高等教育公平观念

高校教育者应意识到教育公平与教育平等的差别，强化正确的教育公平理念，深入理解教育公平的本质内涵和内容要求，并在平时的教育过程中体现出来；还应充分认识教育公平与学生个性差异的关系。同时，应该看到教育公平是具有历史性和相对性的。在不同的历史条件下，教育公平会受到生产力发展水平和具体制度的制约，我们应该意识到现阶段的教育公平只能是在现有条件下相对的机会均等和公平，它是需要随着生产力的发展而逐步完善的。

2. 教学形式、教学内容贴近学生个体

不同的学生，有着不同的天赋条件、不同的个性特征，其发展程度也有着不同。所以在教学形式、内容上，应关注学生个体差异，尊重学生个性特长，采取分层教学，因材施教，对具体的学生在具体教育内容、教育方式、要求程度等上实施一些不同的教育措施。另外，知识社会下的多媒体、网络等现代新兴媒体教育技术，不仅有效地缩短了知识传递的时空距离，而且实现了同一知识的多维呈现，增强了知识的可感知性。教育者应正视自己教育媒体运用能力的局限性，主动学习并借助现代化新兴媒体创新教育中介，充分运用现代教育技术，为每个学生提供在同一起跑线的发展机会，使每位学生充分享有高等教育过程中的各种教育资源，获取最大程度的发展，实现真正的教育公平。

3. 提升教育者素养，建立平等的师生关系

教育者是教学过程的组织者、引导者、设计者，教育者素质的高低直接影响着教育过程状态中受教育者是否充分享受教育的权利，关系到教育公平的实现程度。所以，一所高校首先要有一批综合素质高、业务能力强的教育者。对于队伍的建设，可以大胆采取"走出去与引进来"相结合的方式，引进高级人才的同时，加强对活跃在第一线上的教育工作者的培训，使他们掌握先进的教育手段、教育理念，提高他们的教育水平，增强教育公平执行能力，加快青年教师的成长。其次，加强师德教育，秉承民主、公平、公正的教育理念。在教育过程中，教育者要真心、用心对待自己的教育事业，在关爱每一位学生中，保障他们的学习权与发展权的实现。同时，教育者还应尊重学生的人格与尊严，注重学生主体

性的树立和个体能动性的发挥，营造相互理解尊重、相互平等和谐的师生关系，使每位学生在个性发展的同时感受教育公平的意义。

（三）提高学生公平意识，培养知识社会新型人才

首先，要提高学生争取公平接受高等教育的意识，让学生意识到自己应该从自身利益出发，向社会、学校、教育者提出公平的合理化建议，使自己在教育过程中能够获得全面而和谐的发展。其次，学生要发挥主观能动性，创造性地学习，争取教育结果的公平。目前，"在分数面前人人平等"不能保证进入的学生在教育过程中受到公平的教育。受教育者——学生主体应从自己的实际情况出发，发挥主观能动性，创造性地学习，力争使自己不断符合社会的需求，成为知识社会的新型人才，从而促进高等教育公平实质性实现。

参考文献

［1］温家宝. 在中南海审议《国家教育规划纲要》时的讲话［R］. 2010.

［2］中青在线. 中国青年报［DB/OL］. http://forum. home. news. cn/thread/72431611/1. html, 2009.

［3］段新明，刘华军. 试析知识社会学视野下的高等教育正义——论克拉克的高等教育正义论思想［DB/OL］. http://www.studa.net/gaodeng/101206/09365615.html, 2010.

［4］宋刚，张楠. 创新2.0：知识社会环境下的创新民主化［J］. 中国软科学，2009(10).

［5］杰勒德·德兰迪. 知识社会中的大学［M］. 黄建如，译. 北京：北京大学出版社，2010.

［6］李艳芳. 我国高等教育公平的影响因素与对策探析［J］. 中国科技纵横，2010(16).

民营资本对民办教育发展的探索

雷雪峰①

[摘要] 当下政府重点扶持公立学校导致我国的民办教育投入资金短缺，民营资本与民办教育无法相互发展一直是非常严峻的实际问题。为了完善民办教育的融资体系，建设民营资本投入民办教育的良性机制已经成为推动民办高等教育发展的重要策略。为此，本文以当前民办教育对民营资本的需求为基准点，分析在实际中制约民营资本投资民办教育的主要因素，探究如何使民办教育可以有效地吸收民营资本的相关措施。

[关键词] 民营资本　民办教育　制约因素

一、民办教育需要民营资本的投入

观察全球教育的财政会发现都有类似的情况存在，那就是民办教育融资的渠道是每个国家都在考虑的问题之一。为此，民营资本投资民办教育就成为一种必然途径和趋势。民办教育对于加快国民教育、振兴国家具有重要意义。对比分析发现：日本是一贯重视民办教育的，较早提出"公署教育与私立教育同质"；美国是第一个在世界上要争教育第一的国家，早在20世纪80年代就充分肯定私立民办教育的成就和贡献。受传统文化的影响，国人认为投资教育事业是一种公益性的投资。在民间的教育机构均是以捐资兴学的方式成立起来的。这种捐资当然是不计回报的，然而目前民办教育的发展仅仅依靠捐助的资金维持是远远不够的，民办教育需要民营资本的投入，以壮大其发展道路。

民办教育的融资途径受限于传统思想，使得民营资本无法真正融入到民办教育中去，造成了民办教育缺乏融资渠道、民办教育始终不能成为教育集团的情况。相比于其他经济领域的发展，民办教育的发展是相对缓慢的。

民营资本与民办教育机构的有机结合是非常重要的课题，民办教育要实现飞跃，就必须借助于民营资本的投入。在我国经济改革之后的教育市场中，民办教育依然缺少民营资本的投入，教育机构所需的教学场地、相关教学用品和聘请教师所需的劳务费等成本没有可靠的经济来源，仅仅依靠学费收入、银行贷款和社会捐助作为教育机构的主要经济来源。这是制约民办教育发展的最大的资金障

---

① 雷雪峰：重庆工商大学融智学院教师；主要研究方向：财务管理。

碍。民办教育的资金问题得到解决之后，就可以满足学校的发展需求，大大提高民办教育的发展速度。办好我国的教育可以缩减与国外人才的差距，对保障社会安定团结、提高国人素质都大有益处。

二、制约我国民营资本投资教育的主要因素

（一）民营资本投资民办教育不平衡的根本原因是地域差别

我国辽阔的国土资源导致各个地区之间不平衡性发展和不同教育需求的特点，使民办教育的融资渠道存在很明显的地域差别。在经济发达的直辖市或城市中政府的财政比较富足、宽裕，对人才的需求程度比较强烈，所以民办教育的投资环境较为乐观，同时拥有相对较高的教学质量和办学水平。二、三线城市正处于经济发展的初期，虽然说这些地方对于人才的需求十分迫切，但是培养人才的民办教育还是存在缺口，缺少民办教育可持续发展的资金支持。西部等偏远地区的经济较为落后，民营资本投入到民办教育的可能性极小，同时这些地区的教育机构都有较大的缺口，民办教育的投资力度和教学质量都无法与经济水平较高的地区相比。

（二）民营资本投资的民办教育缺少产权归属

我国在民办教育的产权归属上还没有明确的规定，就是说民营资本在投资民办教育时的行为规范、程序和投资者的权利义务还存在着模糊不清的方面。其中存在的问题有：投资主体为快速收回投入资金，比较注重短期收益而忽视民办教育的长期发展；投资收益率太低导致很多投资主体不愿意投资民办教育；民办教育由于没有信用和可抵押的资产以致机构缺少再发展资金；民办教育退出机制不健全，比如说，投资民办教育的投资主体可以依法享有法人的财产权，但是当学校无法存续的时候，投资主体只能在财务清算后从中收回先前的投入资金，盈余资金就由相关部门收回统筹管理。换句话说，只有在民办教育终止后才能回收先前的投资成本，民办教育积累的收益与投资主体没有任何关联。不仅如此，投资主体还要承担货币贬值等带来的经济损失。民营资本的投资产权得不到应有的保护，十分不利于民办教育的发展，严重阻碍了民间教育长久发展的步伐。

（三）民办教育的非市场化管理方式

相比于公办教育的管理模式，民办教育的管理模式就显得更为灵活。管理民办教育的人员可以充分借助市场体制，建立灵活的新兴办学体制。但是我国的国情发展使得民营资本的投资主体对民办教育的产业化管理和市场化运作还抱有怀疑的态度，并不认可民办教育是一种产业。教育行政管理部门对于民办教育的管理继续运用原先的公办教育管理办法，没有考虑到民办教育自身的特点，同时也阻碍了民办教育办出自己的特色，使得民办教育缺少动力和活力。

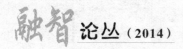

三、促进民营资本投入民办教育的相关政策和建议

（一）积极引导民营资本的投入，对民办教育实行分类指导

民营资本的持有者缺乏民办教育专业知识，政府要积极引导资产的投入，注重在保障资金投入到民办教育领域的同时要取得合理的预期收益率。积极引导民办教育机构了解并推广社会所需的专业等教育产品，做到民办教育为社会所需才能越做越大，发展道路也才越来越宽。同时，鉴于我国特殊的地域差别，不能一概而论，要根据当地经济水平、资源、教育观念等不同方面采取不同的规章制度和政策方针。国家在宏观上要设立整体调控机制。与此同时，还要设立具体到各个地方的经济市场管理体制。民营资本需要以民办教育的需求为核心，平衡各地域间的差异。

（二）确定民办教育的产权，确保投资者的回报

投资民办教育与投资一般企业的性质有所不同，就是说在确认产权上存在差异。所以相关部门要采取股份制的形式以确保投资者投入资金的经济利益，按照教育机构资产的比重确认投资收益。打破传统观念的禁锢，更新政府观念，提高教育管理的科学化水平，使社会各界充分认识到民营资本对于民办教育的重要性。教育管理部门要充分运用市场体制促进和吸引民营资本投资民办教育。政府要积极鼓励民营资本持有者投入民办教育，同时又要抑制不法投资者谋求不当收益的违法行为。政府税收部门要为投资者提供税收优惠政策，建立一个公平合理的税收体制，确保投资者投资民办教育的同时还要使其从中得到合理的收益回报，以吸引、促进民营资本流入民办教育。

（三）采用市场化原则管理模式，建立校长负责制

将民营资本引入民办教育进行市场化运作，保证教育资源合理流动并对其进行有效的分配，充分发挥其市场效率。民办教育可以改善各种教育资源的合理流动性，加大教学机构的规模，提高社会人才供给能力，充分弥补我国目前民营资本投资民办教育的不足，推动我国民办教育产业的可持续发展。同时，还要建立民办教育机构下的校长负责制。校长负责制是公立学校和民办学校科学管理的核心和关键。还要建立架构合理的董事会，主要负责对机构工作的宏观管理并且对重大问题给予决策支持。整体机制为董事会管理下的校长负责制。校长负责教育机构内全面的教学工作和机构内的管理，在人才和财务等方面拥有完全的自主权。这种校长负责制可以消除民办教育机构的缺陷，同时由于可以聘请专业人士管理学校，这就规避了外行管理的风险损失，同时维护了民营资本持有者投资的合法经济权益，有利于民办教育的可持续发展。

（四）政府应制定促进民办教育发展的政策体系

政府应健全民办教育管理与服务体系，对民营资本投入教育领域给予有效的扶持。借助资本这个助推器，整合优化社会相关资源，最终实现品质提升与资本回报的良性循环，从而促进民办教育健康发展。

参考文献

［1］马佩华. 高校筹措办学资金的新思考［J］. 廊坊师范学院学报，2002(6).

［2］潘克建. 美国私立大学筹措经费办学的办法及启示［J］. 经济与社会发展，2005(3).

［3］杨红秀. 民办教育投资回报问题的分析与思考［J］. 广西师范大学学报：社会科学版，2006(5).

［4］李真，李全生. 高等教育投资的现状分析及其改革［J］. 北京化工大学学报：社会科学版，2005(2).

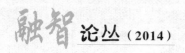

基于社会需求的高校人才培养探析

——以重庆工商大学融智学院毕业生为研究对象

宋钰静①

[摘要] 本文采用文献资料和调查访谈等研究方法，对重庆工商大学融智学院毕业生的专业技能、知识结构、适应能力以及整体素质进行调查、分析与研究，引申出当前我国高校人才培养存在的问题。针对出现的这些问题，从人才培养定位、创建五位一体的动态人才培养模式，分阶段、分目标地进行素质拓展教育、搭建实践教学平台并以市场为导向，与社会需求接轨、注重人才培养的信息化创新研究，构建四位一体的信息网络基地等方面提出了解决问题的方式。

[关键词] 人才培养　社会需求　就业

本文对重庆工商大学融智学院毕业生的专业技能、知识结构、适应能力以及整体素质进行调查，分析高校人才培养存在的主要问题，提出改革建议，以期培养出符合社会需求的综合型人才。

一、研究对象与方法

（一）文献资料法

查阅了近年来相关的教育文件及研究论文，并收集和参考了 20 所高校人才培养方面的有关资料。

（二）调查法

通过访谈法对 20 家用人单位的负责人进行调查，并对重庆工商大学融智学院 200 余名毕业生、实习生进行问卷调查、电话调查、网络调查、访谈调查，了解当前市场对专业人才的需求状况以及现存的本科教育对学生知识、能力和素质培养的影响。

（三）逻辑分析法

针对高校人才培养现状调查，结合社会对人才的需求进行推理与分析。

---

① 宋钰静：重庆工商大学融智学院教师；主要研究方向：高等教育。

二、调查内容及其分析

(一) 总体情况

本次调查从毕业生个人基本情况、工作现状、在校教育及对学校满意度等方面展开，向各专业学生发放问卷。

(二) 调查的具体项目

1. 个人基本情况

调查结果显示，重庆工商大学融智学院大多数毕业生来自重庆市中小城市，一部分来自重庆外乡镇与农村。毕业生中在校担任过学生干部的有 31.25%，未担任过的有 68.75%。由调查可知本届毕业生均能实现一次性就业，其中 75%的毕业生未曾有过工作单位变动经历，也有 12.25%的毕业生有过一次工作单位的变动经历，甚至有 6.25%的毕业生有过 3 次以上的工作变动经历。

2. 工作现状

由调查情况可知，68.75%毕业生就职于私营企业，但也有一些毕业生就业于其他单位，如国有企业为 12.5%，政府机关、其他事业单位、外资企业均为 6.25%。有一半的毕业生可以在工作一年后得到加薪或职位晋升，有 31.25%的毕业生可以在半年后就加薪或职位晋升，有 19.75%的毕业生需要两年或以上才可得到机会。大部分毕业生均是一般员工，月收入 2 000~3 000 元（图1）。

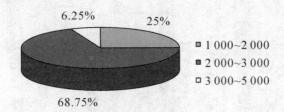

图1　月收入情况分布图

虽然大多数毕业生都顺利就业，但是专业和工作岗位匹配度并不理想。仅有 18.75%的毕业生专业对口，而大部分与专业有一定联系，有 12.5%的毕业生所从事的工作与专业毫无关系（图2）。

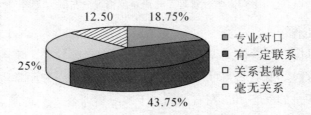

图2　工作岗位与所学专业匹配情况分布图

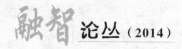

3. 在校教育

据调查，学校注重培养学生的基础理论、专业知识，忽视了对学生社会实践能力和思考、分析、解决问题的能力的培养。由学生反馈的情况来看，对于工作影响较大的是基础理论、社会实践、学生干部经历等方面，其中基础理论和社会实践均占 27.27%，学生干部经历占 22.72%。在教学过程中对就业影响较大几项内容中实践教学占 30%，社会活动占 45%。由此说明学校在课程设置方面与社会需要基本一致，但仍存在一定差距。学校在进行学生实践教学方面有所欠缺，实践动手能力占 29.17%，外语能力占 33.3%。

4. 对学校的满意度

关于对学校的满意程度的调查主要是从学校管理、教学工作、校园生活情况等方面出发，每个方面有相应的 4~5 个问题，具体调查情况如下所示。

（1）管理工作

管理工作具体涉及教育及教学管理模式、班级管理、宿舍管理和治安管理这些方面。由下图 3 可知，大部分学生对各项管理工作都觉得很满意或满意，但对于宿舍管理这一方面有较大比例的学生觉得一般，还有约 10% 的学生甚至不满意学校的宿舍管理。

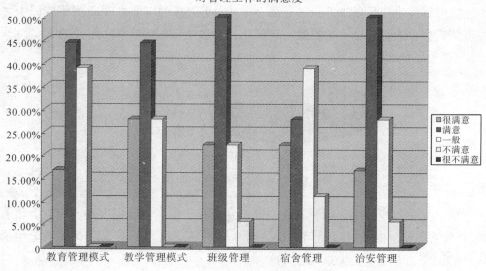

图 3　学校管理工作满意度情况分布图

（2）教学工作

教学工作具体涉及学校课程及课时分配、任课老师教学、实习实训、班主任老师教学这些方面。由下图 4 可知在课程及课时分配这一方面觉得一般的比例高达 70%，觉得满意的只有 20% 左右，而对于实习实训这一方面感觉不满意的有较高的比例。

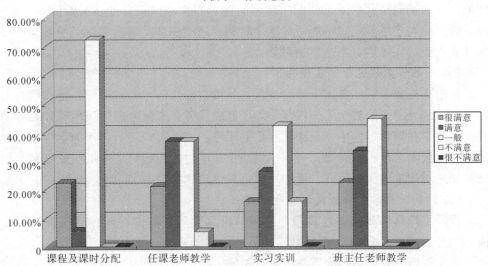

图4　学校教学工作满意度分布情况图

（3）校园生活情况

校园生活情况具体涉及校园环境、住宿条件、伙食、后勤服务这些方面。对于校园生活情况有相当大比例的学生都觉得很满意或者满意，觉得一般的比例也并不低，都在30%以上。而对各方面不满意的比例也均在10%以上，对于伙食的不满意程度甚至高达20%。

三、人才培养存在的问题及分析

（一）高校招生规模扩大，导致每年向社会输送的毕业生人数增加，然而过于注重数量，忽略了质量

随着改革开放的推进、社会经济迅速发展以及国家教育政策的引导，很多高校扩大招生规模，大学生的人数不断增加。这利于向社会输送更多的就业人才，推动国家经济的发展。但很多高校只顾埋头培养，过于追求数量的增长，忽视高素质人才的培养，管理松散、教学混乱、缺乏实践。学生专业知识不扎实，实际工作能力低，不能满足社会对人才的需求。

（二）反思传统的人才培养模式

传统的模式把人才培养看做是终极目标的实现，忽略了其是一个动态的过程。过去把高校学生培养成为有理想、有道德、有知识、有纪律的四有新人，并立志为人民、为祖国、为人类做贡献。目标确定了，但这只是一个理想状态下的终极目标，过于模糊。未曾看到，大学生四年是处于一个不断变化的过程。这个过程除了要大方向指导之外，还需要不断地调整变化，适应不同时期的需求。

（三）人才培养不能适应市场经济和社会的转型

在计划经济的条件下，高校毕业生是社会的稀缺资源，指令性计划下的统招统分掩盖了学非所用、用非所学的供需矛盾。随着社会主义市场经济的建立和完

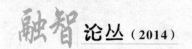

善以及高校招生与分配制度的改革，高校人才培养越来越不适应市场经济和社会转型。在市场经济背景下，就业出现即时性、多样性、综合性、实践性等特点。高等教育的人才培养模式不能适应这个转型，造成信息反馈的滞后，所学专业并非就业专业，人才培养不能适销对路。

（四）教学工作过于注重理论

目前高校教师的工资水平普遍偏低，导致教师的精力未完全用在培养社会人才上。一部分学校的教学工作仅仅是为了完成任务，未曾考虑应该培养什么样的社会人才。在教学过程中，只注重理论的灌输，缺乏实践环节。作为学生，在学理论的时候大多是囫囵吞枣，考试也只是出于应付，为的只是一纸毕业证和学位证，缺乏对理论的深入研究，更不用说将理论用到实践中去。

（五）缺乏科学管理模式对学生进行引导

管理工作具体涉及教育和教学管理、班级管理、宿舍管理和治安管理等方面。大多数高校过分偏重于理想模式下的教学管理，缺乏从班级管理、宿舍管理、治安管理等方面多角度对学生进行引导。在教学环节中出现大多数学生有高远的理想，期望毕业后能找到好的工作，但缺乏脚踏实地的精神，导致能力不足，遇到挫折后，像温室里面的花朵一样，不能适应复杂多变的市场经济对复合型人才的需求。

四、具体解决措施

面对全球化经济带来的机遇和挑战，我们不能任由高校人才培养和社会需求之间的矛盾继续加剧，要敢于创新、勇于创新，寻找解决问题的途径，重新定位高校人才培养模式，把人才培养看作是一个动态的过程，分阶段、分目标地完成任务，实现实践教学平台和"产学研"的建设，使宏观调控与市场导向相结合，注重人才培养的信息化创新研究。

（一）重新定位培养目标

高校的人才培养要以社会需求和专业需求为导向，重新定位专业人才培养目标；紧贴经济社会发展与社会需求的现实需要，围绕各个企业、民族文化产业、国家扶持的地方产业群，积极培养社会需求的合格人才，加强专业与专业、专业与地方政府、专业与企业间的协作，发展以"实践教学"为核心的人才培养模式，重新定位人才培养目标。

（二）创建五位一体的动态人才培养模式

根据市场对复合型人才的需求，应将大学四年教育看成是一个动态的过程。每一年的教育模式、课程设置、教学导向、思想政治教育、实践模式等应有所区别，不能一刀切，不思调整和创新。要建立以教学理论为核心、思想政治引导、社会实践培训、综合素质拓展、改革创新能力培养五位一体的动态人才培养模式。大学一年级注重理论教学、思想政治引导，打牢基础教育；大学二年级注重综合素质的拓展，培养学生的思维能力，能正确地分析问题、解决问题；大学三年级注重社会实践的培养，多到企业、多到社会去锻炼自己；大学四年级注重改革创新能力的培养，并引导学生树立正确的就业理念。

（三）建设专业综合实践教学平台

从老师方面来讲，学校应规定教师在理论教学的同时，拓展实践教学。在理论教学完后，多鼓励学生参加社会实践，并从多种渠道为学生提供实践平台，使其能尽快将所学的理论应用到实践中去。高校在人才培养方面注意不要等到毕业的时候再去实践，这不利于学生在四年期间不断地调整自己从而更好地适应社会需求。

从学生层面来讲，要引导学生多参加社会实践，为学生周末或是假期参加社会实践提供多种平台。同时不要忽略班级管理和宿舍管理建设。宿舍和班级往往是学生生活、学习以及关注最多的地方，班级管理和宿舍管理建设有利于培养学生的综合素质。因此在班级管理和宿舍管理中，要创造多种机会为学生提供锻炼自身能力的平台。

（四）发挥学校和政府的宏观调控能力

学校和政府相关的教育部门要根据每一时期的市场需求及时调整人才培养方式。市场是灵活多变的，每一段时期所需的人才是不同的，如果不注重人才培养方式的跟进，这将导致四年后培养出来的人才不符合市场的要求，出现供不应求或供大于求的情况。

（五）构建四位一体的信息网络基地

随着科技的进步和信息的丰富，构建人才培养信息网络有利于全方位拓展大学生素质。在大学生人才培养中要注意突破传统的人才基地，创建 QQ 平台、微博平台、飞信平台、微信平台四位一体的信息网络基地。通过这些平台的构建与学生进行沟通、对话，发现教育中存在的问题，及时调整教育模式，从而适应社会对人才的需求。

参考文献

[1] 孙玮. 地方高校广告专业人才培养与区域社会需求对接研究——以吉首大学广告专业服务武陵山片区发展为例 [J]. 人力资源管理，2013(7)：218-219.

[2] 张建仁. 关于解决高校人才培养与社会人才需求之间矛盾的对策研究 [J]. 新疆师范大学学报：哲学社会科学版，2005(12)：219-224.

[3] 张爱萍，郑晓芳，闵伸. 适应社会需求的高校人才培养模式研究与实践 [J]. 华东交通大学学报，2007(12)：110-112.

我国国际商务人才需求及培养对策分析①

胡文静②

[摘要] 随着国际人才、资金、技术、信息等要素在全世界范围内的优化配置，各国经济商务活动往来更加广泛，对国际商务人才的需求愈加急迫。通过深入调研和分析外贸企业对国际商务人才的需求状况，分析当前国际商务专业教育现状，明确了国际商务专业的培养目标，并从完善课程体系设置、加强实践教学和建设师资力量等方面探讨实现人才培养目标的路径。

[关键词] 国际商务 人才 需求

进入 21 世纪以来，随着国际分工的日益深化和国际经济合作的蓬勃发展，国际商务往来愈加频繁。我国在 2001 年加入世界贸易组织之后，对外经济贸易取得了举世瞩目的成就，在我国国民经济社会发展过程中发挥着非常重要的作用。由于国际商务活动涉及不同国家或地区的经济、法律、社会文化等方面的内容，加上国际市场环境的复杂性，我国要实现对外贸易事业的长期健康发展，迫切需要更多的国际商务专业人才。本文通过对上海、北京、福建、重庆、杭州、宁波等地的流通型外贸企业、生产型外贸企业开展问卷调查，分析了企业对国际商务人才的需求状况，并结合我国现阶段的国际商务教育现状，提出了改进建议。

一、我国国际商务活动现状

自 20 世纪 90 年代以来，在经济全球化和信息技术发展的推动下，国际商务活动的形式和内容都发生了深刻变化，主要表现在以下三个方面：

（一）电子商务逐渐成为国际商务的重要经营方式

电子商务是指对整个贸易活动实现电子化，即交易各方以电子交易方式而不是通过当面交换或直接面谈方式进行的任何形式的商业交易。资料显示，2006年全球电子商务交易总额已达 128 000 亿美元，占世界商品贸易总额的 18%。2009 年中国的电子商务交易额达到 3.8 万亿人民币。2010 年，中国电子商务市场交易额超过 4.5 万亿，同比增长 22%。2011 年，中国电子商务市场交易额达 6

---

① 本文系重庆市 2010 年度高等教育教学改革研究项目一般项目《独立学院国际商务专业课程体系的构建研究》（项目编号：103346），重庆工商大学融智学院 2010 年度教育教学改革研究项目重点项目（项目编号：2010001E）的阶段性研究成果。
② 胡文静：重庆工商大学融智学院讲师；主要研究方向：国际服务贸易。

万亿元，同比增长33%。目前，通过网络进行交易活动已经成为一种潮流。电子商务的发展对现有的国际商务经营方式是一次根本性的变革，也催生出对电子商务人才的大量需求。

（二）我国企业"走出去"步伐加快

跨国公司在国际商务活动中一直发挥着重要作用，一切高水平、高层次、大规模的贸易投资活动均是以跨国公司为主体进行的。目前，跨国公司年生产额占发达国家生产总值的50%以上，控制着50%的国际贸易额、50%以上的海外直接投资、80%以上的新技术成果和70%的国际技术转让。现在包括中国在内的许多发展中国家正在积极发展本国的跨国公司，鼓励更多的企业"走出去"。在中国实施"走出去"战略之后，2010年我国境内投资者共对129个国家和地区的3 125家境外企业进行了直接投资，累计实现非金融类对外直接投资590亿美元，同比增长36.3%。2010年我国对外承包工程稳步发展，开始进入转变发展方式的关键时期。全年我国对外承包工程业务完成营业额922亿美元，同比增长18.7%，新签合同额1 344亿美元，同比增长6.5%。截至2010年年底，我国对外承包工程累计完成营业额4 356亿美元，签订合同额6 994亿美元。在跨国并购方面，2002—2008年期间年均并购额高达70.17亿美元。其中，2006年高达156.84亿美元，2008年并购额达到187.26亿美元。

（三）我国外向型经济持续稳步发展

受2008年金融危机的影响，我国外贸进出口受到一定影响。但随着世界经济逐步复苏、国际市场需求回暖和国内经济形势好转，我国对外贸易实现了平稳较快增长。据商务部统计，2011年，我国进出口总值为36 420.6亿美元，比2010年同期增长22.5%，其中出口18 986亿美元，增长20.3%；进口17 434.6亿美元，增长24.9%。贸易顺差1 551.4亿美元，比上年净减少263.7亿美元，下降14.5%。我国贸易发展更趋平衡，贸易方式结构继续改善，贸易伙伴多元化成效明显，贸易区域布局更加合理，贸易主体结构中民营企业比重提升较快。各种数据显示，我国外向型经济处于持续稳步发展之中。

近年来我国利用外资一直持续稳定增长，世界500强跨国公司已有400多家在中国投资，我国经济和产业结构有了新的进一步发展，第三产业尤其是金融、保险、投资、咨询等产业发展迅速。2011年全国新批设立外商投资企业27 712家，同比增长1.12%；实际使用外资金额1 160.11亿美元，比2010年增长9.72%。由于受金融危机和欧债危机的影响，各国之间吸引外资的竞争日趋激烈，但是我国将继续落实推进外向型经济发展的各项政策，进一步开拓国际市场。

二、我国国际商务人才需求状况

国际商务领域的竞争事实上也是人才的竞争，中国对外开放的不断发展需要更多具有国际化经营能力的高素质人才，必须造就一支德才兼备、数量充足、人才齐全、富有活力的高素质商务人才队伍。例如，我国现有40余万的政府机构

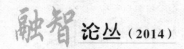

和部门、大中型企业、公司等经济贸易部门，需要 360 万的国际商务谈判人才，而目前全国从事国际商务谈判的高级人才不足万人，有近 360 万的市场需求空缺。为更深入地了解国际商务人才的需求状况，通过实地调查，运用描述性统计方法从多方面进行分析。

（一）数据来源与研究方法

采用问卷调查的方式对上海、北京、福建、重庆、杭州、宁波等地的流通型外贸企业、生产型外贸企业进行了问卷调查。共发放问卷 25 份，回收 15 份，其中有效问卷 14 份，有效率为 93.33%。本次调查内容涉及公司基本资料、公司需求情况、对人才能力素质的要求等方面，利用 Excel 和 SPSS 统计软件对数据进行分析。

（二）描述性统计分析

1. 企业基本情况

本次调研的企业包括沿海和内地的流通型外贸企业、生产型外贸企业。1 家属于国有控股企业，3 家是三资企业，民营企业最多，共 9 家，此外，还有一家属于其他法人性质。其中，从所处行业来看，5 家企业属于制造业，6 家属于贸易业，2 家属于物流业，1 家属于航空业。对东西部地区企业均作了调查。

2. 企业对毕业生的需求数量分析

在问卷调查中，各个企业近三年对国际商务人才都有用人计划。其中，92.9% 的企业对国际商务专业人才具有一定数量的需求，7.1% 的企业有大量需求。特别是沿海城市的企业需求量大，有 9 家年均需求 10 人以上，且呈递增趋势，增长速度为 65% 左右。这表示，企业的国际商务专业人才的需求缺口非常大。

3. 企业对毕业生的需求质量分析

调查单位对录用国际商务人才的学历要求最多的是本科学历，其次是研究生学历。企业最看重的能力是商务能力和跨文化沟通能力。对国际商务人才的类型，需求最多的是国际贸易人才和国际营销人才，对谈判、物流、法律方面的需求也较大。关于人才需要具备的专业能力，大多数企业认为，建立与维护客户关系能力是最重要的，其次是执行合同能力、市场信息获取及处理能力、国际市场调研与预测能力和商务谈判能力，对财务知识、国际金融等能力要求较低（表 1、表 2）。

表 1　　　　　　　　　　　　学历要求情况

学历层次	需求排序
中专	0
大专（含高职）	5
本科	13
硕士	11
博士	5

表2　　　　　　　　　　　　素质要求情况

素质要求	需求排序	素质要求	需求排序
专业知识	11	持续学习能力	6
实践经验	10	组织协调能力	5
心理素质	4	人际交往能力	10
身体素质	1	适应能力	4
思想品德	0	职业资质证书	1
外语水平	11	其他	0
计算机水平	1		

在调研中我们了解到，在能力素质方面，很多外贸企业没有精力和实力培训国际经贸业务人员，他们在招聘时一般都首选具有实践经验的人才，其次是专业知识丰富、外语水平高、协调沟通能力强的人才。企业不是非常看重职业资格证书、计算机水平等。用人单位对外贸人才的标准和要求在不断调整和提高，社会上紧缺的是直接能够进入业务状态的高素质、高技能的应用型国际经贸业务人员。

三、我国国际商务专业教育现状

（一）开设国际商务专业的院校数量不多

目前我国开设国际商务专业的高校并不多，无法满足企业对国际商务人才的大量需求。尽管有部分院校在外语专业或者国际经济与贸易专业下设"国际商务方向"，但在专业设置和划分方面存在很多问题，无法体现出国际商务人才的专业特色。

（二）专业课程设置不够合理

这主要体现在专业知识面过窄。例如有些院校将国际商务设置在外语类专业下面，学生在校期间过于侧重学习语言文学类课程，而对国际商务知识、贸易、金融和相关科技知识的涉及力度不够。有些财经类院校尽管是专门的国际商务专业，但是教学培养计划中没有开设管理学、公共关系学等重要课程。而欧美日等西方发达国家对文科类专业的设置，一般要求学生修两个专业课程，例如规定修国际商务主专业的学生还必须选修一个外语类或管理类的副专业。中国企业要在经济全球化环境下具有更强的国际竞争力，必须拥有大量的涉外知识丰富、能面向国际市场、适应国际竞争的富于开拓精神的高素质的外向型复合人才。

（三）实践教学环节比较薄弱

社会需要的是既掌握相关专业知识，又具备分析、解决实际问题的能力的应用型人才。但是有一些高校的课程设置与现代社会生活脱节，许多课程如国际市场营销、国际金融只能给学生一些理论上的指导，大多没有涉及具体的外贸实践，开设实验操作课程的也不多。缺乏既精通国际贸易知识又熟悉进出口业务操

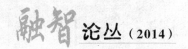

作的"双师型"教师，教学方法不注意启发学生的创造力。所以应不断充实国际商务专业的教学内容，强化国际经济、贸易、法律和国际文化知识在课程体系中的地位，培养学生参与国际交往、国际竞争的能力。在某些专业领域有特长的高校，可以结合自身的资源优势，选择一个恰当的定位，在有限的特定领域建设专业化的品牌，和相关企业探索校企人才合作模式，诸如为企业"走出去"培养定制化人才，从战略角度为企业培养储备人才。

四、提升我国国际商务人才培养能力的对策建议

（一）合理定位培养目标

为国家和社会培养专业的涉外商贸服务人才是国际商务专业的主要功能。外贸企业需要的国际商务人才应具备的专业能力主要有：建立与维护客户关系能力、执行合同能力、市场信息获取及处理能力、国际市场调研与预测能力和商务谈判能力。因此应该将培养目标定位为：本专业主要面向外向型企事业单位，培养在生产、服务第一线能从事国际贸易业务开发、外贸销售、外贸单证、外贸跟单、涉外商务代理、涉外商务咨询以及其他涉外商贸服务等工作，具有良好职业道德、较强专业技能和可持续发展的学习与适应能力的高素质、高技能人才。

（二）完善课程体系

围绕培养目标，调整和完善课程体系建设。可以以就业为导向，在企业人士参与的情况下，根据企业工作任务的相关性，以工作任务为中心选择和组织任务引领型课程，采用递进式、并列式或流程式结构设置课程。在课程设计上改变传统授课习惯，打破知识体系和理论框架，按照工作流程设计课程。如从外贸跟单到外贸单证，再到外贸报关、外贸报检、货运代理，最后到外贸支付与核销等一系列流程。在课程设计中，应提高实践性教学环节的质量，注重细节，将工作任务细化。鼓励"教学做"一体化教学，鼓励并支持教师探讨可行的课程改革模式。

（三）加强实践教学

建立校内模拟实验室和校外实训基地对提高学生国际商务专业能力具有重要作用。建设"教学做"一体化教室、能满足以上实践操作性较强课程需要的实训室，包括但不限于：英语"教学做"一体化教室、国际商务模拟实训室（模拟公司实训室、商务谈判室、电子商务实训室、新闻发布厅、展会模拟厅）、语音室（视听训练室）、外贸教学软件实训室、学生多媒体语言自主学习中心、素质拓展实训室、计算机网络实训室等。

校企合作是一种非常好的合作共建机制。引进企业人士，使其成为专业教学计划制订者、计划实施监督者、学生职业规划指导者、学生学习策略咨询者、专业前沿信息传播者，向教师和学生提供咨询和指导服务。与企业建立稳定的合作关系（包括但不限于订单培养、合作项目开发、顶岗实习、虚拟工作平台合作、实习基地），配合教学计划实施合作协议，落实每一实训环节。如企业培训项目中，企业应成立专门的小组，负责制订专门的培训计划并实施，使每一名派遣到

企业进行实习的学生确实有实实在在的收获。

（四）建设师资力量

随着教学目标、课程和方式的转变，对专业教师的素质也提出了新的要求。建设师资力量主要从以下四个方面进行：一是增加聘用增设课程的授课教师和指导教师；二是加强对专业教师英语技能的培训，提高专业教师"双语"教学能力；三是采用多种途径和方式，选派教师出国进修学习，鼓励教师参与国际学术交流会议，提高教师的专业理论水平；四是通过与外贸企业的合作项目，让专业教师参与国际商务活动，提高专业教师的实践能力。

参考文献

［1］冀东新. 进一步开拓国际市场促进对外贸易稳定发展——2011 年上半年外贸形势及下半年展望［J］. 中国经贸导刊，2011(15)：22-24.

［2］李虹. 高校创新型国际商务人才培养的新思考［J］. 国际人才交流，2008(12)：49-51.

［3］高珊. 国际商务谈判专家认证进入中国［J］. 21 世纪，2003(7)：36-37.

独立学院金融学期货方向特色课程教学改革研究[①]

——以重庆工商大学融智学院为例

罗 威[②]

[摘要] 本文主要以重庆工商大学融智学院金融学期货方向的特色课程作为研究对象，针对目前期货行业的现实发展需要，探讨独立学院金融学期货方向特色课程教学改革的目标、具体课程的设置等方面的改革内容。本文的重点是通过特色课程的科学设置来提高独立学院金融学期货方向学生的培养质量。

[关键词] 独立学院 期货 特色课程 教改

一、期货行业的发展背景和方向

目前期货行业正在发生快速和深刻的变化，传统的经纪业务在混业经营和金融衍生化不断增强的背景下遭遇越来越严重的危机，以期货公司为主的期货行业正在谋求转型，目前的期货行业正在发生深刻的转变。

（一）期货公司依靠传统的经纪业务收入难以维系

过去期货公司的主要收入来源是经纪收入、保证金利息收入、交易所返佣三项，相对于证券公司收入来源单一。受到期货公司相互竞争的压力和互联网金融的强力冲击，期货公司交易佣金不断下滑。

2013 年，我国期货市场交易规模实现了 40% 以上的增速，但期货公司营收没有明显增长，勉强与 2012 年持平。2013 年，全国期货公司手续费收入合计124.85 亿元，较上年微增 0.99%；净利润合计 35.55 亿元，较上年微降 0.62%。2013 年，全国期货公司营业收入合计 185.18 亿元，同比增长 6.94%；营业利润合计 46.53 亿元，同比微增 1.11%。期货公司手续费收入占营业收入的比重接近70%，这表明经纪业务收入依然是期货公司主要收入来源，但净利润呈下降趋势。

（二）行业集中度进一步加强

2013 年，期货业行业集中度进一步增强，期货公司两极分化愈加明显。

---

① 本文系重庆工商大学融智学院校级教改项目《独立学院金融学期货方向特色课程教学改革研究》（项目编号：20140015G）的阶段性成果。

② 罗威：汉族，1975 年 12 月生，重庆工商大学融智学院金融系讲师；主要研究方向：证券投资。

2013 年，永安期货、中信期货、中粮期货等 10 家期货公司净利润超过亿元，至少较 2012 年增加两家"亿元"级公司。其中，永安期货和中信期货的净利润更是超过 2.2 亿元。值得关注的是，上述 10 家期货公司净利润合计至少 12.4 亿元，占 2013 年全国期货公司净利润总额 35.55 亿元的 34% 以上。

（三）金融混业趋势加速

随着期货资管牌照的放开，期货行业可以通过资管牌照或者设立风险管理子公司开展资产管理和自营业务，这大大增强了期货行业的盈利增长点，目前许多期货公司正在大力推进这两方面的工作进度。对期货公司来说，金融机构业务领域的全面拓宽，一方面打开了新的市场，增加了收入来源，使期货公司能更全面地服务客户，因为期货公司本身就具有了成为全面服务客户的金融平台的条件；另一方面，混业经营闸门的打开也意味着金融业或者说期货业正面临重新洗牌。相对其他金融机构，期货公司业务范围相对单一，业务牌照若放开，期货公司将不仅面临行业内的竞争，来自跨界的竞争也将越来越激烈。

（四）金融产品衍生化趋势

2010 年中金所推出股指期货具有划时代意义，结束了我国股票市场只能做多的历史，从那以后金融衍生化趋势开始加速。目前郑州商品交易所、大连商品交易所、上海期货交易所、中国金融期货交易所正在开展的期权市场推广的活动和期权仿真交易预示我国金融市场的衍生化趋势开始加速。未来衍生品还会在能源、碳排放等方面继续加深。

二、重庆工商大学融智学院金融学期货方向培养目标、规格和途径

（一）重庆工商大学融智学院金融学期货方向简介

重庆工商大学融智学院金融学期货方向从 2001 年开始招生，至 2014 年共向社会成功输送了十届期货方向的毕业生，这为西部特别是重庆期货行业提供了大量的从业人员，这些毕业生主要活跃在期货公司、投资公司、大型商贸企业，从事期货经纪、分析、交易套期保值及管理工作。许多优秀的毕业生通过几年的锻炼纷纷走上了部门负责人甚至是公司总经理的岗位。

（二）重庆工商大学融智学院金融学专业期货方向培养目标

针对未来期货行业的发展趋势，我们将重庆工商大学融智学院金融学期货方向的培养目标定位如下：培养能胜任我国期货行业及其交叉行业的期货经纪业务、期货投资咨询业务、期货交易程序设计及管理、产品设计及渠道管理、期货投资风险控制及其行业相关管理培训等工作的毕业生。

针对未来的混业趋势，我们设计学生既能胜任期货行业，又能胜任期货相关行业如证券、银行、信托等交叉行业。我们将期货方向的核心专业能力培养设计为：基础的期货经纪业务，主要满足未来学生从事期货公司期货业务开拓岗；期货投资咨询业务，主要满足投资咨询业务的需要；期货交易及风控管理，主要满足期货交易实务的需要；产品设计及渠道管理，主要适应期货高端综合素质人才的需要。

重庆工商大学融智学院金融学专业期货方向培养的毕业生要适应社会主义市场经济需要，掌握系统的经济学、金融学与财务会计理论，受到金融学业务方面的基本训练，能力强、素质好、有创新精神。我们要求期货投资方向的毕业生具有分析研究和实际应用能力、期货经纪能力和投资决策运作能力。毕业生主要服务于期货公司、证券公司、金融机构和各类从事期货套期保值业务的生产、加工与流通企业，从事期货与金融衍生品的投资活动和金融机构的管理工作。

（三）重庆工商大学融智学院金融学专业期货方向培养规格

1. 专业技能素质要求

（1）掌握经济学和金融学的基本理论、基本知识和基本方法。

（2）能够较好地运用数学、统计学、计量经济学等知识对现实金融问题尤其是证券、期货领域的问题进行分析研究。

（3）具有较强的学习能力、写作能力、语言表达能力、人际沟通和跨文化交流能力以及计算机和信息技术应用等方面的基本能力。

（4）熟悉国情，熟悉国家有关经济和金融的方针、政策和法规。

（5）了解金融学科的理论前沿和发展动态，了解金融领域的最新发展状况及国际金融活动的规则和惯例，了解中国金融发展与改革需要解决的重大问题。

（6）具有能初步从事金融学理论研究的能力和较强的实际工作能力，具有一定的批判性思维能力和良好的品德操行、人文修养、职业道德和社会责任感，具有较强的社会适应能力和优秀的综合素质。

（7）具有较强的动手能力，能运用各种金融行业常用分析方法，包括运用各种分析软件进行行业分析、公司分析、行情分析、财务分析等，并能独立撰写研究报告。具有证券、期货、银行业所需的业务实际操作能力和经纪代理能力、金融营销和业务发展能力、文本起草写作能力、投资管理与投资咨询能力。

2. 文化素质

具备较宽的知识面，具有渊博的人文社会科学和自然科学基本知识，对政治、历史、文化和自然科学等方面有较全面的了解。

3. 身心素质

积极参加体育锻炼，进行必要的军事训练，达到国家规定的大学生体育和军事训练合格标准，具有健康的体魄和良好的心理素质。

（四）培养途径

（1）注重理论教学的针对性和实用性，为金融学不同细分专业方向制定凸显其专业特色的理论课程体系，通过课堂教学和课外实践教学，让学生能够将金融学理论及时转化为指导实践的实用性知识体系，并积极培育学生对理论的创新精神、不固守于传统金融学理论，而是将传统理论与我国金融市场相结合，鼓励学生对各种理论大胆怀疑、大胆探索和大胆创新。

（2）建立全新的专业实践性教学课程体系，课程设置突出培养学生的金融实践能力、金融业务操作能力、金融行业人际沟通能力、金融市场营销能力以及金融团队管理能力。

（3）搭建"金融学专业实践能力提升"平台，在专业主干及选修课程的基础上，进一步提升学生的专业应用能力和专业综合素质。通过实践能力培养的单元项目开展，全面提高学生的分析预测能力、信息整理能力以及营销策划能力。

（4）充分利用业界资源，突出"学校+企业"的人才培养举措，通过开展学校与在渝各证券公司、期货公司、地方性商业银行、投资公司、小额信贷公司等银行和非银行性金融机构的合作，通过引进业界师资授课以及建设校外企业实践基地的方式开展学生第二课堂教育。

三、重庆工商大学融智学院金融学期货方向的特色课程

重庆工商大学融智学院金融学期货方向的培养目标和特色主要是通过专业课特别是选修课来实施的。下面就重点分析这些特色课程开设的主要内容、预期要达到的培养能力。

（一）投资市场技术分析

该课程的主要内容包括：①系统了解西方的技术分析理论，从道氏理论、切线分析、周期分析、技术指标、均线分析、艾略特波浪理论到统计分析等各种技术分析理论；②学会应用技术分析方法进行资产分析和资产选择；③把技术分析方法和资金管理策略融合起来进行资产管理。

该课程的教材使用（美）墨菲著、丁圣元译、地震出版社出版的1994年版的《期货市场技术分析》。

该课程要求教师有相当深厚的实盘交易技术，擅长技术分析和交易。

该课程的开设主要是让学生掌握期货投资交易、咨询的基本分析方法和交易方法，以及期货风险控制措施。

（二）期货交易策略

该课程的主要内容是介绍期货交易的主要策略：第一种交易策略是期货的套期保值，包括套期保值的含义、操作实务、套期保值比例的确定、套期保值的注意事项；第二种交易策略是套利交易，包括套利的含义、种类、各种具体的套利交易的实务操作和注意事项；第三种交易策略为单边价差交易，主要使用传统的技术分析和基本分析方法来获得资本利得。

该课程主要聘请有多年实务交易经验的各种交易风格的交易人员来上课，聘请主要来自行业一线的交易人员作为校外专家来授课。

该课程不指定教材，主要以校外专家的讲义为主。

该课程主要目的是使学生掌握当前主流的期货交易方法，让学生掌握期货投资交易、咨询的基本分析和交易方法。

（三）外汇交易理论与实务

课程要求金融专业本科学生能全面、系统地了解和掌握当代外汇管理的基本知识和基本方法，具体而言要求学生能大致掌握外汇交易的基本知识及基本技巧，了解国内银行开展的各种外汇业务，具有一定的分析汇率走势的方法和技巧。本课程从银行个人外汇买卖业务的实际操作和分析出发，基于项目制教学改革的模式，按流程和知识深度安排学习内容，共分为四个项目：项目一，外汇交

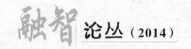

易的基本知识和交易流程；项目二，外汇行情基本面分析；项目三，外汇行情技术面分析；项目四，外汇交易策略与技巧。本课程结合工商银行外汇模拟交易平台和 MT4 外汇交易软件，通过仿真化的项目教学和任务实训，培养个人外汇交易及分析的基本技能。

该课程使用樊祎斌主编的中国金融出版社出版的《外汇交易实务》作为教材。让学生掌握外汇基础知识和交易实务。

（四）期货法规与职业道德

该课程的主要内容包括：期货交易管理条例、期货经纪公司高级管理人员任职资格管理办法、期货业从业人员资格管理办法、期货交易所管理办法、期货经纪公司管理办法、国有企业境外期货套期保值业务管理办法、最高人民法院关于审理期货纠纷案件若干问题的规定、期货经纪合同指引。

该课程的开设目的是使学生明白期货行业的法律法规，知道自己的期货行为应该遵守的行为准则。

（五）金融英语

在全球化的今天，英语作为工具的重要地位已是毋庸置疑。本课程旨在从英语的角度、用英语这个工具对学生已经学习掌握的和尚未接触过的经济、金融领域的一些知识加以整合和学习，增大学生的词汇量，增强知识的可运用性，帮助学生实现英语水平（重点在于阅读和写作方面）的提高，并利用英语来学习掌握国际上更新的、更前沿的金融知识。

该课程使用金融英语教材编写委员会编写、清华大学出版社出版的《金融英语》作为教材。

该课程的开设目的主要是让学生可以适应在外资期货行业工作和直接接触最新的国外期货资料。

（六）行为金融学

该课程要求学生了解行为金融学的发展过程以及对传统金融学的补充作用；熟练运用行为金融学的理论解释各种金融市场异象，包括股权溢价之谜、波动率之谜、金融泡沫的产生与破灭、处置效应在投资中的表现、动量效应与长期反转对收益率的影响、封闭式基金之谜、红利之谜、新股发行之谜等；了解证券投资本地化现象的研究综述；掌握并运用相关理论解释证券投资本地化偏差；掌握情感和激励对投资者的基本影响；重点掌握并解释市场情绪周期、投资者类型、投资者心理特征、与投资者的行为差异；重点掌握并能熟练运用"羊群效应"理论解释投资者行为偏差；重点掌握并应用平均投资策略和时间分散投资策略。

该课程是实证研究较强的学科，因此采取以理论教学为主的开放式教学模式，讲授与实验穿插教学，采用课堂讲授、问题讨论、行为及心理测试实验、社会调查等多种教学方式。

该课程采用董志勇主编、北京大学出版社出版的《行为金融学》作为教材。

（七）期货投资学

该课程的主要内容包括：期货市场的产生与发展；期货市场的功能和作用；期货市场组织结构、期货合约与期货市场基本制度；期货交易流程套期保值；期货投机；套期图利、期货行情分析、金融期货期权、期货市场的风险管理。

该课程采用中国期货业协会主编、中国财政经济出版社出版的《期货市场教程》作为教材。

该课程是期货方向的专业基础课，主要目的是让学生初步掌握期货的基础知识，为后续学习打下基础。

参考文献

［1］董志勇. 行为金融学［M］. 北京：北京大学出版社，2005.

［2］金融英语教材编写委员会. 金融英语［M］. 北京：清华大学出版社，2005.

［3］中国期货业协会. 期货市场教程［M］. 北京：中国财政经济出版社，2014.

［4］胡俊霞，黄侃梅. 高职院校证券期货专业人才培养模式探讨［J］. 中国证券期货，2011(7).

［5］方晓雄，蔡立炉，李春友. 基于网络的政权与期货专业开放式综合实训平台建设研究［J］. 中国集体经济，2011(19).

独立院校思想政治课理论与
实践一体化教学改革浅究

——以重庆工商大学融智学院思想政治课课改为例

崔文卿①

[摘要] 思想政治课是对独立学院学生进行思想政治教育的主渠道，在素质教育中处于核心地位。必须对独立院校思想政治课的教学模式、教学内容、教学方法、教学手段进行改革，促进学生的全面发展。以解决思想政治理论教学缺乏针对性和实效性、实践教学缺乏规范性和科学性、理论教学与实践教学缺乏统一性和联动性等"三缺乏"问题为突破口，坚持"三结合"原则，即教学与科研结合、理论教学与实践教学结合、有形课堂和无形课堂结合，从理论与实践的结合上进行了思想政治理论课改革，按照理论与实践教学内容有机衔接、教学方式互补、教学主体合力育人、知信行一体化导引的思路，构建思想政治理论教学体系和实践教学体系。

[关键词] 思想政治课　理论与实践　一体化

一、思想政治课在素质教育中的地位和作用

独立学院思想政治课承担着对学生进行马克思主义理论教育的任务，是对学生进行思想政治教育的主渠道，它体现了德育首位的原则和社会主义的办学方针。胡锦涛总书记在全国加强和改进大学生思想政治教育工作会议上指出："思想政治教育要取得成效，既要加大教育引导的力度，又要激发受教育者的内在动力。""要切实改革教学内容，改进教学方法，改善教学手段，努力增强思想政治课的吸引力和感染力。"然而，在目前独立学院思想政治课教学的实践中，存在着一些不容忽视的问题，面临着严峻的挑战，许多学生存在着厌学、逃课、上课睡觉、对学习这一课程没有兴趣等问题，任课教师对如何解决这一问题也遇到了难题，课程的教学目标难以完成。因此，在思想政治课的教学实践中，积极进行教学改革，对于提高学生的学习兴趣、增强教学效果、实现教学目标，具有重要的意义。

独立学院思想政治课教学和素质教育是密切联系的。思想政治课的内容体现

---

① 崔文卿：重庆工商大学融智学院讲师；主要研究领域：思想政治教育。

着马克思主义的基本原理和原则，是我国社会和政治生活中的主流意识形态，是我们党和国家的指导思想。在实施素质教育中，思想政治素质是最重要的素质，不断增强学生的爱国主义、集体主义和社会主义思想，是素质教育的灵魂。思想政治课教学在素质教育中处于核心地位，思想政治课教学的质量和效果，关系到社会主义现代化建设人才培养的质量。如何让思想政治课进入学生头脑，是思想政治课教师必须解决的重要课题。对独立学院学生进行思想政治素质的培养不能单纯地理论说教，要和其能力的培养联系在一起，要以大学生全面发展为目标进行素质教育。在教学活动中，坚持"以学生为主体"的现代教育理念，坚持以人为本，贴近实际、贴近生活、贴近学生的原则，积极进行教学改革，培养学生收集和处理信息的能力、获取新知识的能力、分析和解决问题的能力、语言文字表达能力以及团结协作和社会活动的能力。在新形势下，通过思想政治课教学改革，是对独立学院学生实施素质教育的一个重要途径。思想政治课的主要任务是帮助学生树立科学的世界观、人生观和价值观，坚定对社会主义的信念、对马克思主义的信仰、对改革开放和现代化建设的信心，确立对党和政府的信任。它是统一人们思想意识的重要工具，是提高独立学院学生政治思想素质的重要手段，是我国社会主义意识形态的重要组成部分，是党的事业继往开来、与时俱进的重要保证。它关系到党和国家工作的全局，关系到中国特色社会主义事业的长远发展，关系到中华民族的伟大复兴。

二、独立学院思想政治课教学改革的总体设想及实践

结合我院实际和目前思想政治课教改中存在的问题，我们觉得有必要重新规划思想政治课改革。

（一）思想政治课改革提出

独立学院学生的特点决定了思想政治课教育教学尤为突出。独立学院的生源特点与学生思想政治教育的现状，决定了独立学院的思想政治课教育教学必须具有独立学院特色，即在掌握专业技能的同时，具备相应的人品与开拓技能。思想政治课作为高等学校思想政治工作的主渠道理应做出应有的贡献。

（二）思想政治课改革的目标

以解决思想政治理论教学缺乏针对性和实效性、实践教学缺乏规范性和科学性、理论教学与实践教学缺乏统一性和联动性"三缺乏"问题为突破口，坚持"三结合"原则，即教学与科研结合、理论教学与实践教学结合、有形课堂和无形课堂结合，从理论与实践的结合上进行思想政治理论课改革，按照理论与实践教学内容有机衔接、教学方式互补、教学主体合力育人、知信行一体化导引的思路，构建思想政治理论教学体系和实践教学体系。

（三）思想政治课改革的内容

1. 教学内容的改革

要按照中宣部、教育部关于加强和改进高等学校马克思主义理论课文件精神，贯彻中央关于"科学发展观"重要思想"三进"的要求，落实中央关于加

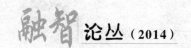

强和改进大学生思想政治教育若干问题的决定，结合独立学院的具体实际，进行大胆的教改实验，根据学生的特点，进行有针对性的思想政治课教育。将单一课程教学改为整体德育，教学具体模式采取理论教学与实践教学相结合，专任教师与兼任教师相结合，特别鼓励领导干部上课。实践教学主要有讨论、社会调查报告、知识竞赛、辩论、演讲、参观访问等。专题实践活动可委托辅导员来进行。

重庆工商大学融智学院的具体做法是：

其一，现行做法是学院严格按照教育部《思想政治理论课建设标准》的要求，落实思想政治理论课的学时和学分。"思想道德修养与法律基础"3学分48学时，以教师讲授为主的课堂教学32学时，以学生为主的互动体验教学16学时；"毛泽东思想与中国特色社会主义理论体系概论"6学分96学时，以教师讲授为主的课堂教学64学时，以学生为主的互动体验教学16学时，实践教学16学时；"马克思主义基本原理概论"3学分48学时，以教师讲授为主的课堂教学40学时，以学生为主的互动体验教学6学时；"中国近现代史纲要"2学分32学时，进行专题教学。

其二，未来改革初步设想是开发互动体验课程。为了充分发挥学生在思想政治理论教学中的主体作用，调动学生自主学习的积极性，提高学生思想政治素质和综合能力，应以引导学生知行合一为着力点，将思想政治理论教育与培养学生自主学习能力、沟通表达能力、人际交往能力、创新思维能力、组织协调能力等结合起来，该课程贯穿思想政治理论课的互动教学，以学生的演讲、辩论、朗诵、讨论、调研交流、讲课、比赛等多种活动方式开展学生与学生的互动、学生与教师的互动教学。针对该课程，贯彻如下原则：一是以学生自修为主、以教师指导为辅原则。每班由一名任课教师，5~7学生组成助课小组帮助教师开展教学。二是学生的思想政治教育与学生综合能力培养相结合原则。三是联动育人原则，即思想政治理论与实践教学科研部、学工部、团委、各系党政学团齐抓共管；思想政治理论课教师、辅导员、学生骨干联动育人。四是定量与定性相结合的考核原则。根据学生参加演讲、辩论、朗诵、讨论、讲课、主题交流和比赛的数量和质量进行考核，按优、良、中、合格、不合格五个等级评定成绩。根据二级院系和班级指导教师的举办主题活动和学习交流、院系和班级比赛等活动的次数和获奖励情况进行考核。

2. 教师队伍的改革

教学改革是思想政治课面临的重大课题。思想政治课教材的变动性大、变化快，而独立学院学生勤思考、爱动脑，参与意识强，但理论基础薄弱，对问题的看法经常一知半解、偏听偏信。教学质量的高低是衡量教改成功与否的重要方面，为了提高教学质量，必须加强教研室建设，坚持集体备课制度，对教学重点、难点、关键章节进行集体备课，并参阅有关资料，通过集体备课形成加强教学针对性的统一意见。经常性地开展相互听课、评课活动，教师之间的相互听课和观摩，有利于沟通信息，提高教育水平，学生评价教师可以真实地反映教学的实际效果。高度重视思想政治课教师的社会实践，组织教师外出参观考察、参加学术会议、进修等，不断提高教师的思想和业务素质。加强教学研究，加大对教改的投入，积极争取教改的科研立项，是提高教学质量的一项重要工作。采用专题讲座、课堂教学、社会实践等多种形式进行教学。专题讲座与课堂教学等形式各具特色，并不能在所有内容、所有课程中普遍使用，因此在总结以往经验与教训的基础上，应该根据教学内容采用具体形式。

重庆工商大学融智学院的具体做法是：

一是建立校（院）系两级思想政治实践教学机构。由学院党委书记亲自指导思想政治课教学。两级教学机构负责制订授课计划、排课、开展教研活动、检查督导、考核等工作。

二是建立一支稳定的优势互补思政实践课的师资队伍。聘请思想政治理论课教师、各院系专职辅导员、学工部、团委、团总支书记、符合条件的辅导员担任实践教学。充分发挥理论课教师和日常学生工作两支队伍各自的优势，相互取长补短，形成整体优势合力育人。

三是建立思政实践教学激励机制。建议思政理论课教师担任思政实践课一年，认定为完成学生工作经历，作为晋升职称的一个条件。

3. 教学方法的改革

思想政治课教学方法的改革，主要是加强理论教学的吸引力、说服力和针对性，加大学生参与实践教学的力度，全方位锻炼学生的能力，努力做到学理论"要精""要管用"，提高学生用马克思主义的立场、观点、方法分析问题和解决问题的能力。第一，根据课程课时的安排状况，教学在注重课程内在联系的同时，注重重点、难点和热点问题。要多用通俗易懂的语言、生动鲜活的事例、新颖活泼的形式，活跃教学气氛，启发学生思考，增强教学效果。第二，改变传统的注入式教学方法，实行启发式的教学方法，教与学相结合，真正调动学生学习的积极性，发挥教师的主导作用和学生的主体作用。第三，坚持理论联系实际，紧密联系改革开放和现代化建设的实际，联系学生的思想实际，突出解决学生的思想热点问题，以加强教学的针对性。第四，可适当采用案例教学，通过案例材料，让学生在思考中加深对基本概念、基本理论的理解，从而提高其分析问题和解决问题的能力。根据多学科内容的不同，选择相应对象开展直观教育，如针对思想道德修养法律基础课组织学生旁听庭审，组织学生考察监狱，特别是听取现身说法。第五，开展课堂讨论，调动学生积极性，活跃课堂气氛。讨论议题设计要突出理论和实践的热点、重点来确定，对可能涉及的是非问题，教师要做好引导，重在进行方法启发，以利于学生通过自我思考去求得正确的结论。第六，建立实践教学基地。在校外的乡镇、街道、社区、企业建立了4个思想政治实践教育基地，为思想政治理论课提供了场地保障。组织学生走进福利院，让学生深刻感受坚持中国共产党和社会主义制度的重要性和必要性。组织学生参观较先进的企业和地区，增强学生对国情和社会的感性认识。第七，进行对话教学和主题辩论。对话教学要以学生提问和教师答疑为主，同时可穿插教师对学生的引导。主题辩论要合理设计辩题，使之既有现实意义，又有恰到好处的点评。第八，改革考试制度，变闭卷考试为闭卷与实践考核相结合的方式，也可采用撰写调查报告和小论文的形式。撰写调查报告和小论文可由教师确定主题，学生自行命题，坚

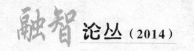
融智 论丛（2014）

持所学理论和实践相结合，教师要做好写作的指导工作和讲评工作。

4. 教学手段的改革

教学手段的改革主要是运用现代化的多媒体和网络教学手段，来增强思想政治课教学的实效性。利用多媒体教学，就要不断开发和研制教学课件。课件由任课教师亲自制作，在教学幻灯片中精心打造教学设计，再配以大量生动的图片、动画和视频资料表达内容，达到化难为易、化抽象为具体、化晦涩为通俗的效果。课件的特点是内容丰富、形式活泼、页面美观、教学设计适当以及强大的多媒体制作技术支持。课件的设计和制作理念新颖，能紧紧抓住独立学院学生的心理和思想需求。大量的背景资料、案例、专题、图片和视频等多媒体资源相结合，避免了理论学习中可能出现的抽象和枯燥，真正实现了寓教于乐，生动而富有时代气息，从而提高了课堂教学的直观性、生动性和吸引力、感染力，使学生在愉悦中学习。建立教学资料数据库，实现资源共享。

三、上课形式

（1）根据我们到各系调查研究的结果和一年来教学的经验与教训，上课形式应该与学生特点和教学内容相适应。大班的德育教育并非如想象中那样有效果，同样给学生管理和教学管理带来大量问题。因此，在所有课程中，除形势与政策安排专题讲座外，其余课程大多安排中班教学（人数可保持在 70~100 人）。

其一，形势与政策课程安排专题讲座，统一安排，在教室上课人数 200 人左右。

其二，毛泽东思想和中国特色社会主义理论体系概论、思想道德修养与法律基础、马克思主义基本原理概论和中国近现代史纲要为中班教学，正常情况下每两个班级为一个上课单位。

（2）改变以往教学中满堂灌的方法，改变纯粹的理论讲解。采用讨论、录像、案例、现场实践等多种方式。要求教师积极探索行之有效的教学方式。

四、教学效果

（1）有效解决了思政实践课的"四个缺乏"问题：一是实践教学对象缺乏全员性；二是教学运行缺乏规范性；三是教学保障缺乏长效性；四是教学效果缺乏知行统一性。

（2）实现了思政实践课四个转变：一是教学内容形式由单一呆板型向多样鲜活型转变；二是教学主体由各自为政向合力育人转变；三是教学考核由教师独评向自评、班评、师评三者合一转变；四是实践教学保障由无力短效向强力长效转变，进而使我院思想政治实践课步入了健康可持续发展的快车道。

（3）思想政治实践教学课程化完成了大纲、计划、教材、考核办法的"四无"向"四有"转变，彻底改变了过去随意、零乱、分散的实践教学格局。

（4）激励机制有效调动了教师教书育人和学生实践成才的积极性，对校风学风建设起到了积极的推动作用。

（5）有效克服了思想政治知行分离、理论教学队伍和日常学生工作队伍各自为政、思想政治教育主渠道与主阵地脱节的局面。形成了理论教学与实践教学目标一致、各有侧重、相互衔接、相互配合、优势互补的一体化教育格局。

参考文献

［1］彭晓玲. 思想道德修养与法律基础教学体系构建研究［M］. 南京：南京大学出版社，2010：7-8.

［2］倪先敏. 毛泽东思想和中国特色社会主义理论体系概论教学体系构建研究［M］. 成都：西南交通大学出版社，2012：1-2.

［3］彭晓玲. 大学生德能修养互动教学指南［M］. 北京：北京邮电大学出版社，2012：2-3.

大学计算机基础分层教学改革研究

陈国彬[①]

[摘要] 从提高大学计算机基础课程教学质量的角度出发，分析大学计算机基础教学面临的现状。为了让大学计算机基础课程教学适应新形势的变化，本文提出了分层教学的改革模式。文章在探讨入学学生的差异性的基础上，提出实施分层教学法，因材施教，因地制宜地适应各类层次学生的需求。

[关键词] 教学质量　现状　分层教学　差异性

我国颁布的《关于进一步加强高校计算机基础教学的意见白皮书》提出："以人为本、因材施教，为学生创造个性化的学习空间，使不同层次的学生都能得到充分、自由的发展，让优秀学生脱颖而出，是实施计算机基础教学改革的重要原则。"因此随着时代的发展，特别是网络的高速发展，知识的获取更加便捷，对计算机基础知识的掌握已经成为一种基本需求。为此，在实施教学活动中，老师应注重学生需求，关注个体差异性，以满足不同层次学生的学习需要。

一、分层教学相关研究现状

目前，针对分层教学模式的大学计算机基础课程改革研究的主要文献和观点包括：①杜炫杰等（2010）对广东省高校大学计算机基础课程教学改革项目进行探索，提出构建面向应用的计算机基础课程"三层次"课程体系，对课程设置、教材开发、教学方法转变等方面进行了积极的探讨；②吴亚明等（2013）提出的大学计算机基础分层教学研究，从生源多样化问题入手探讨计算机基础知识，分析随着大学扩招和规模不断扩大而出现的教学问题，提出了"学生分层—教师分层—教学目标分层—教学内容分层—教育形式分层—评价分层"的理念，多维度剖析分层教学方法的合理性和必要性；③魏英（2012）提出大学计算机基础分层模块化教学改革研究与实践中，应考虑计算机中小学普及并对大学计算机基础课程的教学内容、教学方法和教学模式等提出更高的要求，在深入分析大学计算机基础课程在教学工作中存在的普遍问题的基础上，根据内容相对独立的特点，研究分层模块化教学模式，并详细阐述了模块设计、层次划分、模块选择、组班排课及分模块考核的具体做法；④赖益强等（2012）提出大学计算机基础课程"1+X"教学模式，研究非计算机专业计算机基础教育现状，分析了当前计算机

---

①　陈国彬：重庆工商大学融智学院讲师；主要研究方向：计算机教学。

教育面临的新形势及"1+X"教学模式存在的问题，从教学内容调整、课程体系建设、考核体系完善以及教学管理方面提出"1"和"X"分层管理模式；⑤高丽平等（2011）提出实施大学计算机基础课程体系结构改革及分层次教学，分析大学计算机基础课程教学面临的问题，在总结其他高校的基础上，提出新的三层次体系结构，按专业分类设置课程，并进行可扩展学科工具软件教育，指出分层次教学的必要性；⑥邹显春等（2010）提出应基于网络环境的计算机基础课程分类分层次教学改革与实践，阐述了以培养学生计算机技能和信息化素养为核心的分类分层次教学改革思想，并依托网络学习环境，以"学生为本、突出引导、重在能力、提高素质"的教学理念探索课堂学习和网络学习组合的多元化教学模式，以期全面提升计算机基础课程的教学质量。

二、大学计算机基础课程教学现状

面向非计算机专业学生开设的大学计算机基础课程，主要讲授计算机基础知识、技术与方法，并培养学生利用计算机相关工具来解决专业领域内相关问题的能力。对于财经类院校的学生，计算机课程就显得相当重要。大学计算机基础在普及计算机技术和提高大学生计算机水平等方面都发挥了重要作用。但随着计算机、网络技术的发展和中小学计算机教育的普及，以下几个方面的问题在教学工作中逐渐突显出来：

其一，大学计算机教育的起点虽然有了显著提高，但由于地域、城市与农村、中小学的不同，学生入学时计算机水平还存在很大的差异，特别是农村和城市孩子在计算机水平上存在着相当的差异。再加上中小学计算机教育存在着一定的"认知盲区"，甚至很多中小学信息技术课被主干课代替。大一新生的第一节课，有很多学生对计算机的认知几乎为零。

其二，在大学授课时，主要采用"课堂讲授+上机操作"的形式，但理论课是集中统一授课，课堂讲授采用的是"提出问题—解决问题—举例说明"方式，对问题的描述通过相关操作来解决。学生基本上是随着教师的操作进度在模仿操作，不能够从主观上去认知操作的合理性和扩展性。因此，教师在进行理论与实验授课时，要重视提高学生主观能动性，使学习内容能够引起学生的兴趣，引导学生主动去解决问题。

其三，授课内容重复。很多学生在中学时已经开设了信息技术课，对计算机基本操作规程已经掌握。进入大学时这些知识点再次讲授，构成知识重复，造成了资源的浪费，学生会缺乏兴趣。再加上课程内容过于宽泛，几乎覆盖了计算机各方面的知识，且各章节之间逻辑性低，而且没有与专业课程结合进行深度和广度上的拓展，不能很好地切合学生的兴趣爱好。

其四，忽视学生的个性差异，对课程的知识点全部统一授课。由此难免有很多学生对部分知识点缺乏兴趣，学生可选择性学习机会少。为有效避免这种情况，应根据学生的兴趣制订统一的授课计划，分层授课。

其五，不同专业对计算机知识的要求存在差异。我院作为经济管理类的院

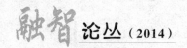

校，专业不同，对计算机知识的要求亦有所不同。有的专业对计算机知识的要求特别高，如果前期的大学计算机基础没有学好，对后期专业学习会产生一定的困难。

上述问题带有普遍性，在教学过程中还会遇到更多具体问题。教师授课过程中基础好的学生感到教学进度慢，而基础差的学生又赶不上进度，难以满足所有学生的学习需求，也难以开阔学生的学习思路和教师的教学思路，教学质量和效果不佳。针对上述问题，本项目采用分层模式对大学计算机基础课程进行教学改革研究，对学生这种固有的差异性、个性、兴趣等综合因素进行考虑，制订我院大学计算机基础课程改革方案。

三、分层教学的实施

（一）学生分层

在考虑到学生差异的基础上，根据学生现有的不同知识结构、学习需要、兴趣爱好、个性等情况，采取开放式的分层结构，即根据学生的自愿、相关测试等对学生进行分层，并且这种分层从心理上不能产生落差感，每个层次上学习内容都有其重要性和针对性。因此，上计算机基础课程之前就要对全校学生进行计算机基础知识的测试（可设置调查问卷），全面了解现有学生对大学计算机基础知识的掌握程度。要与每个学生单独进行沟通，了解他们的兴趣爱好、学习态度和个性等。最终，根据学生的测试成绩、学习情况并综合各方面的因素，将学生分成 A、B、C 三个不同的层次。这种分层方式并不是不变的，要以发展的、动态的观点来评价学生所处的学习水平。

A 层：该层学生学习态度积极，学习兴趣浓厚，上课专心，思维活跃，学习主动性强，能积极配合教师的教学活动，而且原有的计算机水平较高，能够操作计算机的应用软件，学习能力强，能举一反三，利用所学的计算机知识、技能解决实际问题。

B 层：该层学生的学习积极性和主动性不够，上课基本能认真听讲，求知欲不强烈，在计算机方面有一定的操作基础，能在 Windows 系统中操作管理文件，其他的应用软件不了解，还不能够独立解决计算机应用中的问题。

C 层：该层的学生理解能力较差，对学习计算机不感兴趣，被动地学习，学习缺乏自信心，上课容易开小差，玩手机、玩游戏等现象时有发生，对计算机技术只是基本了解，对计算机的操作和动手能力较差，有些学生还不会打字，个别学生还没有真正意义上使用过计算机。

把学生进行分层后，根据"同层施教，异质分组"的指导思想，将不同层次水平的学生组合成不同的学习群体。

在计算机基础课程的分层教学实践中，应对不同层次的学生做一些调整。对于学习越来越积极的，有较明显进步的学生，可以根据实际情况向其他层次动态调整，对学生进行鼓励和肯定；反之也会有个别学生由于自身的各种原因，退步较为明显，也可以调到其他层次上去。

（二）学习内容分层

不同层次的学生的学习内容是不一样的，所以注重层次所对应的学习内容是非常重要的，不要简单地把所有的学习内容都灌输给所有学生。下面就以大学计算机基础学习内容为例来说明内容分层的具体方案。

对于知识点的分类和目标有一定的标准，例如同一个知识点，可以分为 A、B、C 三类：

A 类：主要指知识点比较难、理论知识比较多，需要借助抽象思维和数理运算来理解的知识。这些知识点具有"强理论、弱实践"的特点，体现学生是否具有研究和深入学习的能力。该层知识对学生的要求比较高，一般学生的理解能力要特别强。

B 类：主要指不太复杂，花费一定时间学习和实践便可以掌握的知识。

C 类：主要指以操作实践为主，以理论为辅的知识。这部分知识对学生理论要求不高，但要求学生动手能力强。

上述是对知识分层的解释，下表 1 是对大学计算机基础课程中基本知识点的分类：

表 1　　　　　　　　　　　大学计算机基础知识点

知识点	学时	内容等级
基础知识	10	B，C
计算机组装	8~16	B，C
Office 基本知识	10	A，B，C
Windows 操作基础	8~16	A，B，C
计算机网络基础	16~20	A，B，C
数据结构基础	6	A
数据库基础	4~6	B，C
计算机信息安全基础	6	A
软件工程基础	6	A

我们可以对表 1 中任何一个知识点进行分类讲解。例如：计算机网络基础可以分三个等级进行授课。其中：A 类知识注重计算机网络的 IP 地址分类和计算等相对复杂的知识；B 类知识则注重一般计算机网络知识和一般网络分类；C 类知识则要求学生了解一些最简单的网络知识，要求学生掌握上网的操作实践。

四、基于分层教学研究

分层教学实践，是为检验分层教学策略对大面积提高计算机教学质量的作用及诸如学习兴趣、动手能力、创造性等非智力因素的积极影响。通过操纵分层教学这一实验因子，对计算机基础教学的结果进行统计分析，验证实施分层教学的理论假设及感性认识。

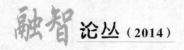

（一）分层方案

本次分层教学选择具有代表性的班级（一般选择班级越多越好）进行相关教学实验。例如：一共有 400 名学生，首先进行相关测试。测试知识如下表 2 所示：

表 2　　　　　　　　　　　测试知识点及等级

知识点	内容	主要参考指标	等级
打字练习	一般 500 个字	时间越少越好	A，B，C
Word 基本操作	对文字进行排版	与原版越相似越好	A，B，C
Excel 基本操作	对相关数字进行统计分析	结果正确，数据正确	A，B，C
PPT 基本操作	做一个简单的 PPT	是否达到预定要求	A，B，C
操作系统基本操作	操作 Windows 操作系统	能否操作 Windows 操作系统	A，B，C
计算机网络基本操作	能否上网，是否知道 IP 地址等知识	会上网，了解网络和 IP 地址	A，B，C

上表中等级 A、B、C 分别表示优秀、一般和不合格。根据学生这种知识点测试可以看出学生在计算机基础中掌握情况，如果总体在 A 以上学生，可以认定进行 A 层学生；相应 B，C 则对应的 B，C 层学生。

让各层的学生明确具体的教学目标，课上紧紧围绕各层教学目标来进行，这样能有效减少和控制教学过程中的干扰因素和无效的脑力、体力劳动。心理学相关研究表明，有明确的学习目标获得相同的学习效果可节省 60% 的时间。

（二）知识选择性研究

对于分层的学生，对知识的选取也有一定的要求。从表 1 对知识的分类来看，有很多知识比如 A 类学生已经掌握，这里就不需要进行重复性讲解。由此可以有选择性选择其他的知识进行授课，这里一般指 A 类知识点。其他 B 类学生选择一些 A 类知识和 B 类知识，而 C 类学生一般选择 B 类知识和 C 类知识。

五、结论

通过本文提出的分层教学模式的研究，分层教学能够较好地解决学生差异所造成的教学效果不理想等诸多问题，对学生进一步学习计算机基础知识打下一个坚实的基础，达到教育部提出的大学计算机基础的教学目标。从长远考虑，分层教学不能把着眼点局限在一定的时间内提高学生的考试成绩上，要在培养学习兴趣、养成良好学习习惯、掌握适合学生的学习方法上下工夫。对于原来失去学习兴趣的学生，由于教学内容和教学方法适合他们，他们可以通过努力取得实实在在的进步，重新树立起自信心。作为教师，注重研究教学方法的适应性，根据学生不同条件、特点和需要，认真研究各层次学生，采取相应的、有针对性的施教策略和教学方法，我们的教学才能主动地适应不同的学生的差异，使教学方法更加人性化。

参考文献

［1］杜炫杰，叶惠文. 广东省高校大学计算机基础课程教学改革项目探索［J］. 计算机教育，2010（9）：12-16.

［2］吴亚明，王鹏. 大学计算机基础分层教学研究［J］. 牡丹江师范学院学报，2013（1）：59-60.

［3］魏英. 大学计算机基础分层模块化教学改革研究与实践［J］. 西北工业大学学报，2012（3）：105-106.

［4］赖益强，戴长秀，曾显峰. 大学计算机基础课程"1+X"模式教学改革探讨［J］. 计算机教育，2012（3）：85-88.

［5］高丽平，刘姝. 大学计算机基础课程体系结构改革及分层次教学［J］. 计算机教育，2011（8）：44-47.

［6］邹显春，张小莉，李盛瑜，杜云. 基于网络环境的计算机基础课程分类分层教学改革与实践［J］. 西南师范大学学报，2012（12）：214-219.

基于网络技术的大学英语教师向 ESP 的转型研究①

罗南英②

[摘要] 本文从 ESP 理论出发，分析大学英语教师向 ESP 转型的理论依据，指出现代网络信息技术是大学英语教师向 ESP 转型的有效途径，并提出将信息技术与课程充分整合，建立基于多媒体网络技术的 ESP 教学模式。

[关键词] 信息技术　专门用途英语　教师发展　教学模式

一、引言

进入全球化、信息化的 21 世纪，国际间交往渗透到我国经济、科技的每一个领域，社会发展急需大量既精通英语又熟悉专业知识的复合型人才。同时随着英语教育资源的社会化和英语教育在低龄儿童中的普及，我国中小学英语教学水平得到了很大提高。这预示着"基础英语教学的重点将由高校转向中学，大学英语教学的中心将逐渐向专门用途英语（English for Specific Purposes，简称 ESP）转移""21 世纪英语教学将会越来越多地与某一个方面的专业知识或某一个学科结合起来，专门用途英语教学将成为 21 世纪英语教学的主流"。社会进步呼唤大力发展 ESP，但同时摆在我们面前的不争事实是：长期以来我国大学英语教学偏重基础英语，ESP 课程师资短缺，发展缓慢，教学状况与当前社会需要格格不入。ESP 教学改革迫在眉睫，未来几年将有越来越多的大学英语教师承担向 ESP 课程转型的历史使命，能否完成转型是这项改革成败的关键，关系重大。日新月异的现代信息技术为教师自我发展开辟了广阔新天地，使得教师专业培训和合作交流高度人性化，为大学英语教师向 ESP 转型提供了良好契机。要成功转换角色，大学英语教师必须更新理念，提高信息技术素养和教育技术能力，加强与专业教师的合作交流，培养终身学习能力。本文将从 ESP 理论出发，分析大学英语教师向 ESP 转型的理论依据，并探讨大学英语教师如何利用现代信息技术开发实施 ESP 课程，建立基于多媒体网络技术的 ESP 教学模式，成功实现向 ESP 课程的转型。

---

① 本文系重庆工商大学融智学院教育教学改革项目独立学院基于 ESP 的大学英语课程教学体系研究（项目编号：2014008G）的阶段性成果。
② 罗南英：重庆工商大学融智学院讲师；主要研究方向：英语语言学、英美文学。

二、大学英语教师向 ESP 的转型理论依据

（一）ESP 的定位

专门用途英语是指与某种特定职业或学科相关的英语，是根据学习者的特定目的和特定需要而开设的英语课程。ESP 课程不同于双语课程。双语教学是指兼用外语和汉语来讲授专业知识，它不是以语言教学为目的，而是以讲授专业知识为主线。两者各有侧重，互为补充。ESP 教学侧重语言，双语教学侧重专业知识。

ESP 课程是从基础英语课程到双语课程或专业性较强的学术英语课程（EAP）之间的过渡性课程。"ESP 教学应主要由外语教师来承担，而双语课程可由专业教师授课"，也认为普通语言教师可以灵活地转向专门用途英语教师，适应不同学生群体的学习要求。事实上，目前无论是在英美等英语国家还是新加坡、罗马尼亚、香港等英语水平较高的国家和地区都由英语教师承担 ESP 教学工作。

ESP 属于英语课程的范畴，是英语教学的一个分支。但是它又与普通英语形成对照，是一种特殊的英语课程。相对于普通英语，ESP 的特殊性主要表现在：

1. ESP 具有特别的专业词汇、句法及篇章结构特点

ESP 英语大量使用专业词汇和抽象词汇。很多熟识的普通词汇在专业领域内也被赋予不同的意义。句法方面的突出特点是句式复杂，长难句多。语篇行文严谨客观、程序化。面对大量晦涩生僻的专业词汇和复杂的结构，即便是英语应用能力很强的大学英语教师也常常束手无策。大学英语教师必须经过一段时间的学习积累才能熟悉专业英语词汇和结构，读懂专业文献。

2. ESP 课程内容与特别的学科、职业以及活动相结合

ESP 课程具有边缘性，是英语语言与专业内容的结合。对于 ESP 教师是否需要具备相关专业知识一直是讨论的焦点。传统观点认为 ESP 教师不需要掌握相关专业知识，理由为 ESP 教学的目的是培养学生专业英语的应用技能，而不是传授专业知识，学习者通过适当的语言技能指导可以凭借其专业背景理解专业术语和专业知识。但是随着 ESP 的发展，这一观点受到越来越多的质疑。Bell（1999）通过两个专业英语培训项目的实证研究证明 ESP 教师的专业知识是教学成功的重要因素：没有必要的专业知识，教师就无法理解专业内容，削弱教师在学生心目中的威信；无法展开课堂活动，将自己置于课堂旁观者的尴尬地位。因此 ESP 教师除了需要具备较高的语言水平，掌握语言教学技能外，还必须掌握一定的专业知识。

3. ESP 课程设置必须满足学习者的特别需求

ESP 课程设置是建立在满足学习者特别需求的基础上的，它是 ESP 产生和发展的原因，是 ESP 的精髓。与大学英语课程相比，ESP 教学对教师提出了更高的要求，包括需求分析，并以此为依据制定教学大纲，设计课程，安排教学内容，探索教学方法和进行课程评价。通过对 ESP 课程的特殊性分析，我们看到 ESP

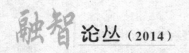

教师既要有扎实的语言基本功，又要熟悉专业语言；既要掌握必要的专业知识，又要满足学习者的特别需求。这意味着大学英语教师向 ESP 转型必然是一个复杂而艰辛的过程。

（二）网络技术是大学英语教师向 ESP 转型的途径

大学英语教师向 ESP 转型是一个巨大的挑战，但是计算机网络的发展为完成挑战提供了理想的技术支持，缩短了大学英语教师与合格的 ESP 教师之间的距离，计算机网络的支持作用主要体现在以下几个方面：

1. 网络培训

要实施 ESP 教学，大学英语教师接受一定的专业培训至关重要。在传统的培训课程中教师往往要奔赴异地，中断教学，代价高昂。因此过去教师在岗培训机会非常难得。但是网络培训实现了全新的学习方式，通过网络大学英语教师可以跨越时空障碍轻松学习在线课程，实现持续的职业终身教育。例如康淑敏等人（2009）的研究介绍了曲阜师范大学与清华大学合作基础上的 E-learning 环境下的双语教师培训项目。

2. 网络协作

除了培训之外，英语教师还应积极与专业教师合作交流，邀请专业教师合作共同开发 ESP 课程。网络为教师间的合作交流创立了便利的渠道，搭建了相互学习讨论的媒介平台。

3. 语料库

ESP 课程设置必须满足学习者的特别需求。但 ESP 教师一个共同的困惑是，几乎无法找到一本可以很好地适应学习者需求的公开教材。Jones（1990）在考察了专门用途英语教材后指出没有完全名副其实的专门用途英语教材，并建议设立 ESP 语料库，收集各种真实语料，实行内容和语言等交叉索引。韩金龙（2003）通过研究国内外 ESP 文献，发现与 ESP 课文相关的基于计算机的语料库可以为 ESP 教师和学生提供有用的学习研究资源。张济华等人（2009）提出跨学科合作共建适用于 ESP 教学的专业分类语料库，帮助大学英语教师在短期内转型为 ESP 教师，并已着手在部分专业开展分类语料库建库工作。

4. 网络学习资源

传统的英语原版专业资源不仅昂贵而且有限，但是网络汇集了大量的文本和试听资料，潜藏着巨大的信息资源，不仅先进而且免费。众多的专业电子期刊、专业公司网站和专业协会网站专业性强，时效性强，准确度高，为大学英语教师获取专业知识、收集专业材料提供了高效可信的素材。

5. 电子图书馆

近年来电子图书馆在我国建设、发展相当迅速，足不出户就可以实现文献检索和文献传递。特别是各个高校都购买了"中国期刊全文数据库"，大学英语教师可以在校内免费查阅和下载 1994 年以来在我国各种学术刊物发表的论文。

6. 在线词典和大百科全书

过去厚重的纸质词典和百科全书既不便携带，使用起来又笨拙。但是众多的网络词典和网络百科全书不仅使用起来得心应手而且内容丰富详尽，且更新速度快，与新技术联系紧密。

三、大学英语教师利用现代信息技术向 ESP 的转型

（一）准备阶段

教师培养模式宜采取专业培训、团队合作和个人研修相结合的教师培养模式，充分发挥学校、教学团队和教师个人三方面的能动作用。学校邀请专业教师为英语教师进行专业培训，介绍各专业课程方面的相关知识。邀请行业专家开办专题讲座，组织教师参加大型国际展览会和专业会议。专业培训将大学英语教师带进了专业的大门，对教师转型起到了引领作用。向 ESP 转型的过程是创新的过程，也是探索的过程，这个过程需要集体的支持，更需要集体的智慧。学校应组建专门的课程开发教学团队，由几位专业教师协助英语教师开发 ESP 课程，网络为合作交流的通畅提供了保障。专业教师的协助作用主要体现在：提供阅读清单，推荐专业网站、杂志、书籍，进行目标语言情境描述，解决专业疑难问题，帮助确定教学大纲和教学内容，审核教材译文。大学英语教师的转型离不开学校的支持和团队的智慧，更需要教师本人的个人研修和自主发展。教师通过旁听校内相关专业课程，研读网络资源，丰富专业知识，拓展专业视野。

（二）设计阶段

ESP 的性质决定了 ESP 教学必须以学习者为中心，需求分析是制定 ESP 教学大纲、编写 ESP 教材的基础。需求分析包括目标需求和学习需求两方面。目标需求分析学习者将来必然遇到的交际情境，包括社会文化环境和工作环境等；学习需求包括学习者缺乏哪些方面的技能和知识，哪些技能和知识应该先学，哪些应该后学，哪些是学习者喜欢的学习方法等。可以通过问卷调查和访谈，了解企业对毕业生专业英语的具体需求；并对学习者的英语水平、专业基础、学习风格进行调查，在专业教师的协助下制定教学大纲和教学计划，编写专业英语教材。由于目前国内尚没有同类教材可供参考，所有的教学材料都可以取自网络的真实素材。同时教师还要利用网络收集大量的音频视频材料，制作多媒体课件。

（三）实施阶段

在专业英语教学实施阶段，专业英语课程应将信息技术与课程充分整合，采取多媒体课堂教学与项目式网络协作学习相整合的教学模式。该模式将建构主义理论与基于项目的学习理论的核心思想相结合。课堂教学采用多媒体教学模式：充分发挥多媒体优势，引入真实的学习材料，创设真实的语言环境，设计真实的任务，以学生为中心组织教学，让学习者在"真实"的学习环境中通过交际和协作完成意义建构。自主学习采用项目式网络协作学习模式：利用普及的网络资源，鼓励学生通过创造、合作和交流共同完成富有趣味性和挑战性的项目，从而挖掘学生的学习潜能，激发探索创新的主动性，增强合作和团队意识。

1. 多媒体课堂教学

传统 ESP 课程采用"语法+翻译"的教学模式，很少涉及语言综合技能的全面训练。虽然该模式有助于学生掌握一定的阅读能力和翻译技能，但却不利于学

生语言综合技能的提高，而且以教师为绝对主导忽略了学习者的主体地位，ESP教学因此带上了"枯燥沉闷"的标签。多媒体作为有效的认知工具，为学习者提供了多维动态的学习材料，创建了真实的语言环境，使教学内容内在设计的科学性与外在形式的形象生动性紧密结合。多媒体教学彻底打破了ESP课程枯燥沉闷的局面，创造了语境丰富、多感官的互动交际课堂氛围。课前教师向学生明确教学目标，并对教学材料中的难点注解，提前一周发给学生，要求学生以小组为单位讨论材料内容并结合教学目标进行网络探索，制作PPT。

课上首先请两组同学利用PPT演示，教师进行适当的补充、修改和点评。然后，教师利用不同的视频结合教学材料详细介绍专业知识，此后，教师创设情境让学生进行小组讨论，进一步加深专业知识在生活中的应用。Long（1985）指出习得产生于交互性会话过程中，语言必须通过"对话性互动"才能习得。课后教师让学生以两人结对子的形式完成角色表演的任务。情境式"对话性互动"任务增加了学习者有意义的话语输出量，促进学生实现语言输入向语言输出、知识向技能的转化。

2. 项目式网络协作学习

在ESP课堂外，项目式网络协作学习可以为学生自主学习提供实用有趣的载体，有助于提高学习者的自主性和合作精神。项目不同于任务，是一个或几个贯穿课程的大型综合项目。项目选择应具备仿真性、典型性、覆盖性、可行性、趣味性和挑战性。教师通过布置综合项目，让学生以小组为单位利用课外时间协作完成。学生利用网络搜集资料，在"做中学"，在"协作中学"，群体协商、群体交际共同完成仿真的项目，共同完成对所学知识的意义建构和创新，它既能培养学生的团队意识又能培养主动探索精神。项目完成后，教师在课堂上开展项目展示活动，项目展示有利于激起小组间的竞争意识，提高学生的活动热情，培养学生的交际能力和表现能力。

作为ESP课堂的延伸，项目式网络协作学习，不仅补充了ESP课堂教学时间的不足，还体现了一种超课堂的效力。课堂时间有限，性格内向或英语基础不好的学生无法在课堂气氛中主动参与到交际活动中。项目式网络协作学习为学习者摆脱了课堂的束缚，使得学习者可以轻松自由地参与交际互动，帮助学生逐渐从课堂语言学习过渡到自然语言使用环境中。

（四）反思阶段

课程结束时，在任课教师不参与的情况下对学生进行问卷调查和访谈，旨在客观地调查专业英语课程的教学效果以及学生对大学英语教师转型教授ESP课程所持的态度。问卷调查主要包括以下几个方面：学生对专业英语的学习态度、学生对专业英语教材的难易认可度、对课堂补充的视频材料形式的态度、教师课堂教学活动的满意度、学生对该课程总体表现出的满意度等。通过调查可以客观地了解通过该课程的学习是否有助于提高学生的专业英语阅读能力和交际能力，是否有助于培养他们的自主学习能力和团队合作精神。学生是否对由英语教师转型教授ESP课程持欢迎态度，学生是否认为英语教师语言驾驭能力强，教学方法先进，课程设计能力强，课堂活动丰富，气氛活跃，是否对由英语教师转型教授

ESP 课程充满信心。因此，此项活动对帮助大学英语教师反思教学得失提供了重要的信息，为教师进一步改进教学适应学生需求提供了宝贵的资料，对大学英语教师成功转型为专业英语教师具有十分重要的价值。

四、结语

随着我国外语教学水平的不断提高，大学英语教学的中心将由基础英语逐渐向 ESP 转移。本文分析了由大学英语教师转型担任 ESP 课程的理论依据，并指出大学英语教师向 ESP 转型所面临的诸多困难。由基础英语向 ESP 转型是一个艰辛的过程，需要学校的支持、专业教师的合作，更需要教师自身的不懈努力。现代信息技术开阔了外语教师的职业发展空间，为外语教师向 ESP 转型提供了有效的技术支持，有助于培养一支新型的 ESP 教师队伍。本文指出现代信息技术是大学英语教师向 ESP 转型的有效途径，项目式网络协作学习与多媒体课堂教学整合是实施 ESP 教学的有效方式。

参考文献

［1］Bell, T. Do EAP Teachers Require Knowledge of Their Students' Specialist Academic Subjects? ［J］. The Internet TESL Journal, 1999(10).

［2］Ho Wah Kam. Meeting the Communicative Demands in Academic and Professional Training Curricula: An Overview of ELT in Tertiary Institutions in Singapore ［J］. 外语教学与研究, 2001(4).

［3］Hutchinson, T. & Waters, A. English for Specific Purposes: A Learning-centered Approach ［M］. Cambridge: Cambridge University Press, 1987.

［4］Long, M. Input and Second Language Acquisition ［A］. Gass, S. & Madden, C. (eds.). Input in Second Language Acquisition ［C］. Rowley, Mass: Newbury House, 1985.

［5］Jordan, R. R. English for Academic Purpose: A Guide and Resource Book for Teachers ［M］. Cambridge: Cambridge University Press, 1997.

［6］Jones, C. ESP Textbooks: Do They Really Exist? ［J］. English for Specific Purpose, 1990(9).

［7］Robinson, P. C. ESP Today: A Practitioner's Guide ［J］. Hemel Hemp-stead: Phoenix ELT, 1991.

［8］蔡基刚. ESP 与我国大学英语教学发展方向 ［J］. 外语界, 2004(2).

［9］韩金龙. ESP 最新发展评述 ［J］. 国外外语教学, 2003(4).

［10］康淑敏. 信息技术支持下的高校双语教学实践研究 ［J］. 外语电化教学, 2009(3).

［11］李红. 专门用途英语的发展和专业英语合作教学 ［J］. 外语教学, 2001(1).

［12］梁岩. ESP 教师的专业发展模式 ［J］. 长春工业大学学报：高教研究版, 2005(3).

［13］梁友珍. 罗马尼亚大学英语教育及其启示 ［J］. 外语教学与研究, 2003(6).

［14］刘润清. 21 世纪的英语教学 ［J］. 外语教学与研究, 1996(2).

［15］罗娜. 制约我国 ESP 教学的主要因素及其对策 ［J］. 山东外语教学, 2006(1).

［16］秦秀白. ESP 的性质、范畴和教学原则 ［J］. 华南理工大学学报：社会科学版, 2003(12).

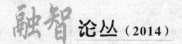

［17］王海华，王同顺. 双语教学与公共英语教学的接口问题［J］. 外语界，2003（1）.

［18］卫乃兴，周俊英. 也谈 ESP 与大学英语教学［J］. 外语界，1994（2）.

［19］张济华，王蓓蕾. 基于语料库的大学基础阶段 ESP 教学探讨［J］. 外语电化教学，2009（4）.

基于过程写作法的独立学院大学英语写作教学模式的有效性研究

刘雪绒①

[摘要] 过程写作法认为，写作是一个循环式的心理认知过程、思维创作过程、和社会交互过程，写作者通过写作过程的一系列认知活动、交互活动，提高其认知能力、交互能力和书面表达能力，改变了传统写作教学中师生单向交流的模式。本文针对我国独立学院大学英语写作教学的现状及存在的问题，提出了基于过程写作法的独立学院大学英语写作教学模式，并证明了该模式的实施能够有效地帮助学生提高写作能力。

[关键词] 过程写作法　有效教学　合作学习

一、研究背景

近年来，独立学院发展较快，如今全国已经有 303 所独立学院。教育部有关领导指出，独立学院是保证中国高等教育今后持续健康发展的一项重大举措。独立学院将会成为今后一个时期高等教育发展的一个亮点。然而，独立学院学生有其特殊性。有关资料显示，独立学院的高考录取分数与普通高校第一批相差 100 分左右，与普通高校第二批相差 50 分左右，学生的英语成绩也普遍不理想。在大学英语教学过程中，笔者观察到学生英语基础总体薄弱，尤其是在写作方面，学生写作能力差，词汇量不够，语法掌握不牢固，不能自由地表达自己的思想，对英语写作常常表现出畏难情绪。因此，在独立学院中进行大学英语写作的教学改革是很有必要的。

二、研究方法

（一）文献法

通过查阅文献资料，获得独立学院大学英语写作的教学改革的现状和时代背景以及过程写作法的写作教学模式的相关理论知识，找到了本研究的切入点。

---

① 刘雪绒：重庆工商大学融智学院讲师；主要研究方向：英语教学。

（二）问卷调查法

1. 研究工具

在参阅已有研究及他人问卷的基础上，自编了《过程写作法教学模式问卷》，对重庆工商大学融智学院学生对过程写作法教学模式的看法进行了调查。问卷共 18 题。

2. 问卷调查的对象

调查对象为重庆工商大学融智学院大一、大二年级学生，5 个班共 220 人，英语水准在同年级均属中等。学生完成问卷后，问卷百分之百回收，共获得有效问卷 180 份。

3. 数据处理

我们认真分析了每个学生的回答，然后按照学生的回答合并归类后制表。

4. 访谈法

为了更好地了解实施过程写作法后学生的感受，我们对部分学生进行了访谈，以弥补问卷中的疏漏。

三、基于过程写作法的大学英语写作教学模式

我国大学英语写作教学的传统模式为"学生单独写作，教师单独评阅"这种单向交流模式。在此模式中，教师是单一性评改的主人和唯一的读者，而学生是被动地接受反馈者，"忽略了学生在写作前、写作中以及写作后一系列交互、协商、监控等主观能动性"，因此学生会缺乏写作动机，也无法实现真正的交际目的。我院英语教师在对传统模式进行反省和对新的写作教学方法集中学习的基础上，尝试将过程写作法运用于我院大一、大二年级的写作教学中。

过程写作法认为，写作是一个循环式的心理认知过程、思维创作过程、和社会交互过程，写作者通过写作过程的一系列认知活动、交互活动，提高其认知能力、交互能力和书面表达能力。一般来说，写作过程包括写前准备、初稿写作和反馈修改这三个相互交叉、循环往复的阶段。因此按照过程写作法的基本理论，依据独立学院大学英语写作教学的实际情况，我院教师细化了写作过程各个阶段的内容，制定了以下的基本操作模式：

1. 准备阶段 → 写前准备活动（课内课外进行）

头脑风暴，听、读相关材料，确定主题。

2. 写第一稿 → 写初稿（课内进行）

小组同学审阅并讨论；

教师审阅并给出口头反馈。

3. 写第二稿 → 重写（课内、课外进行）

根据同学和老师的反馈意见写出修改稿；

小组同学审阅、讨论并给出口头或书面反馈；

教师审阅并给出口头或书面反馈。

4. 定稿 →（课外进行）

根据同学和老师的反馈意见写出定稿。

此模式是否符合有效教学的原则，能否提高学生的写作能力，我们对我院大一和大二年级共 9 个班进行了实验。在实施了一学期的新的写作教学模式后，我们通过调查问卷和访谈等形式，得到了以下的结果。

四、调查结果与分析

（一）对于新写作教学模式的实施对学生提高写作能力是否有帮助（表 1）

表 1

题目	有很大帮助（%）	有一定帮助（%）	毫无帮助（%）
3. 新写作教学模式的实施对你提高写作能力有帮助吗？	12.07	70.69	17.24

其中认为有很大帮助的学生占总人数的 12.07%，有一定帮助的占 70.69%，毫无帮助的占 17.24%。由此可见，基于过程写作法的写作教学模式对大多数学生来说是有帮助的，能有效地提高写作教学质量。通过访谈，我们得知大多数学生在大学英语写作方面都存在困难，想要提高自己的写作能力却不知从何着手。新的写作教学模式通过一个个步骤给学生指明了写作方向，并通过与同伴和教师的交流获得了外部的帮助，学生的焦虑感减少，自信心增强，写作成绩也明显提高。又由于整个写作过程是小组同学合作完成，这培养了学生的团队协作精神和交际能力。

（二）对于写作前的准备活动对学生进行写作是否有帮助（表 2）

表 2

题目	有很大帮助（%）	有一定帮助（%）	毫无帮助（%）
4. "听与写作题目相关材料—小组讨论—写作"这种写作教学模式对你进行写作有帮助吗？	17.82	70.69	17.24
5. "阅读与写作题目相关材料—小组讨论—写作"这种写作教学模式对你进行写作有帮助吗？	23.56	64.94	11.49

其中认为"听与写作题目相关材料—小组讨论—写作"这种写作教学模式有很大帮助的学生占总人数的 17.82%，有一定帮助的占 70.69%，毫无帮助的占 17.24%，认为"阅读与写作题目相关材料—小组讨论—写作"这种写作教学模式有很大帮助的学生占总人数的 23.56%，有一定帮助的占 64.94%，毫无帮助的占 11.49%。由此可见，写作前的准备活动能够有效地帮助学生进行写作，听与写作题目相关的材料能丰富学生的词汇量，扩大其知识面，小组讨论能集思广益，拓宽思路。这些准备活动训练了学生听、说、读、写等多方面的能力，为其

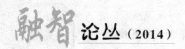

写作扫除了初步的障碍。

（三）对于初稿完成后同伴和教师的反馈对学生接下来修改作文是否有帮助（表3）

表3

题目	有很大帮助（%）	有一定帮助（%）	毫无帮助（%）
7. 初稿完成后把作文交给同学进行审阅并讨论，这一做法对你接下来修改作文有帮助吗？	17.92	64.16	17.92
8. 同学完成作文后把作文给你审阅并讨论，这一做法对你接下来修改自己的作文有帮助吗？	23.56	62.07	14.37
9. 任课教师以口头方式对你的初稿给予反馈，这一做法对你接下来修改自己的作文有帮助吗？	25.29	60.34	14.37

其中认为同伴的反馈对写出修改稿有很大帮助的学生占总人数的17.92%，有一定帮助的占64.16%，毫无帮助的占17.92%；认为教师的反馈对写出修改稿有很大帮助的学生占总人数的25.29%，有一定帮助的占60.34%，毫无帮助的占14.37%。由数据可知，同伴和教师的反馈能促进学生初稿的修改。反馈是写作过程中的中心阶段。在此阶段，教师的角色从以前的课堂垄断者和语言裁判，转变成组织者、协调者、答疑者和信息提供者。教师给予学生及时并具体的反馈，提醒学生不仅注意词汇、语法等技术性错误，还要注意内容的完整充实和语篇的安排。反馈既要指出学生文章的不足，又要充分肯定学生文章的优点，增强学生的自信心，调动其主观能动性。学生的角色也更加多元化，不仅是反馈的接受者，也是过程化写作评改的反思者、体验者、参与者和学习者。

另外，认为审阅并讨论同伴的初稿对修改自己的作文有很大帮助的占总人数的23.56%，有一定帮助的占62.07%，毫无帮助的占14.37%。由此可见，评改同伴的作文对于帮助学生自己的写作也是有效的。小组审阅和讨论能促进学生相互学习，取长补短；能提高学生分析问题和口头表达能力；能帮助学生学会如何与他人相处，培养其团队合作精神。

（四）对于修改稿完成后同伴和教师的反馈对学生接下来写出定稿是否有帮助（表4）

表4

题目	有很大帮助（%）	有一定帮助（%）	毫无帮助（%）
11. 修改稿完成后把作文交给同学进行审阅并讨论，得到同学对修改稿的口头或书面反馈，这一做法对你接下来写出定稿有帮助吗？	18.97	66.67	14.37
12. 同学完成修改稿后把作文给你审阅并讨论，你对同学的修改稿给出口头或书面反馈，这一做法对你接下来写出自己作文的定稿有帮助吗？	21.84	63.22	14.94

表4(续)

题目	有很大帮助（%）	有一定帮助（%）	毫无帮助（%）
13. 任课教师以口头或书面形式对你的修改稿给予反馈，这一做法对你接下来写出定稿有帮助吗？	26.44	60.92	12.64

其中认为同伴的反馈对写出定稿有很大帮助的学生占总人数的 18.97%，有一定帮助的占 66.67%，毫无帮助的占 14.37%；认为教师的反馈对写出修改稿有很大帮助的学生占总人数的 26.44%，有一定帮助的占 60.92%，毫无帮助的占 12.64%。通过数据可知，同伴和教师的反馈能有效地帮助学生写出定稿。修改稿完成后把作文交给同学和教师进行审阅并讨论，学生再整合同伴和教师的反馈意见，重新审视自己的文章，主动发现自己的问题，进一步完善自己的作品。

（五）对于教师对学生定稿作出的反馈是否能帮助学生提高写作能力（表5）

表 5

题目	有很大帮助（%）	有一定帮助（%）	毫无帮助（%）
15. 教师对你定稿作出的反馈能帮助你提高写作能力吗？	28.74	59.77	11.49

其中认为教师对定稿作出的反馈对学生提高写作能力有很大帮助的占总数的 28.74%，有一定帮助的占 59.77%，毫无帮助的占 11.49%。由此可见，教师对学生定稿作出的反馈对学生提高写作能力是有效的。在传统的写作教学中，学生只能得到教师对定稿作出的反馈，当看到被教师批改得密密麻麻的稿子时，学生的自信心会受到伤害，正如 Raimes 所说："倘若我们仅仅只对写作成品而不对写作过程产生兴趣，那么，学生写作将不会受益。"而在基于过程写作法的写作教学中，教师与学生之间、学生与同伴之间的多向反馈，不仅能调动学生的主观能动性，而且能充分发挥教师的评改作用，让学生受益。

五、结论与建议

通过调查问卷和访谈等形式，可以发现基于过程写作法的写作教学模式在我院的实施达到了预期的效果，有效地帮助了学生提高写作能力。学生意识到了写作是一种发现意义并创造意义的渐进式的循环过程，需要与教师和同伴不断交流和协商。在整个反馈修改的过程中，学生不仅学会了谋篇布局，遣词造句，也获得了评价和修改文章的技能，掌握了大学英语写作的学习策略。通过访谈我们了解到，新写作教学模式的实施激发了学生的写作热情和自信心，调动了其主动参与教学的积极性，减少了其对写作的畏难情绪。

在过程写作法的教学实践过程中也不可避免地会出现一些问题：其一，占用课堂时间较多，有时候没有足够的时间完成整个写作过程的活动；其二，学生过分依赖合作写作和小组修改，忽视自己独立的写作训练；其三，小组评改意见存在不正确、不客观的情况，因为学生本身英语水平有限，所以有时难以发现同学文章中的错误，或是不能给出建设性的意见。这就要求教师根据教学的实际情况对写作活动进行适当的调整；充分了解自己学生的水平，合理分组，并提供具体明晰的评价指标；在写作教学中加强监控和指导，保证写作过程的每一个环节能顺利进行。

参考文献

[1] Berlin, J. A. Contemporary Composition：The Major Pedagogical Theories [J]. College English, 1982(2).

[2] Flower, L. & Hayes, J. R. Plans That Guide the Composition Process [A]. In C. H. Frederiksen & J. F. Dominic (eds.). Writing：The Nature, Development, and Teaching of Written Communication [C]. Hillsdale, NJ：Erlbaum, 1981(2).

[3] Hayes, J. R. and Flower L. Uncovering Cognitive Processes in Writing：An Introduction to Protocol Analysis [A]. In P. Mosenthal, L. Tamar and S. A. Walmsley (eds.). Research in Writing [C]. New York：Longman, 1983.

[4] Raimes, A. Problems and Teaching Strategies in ESL Composition [M]. Arlington, VA：Center for Applied Linguistics, 1979.

[5] Zamel, V. Teaching Composition in the ESL Classroom：What We Can Learn from Research in the Teaching of English [J]. TESOL Quarterly, 1976(10)：67-76.

[6] 邓鹂鸣，等. 过程写作法的系统研究及其对大学英语写作教学改革的启示 [J]. 外语教学, 2003(11).

从大学英语翻译课的不足
看语法翻译教学法的补充作用

王　慧①

[摘要] 国际形势的深刻变革，对大学非英语专业学生的英语实际应用能力提出了新的挑战。国家教育部顺应国际形势的变化及国民的实际需求，积极地调整并修订了英语教学要求和教学大纲。现行的《大学英语课程教学需求》明确提出了对学生翻译能力的三个层次的要求。然而，囿于目前高校的实际教学课程安排的不合理和其他外部因素诸如师资力量缺乏、教学设备不足等，在高校直接对学生开设口笔译课程仍然不太现实。因此，本文作者认为需要充分发挥语法翻译教学法的优势作用，利用有限的课堂时间向学生系统地传授语法规则、翻译原则、技巧和标准等，培养和增强学生的实际口笔译翻译能力。

[关键词] 翻译课　语法翻译教学法　补充作用

一、引言

伴随着国际局势的深刻变革，中国的政治、经济和文化得到了前所未有的发展。相应地，对其教育也产生了冲击和影响。作为世界上最大的发展中国家，中国要继续保持良好的发展态势，必然要加强与其他国家的联系和沟通、对话与合作。而英语作为世界上使用最为广泛的语言，其作用不言而喻。理所当然地，搞好中国的英语教育，培养出大量高质量、高水平的英语人才，便成为高校教育不可推卸的责任。国家教育部顺应国际形势的变化以及国民对英语教育的实际需求，积极地调整和修订英语教学要求和教学大纲。2001 年中国加入 WTO 更促进了这一改革进程。

2002 年 4 月，张尧学指出"大学公共英语教学目标定位在以培养较强的阅读能力为主，一定程度上对听、说等英语综合运用能力重视不够"。文章明确提出要把重点转移到全面发展和提高学生的综合性实用能力上来。2004 年教育部出台的《大学英语教学大纲》将对学生的阅读理解能力、听力理解能力、口语表达能力、翻译能力、书面表达能力和推荐词汇量的要求分为了三层，每一层次都有具体细化的要求。可以说，这一大纲内容的改革进一步强调了要培养学生的

---

①　王慧：重庆工商大学融智学院基础课教学部教师助教；主要研究方向：翻译理论与实践。

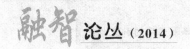

综合英语运用能力，理清了听、说、读、写和译的关系，明确了大学英语课和翻译课的关系，为大学英语翻译教学的健康发展指明了方向。此外，翻译产业的职业化发展表明，单纯的外语专业人才无法满足各行各业日益增长的发展需求，具有专业背景知识的外语人才成为翻译市场上巨大的缺口。因此，培养出非英语专业的翻译人才势在必行。

二、高校英语翻译课现状

现行的《大学英语课程要求》于 2004 年修订，高等教育司充分考虑到我国幅员辽阔、目前各地区各高校之间差异较大的实际情况，将大学英语教学要求分为了三个层次——一般要求、较高要求和更高要求，内容涵盖了英语语言知识、应用技能、学习策略和跨文化交际等方面，并以定性和定量的描述体现了大学英语教学的指导思想，即强调培养学生的英语听说能力，以及读写译等英语综合应用能力和专业英语技能。其中，对翻译能力的三个具体要求为：一般要求"能借助词典对题材熟悉的文章进行英汉互译，英汉译速为每小时 300 英语单词，汉英译速为每小时 250 个汉字。译文基本流畅，能在翻译时使用适当的翻译技巧"；较高要求为"能借助词典翻译一般英美报刊上题材熟悉的文章，能摘译所学专业的英语科普文章，并能撰写所学专业的英语小论文。英汉译速为每小时 350 英语单词，汉英译速为 300 个汉字。译文基本通顺、达意，无重大语言错误"；更高要求为"能借助词典翻译英美报刊上有一定难度的科普、文化、评论等文章，能翻译反映中国国情或文化介绍性的文章。英汉译速为每小时 400 英语单词，汉英译速为每小时 350 个汉字，译文内容准确，基本无误译现象，文字通顺、达意，语言错误较少"。在课程设置方面，也强调"要继承传统课堂中的优秀教学部分，特别是阅读、写作和翻译等课程"。教学模式上鼓励"利用现代化信息技术的同时，也要充分考虑和合理继承现有教学模式中的优秀部分"。如图 1 所示。

即读写译课程的教学既可在课堂进行面授，也可让学生在计算机上进行自学，老师给予适当的辅导。《大学英语教学要求》中提出的学生英语能力自评表/互评表中，还明确了各个层次的英语翻译能力的达标要求。

然而，目前高校的课程安排实际情况却是绝大多数都没有为非英语专业的学生开设专门的翻译课，大一、大二的英语必修课仍然是听说课程和读写课程。英语写作、口笔译课程则安排在四学期之后，仅供那些学有余力的学生选修。加之，近年来由于高校扩招，师资力量严重短缺或质量不高，教学设备不足，能够开出翻译课程的学校屈指可数。2009 年，王金波教授完成了《上海交通大学非英语专业本科生翻译教学需求调查》，结果表明：非英语专业本科生对提高翻译技巧怀有热切的需要和务实的目的，而现有翻译课程无论数量还是课时可能都无法满足学生的直接和长远需要，共计 90.2% 的学生希望自己的翻译能力达到《大学英语课程教学要求》中规定的较高和更高水平。王金波指出，在日常的英语课堂中，翻译教学只体现在每个单元练习中的句子翻译，而这种翻译练习实际是考查学生是否熟练掌握了课文中的某个句型或短语。如：

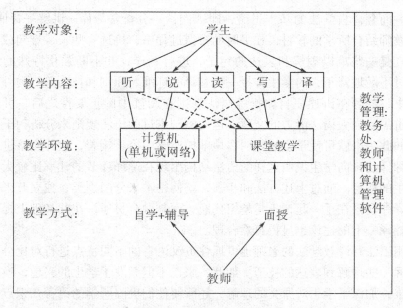

图1

但是我一直记挂着他们，我想我今后一定会努力与他们保持通信联系。

句中的"记挂着""保持通信联系"都要求用课文中所学短语表达，即：
They are always on my mind, however, and I think I will certainly make an effort to keep up correspondence with them in future.

由此可见，此种练习并不能称为是严格意义上的翻译，只不过是语法词汇练习。高校英语教育一方面面临着为社会培养具有专业背景的翻译人才的压力，另一方面又必须克服自身师资力量匮乏和教学硬件和课程设置不合理的困难，唯有在有限的课堂时间中通过某种有效的教学方法培养和提高学生的翻译实践能力。

三、翻译教学法对翻译课的补充作用

翻译教学法作为外语教学法，源于中世纪盛行于欧洲的拉丁语教学法。这种方法以母语为媒介，在对母语和外语在结构和用法上作对比的基础上，采用演绎的方法，先给出语法规则，然后通过大量翻译实践来强化这些规则。这一方法在中国外语教学中的使用可追溯到 1818 年传教士在中国兴办英华书院。在这种教学法基础上形成的语言教学模式可以概括为：阅读—分析—翻译—讲解—背诵。课堂教学安排以阅读文章开头，教师逐次分析和讲解句子的语法结构，并进行句子翻译。课后要求学生记忆所学的重要词汇和语法规则，并背诵相关段落。迄今为止，历经 190 多年的变迁，语法翻译教学法在教学观念、目的、方式及内容等诸多方面发生了显著变化，已经形成了以语法规则为基础，学习者在两种语言的互换过程中逐渐掌握目的语，培养学生的阅读和翻译能力的行之有效的方法。

如今高校英语课程的设置给予翻译课的重视不够，主要体现为课时不足，直接导致的后果就是教师无法科学、系统地讲解翻译技巧，也无法让学生进行大量

的练习。而翻译教学法的基本思路，即"阅读—分析—翻译—讲解—背诵"，正是指导教师结合所学的教材，在平时的授课过程中，挑选一些长、难句或特殊句型，尤其是一些难以理解和表达的句子，进行翻译，并不断强化特殊的语法结构。通过不断地修正，向学生传授一些翻译的标准、原则和技巧等。另外，在阅读课堂中，教师在讲述完自如操练语法规则在阅读中的重要性之后，可趁热打铁，开讲需要强大语法能力的文章。运用刚刚讲过的语法规则来分析句子成分和结构，如此一来就可使学生清楚明白地掌握所学内容。接着，教师应该进一步采用语法翻译法，向学生说明这样的语法结构出现在笔译环节的几率比较大，充分引起学生的注意。通过上述方法和步骤，就使得本来分门别类、独立开来的阅读课和翻译课联系在了一起，不是越俎代庖，而是融会贯通，在此基础上提出请学生尝试翻译一下的建议也显得自然合理。

采用语法翻译教学法的老师也可抓住英汉语言的不同特点进行对比分析，让学生掌握一些理解和表达的技巧。如此一来，不但激发了学生的兴趣，唤醒了学生的思维，加深了学生对原文的理解，还能使他们巩固所学的语言知识点。实践证明，现今的教师在课堂中使用翻译教学法时都或多或少地结合了翻译理论，能够根据学生的实际情况和学校的培养目标，穿插使用各种翻译理论和技巧来指导实践，提高了学生的翻译能力，同时也增强了学生的应变能力。虽然整体上非英语专业本科生未来专门从事翻译工作的愿望和可能性不大，但以兼职翻译和自由翻译的形式从事业余翻译的可能性则绝对不容忽视。现实生活中，非外语专业的科技工作者翻译了大量非文学作品，谁也不能保证现在的非外语专业学生将来不会从事专职或业余翻译。最后，对于大多数的非英语专业的学生来说，学习翻译并不是为了成为专业的翻译家，重点是要学会如何快速、准确地翻译篇章。这一点刚好与语法翻译法的思路相契合，因而才会历经几百年，虽几经质疑，依然经久不衰。翻译活动可以帮助学生掌握外语词汇、语言结构，提高外语理解水平和写作水平；专业翻译则是一种交际行为，具有明确的受众和目的。

四、结语

在强调素质教育和能力培养的今天，各所高校执行的是不断修订的教学大纲和教学要求，采用的是不断更新的教材和来自国内外的新的教学方法，教学条件和环境也得到了极大的改善。重新认识语法翻译法这一具有数百年历史的外语教学法，充分发挥其作为语法和翻译教学的手段作用，论述其在我国现代外语教学环境中存在的必然性，对提高我国高校非英语专业学生的翻译水平和语言综合应用能力具有积极的意义，进而形成具有中国特色的外语教学体系。实际上，任何科学、合理的翻译教学法和方法论都应该基于实证和理论研究成果。翻译教学像翻译工作一样，受到学生素质、市场需求等外部因素的制约。在翻译课程设置过程中，必须充分考虑翻译教学、学习者需求和市场需求之间的相互关系。通过语法翻译教学法进行英语教学，既可提高学生的翻译技能，解决翻译课课时不足的问题，对提高学生的语言能力也大有裨益。

参考文献

［1］ Colina S. Towards Empirically-based Translation Pedagogy ［A］. In Baer B. J. & Koby G S（eds.）. Beyond the Ivory Tower：Rethinking Translation Pedagogy ［C］. Amsterdam：John Benjamins，2003.

［2］ Gile D. Basic Concepts and Models for Interpreter and Translator Training ［M］. Amsterdam：John Benjamins，1995.

［3］ 张尧学. 加强实用性英语教学，提高大学生英语综合能力 ［J］. 中国高等教育，2002（8）.

［4］ 中华人民共和国教育部. 大学英语课程教学要求 ［M］. 上海：上海外语教育出版社，2007.

［5］ 李德凤，胡牧. 以学习者为中心的翻译课程设置 ［J］. 外国语，2006（2）：59-65.

［6］ 李荫华. 全新版大学英语综合教程 ［M］. 上海：上海外语教育出版社，2012.

［7］ 罗立胜，石晓佳. 语法翻译教学法的历史回顾、现状及展望 ［J］. 外语界，2004（1）：84-86.

［8］ 罗选民. 中国的翻译教学：问题与前景 ［J］. 中国翻译，2002（4）：56-58.

［9］ 张美芳. 中国英汉翻译教材研究 ［M］. 上海：上海外语教育出版社，2001.

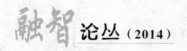

课堂互动在英语教学中的运用

李兴玲[①]

[摘要] 近年来，随着我国教学改革的进一步深入，以学生为中心的教学观念正落实在教师的教学行为中，新理念下的课堂互动就反映了这种变化。课堂互动为二语学习者提供了类似于母语的学习环境，增加了学习者的可理解输入，有利于二语学习。本文主要就课堂互动在英语教学中的运用谈谈笔者的看法。

[关键词] 课堂互动　以学生为中心　英语教学

尹刚等人指出："英国英语教学专家 Jeremy Harmer 在 *How to Teach English* 一书中提出了课堂语言教学的三个基本要素，即投入（engage）、学习（study）、运用（activate）。我把这三要素运用在英语课堂教学中，发展为 Brainstorming, Interaction, Production。""Interaction 通过各种课堂活动使学生轻松愉悦地接受知识，掌握知识。"交互活动是英语课堂教学过程的动力，没有交互活动，不发生互动作用，英语课堂就会变得死气沉沉，学生容易分散注意力，厌倦教师的讲授。随着英语课堂教学改革的不断深入，人们渐渐意识到：一堂英语课的成功并非取决于教师的讲授是否面面俱到，语言点即语法、词汇搭配的介绍是否详细透彻，而是取决于学生能够接受多少知识，学生的语言交际能力是否得到了练习和提高。传统的教学方法过分地强调教学方法，而忽略了学习的主体——学生。

互动式教学模式突破了传统教学重结果轻过程的评判方式，强调学生在学习过程中的兴趣和知识共同增长。它包含学生与英语课程资源间的互动、与教师间的互动、学生之间的互动以及学生与英语课堂之外的整体教学环境之间的互动等，教师想方设法让学生参与到课堂教学中，通过生动活泼的学生喜爱的教学方式，活跃课堂气氛，创造融洽、和谐、团结活泼的课堂交流氛围，注重学生的参与、主动探究和大胆创新。

一、英语教学中课堂互动的定义、产生及分类

（一）课堂互动的定义

互动（interaction）的词义为："互"是相互、交替的意思，"动"是活动、运动、动作，有了"动"就会引起事物的变化。将"互"和"动"以联合词组的方式组合在一起，成为"互动"，即指一种相互间让彼此同时发生作用或发生

---

① 李兴玲：重庆工商大学融智学院讲师；主要研究方向：外语教学理论与实践。

变化的过程。交互活动（interaction）是两人或更多的人之间思想、感情和观点的相互交流，对交流各方产生影响。英语课堂教学中的课堂互动是以英语教材为主线索，以学生为中心，通过师生之间、生生之间相互交流信息，来实现学生听、说、读、写等英语能力的一种教学模式。课堂互动教学模式，是把教学过程作为一个动态发展的过程，是教与学相互统一、相互影响的过程。师生在相互交往、沟通的过程中既是主体，又互为客体地进行教科书内和教科书以外的深层次探讨的师生共同参的一种新型的教学模式。

（二）课堂互动的产生

Allwright 和 Bailey 认为课堂互动是在课程计划与输出之间产生的。如下图1所示：

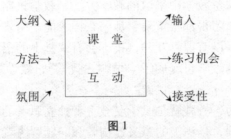

图1

在英语教学中，教师按照教学大纲选择好的教学方法，以及师生之间、生生之间的关系（氛围）来制订其教学计划，这些教学计划付诸实施就产生了课堂互动。学生通过师生互动、生生互动接触到更多的输入和练习的机会，同时也进入到一种接受性状态。

（三）课堂互动的分类

在课堂上互动分为两大类：教师—学生之间的互动和学生—学生之间的互动，简称师生互动和生生互动。教师和学生的互相推动体现在教师的主导作用与学生主体作用的相互结合。

师生双方的课堂活动，并不是简单地分属于施教过程和学习过程，而是具有互动性和反馈性的。在平时的教学过程中不要一味地满堂灌，而是应该针对学生特点，通过各种教学方法如提问、回答、反馈等方式来尽可能多地给学生参与的机会，让学生充分展示自己的特点，活跃课堂气氛，从而充分调动学生学习的主动性和积极性。另外教师平时忙于教学，对一些学习较困难、不善于表达的学生，要多加注意，分析和了解其原因，课堂上多给他们机会，增强其信心，从而提高教学效果。生生互动为学生提供更多的练习机会和练习的轻松环境，丰富交流的信息，从而从另一侧面提高学生运用语言的能力，扩大学生的知识面等。根据学生的程度给其布置任务，组织小组或全班来讨论和交流，鼓励学生互相帮助，凡是自己能做到的，教师就积极鼓励他们自己独立完成。实践证明，让学生独立地完成力所能及的学习任务是培养其学习能力的一种很好的学习方法。它不但能激发学生的求知欲和学习动机，帮助学生扩大知识面，增加词汇量，而且还能促使他们运用所学的学习方法和学习策略去收集材料、处理信息、解决实际问题，从而真正学会学习。

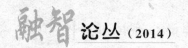

二、英语教学课堂互动的必要性

（一）理论依据

1. 二语习得理论

Krashen（1982）的输出理论（Input Hypothesis）是他提出的监察理论的核心内容。他强调可理解的语言输入是语言习得的必要条件，但没讨论输出的作用。Swain 则提出，尤其是可理解的输出，在二语习得中同样具有重要作用，学习者必须通过有意义的语言运用才能使自己的目标语的语法准确性达到本族语水平。Krashen 和 Swain 各自形成了一套二语习得理论，而英语教师对这两套理论的不同理解就决定了英语课堂教学中采取的教学方法、教学策略等不同。其实，对语言的输入和输出对二语习得都很重要，那怎么样才能平衡各自的量呢？这就要靠课堂互动来平衡。如果没有课堂互动，就不会有课堂上的语言输出，学生容易变成学哑巴英语，老师的教学也变成了"填鸭式教学"，教学效果定会不佳。

2. 建构主义理论

建构主义理论认为，教育就是赋予受教育者独立思考的能力，强调学习者将自身经验带进学习过程，是积极的意义建构者和问题解决者。其实践方法是教师以解决问题的形式向学生提出概念、论点等，问题留待他们去探究。建构主义认为：学习并非是一个被动地接受过程，而是一个主动的建构过程；学习并非是一个对教师所授予知识的被动接受过程，而是一个以学习者已有知识和经验为基础的主动建构过程。建构主义理论强调以学生为中心，要求学生由外部刺激的被动接受者和知识的灌输对象转变为信息加工的主体、知识意义的主动建构者，建构主义的教学理论则要求教师要由知识的传授者、灌输者转变为学生主动建构意义的帮助者、促进者；要求教师在教学过程中采用全新的教育思想与教学模式。

3. 现代教育心理学理论

现代教育心理学认为学生的学习是一个主动吸收知识并贮存记忆的过程。学生认知的本质是主体的构造过程，所有的知识都是主体认知活动的结果。学生是具有主动性的；离开了学生的主动性，教师的主导作用就失去了对象、主要内涵和归宿，所以不能将教师的主导作用和学生的主动性对立起来，而应将它们辩证地统一在教育过程中。在英语课堂教学中，教师、学生可以组成以学生为中心、以教师为组织者的共同体，师生之间、同学之间进行讨论、交流和学习，从而增加学生的输入，丰富学生的知识，培养学生的创新思维和合作意识。

4. 交际法教学理论

Breen 和 Candlin（1980）指出，交际教学中，学习者角色应该是自我学习过程和学习目标的协商者（negotiator）……教师在交际教学法中有两个主要作用：一是协调和加强所有学生之间以及这些学生与各种活动主体之间的交际过程；二是在教和学的小组活动中充当一个独立的参加者。交际教学法的核心思想是培养学生的语言交际能力，这一核心思想在英语教学中的具体表现为重视对英语的使用，而体现在课堂教学中，就需要互动来实现。

（二）现实意义

长期以来，教师受传统教学的影响较深，仍然把英语语言学习看做是死记硬背式的学科。以应试教育为重心的传统英语教学模式存在的一些弊端，造就了很多"耳聋嘴哑""高分低能"的学生。语言知识和语言运用能力是相辅相成的统一体，把英语语言学习看做是死记硬背式的学科，甚至更多地将英语学习简单地归结于记忆力的高低，是忽略语言自身特点的错误的教学观念和教学模式。英语学习能力主要表现在听、说、读、写、译等方面，长期以来，传统的灌输式单向教学让课堂变得死气沉沉，学生成了课堂的被动接收者，这样的教育状况除了让学生"写"的能力有所提高外，其他各项能力变得非常薄弱。互动教学模式是以学生为主体、以教师为主导的课堂教学，能让英语课堂气氛变得和谐，让学生在英语课堂学习中感受到学习的乐趣。互动教学模式要求师生双方在课堂中融入情境、密切配合，让学生从传统英语教学的被动听讲走向主动练习，让英语教师在课堂教学中成为参与者，完成角色的转变，实现英语课堂教学的双丰收。在英语教学中，课堂互动作为一种语言交际活动，既是学生语言实践的极好机会，又可使大学生们的思想火花在得到尊重和平等的教学氛围中迸发，实现教学民主。课堂互动能丰富交流信息，培养学生的创新思维，激发学生学习英语的兴趣，在互动中增强自信，培养合作意识等。

三、课堂互动在大学英语教学中的实施

《国家英语课程标准》明确指出："英语课程改革的重点就是要改变英语课程过分重视语法和词汇知识的讲解和传授，忽视对学生实际语言应用能力的培养的倾向，强调课程从学生的学习兴趣、生活经验和知识水平出发，倡导体验、实践、参与和合作与交流的学习方式和任务性的教学途径，发展学生的综合语言运用能力，使语言学习的过程成为学生形成积极的情感态度，主动思维和大胆实践，提高跨文化意识和形成自主学习能力的过程。""以学生为中心"的互动式教学是实现这一根本目标的有效途径。"互动"教学模式是由 20 世纪 70 年代初在美国兴起的"合作学习"（Cooperative Learning）的理念发展而来的。所谓"互动"教学模式，就是把教学过程看作是一个教与学统一的交互影响和交互活动的过程，通过调节师生关系及其相互作用，形成和谐的师生互动、生生互动，达到提高教学效果的一种教学模式。现代教学实践中人们努力构建"互动"的教学模式。在互动的教学活动中，教师为主导，学生为主体，即"以学生为中心"。

（一）采取任务驱动式（task-based）的外语教学模式

Skehan 指出，完成任务的过程应意义优先，以任务完成为主，评估基于任务完成与否。学习者应把学习的重点放在如何完成任务上，对任务进行评估的标准是任务是否成功完成。在英语教学中，课堂互动是在完成各项英语学习任务的过程中实现的。

所谓任务驱动式的外语教学模式，就是以让学生定期完成一定的学习任务为目的，至于完成任务的方法和手段，学生可自主选择，给学生更多的自主学习的

空间，最终达到掌握外语知识和技能的目的。例如，关于口语课，教师可以把班上同学进行分组，给每组同学布置一个题目，让同学们分组在课后做准备，在第二次上课时，每组进行角色表演。又如，关于语法课，教师也可采取同样的方式把学生分组，但最好是在学期开始时，然后给每组同学布置不同的语法专题，让每组同学自己下去查资料、做准备。每次上课时，教师让一组同学进行讲解。讲解时，这组同学可派一个主讲，其他成员作补充讲解，而班上其他同学可向讲解者提问、参与讨论，老师也和同学们一起讨论、答疑，最后教师可作点评、补充讲解。这种教学模式不仅可以激发学生学习第二语言的动机，而且可以营造良好的集体学习氛围。这样，学生在完成任务中实现课堂互动，在课堂互动中学到知识。

在任务驱动式的教学模式下，互动任务的设计应当合理。教师在组织学生开展课堂教学活动时，应该考虑到学生的年龄、学业背景、获取知识的方式以及他们学习语言的目的等情况。一定要从他们的知识水平和生活经验出发，难度不要太大，尽量让互动任务合理可行。这样才不会使学生产生畏难情绪而打退堂鼓，才能使互动教学取得良好的进展，避免半途而废或流于形式。

（二）创造课堂互动环境

学生的学习行为和他们所处的环境密切相关，这个环境包括物质环境、心理环境和人际环境等。这里的课堂互动物质环境是指教室等互动环境的安排、布置等。就心理互动环境而言，有的学生性格内向，不喜欢发言、表现自己，有的学生本身英语口语基础不佳，怕犯错，不喜欢参与，但没有"参与"肯定就没有"互动"，这时需要给学生们创造一个和谐、轻松的互动环境，鼓励学生积极参与。教师要利用各种方法来激发学生的求知欲，不断给学生以思维的时间与空间，让学生多侧面、多角度地发现问题、思考问题，然后用不同的方法解决问题，同时要鼓励学生大胆假设猜想。学生在这个过程中发展了他们的创新思维能力。这需要老师的鼓励，需要老师发挥好课堂组织者的作用，当然，也需要老师采取一些增强学生自信心的技巧，例如，针对不同英语基础的学生设置不同难度的问题等。教师的赞扬和鼓励可以表达出教师对学生的关爱。教师要善于发现学生的闪光点，要把赞赏与表扬贯穿于教学的各个环节。另外，在大学英语课堂教学中，如果教师能适当地注入一些幽默的元素，也能从心理上缩短师生之间的距离，为课堂互动创造良好的心理环境。游戏的妙用会增强学生的参与意识，心理学家认为，游戏能使人的大脑神经放松，并且最能够唤起参与者的兴趣，使其轻松而自然地参与到课堂活动中。

（三）多进行小组式课堂互动

Long 等（1976）在分析了外语课堂活动后发现，小组式互动比齐步走（lockstep）式互动更能促进学生参与交际以及用各种言语行为进行交际。分组活动可以有效地改善课堂活动，为学生提供平等参与的机会。分组的类型有很多种，既可以根据座位来划分小组，也可以按照性别来划分，还可以根据不同知识水平和不同能力水平来划分，这取决于教学内容和教学目标。小组成员通过分组来共同学习，互相帮助从而达到预期的学习目的。例如，在英语口语教学中，教师可把同学进行分组（分组时注意按学生的口语水平进行搭配，尽量让英语口语成绩好的同学和成绩稍差一些的同学交叉搭配，这样可使成绩差的学生得到帮助，增强自信），给每组同学布置一个话题，第二次上课时进行角色表演、小组汇报等。这样的小组互动不易造成班上同学口语成绩参差不齐，而且还能优化教学效果，丰富学生的知识，提高英语能力，增强班集体的团结等。

四、结语

"以学生为中心"的大学英语课堂互动教学能营造活跃的、富有生命力和创造性的氛围，能极大地调动学生的学习热情，激发学习英语的动机，培养学生的合作意识和优化教学效果。它已成为当前人们推崇的一种先进的教学形式。当然，关于英语课堂互动教学的具体实施措施、策略等，还需要广大教育工作者等不断地摸索、创新，需要学校、教师和学生的共同努力。学校需要从教学体制、教学环境、师资安排上进行一些有针对性的调整。比如，互动教学最好是在小班进行；教师也需要通过丰富多彩的课堂互动活动和灵活有效的课堂互动教学形式因材施教；当然教师要做到这一点，需要自身素质（职业道德素养、业务素养等）的提高。只有这样，才能使这种先进的教学形式真正地发挥优势，更好地服务于英语教学。

参考文献

[1] 尹刚，陈静波. 给英语教师的 101 条建议 [M]. 南京：南京师范大学出版社，2004：47-49.

[2] 张俊. 改进高中英语课堂互动性的尝试 [A] //林立，董启明. 英语教学与研究 [C]. 北京：科学出版社，2004：545.

[3] 沈小淘. 试论英语教学的课堂互动策略 [J]. 西南民族大学学报：人文社科版，2004.

[4] 束定芳，庄智象. 现代外语教学——理论、实践与方法 [M]. 上海：上海外语教育出版社，1996：207.

[5] 杨雪燕. 外语教师课堂策略研究：状况与意义 [A] //胡文仲. 第一届中国英语教学优秀论文评选获奖作品集（2000.7—2003.6）[C]. 北京：外语教学与研究出版社，2005.

[6] Brown, H. D. Teaching by Principles：An Introduction Approach to Language Pedagogy [M]. N. G：Prentice Hall, 1994：159.

[7] Allwright, D. and Bailey, K. M. Focus on the Language Classroom：An Introduction to Classroom Research for Language Teachers [M]. Cambridge：Cambridge University Press, 1991.

[8] Williams, Marion & Burden, Robert L. Psychology for Language Teachers [M]. 北京：外语教学与研究出版社，2000：49.

[9] Skehan, P. Task-based Instruction [J]. Annual Review of Applied Linguistics, 1998（18）：268-286.

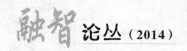

基于创业能力培养的会计学课程的教学设计

李　倩①

[摘要] 本文先分析了创业能力的内涵和构成，结合非会计专业的学科基础课会计学课程的教学内容，分析现有的会计学教学的不足，再根据 CBET 教学设计模型对会计学实践教学体系进行设计。设计中，区别于现有的会计学教学内容，突出对大学生创业能力的培养，以期对学生创业能力的培养有所裨益。

[关键词] 创业能力　会计学教学设计

目前大学生就业难的问题已经不是新鲜的话题，而是摆在面前亟待解决的重要问题。不管是在党的十八大提出的"以创业带动就业"，还是国家、各省市纷纷出台的一些政策，均对解决大学生就业问题提供了新的思路和有力的舆论支持。尽管大学生创业的外部环境良好，但最新的数据资料显示，现在大学生创业占整体毕业生的比重并不高，创业的效果目前来看也还有很大提升空间，失败的案例比比皆是。其原因很重要的一方面是目前的高校学生培养目标中，创业能力的培养还远远滞后于其他能力。而创业能力的培养，需要大学教学在观念、体制以及人才培养模式上均作出相应的改变，这无疑对现行的大学教育提出了一个新要求。基于此，本文旨在研究会计学这门课程中存在的问题，基于对创业能力的培养，重新设计该课程的实践教学体系，以期对大学生创业能力的培养有所裨益。

一、创业能力的内涵和构成

所谓创业能力，即成功创业的能力或力量。尽管不同学者对创业能力的概念有所争议，但根据创业理论，达成共识的是创业的过程一般包括以下四个阶段：首先是对市场进行识别和评估；其次是准备并撰写经营计划；再次是确定并获得创业资源；最后是管理新创企业。在上述的四个阶段中，均有创业能力的体现：第一个阶段中识别市场机会的能力和创新能力；第二个阶段中的资源获取能力；第三个阶段中的策划能力；最后一个阶段的管理新企业能力和风险管理能力。此外，上述能力也不仅仅是单独存在于某一个阶段，很大程度上创业能力是一种综合能力。因此要提高创业能力，不能仅仅从单项能力的培养入手，必须以综合能力培养为重心。

---

①　李倩：重庆工商大学融智学院讲师；主要研究方向：会计理论与教学。

作为一种综合能力，创业能力主要由以下三部分构成：创业者的价值观、创业行为能力、创业资源条件。如下图1所示：

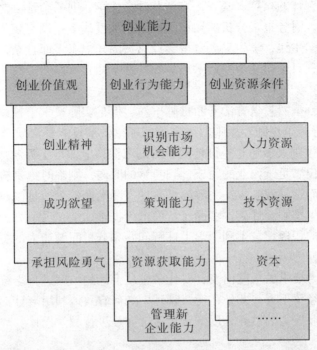

图1　创业能力的构成

对于大学生而言，培养其创业能力，可以重点从创业价值观和创业行为能力入手。基于此，本文研究在会计学课程中如何重设其教学设计以期达到培养学生的创业能力的目的。

二、现行会计学课程的教学现状

会计作为一门通用的商业语言，通过其会计信息的披露反映和监督会计主体的财务状况和经营成果，这些信息为使用者正确作出经济决策提供参考，因此在大多数院校中，会计学会作为非会计学经管类专业的学科基础课程，以下则侧重分析在非会计经管类开设的会计学的教学现状。

（一）教学目标不明确

目前，对于会计专业的学生的教学目标在业界基本上能统一，但是对于非会计专业的学生来说由于不同专业与会计学之间的内在联系不尽相同，教学目标也不尽明确。此外现行的会计学教学中一般没有明确创业能力培养这一目标。

（二）教学内容不统一

由于教学目标不明确，现行的非会计专业会计学教学内容一般采用以下几种模式：其一，按照与会计学专业基础会计学相同的内容，以会计信息的生成过程为主要的教学内容，围绕着会计专门方法——设置账户、复式记账、凭证、账簿、成本计算、财产清查、报表编制等，强调会计核算和监督职能来展开教学。

其二，按照基础会计学再加上财务会计学的模式，除了基础会计学中的内容之外，加上对于会计六大要素的介绍以及六大要素中的各项目核算，这种教学模式其重心仍然是会计的核算。其三，除了基础会计学、财务会计学之外，再加上一部分管理会计、财务报表分析的知识，然而这种模式下，没有较为明确的教学目标和清晰的教学主线，学生只会觉得会计有关的知识点多而且杂，其结果往往是学生学完之后，只记得几个专业术语，知其然不知其所以然。

（三）教学方法单一

一直以来，虽然教学方法不断推陈出新，但是实际教学中普遍的模式仍然是"以说明为主导，重规则轻原则，重实务轻理论，重技能轻素质教育"的"填鸭式"教学；学生则大多还是遵循传统学习的习惯，上课忙于听老师的讲解、记笔记，下课后仅仅满足于作业的完成，到考试的时候，则临时抱佛脚地死记硬背有关的知识点。而这种教学方法一方面结合的实际案例较少，且没有安排实践操作课时，会使学生感到会计高深莫测，从而产生畏难情绪；另一方面无法调动学生自主思考问题的积极性，不利于学生理解问题和分析问题能力的提高，更无法提高学生的创业能力。

从创业能力要求的角度出发，要让学生从会计的角度进行思维，观察一个企业如何创立并经营下去，此外在经营管理中如何有效地利用会计信息进行经济决策。基于对创业能力的培养，以下对会计学课程进行教学设计。

三、根据 CBET 模型进行会计学的教学设计

根据教学设计的 CBET 模型，如下图 2 所示，CBET 教学设计模型即能力本位教育培训模式。能力与知识、动机、经验、技能以及个性特征等综合起来，成为胜任某项工作或任务的条件。通过培训，可以使人的潜能转化为能力。

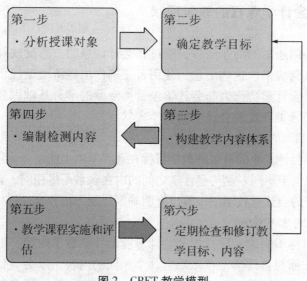

图 2　CBET 教学模型

在前面第一部分中，已经分析了对于"创业"这一专项能力的构成内容。以下则结合 CBET 教学模型设计针对非会计专业的会计学课程教学体系的内容进行设计。

（一）授课对象的特点

所谓非会计专业，是个相对概念，是指除会计专业以外的其他专业。当然并不是所有的非会计专业均需要开设这门课程。一般来说，主要是在经济管理类专业中开设。因此本文所研究的会计学授课对象主要是指非会计专业经管类学生。这一类学生，今后实际从事会计实务工作的比例很小，更多时候是利用会计信息进行经济决策。因此对于他们而言，会计信息的理解和解读尤为重要。但是要较好地理解和解读会计信息，需要首先明白会计信息是如何生成的。

（二）教学目标的确定

针对不同授课对象的不同特点，本课程在教学中应注意发掘学生的主观能动性，侧重培养学生分析和解决会计问题的基本能力，最终实现对创业能力的培养。具体来说就是：让学生认识到大到国家小至每个人，会计知识都与之息息相关，并发挥着重要的作用。结合创业能力的培养诉求，我们确定会计学的课程教学目标为：在熟悉和理解会计的基础知识、基础方法的基础之上，了解会计信息的生成；重点在解读会计信息，利用会计信息进行经济决策，以及向学生介绍内部控制的一些知识点。与以往的教学目标不同之处在于会计信息生成的环节中需要以一家新开办的企业为例，讲解一家企业可能会遇到的经济业务，为今后学生自主创业培养其会计思维方式，同时及时地介绍需要注意的内部控制要点。

（三）教学内容体系的构建

那么，从非会计专业的教学目标出发，其会计学的教学体系如何构建？首先，要与教学目标相适应，或者说教学内容的构建要确保能够实现既定的教学目标；其次，内容与以往的会计学课程内容相比全面得多，此时值得注意的是"全面不等于面面俱到"；最后，以人为本，努力激发学生兴趣，才能够提高教学效果。基于此，对于非会计专业的会计学课程教学内容的构建如下表 1 所示：

表 1 　　　　　　　　　　　会计学教学内容体系

序号	教学模块名称	主要教学内容
1	会计学的基础知识	有关会计的一些基础理论、基础方法的介绍
2	经济业务的核算	以一个新开办的企业为例，介绍企业的建账、发生经济业务后如何核算
3	会计信息的解读	侧重于对会计报表的解读、会计分析方法的介绍
4	企业的内部控制知识	学习企业经济业务核算的同时穿插介绍内部控制知识点，主要有现金的管理、采购环节的管理、生产循环环节的管理、员工及薪酬管理、固定资产管理、销售、收款及授信管理等

在上述模块中前面 3 项层层递进，学习后面模块时需要前面模块的基础知识，而最后一项则可以融合在第二项模块中一并介绍。希望通过上述模块知识的学习，让非会计专业学生能够实现作为会计信息使用者所需要的知识储备，可以

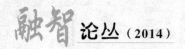

建立初步的会计思维，有利于提高学生的创业能力。

（四）对教学效果的检测

对于上述教学效果的检测，除传统的作业、实验报告、试卷这些检测方法以外，引入以下三种评价方式：其一，开展研讨教学对教学效果进行检测。通过精心设计问题，让学生组成小组，通过查阅资料进行研讨，开展合作性学习，要求学生小组讨论以问题讨论为主，讨论题目的设计以消化本单元的理论内容为目标，并与其余的实际业务相联系，突出理论对实务的指导意义。让学生跳出会计的小圈子，但又不游离于会计，使学生有一种大会计观的视野，从而培养学生自主学习、文字组织与表达、分析与解决问题、交流与沟通、团结与合作等综合能力。其二，进行沙盘对抗大赛，检测和巩固教学效果。通过直观的企业经营沙盘，来模拟企业运行状况。使学生能较为真实地体会到企业经营运作的全过程，如何将有限的资源发挥最大的作用，领悟科学的思维模式和企业的管理规律，提高其创业能力，规避风险。其三，"以赛带练"，鼓励学生参加诸如"挑战杯大学生创业大赛""中国创新创业大赛"等比赛，并制定出相应的竞赛管理制度、奖励办法等，调动学生参赛积极性，提高学生的兴趣，最终实现提高学生创业能力的目标。

（五）教学课程的具体实施

会计学课程教学任务的具体实施中，注意采用一些新的教学方法，比如案例教学法、问题导向教学法、启发式教学方法、研讨教学法等营造出师生互动的教学情景，提高学生的兴趣、激发其思维、拓展其知识视野从而实现创业能力培养的目标。

（六）定期检测和修订教学目标

除了上述内容之外，定期对教学目标进行检测和修订，有目的地对教学质量系统进行监督、疏导、纠正偏差，使教学质量达到预期目标。可以从以下两方面着手：其一，在每个班级聘请几名学生为教学信息员，运用一些教学质量监测指标实时了解各位教师的教学情况及学生对教学组织情况的建议与意见，以便于对存在问题及时加以整改；其二，从对毕业生，尤其是一些创业的毕业生进行跟踪调查，了解他们对学校教学的反馈意见，以便于学校及时调整和改进专业教学培养方案和教学内容、教学方法，更好培养出具有创业能力的学生。

当然创业能力的培养，仅仅从一门或几门课程入手，是远远不够的。更需要掌握充足和扎实的专业知识，只有具备了深厚的专业知识与广博的非专业知识，才能正确分析形势，认清事物的发展趋势，把握全局，最终实现自己的创业目标。

参考文献

［1］王秀芬，王进朝，张功富. 会计学专业国际化与本土化相结合的教育理念与教学改革研究——中国会计学会会计教育专业委员会 2012 年年会暨第五届会计学院院长（系主任）论坛综述［J］. 会计研究，2012（11）：87-90.

［2］阎达五，王化成，张瑞君. 面向 21 世纪会计学类系列课程及其教学内容改革的研究［J］. 会计研究，1998(9).

［3］张健. 应用型本科人才培养模式下非会计专业会计学差异化教学改革探讨［J］. 财会月刊, 2010(10)：145-151.

［4］侯日敬. 基于核心能力的会计学专业课程体系设计与实践［J］. 财会月刊, 2010(9)：103-105.

浅析 80 后辅导员
应对 90 后大学生的教育方法

陈　萍①

[摘要] 当今高校学生的主体已逐步被 90 后大学生所替代，与此同时 80 后辅导员已成为高校辅导员队伍的主力。80 后辅导员如何应对 90 后大学生的教育问题，将会成为今后高校辅导员工作中的重点。本文在分析了 90 后大学生的特点和 80 后辅导员开展学生工作的优劣势基础上，浅析了 80 后辅导员应对 90 后大学生的教育方法。

[关键词] 80 后辅导员　90 后大学生　教育方法

在当今大学校园中，学生主体已逐步被 90 后大学生所替代，而 80 后的毕业生已参加工作，从年龄构成上看，80 后辅导员已成为高校辅导员中的新生力量。80 后辅导员采用什么教育方法应对 90 后大学生已经成为高校关注的问题。采用正确的教育方法一方面不仅有利于 90 后大学生在大学校园里的健康成长，也能够让 80 后辅导员愉悦工作，实现自身价值；另一方面也关系到高校先进校园文化以及和谐校园的建设。

一、90 后大学生的特点

20 世纪 90 年代正是我国社会、经济、文化发生重大变革和不断加快全球化进程的时期，90 后大学生在这一环境下成长，在潜移默化的影响下，他们在思想认识、行为习惯等方面具有反映当代社会高速发展、急速转型的鲜明特征。另外，90 后的父母大多在改革开放中接受了良好的教育，更加重视对子女的培养教育，使得 90 后大学生身上具有以下特点：

（一）个性张扬，渴望被认同

90 后大学生是实行计划生育国策后的第二代，所以他们几乎都是独生子女，占据着各个家庭的中心地位，得到父辈们更多的娇惯与宠爱；与 80 后相比，他们的生活环境更加优越，这种生活环境使他们更多地关注自己并认为自己的观点都正确，所以表现出崇尚个性，善于表达，性格张扬的特点，张扬和自信是 90 后的代名词。他们自我意识观念极强，并且特别希望他人关注和认同他们，从而

---

① 陈萍：重庆工商大学融智学院教师；主要研究方向：思想政治教育。

实现自我利益和自我价值。这种状况导致 90 后大学生主观感受和个体意识强烈，换位思考和团队意识缺乏，在生活中忽视对他人的义务和责任。

（二）依赖性强，耐挫能力差

90 后大学生在父母的呵护下长大，事事由父母操办，依赖性强，比较懒惰。很多 90 后没有住校经历，进入大学后完全不能独立生活，自理能力较差。较好的家庭环境和社会条件使得他们的生活较为顺利和平坦，使他们经历的失败和挫折少之又少，导致了这些 90 后大学生们，无论是心理承受能力还是抗压能力都比较差。

（三）多才多艺，综合素质高

随着信息时代的发展，许多电子产品，如手机、电脑等冲击着 90 后大学生的视野，使得他们的好奇心增强，养成不断追求新生事物的心理习惯。除学习书本知识外，他们更善于通过网络等高科技产品接受大量的新信息，拓宽自己的知识面。90 后从小就参加了很多的兴趣班，通过各种渠道培养他们各方面的才能，所以他们大部分多才多艺，综合素质较高。

（四）网络已成为生活的主要部分

随着网络的大力发展以及因为网络的便捷性、丰富性、开放性、交互性等特点，大部分 90 后大学生接受信息的渠道、方式更加多元化。每天海量的信息基本都来自于网络，使得 90 后大学生的思想更加早熟，他们善于表达和喜欢用成年人的思维来思考问题，发表自己的观点和见解。但是由于 90 后大学生与社会的接触不多，生活阅历浅，缺乏社会实践经验的锻炼，这使得他们对许多社会问题的看法过于简单和片面。

二、80 后辅导员的优劣势

同样在改革开放环境下成长的 80 后辅导员在高校中承担着教育和管理同代甚至是 90 后大学生的任务，责任重大，所以我们要客观地分析 80 后辅导员的优劣势。

（一）80 后辅导员开展学生工作的优势

1. 年龄相仿，易于沟通

80 后辅导员与 90 后大学生年龄相仿，代沟较小，在情感沟通上较通畅，亲和力较强。此外，80 后辅导员与 90 后大学生具有相似的成长环境和思维方式，便于从自身出发，寻求到更合适的教育方法。对新事物接受能力较强的 80 后辅导员能够使用 QQ、微博、飞信等现代化工具与学生们进行交流；以讲述自己的亲身经历、接地气地召开主题班会等多种形式来启发教育学生。

2. 学历较高，富有创新意识

随着我国高等教育的普及化，80 后辅导员成长的教育环境得到了很大改善，他们不仅具有本科甚至硕士以上学历，知识面广泛，且都是中共党员，具有较高的政治素养，同时大多数都在大学学习期间担任过学生干部，具有较为丰富的学生工作经验，综合素质较高。80 后辅导员不仅工作富有激情和热情，能将自己

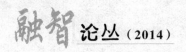

的全部精力投入到工作中，同时他们不拘泥于传统的工作方式，富有创新意识。

（二）80后辅导员开展学生工作的劣势

1. 工作经验不足，缺乏耐心

80后辅导员一般都刚踏入社会，参加工作的时间都不长，缺乏学生管理工作经验及社会经验，特别是那些非思想政治教育专业的辅导员，因自身专业限制，其在教育、心理、管理等方面的知识更是相对缺乏。当遇到突发事件时，往往不知所措，缺乏处理突发事件的能力。对于个别问题学生，可能会存在屡教不改后便会失去耐心的现象。

2. 定位不明确，易产生职业倦怠

一方面，由于80后辅导员与90后大学生年龄相仿，有利于辅导员与学生交朋友，但有的辅导员不能较好地把握朋友尺度，致使与学生过于亲密，从而失去了应用的威信，同时有的辅导员忽视自身教育者和管理者的角色，影响其工作的正常开展。另一方面，在高校里辅导员的岗位介于教学岗和行政岗之间，这种尴尬处境不仅不利于辅导员的职业发展，日久天长，更可能会使辅导员失去工作热情，产生倦怠情绪。

三、浅析80后辅导员应对90后大学生的教育方法

80后辅导员要做好90后大学生的教育工作，应充分发挥自己的优势，针对90后大学生的自身特点进行教育和辅导，帮助90后大学生成长以及促进自身的成长。

（一）以生为本，采取鼓励式教育

因90后大学生个性张扬、好表现自我，80后辅导员在关注90后大学生的成长与发展时，更应充分尊重、实现、维护、发展和保障学生的各种权利，以学生为本。一方面要根据90后大学生的自身特点组织和开展活动，充分重视90后大学生的内在需求；另一方面要要根据90后大学生的自身条件、素质为学生创造自主发展的空间，充分考虑到90后大学生的个性差异。另外，80后辅导员要主动关心学生、爱护学生，及时帮助学生解决生活、学习、工作上的困惑，多鼓励，少批评。

（二）加强家校合作，利用好家庭资源

家庭是孩子成长环境的基础，家庭教育在孩子的成长过程中起着不可估量的作用。90后大学生的家长"望子成龙，望女成凤"的愿望尤为强烈，家长非常渴望了解学校、班级、子女的最新状况。而80后辅导员所带班级较多，往往要面对近200名学生，要全面了解每个学生的个性、兴趣和需求，必须获得家长的支持，只有形成家校合力，才能更有效地促成学生的成长进步。因此，80后辅导员可以通过建立健全家校合作机制，例如通过建立学生家庭信息数据库、电话短信联系、网络互动等方式与家长保持及时的联系，充分挖掘家庭的教育资源，争取到家长和家庭的支持配合，这将推动80后辅导员更好地开展工作。

（三）教育是相伴成长的过程

教育应该是一个相伴成长的过程。80后辅导员要做好90后大学生的教育工

作，必须把自己放到对方的角色中去，感受 90 后大学生的感受，否则无法沟通。教育是一个不完美的人引领着另一个（或另一群）不完美的人追求完美的过程，是生命影响生命的过程。所以 80 后辅导员在教育、辅导和服务 90 后大学生的同时也要不断地学习知识，提高和完善自己的素质、能力，且可以向多才多艺的 90 后相互学习，相伴成长。

（四）充分利用网络工具

网络已成为 90 后大学生生活的主要部分，所以 80 后辅导员应将网络作为开展工作的重要阵地。80 后辅导员不但要占领网络教育阵地，为学生搭建学习交流平台，更要加强网络道德教育和法制教育，引导学生获得有益的资源，增强自身的控制能力和选择辨别能力，使得网络真正成为学生成长进步的宝贵资源。通过建立网络互动平台如校园论坛、BBS、QQ 群、飞信、微博、微信等与 90 后大学生对话交流，深入了解和掌握 90 后大学生思想动态。通过网络建立交流形势教育网、校园生活网、心理健康教育网、科技创新网、就业指导网等网站，引领 90 后的主流思想。充分利用现代信息技术延伸大学生德育教育时空，打造立体教育的平台，以增强网络引导的实效性。

总之，90 后大学生已经成为高校大学生的主要群体，他们特点鲜明，个性突出，对其教育是一项系统工程。作为 80 后辅导员要关注他们的个性，充分发挥学生的主观能动性，因材施教，和每一个 90 后大学生进行"心与心"的交流，充分发挥他们的特长与优势，求同存异，和谐相处，来努力做好服务、教育、引导 90 后大学生的工作。

参考文献

[1] 梁剑. 80 后辅导员如何应对 90 后大学生的管理对策初探 [J]. 工业技术与职业教育, 2013 (4)：48-50.

[2] 管艳民. 80 后辅导员如何管理 90 后大学生 [J]. 企业导报, 2013 (8)：229-230.

[3] 胡炜, 李震. 独立学院 90 后学生教育方法浅析 [J]. 内肛科技, 2013 (9)：154-155.

[4] 庞娟. 辅导员与大学生管理工作研究 [J]. 佳木斯教育学院学报, 2014 (5)：192.

转型期我国独立学院发展战略思考[①]

常晓薇[②]

[摘要] 我国独立学院教育经过十多年发展，截至目前经历了三个阶段，当前已进入一个新的转型期——独立规范发展机遇期。这一时期的独立学院教育具有不同于以往的五大特征，独立学院自身则面临着五个方面的突出问题。本文基于理论角度，从宏观入手，阐述了转型期我国独立学院发展所应秉持的三个观念并提出了转型期独立学院可采用的五大发展战略。

[关键词] 转型期　独立学院　发展战略

独立学院是我国高等教育扩招政策的产物，是高校模式改革与办学机制创新的一项重大突破，试办于 1997 年，发展于 1999 年，正式冠名于 2003 年。前期被称为"民办二级学院"。截至 2010 年 7 月 12 日教育部最新独立学院名单，全国目前已经有 322 所独立学院。其中湖北最多，有 31 所；江苏有 26 所；浙江 22 所；河北 18 所；广东 17 所。独立学院的兴建是中国高等教育持续健康发展的一项重大举措。独立学院也将会成为今后一个时期中国高等教育发展的一个亮点。

一、我国独立学院的发展历程

（一）萌芽阶段

1999 年 6 月—2003 年 3 月是独立学院兴起阶段。1999 年，党中央、国务院立足于我国现代化建设全局，面向 21 世纪经济、科技和社会发展形势的变化，结合 21 世纪初期国家经济与社会发展的需要，参照国际上的成功经验，发布《中共中央国务院关于深化教育改革全面推进素质教育的决定》，作出"扩大高中等教育规模"的重大决策。浙江省率先落实这一决策，于 1999 年年底依托普通高校，吸引社会力量，利用银行贷款组建了 5 所具有独立法人资格、经济独立核算的二级学院。其后的 3 年时间里，全国各地类似的二级学院纷纷相继建起。

（二）兴起阶段

2003 年 4 月—2005 年 3 月，是独立学院的兴起阶段。2003 年 4 月 23 日，教

---

① 基金项目：重庆市教委教育教学改革重大研究项目《政府主导机制下的工学结合高等职业教育模式的探索与实践》（项目编号：101206）；2011 年度重庆市教委人文社科高校思政专项项目《〈马克思主义基本原理概论〉精彩教案》（项目编号：20125001）；重庆工商大学应用技术学院教改项目《创业导向旅游管理专业人才培养模式的研究与实践》阶段性成果。

② 常晓薇：重庆工商大学融智学院讲师；主要研究方向：伦理学、大学教育。

育部颁发了《关于规范并加强普通高校以新的机制和模式试办独立学院管理的若干意见》，将"由普通高校按照新的机制、新模式举办的本科层次的二级学院"简称为独立学院，明确提出试办独立学院一律采用民办机制，独立学院应具有独立的校园和基本办学设施，实行相对独立的教学组织和管理，独立招生，独立颁发学历证书，独立进行财务核算，并具有独立法人资格，能独立承担民事责任。

2003 年 6 月 13 日，教育部召开了"普通高等学校以新的机制和模式试办独立学院工作会议"，强调独立学院要积极发展，突出一个"优"字；规范管理，突出一个"独"字。为独立学院的进一步发展作出符合时代发展的指引。

2004 年 11 月 29 日，教育部发出了《关于对独立学院办学条件和教学工作开展专项检查的通知》，到 2005 年 2 月止，分期分批对全国已经确认的独立学院办学条件和教学工作进行专项检查。独立学院总体上是积极的、健康的，成绩是主要的，这是一个基本判断，并强调今后应该继续加以支持，并适度加快发展，争取在未来几年内使在校生总规模达到 200 万人，成为我国高等教育大众化的一支重要力量。到 2004 年年底，全国独立学院共有 249 所，在校生 68 万多人。吸收民间教育资本约 395.7 亿元，校园用地近 8 000 万平方米，专职教师 3 万余人，教学仪器设备总值 42 亿元，校舍及教学行政用房 1 160 多万平方米，语音教室 1 448 间，多媒体教室 3 746 间，图书 3 462 万册，开通校园网的已有 232 所。

（三）规模发展阶段

2005 年 3 月至今，是独立学院的规模发展阶段。在教育部"进一步做好独立学院试办工作网络视频会"精神的鼓舞下，全国各大普通高校试办的独立学院迅速增加，招生规模也迅速扩大。至 2010 年 7 月教育部最新数据显示，全国共有独立学院 322 所，分布在除西藏之外的 30 个省（市、自治区、直辖市），承担 30% 以上的本科教学任务。经过十余年的发展，独立学院的办学规模不断扩大，教学质量和办学效益逐步提高，办学结构和类型也实现了多样化。独立学院的产生和发展为我国高等教育注入了新的活力和血液，独立学院正在成为异军突起的高教黑马。

二、我国独立学院转型期的基本特征

按教育部《关于审批独立学院为学士学位授予单位工作的通知》，自 2008 年开始，独立学院录取的本科新生，毕业时要统一授予独立学院的毕业证书和学士学位证书，不再颁发母体高校的学位证书。独立学院在 2013 年后面临真正独立，这对独立学院来说既是严峻的挑战又是良好的发展机遇（因为教育部已经停止"985"、"211"高校承办成人教育和三本，由于三本财政不再配套补贴，二本高校相继停招三本，如重庆地区已有重庆邮电大学、重庆理工大学、重庆工商大学和重庆文理学院等高校在 2012 年大幅减少或停止三本招生）。当前独立学院处于战略转型期——规范发展机遇期，2013 年国家教委将对最后一批评估独立学院，对于发展较健康的独立学院实行"独立"，对不规范的独立学院采取严厉措施。当前转型期独立学院发展大致呈现如下五个特征：

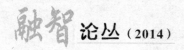

（一）合作办学模式多种多样

一是公办高校自行贷款模式；二是公办高校+企业模式；三是公办高校+地方政府+企业模式；四是公办高校+异地政府模式；五是公办高校+国外高校办学模式。在过去相当长一段时间内，尽管一些地方陆续出台了不少鼓励和规范独立学院发展的行政法规和政策措施，促进了独立学院的发展。总体而言，我国独立学院的发展还很难说是国家层面的自觉行动和集体行为。

（二）法律保障方式多样化

部分二级学院具有独立的法人资格，这种模式下既有公立学校投入品牌、师资、教学管理和资金，有政府投入财政经费，还有国有企业的资金投入，实质是一种公办模式的二级学院。由于地方政府并不提供学校经常性办学经费，学校又采用民营机制运行。这种模式从本质上看仍是符合独立学院办学要求的，应该属于高校独立学院的一种模式。部分不具备独立法人资格，这种模式是公办普通高校与民营企业合作创办的独立学院。由公办普通高校作为申请者（也称母校）负责向教育行政管理部门申办，并具体负责教学和管理。民营企业（即投资者）负责投资建设，部分有独立校园，一些没有独立校园，靠租赁场地办学，甚至还有一些是教育部严禁的"校中校"。

（三）经费来源多渠道

目前，从经费投入差异上可以将独立学院分成几种类型：第一种，高校申报，民间投入；第二种，高校申办，民间投资者和政府共同投入；第三种，政府支持，高校直接投资申办。从全国各地试办高校独立学院的实践来看，公办普通高校大多是以申办者的身份出现，承担投入学校品牌、教育管理、教学师资和课程体系等义务。

（四）独立学院的产权主体多元化

独立学院的产权主体至少有包括公立高等学校在内的两个以上主体。独立学院的所有权、办学权、收益权分属于不同主体，各主体间围绕共同的办学目标相互合作，相互监督和约束。

（五）管理体制依附化

目前，独立学院仅仅是法人、校园、财务等硬件方面的独立，在内部管理理念、管理制度、细节操作方面依托母体学校较强。

三、转型期独立学院自身存在的突出问题

（一）行政管理体制与市场化机制的矛盾

尽管我国以建立多元化投资办学模式为目标的办学体制改革进行了十多年，非公立高等教育机构也有了一定规模的发展，但是在高等教育领域，公立高校依然占绝对统治地位。政府教育行政部门既实施行政管理，又直接参与办学。在政策和法规环境方面，没有给予独立学院与公立高校、普通民办高校等相同和平等的地位，比如在申请重点学科、专业设置、实验室建设、研究课题、学生助学贷款等方面与公办高校有很大区别，甚至将独立学院排除在外，妨碍了高校独立学

院的健康发展。

（二）教育资源的经营性与教育的社会性矛盾

独立学院的收费普遍较高，东部和东南沿海地区的一些独立学院学费为1.3万~2万元，中西部地区的独立学院学费也在1万元左右，且有逐年上涨的势头。厦门大学的著名教育学家潘懋元教授指出："公益性和营利性，是教育在一定时代背景下相辅相成、相得益彰的两种属性。具备营利性才能生存、才能发展，才能更好地彰显教育的公益性。""不得以营利为目的，不是说不能营利，营利是进入市场经济阶段后必然存在的。公益是目的，营利是手段，法律没有规定不得以营利为手段，而是说可以获得合理回报。"著名经济学家厉以宁先生多年前就指出，教育不以营利为目的，但不是不可以"盈利"，关键在于对"盈利"如何分配和使用。

（三）独立学院与母体学校、投资合作方的权责矛盾

高校独立学院是公立普通高校（作为申办者）与社会办学力量（作为投资者或合作者）利用各自的资源优势联合举办的高等教育机构。申办者（母体高校）和投资者的利益诉求并不完全一致，投资者投资的及时收益需求和独立学院继续发展的需求之间容易产生矛盾。

（四）独立学院产权、融资与内部治理结构的矛盾

其一，产权问题是其运营中敏感且关乎效率和效益的关键问题。其二，筹集资金始终是独立学院在运营和规模扩张中的大事，许多申办者与投资者协商，筹集资金的问题由投资方全权负责。其三，独立学院办学必将占用大量的土地，现在许多独立学院在政府的帮助下通过各种方式征用了土地，而一些地方的独立学院还处在租用土地办学的阶段。其四，师资建设问题是独立学院发展中的头等大事，是任何一个高校办学的前提。目前，独立学院普遍受到师资的困扰。其五，独立学院的后勤资源的筹集与运营也存在一些问题和矛盾。其六，独立学院的内部管理需要在成本、质量、效率与效益之间找到平衡和结合点，低成本、高效率、高质量、高效益是当然的追求目标。

（五）人才培养与人才需求的矛盾

大多数独立学院的领导来源于母体学校，招生专业主要依托母体学校的专业设置，也便于师资管理。我国大学学习苏联的专业设置多年，一些长线专业与当前经济发展人才需求并不完全一致，如经济管理、企业管理等专业。一些专业是学校培养的目标同行业人才需求方向不一致，如对于旅游管理高校培养目标在管理层面和服务层面，现在企业需要设计、软件、产品设计等方面的人才。这些造成一方面毕业生找不到合适的工作，另一方面企业又招不到合适的人员的奇特现象。

四、我国独立学院转型期的发展理念与战略选择

面对激烈的市场竞争，作为微观运行的主体，我国独立学院转型期自身如何突破转型期所面临的瓶颈，迫切需要牢固确立三个观念，有效实施五大战略。

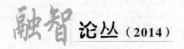

（一）确立三个观念

1. 公益观念

2008 年教育部 26 号文件《独立学院设置与管理办法》（以下简称《办法》）第三条指出："独立学院是民办高等教育的重要组成部分，属于公益性事业。"只有秉持教育的公益属性，真正将独立学院投资作为一项长期的事业来对待，才能取得政府和社会各界的理解与支持。只有严格遵循教学活动的基本原理，切实按照教育规律办事，才能做到科学管理，确保学校健康发展。

2. 市场观念

独立学院是市场经济的产物，《办法》第二条指出："独立学院，是指实施本科以上学历教育的普通高等学校与国家机构以外的社会组织或者个人合作，利用非国家财政性经费举办的实施本科学历教育的高等学校。"其资源主要来源于市场，只有满足市场需求才能获得生存空间。

3. 人本观念

人力资源是第一战略资源，人力资本是组织竞争取胜最根本的保证。对于独立学院而言，要实现自身的健康持续发展，其在管理当中也必须牢固树立"以人为本"的核心理念，即要以人为基础和核心来实施学校的管理，最大限度地调动、激发、保护好人的积极性、能动性和创造性。

（二）实施五大战略

1. 人才兴校战略

对于独立学院而言，实施人才兴校战略，重点要抓好以下四支队伍的建设：

（1）董事队伍建设。使董事会工作专门化、决策专业化。

（2）管理队伍建设。关键是解决主要领导职业化问题。提高学校管理的科学性和民主性，增强工作的针对性和有效性。

（3）学科带头人队伍建设。重点解决学科队伍过度老化和青黄不接的问题。可以采用专兼结合、内外结合、以老带新、引进与培养结合等办法，逐步建立起一支属于自己的高水平学科人才梯队。

（4）师资队伍（含实验教师、辅导员队伍）建设。重点解决数量和结构问题。宁波万里学院努力做到绝大部分教师专业化、专职化，广东白云学院重视从企业里广泛选拔专职实验教师，江苏三江学院鼓励辅导员在职提升学历、兼任"两课"教师等做法，值得其他同类学校借鉴。

2. 特色培育战略

结合自身特色和所在区域经济发展趋势，形成特色专业，培养特色人才，定位为区域经济服务。如重庆工商大学融智学院依托重庆建设长江上游金融中心的战略，打造特色金融专业，为重庆的银行、证券、结算中心建设输送合格人才。

3. 市场拓展战略

面对资源短缺、经费不足，独立学院需要大力拓展市场、扩大发展空间，可采取的策略有以下两大方面：

（1）多渠道筹措办学经费。争取政府的财政资助、社会捐赠。大力发展各类非学历教育，如利用自身的优势为周边企业提供技术开发和员工培训等。

（2）尝试资产重组和资本运作。院校间的并购重组正成为独立学院势力扩张的新动向、新举措。

4. 管理优化战略

在市场经济环境下，面对全球化、信息化的新挑战，管理优化已经成为各种社会组织竞争取胜的关键手段和必然路径。独立学院要更好地生存与发展，也必须在管理上实现新的突破。主要从以下几方面着手：一是健全法人治理结构，确保重大决策的科学性和民主化；二是推进组织变革与流程再造，努力提高管理的效率和效益；三是实现两大机制创新，永葆独立学院的生机和活力。两大机制是指用人机制和分配机制。在用人上，关键是要形成制度化，走上规范化的道路。在分配上，则要坚持效率优先、兼顾公平，实行绩效导向、优劳优酬、市场定价、谈判工资和年功递进等制度。

5. 文化塑造战略

大学文化是一所大学的根基和灵魂，文化竞争力是一所高校的本质力量所在。对于独立学院来说，大学文化的塑造和培育，是其长期存在的生命源泉和深入发展的根本依托。

（1）重视精神文化凝练和集成。在围绕"为什么要办学"和"怎样办好学校"两大主题充分讨论、多方比较、达成共识的基础上，通过各种制度载体和文本格式，广泛宣讲、切实贯彻，使之深入人心、广为人知，内化为全校人员的主体意识和自觉行动。

（2）重视制度文化建设和推行。由于受传统权力陋习和"资本雇佣劳动"观念的影响，不少独立学院在制度执行上仍存在"一言立法，一言废法"以及"老板高于制度"等现象。这种局面对学校的制度建设非常不利，亟待改观。

（3）重视环境文化塑造和改进。独立学院作为一种重要的文化机构，其环境文化塑造也是大学文化建设的重要组成部分。在经费允许的前提下，独立学院也应更加重视这些方面，如校园环境的布局、校园雕塑的选择、学校标志的设计和学术氛围的烘托等方面，都有很多鲜活的个案。逐步塑造起富有自身特点、个性鲜明的环境文化。

参考文献

［1］佚名. 独立学院：异军突起的高教黑马［EB/OL］. http://www.eieol.en/zt inximb.asp?id=17&typepie=image/ztlmmtsj.gif.

［2］中华人民共和国教育部. 最新独立学院名单（截止2010年7月12日）［EB/OL］. http://edu.sina.com.cn/gaokao/2010-07-20/0954259349.shtml

［3］张勇传，齐铁峰. 中国大陆高校独立学院的类型结构分析［J］. 黄河科技大学学报，2005（4）：6-9.

［4］潘懋元. 对接资本市场——在民办高等教育与资本市场高级论坛上的发言［J］. 教育发展研究，2004（3）.

［5］厉以宁. 教育产品的性质和对教育的经营［J/OL］. http://www.edu.cn.

［6］常晓薇. 试析"一般职业经理人"经管类应用型人才培养目标的创新［J］. 黑龙江高教研究，2011（8）：140-142.

［7］孙峰. 论地方普通本科院校的定位［J］. 黑龙江高教研究，2009（6）：26-28.

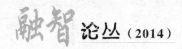

健美操运动员核心力量练习的
重要性及训练方法研究

陈勇芳①

[摘要] 运用核心力量、核心稳定性等方面的知识，针对现阶段健美操运动员对核心稳定性的认识不够以及对核心稳定性训练不够重视等问题，从健美操项目的特点探讨健美操运动员核心力量训练的重要性，核心的稳定性对健美操运动员技术动作完成的精确性、协调性以及实效性等方面都有积极的促进作用。同时根据其他项目核心力量训练经验提出健美操运动员核心力量训练的方法和建议，树立核心部位整体性意识，为提高健美操运动员核心部位力量及稳定性提供参考。从核心力量训练作用和其他项目实践经验看，要想改善并提高健美操运动员的动作稳定性，有必要从核心力量训练这一全新角度对健美操运动员稳定性作进一步研究。

[关键词] 健美操运动员　核心稳定性　核心稳定性训练　核心稳定性的重要性

核心力量训练在 21 世纪逐渐被各个国家经济领域的专家和运动员所接受，并应用到运动训练的实践中。而如何进行核心稳定性的训练，也成为学者关注和研究的热点问题之一，对于核心稳定性的概念，其重要性以及核心力量训练的方法也有很多不同的认识。而对于健美操运动员来说，核心的稳定性对健美操运动员技术动作完成的精确性、协调性以及实效性等方面都有积极的促进作用。因此，将核心稳定性训练纳入健美操运动员训练内容，对健美操运动员技术动作的形成与发挥有着积极意义。

一、核心稳定性概述

（一）核心稳定性的含义

核心稳定性是指运动中控制骨盆和躯干部位肌肉的稳定姿态，为上下肢运动创造支点，并协调上下肢的发力，使力量的产生、传递和控制达到最佳化。核心稳定性训练是针对身体核心肌群进行的稳定、力量、平衡等能力的训练。通过核心稳定性训练建立一个强大的核心肌群，对身体动态链功能的发挥有着巨大的

---

① 陈勇芳：重庆工商大学融智学院教师；主要研究方向：体育教学。

影响。

（二）核心稳定系统的构成

核心的稳定系统由三个子系统构成：神经控制系统（Control Subsystem）、主动稳定系统（Active Subsystem）和被动稳定系统（Passive Subsystem）。神经控制系统对外来信号作出反应，通过主动稳定系统来达到稳定脊柱的目的；主动稳定系统包括所有参与脊柱稳定的躯干肌群，无论脊柱是静止的还是运动的，它们都在神经系统的控制下共同维持脊柱的稳定，可见，躯干肌群在脊柱的稳定性中有着重要作用；被动稳定系统包括椎体、椎间关节、椎间盘以及韧带的固有张力，在脊柱活动中起支撑和应力感应作用，还能将应力变化及时反馈至神经控制系统。

（三）核心稳定的主要肌群

核心区域的肌肉主要是指环绕我们身体躯干中心的那些提供身体稳定和力量源泉的肌肉群，这些肌肉往往是连接脊椎或腰盆区域。这些肌肉有很多，但从起稳定作用的角度来讲，最深层的核心肌肉架构是由腹横肌（Transversus Abdominis）、横膈膜（Diapheram）、多裂肌（Multifidus）、骨盆底肌（Pelvic Floor）等深层肌肉所组成的一个弹性框架，这几组肌肉群协同收缩可以使身体核心区域形成一个刚性连接，帮助人体更好地完成躯干的稳定以及力的有效传递。

我们可以简单地把这些肌群的连接看成是一个屋子，由此腹横肌连接着胸腰筋膜和腹白线，如同一根腰带一样，围绕着我们的身体腹腔像是墙壁，它是我们腹部最深层的一块肌肉；而横膈膜隔开了胸腔和腹腔，位于腹腔的上面，就像是屋顶；多裂肌呈斜线状在后背稳定各个脊椎横突和棘突间，好像是稳定住脊柱这根大梁一样，它和腹横肌联合收缩可以稳定腰椎以及骨盆带。而骨盆底肌由位于骨盆底部的一些小肌群构成，它们协同收缩封闭骨盆底部，就像是这个屋子的地板，起到了承托盆腔、腹腔内脏和承受腹腔压力的作用。

当我们走路、跑步、坐下、扭转、弯腰或跳跃时，核心的稳定性始终在默默地发挥作用，若没有深层肌肉协同工作保持结构的相对稳定，我们的脊柱将是非常脆弱的。

（四）核心稳定性的训练

核心是身体运动的源泉，任何运动都必须从启动核心开始。核心既创造力量，也为肢体肌肉的力量传递提供稳定的支点。由于主动稳定系统的肌群在记住稳定性中有着重要的作用，且肌肉的可塑性强，最适合训练，因此增加核心稳定性主要是对围绕我们身体躯干的肌肉群进行训练。在这些训练中，必须遵守循序渐进原则。一般的程序是：初级的腰椎与骨盆的稳定性训练—高级的腰椎与骨盆的稳定性训练—功能运动训练。

1. 初级的腰椎与骨盆的稳定性训练

基本稳定性训练的主要内容是学习如何稳定腹部深层的肌肉组织，以提高对腰椎和骨盆的控制能力。这包括三层腹壁肌肉，也就是腹直肌、腹斜肌、腹横肌。加强对这些肌肉部位的锻炼，提升这个区域的灵活性和协调能力。正确完成这些基础练习，才能体会这些肌肉的运动特性，为高级稳定性训练打好基础。在

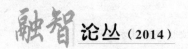

这一阶段，通常采用的练习方法有：骨盆卷动（Pelvic Curl）、俯卧板（Prone Plank）、卷腹抬起（Chest Lift）、卷腹单腿伸展（Single Leg Stretch）等。需注意在练习时，必须保持身体稳定，保持腰椎的中立位置。

2. 高级的腰椎与骨盆的稳定性练习

在这个阶段的练习，是在核心有较好的控制的基础上，对抗重力，在中立位置保持或做动作。由于阶段训练有一定难度，对一些完成较困难的动作，可以借助其他器材完成。通常采用的练习方法有：侧卧踢腿（Side Leg Kicks）、俯身撑起（Push Ups）、髋部画圈（Hip Circle）、跪姿侧踢（Kneeling Side Kick）等。

3. 功能运动训练

功能运动训练可进一步提高平衡能力、协调能力、精确性并获得技能。功能训练通常结合运动项目特点，要求动作的动力稳定性。运动员可通过适当增加负荷或借助其他器材完成动作，以提高难度。在此训练中，四肢活动的范围仍要保持脊椎和骨盆的中立位，提高动作的安全性与准确性。

二、核心稳定性对健美操运动员的作用

健美操是运用简单的动作，根据每个人不同的身体特点、身体发展的要求，组编成操，在节奏感强、速度较快的音乐伴奏下，通过身体练习，塑造美的形体，从而达到健身、健心、健美、陶冶情操的目的。健美操是多关节和多肌群参与的全身运动，在运动过程中将不同关节的运动和多块肌群的收缩整合起来，形成符合专项力学规律的肌肉"运动链"，为四肢末端发力创造良好的条件。虽然躯干部位的肌肉不像四肢直接完成技术动作，但是躯干部位产生的力量是人体运动合力的重要来源，为四肢肌肉的收缩建立支点，提高四肢肌肉收缩力量，协调不同肌肉之间的运动，增强身体的稳定性，加速力量的传递，提高健美操运动员的运动效率。

（一）提高动作的完美度与完成度

对于操化动作而言，健美操讲究舒展，就是做动作看起来要大气，讲究的是最远端发力，力发到点上。而做到这点，需要以身体的稳定性作为支撑。四肢运动的支点是在躯干。当力量通过下肢传到上肢时，核心部位就会建立一个稳定的支点，以此在较快的音乐中控制身体的平衡，稳定姿态，从而提高高难度动作的完成度。而由于有较为强大的稳定机构，健美操运动员在比赛中，体现健美操的力与美，使动作更加完美。

（二）提高有氧代谢的能力

健美操的动作及其套路设计，都是以保证健美操运动员在运动过程中能够最大限度地摄入氧气并充分利用氧化来燃烧体内的糖原、突出燃烧脂肪作为能量供给为前提的，以此实现加快体内新陈代谢、重新建立人体更高机能水平的目的。在有氧运动中，呼吸系统、心血管系统以及大脑中枢神经都能得到良好的锻炼。

（三）塑造良好的身体姿态

健美操不仅仅是展现力与美，更多的是侧重于对身体姿态的塑造。健美操动

作协调、流畅、有弹性，使运动员不仅锻炼了身体，更多的是在学习和练习中，提高了自己的审美意识和艺术修养。长期进行健美操锻炼，有利于骨骼、肌肉、关节等各个部位匀称发展；有利于改善不良姿态，塑造优美的身体姿态。因此，健美操运动员的训练要特别注意循序渐进，做好长远发展的打算，运动员应在训练中对细节问题进行把握。核心稳定性能够促使健美操运动员良好姿态的形成，不仅仅是健美操这项运动的技术要求，也是学习和生活中所必需的。

（四）有效预防运动损伤

健美操运动员的核心部位力量不足则会导致躯干本体感觉能力下降，时空判断不准确，对身体控制能力不强，从而导致身体的中立位置发生偏移。由于健美操运动中含有较多的高冲击动作，如果对身体控制能力不强，则容易导致膝盖等关节部位的运动损伤。核心稳定性训练，可根据健美操特点训练躯干的控制、平衡和协调能力，减轻椎间盘压力、减轻关节的张力并稳定脊椎，最大限度防止与减少运动损伤。因此，加强核心稳定训练也是延长健美操运动员运动寿命的有效方法。

三、健美操运动员的核心稳定性训练

健美操运动员核心稳定性训练同样需要经历初级的腰椎和骨盆的稳定性训练、高级的腰椎和骨盆的稳定性训练以及功能运动训练三个阶段。以下主要探讨的是健美操的腰椎和骨盆稳定性训练（以静力性训练为主，配合呼吸）。

（一）肩桥预备（Shoulder Bridge Preparation）

（1）仰卧，保持脊椎自然中立位。屈膝90度，双腿分开与臀部同宽，双腿保持平行，双脚平放于地面，双手置于身体两侧。

（2）呼气，收缩腹部，骨盆后倾，抬高耻骨，向上逐节逐节卷动脊椎，直至身体膝盖与肩膀成一条直线。

（3）吸气，保持骨盆稳定，膝关节角度不变，屈髋抬起右腿。

（4）保持骨盆不动，呼气，慢慢放下腿部，交换到另一侧。

此运动增加了骨盆的稳定性，强化臀部肌肉和腘绳肌，收紧臀围线和大腿后侧。

（二）百次拍击（The Hundred）

（1）仰卧，抬起双腿，屈膝屈髋90度。

（2）吸气，做准备；呼气时，凝聚核心力量，抬高头和肩。

（3）吸气，拍击手臂5次，保持躯干稳定，手臂伸直。呼气，拍击手臂5次。以此为一个练习组，继续拍击，保持呼吸和动作的协调。

在此项练习中，除了增加腹肌力量，运动员也将学习如何在动态过程中保持躯干和背部的稳定，加强呼吸和动作的协调，提升躯干的稳定性。

（三）平板支撑（Plank）

（1）俯卧，用脚趾支撑地面，90度弯曲肘关节，保持肘关节在肩膀的正下方。

（2）收紧腹部，抬高身体，直至头部、身体和双脚成一条直线，保持脊椎中立位。维持正常呼吸，保持30秒以上，或尽可能长的时间。

通过脊椎和骨盆中立位的维持，强化身体核心肌群。促进身体中轴的核心控制能力，培养正确的骨骼排列和肩带的稳定意识。

（四）俯撑腿臂平伸

（1）四足支撑，手臂和双腿垂直于地面，保持脊椎处于自然中立位。

（2）吸气，将左腿向后延伸然后抬高到髋部的高度，不要改变后背的姿势。同时抬起右手向前延伸，不要改变肩的姿势。

（3）呼气，收缩腹部，将左腿和右手同时收回。重复练习，交叉对侧的手臂和腿部的两侧伸展。

此项练习能够培养腰骶的力量和意识，并增加骨盆的动态稳定性。

（五）康康舞（Can Can Dance）

（1）弯曲膝盖，脚尖触地，挺直背，身体微微后仰成"V"形坐姿一样坐在垫上，两手分开稍宽于肩，放在髋后的垫上支撑住身体躯干，手指间稍稍向外指并向斜后侧。

（2）吸气，保持身体姿势不变，腰背挺直，两眼视线向前，将膝盖转向右侧，脚尖仍然保持触地。

（3）呼气，伸直膝盖，脚向斜侧方向踢出。

（4）不要停顿，屈膝收腿；吸气；转动两腿，膝盖转向左侧。

（5）呼气，让两腿向左侧踢出，伸直膝盖，重复步骤2~5。

增加核心力量以及控制能力。收紧腹部，尤其是下腹部。增加下肢关节的灵活性，美化腿部线条。要注意踢腿时身体应该保持稳定，不会摇来晃去，应该让动作富有节奏感，双腿尽可能踢得高，动作越流畅，就会越感觉轻松。

（六）侧踏单车（Side Leg Bicycle）

（1）仰卧，头部、躯干与垫子的后侧缘对齐。双腿并拢伸直，髋部略微屈曲，使双腿稍稍向前移动与身体略构成30度角。肘关节支在垫子上，手支撑住头部，另一只手放在胸前支撑在前面。保持肩膀、髋部都垂直于地面。

（2）上侧的腿稍稍提起，至骨盆的高度。

（3）呼气，上面的腿膝盖向后平行伸展，保持腿与地板平行，并与髋在同一直线上，注意骨盆不要摇动。

（4）髋部保持不动，弯曲膝盖，脚跟靠近臀部。

（5）吸气，保持膝盖角度不变，沿一个水平面向前屈髋，不要影响躯干的稳定。

（6）髋关节不要移动，在原位伸直膝盖，尽量伸直腿部，骨盆仍旧需要保持稳定。重复步骤3~6。

这个动作能够提高躯干和骨盆在侧卧时的稳定性，收紧腹部，并有效强化和拉伸臀部、髋部以及大腿前后侧肌肉，美化腿部线条。联系时要求凝聚核心的力量，收缩腰腹部，控制髋部完全稳定，不能倾斜和摇晃，注意躯干上面一边的腰部不要下塌，然后上侧腿部髋关节和膝关节在前后两个方向都尽可能运动到最大的幅度。

（七）俯身撑起（Push Ups）

（1）站在垫子的末端，脊椎和骨盆处于自然中立位，并拢双腿，双臂自然垂落指向地面。

（2）吸气，体会身体向上延伸；呼气，下巴靠近胸口，接着从脊柱的最上端开始往下卷，一直卷到你的手可以碰到垫子，将手掌放在垫上。

（3）手顺着垫子往前移动，直到手腕在肩膀的下方，身体从头到脚呈一条直线。腹部收紧，收臀，呈"俯卧撑"姿势，颈脖拉长，目光视线向下。

（4）吸气，保持躯干挺直，慢慢弯曲肘关节，放低身体；呼气，挺直肘关节撑起身体回原位。连续做三次俯卧撑，注意上臂贴近身体，肘关节指向后方，肩胛保持稳定。

（5）当完成最后一次撑起后呼气，挺至肘关节，手掌前推，重心向后移动，尾骨向上顶，身体呈一个倒转的"V"字，脚跟压向地面。

（6）双手手掌交替爬行回到身前，再收缩腹部，带动逐节脊椎舒展卷回到起始位置。

它要求双臂紧贴躯干，身体始终呈一条直线，即使身体放低时肩胛骨之间也必须保留空间，这迫使肩胛周围的深层肌肉统统调动起来，来辅助肩带的稳定。另外让腰腹部、臀部、髋部的肌肉也参与到动作练习当中来。强化全身的肌肉，促进核心和肩胛骨的稳定，以及腰盆的稳定。

参考文献

［1］魏晓燕. 中长跑运动员的核心稳定性训练研究［J］. 山东体育学院学报，2008(1).

［2］冯建军，袁建国. 核心稳定性与核心力量研究评述［J］. 体育学刊，2009(11).

［3］黄继珍，赵嗣庆. 核心力量训练的实质及在我国竞技体育的实践［J］. 体育学刊，2010(5).

［4］关亚军，马忠权. 核心力量的定义及作用［J］. 北京体育大学学报，2010(1).

［5］韩春远. 核心力量训练的基本问题——核心区与核心稳定性［J］. 天津体育学院学报，2012(2)：117-120.

［6］郭树涛. 核心稳定性——释义及形成机制［J］. 北京体育大学学报，2010(8).

［7］刘斌. 核心力量训练的应用与评价［J］. 西南师范大学学报：自然科学版，2011(8).

［8］王伟明. 核心力量的定义及作用的再探讨［J］. 湖北体育科技，2012(1).

［9］杨继美. 对体操运动员核心力量训练与落地稳定性关系的探讨［J］. 武汉体育学院学报，2010(8).

［10］陈丽霞. 核心部位整体性意识在健身健美操态姿势中的应用研究［J］. 中国体育科技，2007(43).

［11］敬龙军. 核心力量在竞走运动训练中的理论与实践研究［J］. 首都体育学院学报，2011(5).

体育教育专业学生教学实习前后
教学信念的比较

贺小卫①

[摘要] 本文运用文献资料法、问卷调查法和数理统计法，研究体育教育专业本科生在教学实习中教学信念的变化。研究结果表明：体育教育专业学生实习后总体教学信念比实习前有所提高；在不同的级别学校实习、不同就业意向、不同性别实习生教学信念在实习前后在部分分量表上均有显著性差异。研究的目的是更好利用教学实习促进体育教育专业本科生教学信念形成，为体育学院更好培养体育教师提供参考。

[关键词] 体育教育专业学生　教学实习　教学信念

一、前言

教师的教学信念是教师在教学过程中，对教学工作、教师角色、学生、学习、课程等相关因素所持有且信以为真的观点和态度，也是教师在教学实践活动与课余生活中所积累的一些经验，其构成了相互关联的一个系统，从而指引着教师课堂上的思考与日常的行为。教师的教学信念并不是从从事教师这个职业开始的，教师在从职前学校对教师的教育、教学活动以及早期的来自家庭里父母的教育和社会的一些教育活动，都会影响到教师的教学信念的形成和发展。而教学实习是从学生角度过渡到教师角度，也是教师教学信念形成和转变的一个重要时期，其教学信念的形成和变化会影响其从事体育教师后的教学水平和教学能力以及对学生的学习期望和所持有的态度。本研究将体育教师的教学信念的研究放在其学生时代的教学实习过程中，研究教学实习前后实习生教学信念在学习维度、课外活动维度、学生学习评价维度、课堂教学维度和体育课程维度等方面发生了哪些变化，旨在提高教学实习的质量和水平，促进教学信念形成，为以后的体育教学打下坚实的基础。

---

① 贺小卫：重庆工商大学融智学院教师；主要研究方向：体育教育。

二、研究对象与方法

（一）研究对象

本研究以武汉体育学院体育教育专业 2006 级、2007 级的实习生为研究对象，这些实习生分别在武汉大学、中南民族大学、中南财经政法大学、华中科技大学武昌分校、中国地质大学江城学院以及武汉中小学进行教学实习。

（二）研究方法

1. 卷调查法

采用潘铁军副教授的《体育教师职前教学信念调查问卷》，问卷中有 25 个问题，有五个维度，分别为学生学习、课外活动、学习评价、课堂活动和体育课程维度，4 个分量表内部一致性系数（α）为 0.75～0.85，该表具有良好的信度和效度。实施问卷调查前，对武汉体育学院教育学院 2006 级 6 组、8 组和 11 组学生将要实习时测量，共发放问卷 84 份，回收问卷 80 份，进行信效度检验。检验的结果是：五个维度的内部一致性系数（α）为 0.74～0.78，各分量表的内部一致性均高于 0.70。总的量表信度 α=0.89。问卷适合本文要研究的范围。

正式测量：2009 年 9 月 15 日，在武汉体育学院 2006 级体育教育专业在校准备实习期间，发放问卷 198 份，有效问卷 193 份，2010 年 12 月 7 日～23 日，即学生实习结束后再一次调查，发放问卷 196 份，收回 194 份，有效问卷 190 份。2010 年 9 月 10 日～28 日，在武汉体育学院 2007 级体育教育专业在校准备实习期间，发放问卷 229 份，有效问卷 226 份，在 2010 年 12 月 1 日～20 日，学生即将实习结束后进行了调查，发放问卷 229 份，收回问卷 219 份，有效问卷 218 份。

2. 数理统计法

利用 SPSS 17.0 对问卷调查所收集的数据进行统计学处理。

三、结果分析与讨论

（一）全体实习生实习前后教学信念的整体分析

探索体育院校体育教育专业全体实习生在实习前后教学信念是否有变化，具体数值和分析如表 1：

表 1　　　　全体实习生前后教学信念的比较

维度		均值	人数	标准差	T 检验	P 相伴概率
学生学习	实习前	15.56	412	3.164	-0.352	0.726
	实习后	15.76	408	3.893		
课外活动	实习前	19.01	412	3.493	-2.767	0.006
	实习后	20.18	408	3.193		

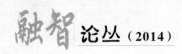

表1（续）

维度		均值	人数	标准差	T检验	P相伴概率
学习评价	实习前	16.10	412	4.766	1.770	0.080
	实习后	14.77	408	4.740		
课堂活动	实习前	33.64	412	5.531	-2.782	0.007
	实习后	35.59	408	5.353		
体育课程	实习前	23.94	412	4.283	-3.092	0.003
	实习后	25.39	408	3.589		
总分	实习前	108.06	412	12.791	-2.500	0.014
	实习后	111.86	408	11.351		

注：相伴概率 $P<0.05$

表 1 的数据显示，总的教学信念相伴概率是 0.014，小于 0.05. 表明实习前后实习生总的教学信念存在显著差异性。根据均值比较，实习后学生总的教学信念增强，主要表现在课外活动、课堂活动和体育课程这三个维度上，它们的相伴概率分别为 0.006，0.007 和 0.003，均小于 0.05，有显著差异性。通过将近三个月的教学实习，实习生把体育课程的目的贯彻在课堂的讲授以及课外活动的辅导中，更加深刻地了解到体育课程的目的——培养学生终身锻炼的思想和终身从事体育的能力，从而增强实习生体育课程教学信念。在课外活动这个维度，实习后实习生更加深刻地认识到学生在课外进行开导、交流和辅导的重要性；对学习较慢的学生，教师须付出更多精力和时间加以指导，同时要特别重视和关注体育活动能力差的学生；在课后的练习中要根据不同情况的学生提出不同的要求。在实习前实习生也可能有这些方面的认识，但认识可能没有这么深刻，因此实习生在此维度上的教学信念得到加强。在课堂活动这个维度上，在实习前实习生脑海中关于课堂活动维度的信念可能仅仅停留在灌输式的教育模式之中，忽视了在教学中要增加学生内部学习的动机，提高其学习运动技术的兴趣。在实习中，通过指导教师的指导、参与校外的公共课等活动，深刻认识到在课堂上学生的主动性和积极性很重要，要增加学生的兴趣爱好，同时要增进学生内在的体育学习动机。这些认识的提高有利于其实习生的课堂维度信念的提高。

（二）不同等级学校的实习生教学信念的比较分析

有些研究者认为环境是影响教师教学信念的一个很重要的要素。不同学校的文化氛围及其实习条件对教师的教学信念也会有不同的影响。本研究对在大学里实习的实习生和在中小学实习的实习生实习前后的教学信念变化进行比较研究，具体数据见表 2。

表2   不同级别学校的实习生实习前后教学信念比较

维度		均值（大学/中小学）	T（大学/中小学）	P（大学/中小学）
学生学习	实习前	16.00/16.55	1.154/-0.942	0.258/0.358
	实习后	14.90/17.55		
课外活动	实习前	16.45/20.80	-2.760/-1.033	0.010/0.315
	实习后	19.03/21.30		
学习评价	实习前	14.90/16.65	0.514/-1.612	0.611/0.117
	实习后	14.28/16.80		
课堂活动	实习前	29.59/36.10	-3.408/-0.635	0.002/0.533
	实习后	34.48/36.85		
体育课程	实习前	21.14/24.80	-4.030/-2.535	0.000/0.020
	实习后	23.79/27.15		
总分	实习前	98.07/113.90	-3.798/-0.727	0.001/0.476
	实习后	106.48/115.65		

注：相伴概率 $P<0.05$

在课外活动、课堂活动、体育课程和总分维度上，大学实习生在这几个维度上实习前后教学信念有显著性差异，它们的相伴概率为 0.010，0.002，0.000，0.001，均小于 0.05。在中小学实习生只在体育课程这个维度上实习前后存在显著性差异，相伴概率为 0.02，小于 0.05。其他纬度上实习前后教学信念没有显著性差异。造成此差异的原因可能是在中小学里，有些学校的硬件设施不完善，场地器材少，开设体育项目有限，实习课不能按照要求顺利进行。再加上有的中小学学生不好管，课堂纪律不好，时间短，学生体育成绩差，不能主动参与到教学中。此外，学生课外活动少，实习生没有机会去辅导，体会不到课外活动的重要性。而在课堂活动和课外活动上仅仅是走过场，没有用心去准备，在实习中没有学到东西。不能加强实习生教学信念。而在大学里，体育场地比较好且人均占有率高，器材配套比较完善，实习生正好发挥自己的专项特长，体育教学能够顺利完成。并且大学生体育基础好，有自己的爱好，很容易自觉参与到体育教育中，大学一节课是连上，时间长，实习生能按照自己的思路教学，用心备课，学习体育课程标准，再加上大学教师比较重视教学实习，教学指导水平比较高，经过三个月实习，在课外活动、课堂活动中学到很多教学方面的东西，对自己教学了解也会更加深刻，从而增强教学信念。

（三）不同就业意向的实习生教学信念的比较分析

从体育教育专业的培养目标可以看出，体育教育专业主要是培养学校体育教学、运动训练和课外体育活动的工作者，但是由于个人的爱好不一样，有些实习生喜欢毕业后从事其他职业。不同就业意向的实习生对教学实习的重视程度不一样，他们的就业意向可能是影响实习生教学信念变化的一个原因，为探索在不同就业意向的实习生在实习前后教学信念是否出现显著性的差异，本研究对他们在

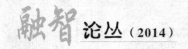

实习前后的教学信念的差异程度进行比较，具体数据见表3：

表3　　　　　　　　不同就业意向的实习生实习前后教学信念比较

维度		均值（教师/其他/不清楚）	T（教师/其他/不清楚）	P（教师/其他/不清楚）
学生学习	实习前	15.20/15.82/15.70	−0.330/0.688/−0.431	0.742/0.497/0.669
	实习后	15.45/15.24/16.08		
课外活动	实习前	18.02/19.52/19.57	−3.710/−1.114/−1.219	0.001/0.027/0.231
	实习后	20.35/20.42/20.41		
学习评价	实习前	16.33/15.30/16.44	1.998/0.339/1.043	0.053/0.273/0.304
	实习后	14.20/14.85/15.36		
课堂活动	实习前	32.20/35.27/34.49	−3.252/−0.400/−1.280	0.002/0.692/0.013
	实习后	35.88/35.76/35.78		
体育课程	实习前	22.38/24.42/25.11	−3.475/−2.506/−0.564	0.001/0.017/0.576
	实习后	25.23/26.45/25.49		
总分	实习前	104.13/110.33/110.94	−2.764/−0.953/−1.392	0.009/0.348/0.173
	实习后	111.10/112.73/113.53		

注：相伴概率 $P < 0.05$

　　表3的数据显示，就业意向为体育教师的实习生在课外活动、课堂活动、体育课程维度和总分上的相伴概率分别为0.001、0.002、0.001和0.009，均小于0.05，在实习前后均呈现显著性的差异；根据均值，实习后相对实习前教学信念是提高的。其他维度上没有差异性。就业意向为其他职业的实习生在课外活动和体育课程两个维度上的相伴概率分别为0.027和0.017，均小于0.05，呈现显著性的差异；根据均值，实习后相对实习前教学信念有所提高。就业意向为不清楚的实习生只在课堂活动维度上的相伴概率为0.013，小于0.05，在实习前后均呈现显著性的差异；根据均值，实习后教学信念有所加强。其他维度上没有显著性差异。

　　造成这种结果的原因可能是不同就业意向的实习生对实习的重视程度不同，从而使其在实习准备阶段和实习时投入的时间不一样，认真程度也不相同。就业意向为体育教师的实习生，将这次实习看成其即将走上教师岗位的演练，在实习中投入了百分之百的精力和时间，充分利用这难得的实习机会，提高和历练自己，实习后其在课外活动、课堂活动、体育课程维度和总的信念方面均发生变化，并呈现了显著性的差异。就业意向为其他职业的实习生，他们中的部分人会认为实习仅仅是一门要完成的任务，实习时漫不经心，敷衍了事。就业意向为不清楚的实习生，由于对未来没有很好地规划，致使在大四时还浑浑噩噩，不知道自己奋斗的目标是什么，做事情大多都很散漫，其散漫性也可能在实习中得到体现，他们只想着上好体育课，实习能过就可以，致使其仅仅在课堂活动维度上发生一些改变，在其他纬度上实习前后未呈现显著性差异。

四、结论与建议

（1）全体实习生在实习后总的教学信念提高，在课外活动、课堂活动和体育课程的维度上实习后比实习前教学信念有所提高。教学实习可以提高实习生教学信念，学校和教育主导部门应该重视实习活动，在大学期间增加更多实习机会，使教学信念尽早得到形成，加强学生的教学信念，使其入职后尽快适应体育教师角色。

（2）在大学学校实习的学生在课外活动、课堂活动、体育课程和总分维度上实习后相对于实习前教学信念增强。在中小学实习的实习生只在体育课程这个维度上实习前后存在显著性差异。体育院校安排学生实习时应尽量安排在大学里面或硬件设施好的中小学，引起各校指导老师重视实习对学生的重要性，以期达到更好的实习效果，加强教学信念。

（3）就业意向为教师的实习生，实习后相对实习前总的教学信念有所提高。而其他就业意向的实习生总的教学信念未呈现显著性的差异。在平时的体育教育中，学校应该开展相关的教育和讲座，促使学生职业规划的早日形成，在实习中有目标，加强学生教学信念。

参考文献

　　［1］赵昌木. 论教师信念［J］. 当代教育科学，2004(9)：11-13.

　　［2］谢翌，马云鹏. 教师信念的形成与变革［J］. 比较教育研究，2007(6)：31-35.

　　［3］张彬. 教育实习生个体认识论信念与教学信念关系［D］. 上海：华东师范大学，2010.

　　［4］丁福全，贾玉翠. 中学数学教师教学信念的现状调查［J］. 湖南农业大学学报，2008，5(3)：34-35.

　　［5］周仕荣. 师范生数学教学信念的发展研究［D］. 上海：华东师范大学，2007.

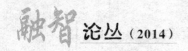

青少年乒乓球运动员训练中的
伤病及预防方法探析

牟炳楠[①]

[摘要] 每天长时间、超负荷的运动量，容易导致运动员的损伤。乒乓球运动员慢性软组织发生微细结构损伤的概率比其他任何一项运动都要大，此概率的与日俱增已经成为乒乓球教练员和运动员十分关注的问题。本文利用问卷调查法、数理统计等方法，对重庆市体校青少年乒乓球运动员的损伤问题进行客观统计，并对创伤病因的各个因素做了初步的分析，探讨其发生规律，为今后采取有效措施、积极防治运动损伤提供必要的理论根据。

[关键词] 青少年 乒乓球 伤病 防治方法

在奥运会羽毛球、乒乓球项目大丰收后，重庆市体校迎来了招生的热潮，不少父母把小孩送去体校训练，特别是重庆市奥运冠军李雪芮的母校，更是火爆异常。青少年体校为我们选择优秀运动员苗子提供了很好的保证，但想要脱颖而出，竞争同样激烈，尤其是乒乓球项目。我国的乒乓球运动有着广泛、深厚的群众基础，同时意味着想要成为该项目的佼佼者，想要跻身省级甚至国家级运动员行列，就得从青少年时期接受持续性的艰苦训练。而长周期、大运动量、高强度、不科学的训练方式会使运动员身体机能不断下降，局部负荷过重，便会发生乒乓球运动员常见的运动损伤。本文对重庆市几个重点体校和乒乓球训练基地的青少年运动员进行了问卷调查，内容包括个人基本信息、训练情况、训练年龄、损伤部位、处理方法等。对统计结果进行了初步分析，探讨其发生规律，为今后采取有效措施、积极防治乒乓球运动员损伤提供必要的理论根据。

一、青少年乒乓球运动员损伤部位分析

对调查人员的统计表明，运动员的损伤部位多集中在肩部、腰部、膝关节、腕关节。具体分布情况如图1。

---

① 牟炳楠：重庆工商大学融智学院教师；主要研究方向：体育教学。

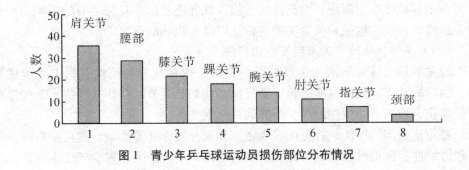

图 1　青少年乒乓球运动员损伤部位分布情况

二、主要部位损伤的常见原因及防治方法

（一）肩关节损伤的常见原因及防治措施

青少年乒乓球运动员肩关节损伤往往是过度重复同一动作或者在拉球的时候用力过猛造成的，特别是如果在训练或比赛前没有做好充分的热身情况下更容易出现这种情况。青少年乒乓球运动员肩关节周围的肌肉还没有发育完善，同时由于技术动作尚未稳定，一些青少年运动员由于血气方刚，更是不遗余力地拼了命地打，这样在没有充分活动开的情况下，突然用力容易造成脱臼或韧带拉伤。

预防肩关节的损伤首先要在训练前做好充分的准备活动，使肩关节活动开来；其次是在训练过程中，先用较轻的力量练习，再逐渐加大力度，切不可一上台便用猛劲去拉攻球；最后，要注意及时休息，有效地释放肩部疲劳，肩关节出现疼痛感时，应减小运动强度或停止训练，诊断损伤原因，轻微损伤和小撕裂可以进行保守治疗，包括局部热敷、冰敷、经皮电刺激、针灸、按摩和口服药物，严重影响肩关节功能的，需去医院诊断或采取微创等手术治疗。

（二）腰部损伤的常见原因及防治措施

在乒乓球运动过程中，几乎每一次击球，都离不开转腰这个动作，腰部活动以大肌肉群为主，而上体基本保持前倾的状态，腰部肌群也一直处于紧张的状态中，如果运动结束后不进行整理放松运动，这样容易导致腰部疲劳，不能有效地恢复，长此以往，会造成腰肌劳损、筋膜炎、急性腰肌扭伤、腰椎间盘突出等损伤。

在训练前要做好腰部的准备活动，调动大肌肉群的兴奋度。腰部出现损伤后，比较轻度的局部组织或韧带的损伤，应先减少或停止腰部的运动，然后采取腰部按摩、推拿、针灸、牵引并配合一些中医药物进行调理；如出现严重的损伤，要马上停止运动，去医院进行系统的治疗。

（三）膝关节损伤的常见原因及防治措施

运动员在打球的整个过程中，膝关节基本都处于半屈伸位，膝关节周围的肌肉处于紧张状态而韧带则处于牵拉状态，在训练或比赛中突然超过正常状态的拉伸，就容易造成膝关节内外两侧副韧带的运动损伤。

为了有效地预防膝关节损伤，比赛或训练前一定要做好准备动作，可通过压腿或慢跑的方法来提高兴奋度和协调性。在训练过程中切不可过度地重复单一动作，否则容易使肌肉僵硬，引起慢性劳损。此外还要加强对膝关节的锻炼，加强相关肌肉的力量、增强相关韧带的柔韧性以降低损伤的概率。

（四）腕部损伤的常见原因及防治措施

腕关节是人体关节结构中最复杂的关节，这种复杂的结构有利于手腕做精妙、细微的动作，同样也使手腕容易受损，比如腕关节的扭伤或骨折、腕关节的韧带损伤、指关节的急性损伤、腕部的神经损伤等。

要防止腕部的损伤，首先在训练之前要充分做好准备活动，提高手腕的灵敏度和协调性；挥拍时控制好手臂、手腕的动作。其次，因为青少年技术动作尚未稳定，在练习的过程中最好使用护腕；如果腕部出现疼痛或肿胀，应该停止运动，冰敷或者冷水浸泡，然后用药酒涂擦治疗减轻炎症反应，功能障碍严重时要及时去医院进行检查并在医生指导下进行治疗。

三、小结

青少年乒乓球运动员在训练中受到损伤的原因是多样的，教练员和运动员应重视伤病的防治，提前做好各种保护工作；发生损伤后要做好及时的治疗和调理恢复；要持续监测运动员的训练状况和身体状态，科学合理地安排训练强度和运动量，防治伤病反复。了解、熟悉青少年运动员身体、心理发育成长的各阶段，抓好身体、心理素质全面发展的关键期和敏感期，为以后的专项训练、进一步的成长打下良好的基础。

参考文献

［1］亦圣华，李繁荣，庄明谦. 乒乓球运动训练中损伤的一般规律及预防［J］. 山东体育科技，2002(12).

［2］陈小华，黄莉芹. 青少年乒乓球运动员体能训练［M］. 北京：中国地质大学出版社，2010.

［3］张伟峰. 普通高校乒乓球选项课肩关节运动损伤调查与分析［J］. 成都电子机械高等专科学校学报，2007(1).

［4］张钧，王世俊. 常见运动损伤的防治之三［J］. 安徽体育科技，1981(4).

［5］张志超. 试谈乒乓球运动员训练后的疲劳恢复［J］. 安徽体育科技，2004(3).

［6］须晓东. 优秀乒乓球运动员运动损伤的调查分析及对策研究［J］. 体育科研，2005(3).

网球运动员赛前焦虑状态和
自信心水平的研究

杨韩雪①

[摘要] 本文主要通过文献资料法、心理测量法、数理统计法等研究方法，调查研究参加 2010 年第十二届运动会网球比赛甲组运动员赛前焦虑状态和自信心水平状况，分析运动员赛前焦虑状态、自信心水平在性别、训练年限和运动成绩等变量上的差异及出现差异的原因。研究结论为不同性别、训练年限、运动成绩的运动员赛前焦虑状态及运动自信心水平存在显著差异，在赛前情绪和运动自信心各维度上都表现出显著差异，在比赛中运动成绩排名靠前的运动员赛前情绪处在一个适宜的水平。

[关键词] 网球运动员　赛前焦虑　自信心

一、前言

从比赛表现的内部因素分析，运动员的比赛成绩取决于比赛表现，而比赛的表现取决于身体素质、技战术和心理状态。这些状态是运动员通过遗传和学习获得的身体素质、技战术能力和心理能力的体现。有研究表明：低、中级运动员心理因素对技能的影响占 20%，生物力学因素占 80%；而优秀运动员正好相反，心理因素影响占 80%，生物力学因素占 20%。由此可见，心理能力对运动员成绩的取得起着举足轻重的作用。网球是一项隔网对抗类竞赛项目，以个人为主，具有很强的技术性、时间性。在比赛中，竞争性极强，要求运动员最大限度地发挥身体潜能和技术水平，对意志要求极高，是一项挑战运动员生理、心理极限的运动项目。从近几年的网球比赛情况看，优秀选手的身体素质和技术差距越来越小，赛前情绪影响运动员的水平发挥，其中运动员在赛前的焦虑和自信心是关系到比赛成败的重要影响因素，对运动技术水平的发挥起着非常重要的作用。因此进行此项目的研究，旨在揭示网球运动员赛前焦虑与运动自信心的基本特点以及对比赛的影响，以期为项目的心理选材以及心理训练提供实证依据。

---

① 杨韩雪：重庆工商大学融智学院教师；主要研究方向：体育教育。

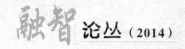

二、论题相关研究现状分析

（一）赛前焦虑相关概念及国内外研究现状

在运动心理学中，赛前赛中焦虑是普遍的、必然的现象，在一定范围内有助于促进运动技能的表现。焦虑是一中性物，既可能产生积极作用，也可能产生消极作用；具体产生何种作用，要依人的主观状态和客观环境的交互作用特点而定。

Martens 于 1982 年提出将竞赛焦虑分为认知状态焦虑、躯体状态焦虑和状态自信心三个方面。认知状态焦虑是指个体在竞赛时或竞赛前后即刻存在的主观上所认知到的对某种危险或威胁情境的担忧，是由对自己能力的消极评价或对比赛结果（成绩）的消极期望引起的焦虑。躯体状态焦虑是指个体在竞赛时或竞赛前后即刻存在的对自主神经系统的激活或唤醒状态的情绪体验，是直接由自主神经系统的唤醒引起的焦虑。状态自信心是指个体在竞赛时或竞赛前后对自己的运动行为所抱有的能否取得成功的信念焦虑，是个体在担忧自己不能达到目标或不能克服障碍而感到自尊心受到持续威胁下形成的一种紧张不安，并带有惧怕色彩的情绪状态。我国学者符明秋（1999）曾对高水平径赛运动员在比赛前一周、一天、一小时和赛后的四个时间段，采用竞赛状态焦虑问卷进行测试，结果表明认知状态焦虑、躯体状态焦虑和状态自信心三方面具有不同的时间变化模式。

（二）运动自信心相关概念的界定及国内外研究现状

自信是反应个体对自己是否有能力或成功地完成某项活动的信任程度的心理特性。传统心理学认为，自信心属于人格的特质倾向，并影响着人的行为。Vealey（1986）以特质和状态理论为基础，针对体育和竞赛情境的特殊性，提出将在体育运动中的自信分为：特质运动自信（SC - trait）和状态运动自信（SC-state）。特质运动自信属于运动员的人格特质倾向性，是指个体对其所具有的能力在竞技运动中获取成功的信念和确信程度。状态运动自信是指个体在某一刻、某一情境中对其具有的能力在竞技运动中获取成功的信念和确信程度。

综上所述，赛前焦虑与自信心对运动员的比赛成绩有着较大影响，这为本文的研究提供了理论依据。为此，应对网球运动员赛前焦虑进行研究，找出影响运动员比赛的消极因素。

三、网球运动员赛前焦虑的特点

（一）运动员赛前焦虑状态在不同性别上的特点

由表 1 可以看出，个人失败焦虑和社会期待焦虑的平均数男女差异相对较大，这与男女运动员的个性差别有关。女运动员在不同的情境中，心理变化更快，对手的改变、教练员或队友的一句无心话语，都有可能引起女运动员的心理变化，进而影响到比赛时技战术的稳定发挥。男女运动员在赛前情绪各维度的差异中社会期待焦虑维度尤为突出，社会期待焦虑是由于运动员肩负着为国家、为集体争光的责任以及接受来自社会、家庭、教练、朋友等多重支持与期待而形成的一种特殊的焦虑。在训练中个人对集体所做贡献的大小，教练是否给予关怀和厚望，都能反映出运动员所承担的责任和背负的期望，责任和期望如果超出了运动员的实际水平，就会使运动员产生社会期待焦虑。在很多年以前，体质成为男、女劳动分工的主要参照，男性主要从事需要力量、速度、长期离家的工作，相反，由于女性负责育儿，所以女性的工作与家庭的联系相对紧密。这个观念一直延续至今，通过同样的定位，运动参与行为也对他人判断运动员性别角色的行为产生影响。社会、家人甚至在运动队训练的运动员都比较倾向于把男运动员的成功归因于努力，而把女运动员的成功归因于运气。在平时的运动训练中，女运动员一般选择男运动员作为陪练，使自己的运动成绩有所突破；女运动员在成就领域中比男运动员自信心低，容易对自身的能力产生怀疑，对追求成功的欲望时高时低，并不稳定。

表 1   运动员赛前焦虑在性别上的差异

	N	个人失败焦虑		躯体焦虑		社会期待焦虑		自信	
		M±SD		M±SD		M±SD		M±SD	
男	38	9.53	3.41	9.71	1.81	9.42	1.87	10.89	1.80
女	32	11.94	3.06	10.94	2.94	11.81	2.33	9.63	1.79
t		-3.090^{**}		-2.054^{*}		-4.760^{***}		2.948^{**}	

（二）运动员赛前焦虑状态在不同训练年限上的特点

个人失败焦虑维度的值随着训练年限增长而减小，运动员的技术动作从开始练习就在不停地改善，使技术动作趋于完善。15~17 岁的网球运动员，训练年限大于或等于 3 年，说明运动员在 10 岁左右就开始了系统的训练，到现在技术动作已经定型，不会有大的变动，在力量、耐力、速度等身体素质达到一定水平时运动员运动成绩的发挥相对稳定，在一次一次的比赛中强化和完善自己的技战术。相反，训练年限短的运动员，技术动作并不是很稳定，尤其是平时发挥时好时坏的运动员在参加重要比赛时，更担心自己是否发挥稳定，非常关心比赛最后的成败，反而会导致个人失败焦虑明显。比赛成绩一直很好的运动员，在赛前会对自己的发挥有一定的把握，表现得更为自信，而比赛成绩总是一般或不理想的运动员，在赛前就会体现出较高的焦虑情绪。

表 2   运动员赛前焦虑在不同训练年限上的差异（$N=70$）

	N	个人失败焦虑		躯体焦虑		社会期待焦虑		自信	
		M±SD		M±SD		M±SD		M±SD	
短	34	11.94	3.28	10.94	2.53	9.65	1.56	9.47	1.60
长	36	9.39	3.17	9.64	2.23	11.33	2.77	11.11	1.82
t		3.311^{**}		2.285^{*}		-3.165^{**}		-4.000^{***}	

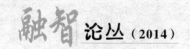

由表 2 可以看出，训练年限长的运动员的自信维度和社会期待焦虑维度都高于训练年限短的运动员，训练年限短的网球运动员的赛前个体失败焦虑和躯体焦虑都高于训练年限长的运动员，其中躯体特质焦虑差距不大。躯体焦虑是焦虑的生理性特征，直接由自发的唤醒引起，通过心跳加快、呼吸急促、手心出汗、胃肠痉挛及肌肉紧张表现出来。

（三）运动员自信心在不同性别上的特点

为研究网球运动员不同性别运动自信心是否存在差异，对不同性别运动员各个维度进行了独立样本 T 检验，结果见表 3：

表3　　　　　　　运动员运动自信心在不同性别上的差异（$N=70$）

	N	总体自信心		特质运动自信心		状态运动自信心	
		M±SD		M±SD		M±SD	
男	38	27.37	10.79	26.12	11.39	9.26	3.29
女	32	21.87	9.11	21.21	10.43	7.32	2.49
t		2.282*		1.866*		2.802**	

结果显示：不同性别运动员在总体自信心、特质运动自信心和状态运动自信心三个维度上差异显著。不同性别运动员运动自信心的总体自信心、特质运动自信心、状态运动自信心三个维度中，男运动员都要高于女运动员的值。总体看来，在网球项目比赛前男运动员比女运动员自信。运动员的性别是造成网球运动员自信心差异的重要因素之一，男运动员的总体自信心高于女运动员。总体自信心主要指一种类化的自信，抽象程度较高，比较稳定，反映了个体长期维持的一种基准水平，体现受试者对个人能力、意志、性格、品德、特长等的整体认识和态度，与具体的运动情境关系不大。

男运动员的总体自信高于女运动员，这应该与当今社会的文化教育、生活习俗、成就动机等因素有关。有研究提出：女子在一些成就领域里的低成就现象，是她们对自己可能的成就表现所做的预测而使自信心降低所致。伦妮提出：女子的自信心受她们"处于弱者境况（situational vulnerability）"所影响。在中国文化背景下，传统社会重男轻女意识在现代社会依然存在，一般提到体力、体能、速度相关的，大多是与男性相关的活动，男运动员在自信和成功方面更易得到积极的影响与强化，而女运动员的自信在此过程中往往更易受到削弱与伤害。家庭与社会环境及其所形成的性别角色刻板观念对女性的消极影响、学校教育中的性别偏差等，都阻碍着女运动员自信的形成与发展，成为男女运动员自信差异的重要原因。而且女运动员对成功的恐惧的归因方式，即在失败时的自我指责（缺乏能力）和成功时的否认荣誉（幸运、任务容易）也是形成性别差异的原因之一。

（四）运动员自信心在不同训练年限上的特点

为研究网球运动员不同训练年限运动自信心是否存在差异，对不同训练年限运动员各个维度进行了独立样本 T 检验，结果见表 4。

表4   运动员运动自信心在不同训练年限上的差异（$N=70$）

	N	总体自信心		特质运动自信心		状态运动自信心	
		M±SD		M±SD		M±SD	
短	34	20.36	8.32	20.04	10.90	7.20	2.91
长	36	29.09	10.39	27.50	11.02	9.49	2.86
t		−3.864**		−2.949**		−3.328***	

训练年限长的运动员较早接触网球运动，经过长期系统的网球训练，有较好的运动基础，而且学习能力强，在自信心的表现上呈优异状态；反之，训练年限短的运动员练习网球的年限短，基础相对较差，在比赛中容易缺失自信心。

不同训练年限的网球运动员运动自信心水平的差异研究表明，运动员在总体自信心、特质运动自信心和状态运动自信心三个方面都存在训练年限差异：训练年限越长，运动员参加比赛的机会越多，比赛经验就越丰富，在平时的训练和以往的比赛中比训练年限短的运动员接触的特殊状况也多，再遇到类似的状况就不会感觉突然，让自己手忙脚乱，相对训练年限短的运动员更容易调节自己的情绪，在多次的比赛经验上对自己的实力能有比较客观的评价。在15岁、17岁网球运动员力量、耐力发展达到最高值，根据调查问卷可知，大多数运动员训练年限越长年龄也相应越大，对运动员的要求是提高专项运动技术水平，发展无氧能力，改善专项素质，保持机能训练的最高水平，15~17岁训练年限达到5~7年的运动员，这时是他们成绩发挥最好的阶段，在运动队里训练也多是领头的角色，而且有一定的成就感，也渴望一直成功，有不服输的精神，相对训练年限短的运动员表现出较高的自信心水平。

（五）运动员赛前焦虑与运动自信心的关系

表5为运动员赛前情绪量表的3个维度的得分与运动员心理因素调查3个维度的得分的相关系数矩阵。表中的数值正负不代表数学中的正负意义，只是为了说明不同运动成绩的运动员赛前情绪各个维度与运动自信心的各个维度之间的关系。由调查结果可知，运动员运动自信心的值高，个人失败焦虑、躯体焦虑和社会期待焦虑的值就低，运动员心理因素中的总体自信心与个体失败焦虑、躯体焦虑和社会期待焦虑的相关性分别为−0.273、−0.298、−0.211，其中总体自信心与躯体焦虑的相关性最大，值为−0.298，特质运动自信心与躯体焦虑相关性是−0.136，相关性显著，状态运动自信心与个体失败焦虑和躯体焦虑的相关性分别为−0.261和−0.304，相关性显著。

表5   运动员赛前情绪与自信心各维度之间的关系

	总体自信心	特质运动自信心	状态运动自信心
个人失败焦虑	−0.273*	−0.195	−0.261*
躯体焦虑	−0.298*	−0.136*	−0.304*
社会期待焦虑	−0.211*	−0.158	−0.154

　　对不同运动成绩的运动员赛前情绪和运动自信心的单因素方差分析表明，赛前情绪与运动自信心直接影响运动员比赛中的发挥水平，不同成绩运动员在比赛前表现出不同的赛前焦虑和运动自信心，运动员的运动成绩与自信心水平成正比。由表5可以看出，赛前情绪量表的3个维度与运动员心理因素调查问卷3个维度都有不同程度的相关关系。其中，运动员心理因素调查问卷的总体自信心维度与运动员赛前情绪量表的3个维度均达到显著性相关，赛前焦虑和自信心两个因素从消极和积极两个方面影响运动员，我们可以通过培养自信心来缓解运动员赛前焦虑，调节焦虑的同时增加自信。运动员可以通过给自己打气、增加自信的方法降低赛前焦虑。

四、结论与建议

　　不同性别、训练年限、运动成绩的网球运动员赛前情绪的特点为：除自信男运动员要高于女运动员之外，个体失败、社会期待、躯体焦虑都是女运动员高于男运动员；个体失败焦虑和躯体焦虑维度训练年限短的运动员高于训练年限长的运动员；社会期待焦虑与自信维度训练年限长的运动员高于训练年限短的运动员，训练年限越长，运动员对赛前心理紧张的调控能力越强。不同性别、不同训练年限、不同运动成绩的网球运动员在自信心的特点上男运动员要高于女运动员的值；训练年限长的运动员高于训练年限短的运动员。运动员的赛前情绪和运动自信心水平相关性显著，可以通过培养自信心来缓解运动员赛前焦虑，调节焦虑的同时增加自信。建议教练员加强心理学知识的学习，了解运动员个性特点与焦虑状态的变化规律，学会临场焦虑的诊断和多种情绪调控的方法，在平时训练中对女运动员多给予关注与鼓励。在训练内容上加入一些阶段性的模拟比赛，并对训练年限短的运动员设定小目标，达到目标给予鼓励或奖励，以提高运动员的积极性和自信心。运动员要学会自我情绪调节，认识自己，相信自己，出现焦虑情绪时能自觉地进行心理调控。

参考文献

　　［1］张力为. 赛前情绪的因素结构、自陈评定及注意特征［M］. 北京：北京体育大学出版社，2001：4-5.

　　［2］孙春艳，武金萍. 我国游泳运动科研现状分析［J］. 安徽体育科学，2003（24）：10-12.

　　［3］冷爽. 大学生男子篮球超级联赛北区运动员赛前焦虑对比研究［D］. 长春：东北师范大学，2007.

　　［4］张力为. 毛志雄. 运动心理学［M］. 上海：华东师范大学出版社，2003.

　　［5］张力为. 毛志雄. 体育科学常用量表评定手册［M］. 北京：北京体育大学出版社，2004：58-59，147.

　　［6］符明秋. 高水平径赛运动员赛前焦虑的时间变化模式及赛前焦虑与比赛成绩的相关研究［J］. 中国体育科技，1999（3）：27-30.

第五编　党建及思想政治教育

民办高校党组织建设的科学化探讨

倪倩茜①

[摘要] 民办高校是我国高等教育领域一支新的生力军，也是坚定社会主义办学方向、培养中国共产党可靠接班人的重要阵地，但目前民办高校党建工作明显滞后，如何实现民办高校党组织建设的科学化发展，是当前民办高校的党组织探讨的重要课题。本文从民办高校党组织的定位和职责入手，分析了民办高校党组织建设存在的问题和原因，并在此基础上提出了相应对策。

[关键词] 民办高校 党组织建设 科学化

自 2000 年以来，中组部、教育部联合下发了《关于加强社会力量举办学校党的建设工作的意见》；教育部下发了《关于规范并加强普通高校的新的机制和模式试办独立学院管理的若干意见》；中组部、教育部党组下发了《关于加强民办高校党的建设工作的若干意见》；国务院办公厅下发了《关于加强民办高校规范管理引导民办高等教育健康发展的通知》；2002 年，中华人民共和国主席令公布了第八十号令《中华人民共和国民办教育促进法》；2008 年，教育部公布了第二十六号令《独立学院设置与管理办法》；2010 年公布了《中国共产党普通高等学校基层组织工作条例》等。

以上 7 个文件中，专门围绕民办高校党组织的建设与发展制定并颁布的直接文件有 3 个，相关文件 4 个，促使民办高校教育事业建设与发展，遵守并贯彻执行党和国家的教育方针，进一步坚持社会主义办学方向；明确"民办高校党组织发挥政治核心作用"的七条职责，加强民办高校党组织的自身建设，如思想、组织、作风和制度建设；充分发挥民办高校党组织凝聚人心、推动发展、以人为本、促进和谐的作用，为促进民办高校的健康发展提供坚强有力的政治保证。

一、民办高校党组织的定位与职责

民办高校与公办高校一样，是社会主义教育事业的重要组成部分，同样承担着为国家培养合格人才的责任，是我党对大学生实施培养和教育的重要阵地，发挥着政治核心作用，保证了社会主义办学方向。民办高校与公办高校党组织的区别在于，在不同领导体制下，其角色定位与职责不同。

首先，民办高校实行的是董事会领导下的院长负责制；其次，民办高校党组

---

① 倪倩茜：重庆工商大学融智学院讲师；主要研究方向：党史党建。

院的特殊性来说，它都具有极为重要的指导意义。与此同时，《决定》提出"建立党委新闻发言人制度""办好党报党刊和党建网站""建立全国党员信息库""加强党员动态管理""健全反腐倡廉网络举报和受理机制、网络信息收集和处置机制"等举措，指出要善于运用各种科学方法，为提高党的建设科学化水平服务。因此，深入学习贯彻《决定》，不仅事关独立学院党建工作科学化，而且决定着独立学院与时俱进的健康发展进程。

（二）民办高校（独立学院）党组织建设的科学化对策

1. 不断丰富民办高校（独立学院）党建工作科学化发展的理念

提高民办高校党建工作科学化水平，必须围绕中心，狠抓落实，把以人为本的理念贯穿于党建工作的始终。党委要在抓大事的同时不放过小事，把小事做好，把好事做实，做到师生员工的心坎上。抓实事贵在持之以恒，必须坚持常抓不懈，抓出成果、抓出水平。在民办高校实行"董事会领导下的院长负责制"新机制下，党组织更需要主动作为，发挥政治核心作用。牢固树立"有为才有位，有位更有为，争为不争位"的思想观念，形成"一名党员就是一面旗帜"的信念，激发广大教师党员争当"思想引导员、学习示范员、生活服务员、班风监督员、和谐促进员"；在实践中，要坚持"三深入、三服务"，即深入课堂、深入寝室、深入实际，服务教学、服务学生、服务发展。

2. 推进制度建设，建立健全以党章为根本、以民主集中制为核心的体制机制

建立健全理论学习制度、党内民主制度、选人用人制度、人才工作制度、基层党建制度、改进作风制度和反腐倡廉制度，形成内容完备、结构合理、功能健全、科学管用的党内制度体系，不断提高党内生活和党的建设的制度化、规范化、程序化科学水平。如在认真学习和执行《中国共产党普通高等学校基层组织工作条例》《中国共产党纪律处分条例》等相关制度的同时，结合学院工作实际，制定《关于党委所属党总支工作的若干规定》《关于加强入党材料管理工作的若干规定》《发展党员工作责任追究试行办法》《关于党支部组织生活安排的意见》等文件。

3. 努力推动校、地、企合作，学习先进，争当先进，有针对性地开展工作

与优秀的民营党组织建立合作关系，如与中共重庆秋田齿轮有限责任公司委员会合作开拓高校与民企的党组织共同发展的全新领域。校企共建活动内容有：共同研讨，交流基层党组织建设经验；对方党组织确定一名党员干部做指导；师生党员走进企业、企业优秀党员进校园，开展一系列党建互动活动等。这样既保证了学生党员在共建活动中提升素质，得到成长，又使民营企业更好地了解大学生思想动态，缩小企业员工流失率；有利于增强基层党组织的创造力、凝聚力和战斗力；有利于创先争优活动的深入开展；有利于进一步加强大学生党员的先进性教育，互利共赢，具有重要的现实指导意义。

4. 充分利用上级党组织的优势资源，规范培养教育工作，加强过程管理

按照"坚持标准、保证质量、改善结构、慎重发展"的方针，做好独立学院发展党员工作。

（1）给予必要的精神与物质支持。首先，要重视学生党建工作队伍建设，人员配备到位，加强业务培训；其次，要给予从事学生党建工作的人员应有的待遇，使其能安心从事这项工作；最后，要提供必要的活动场所和物质条件，如建立学生党支部活动室（或谈心室）等，使学生党建工作"居有定所"。

（2）执行"早教育、早选苗、早培养"的党建方针。鉴于民办高校的学生缺乏政治热情，人生观、价值观不很明确的特点，要在新生入学时就做好两件事：首先，对他们进行党的基本知识教育；其次，在新生中确定若干培养目标，把他们送进党校进行系统的理论学习。

（3）各阶段发展党员侧重点不同。大一阶段，突出学习成绩，在具备党员基本标准的前提下，对那些学习好的优先发展。在成功地激发他们的政治热情的前提下，树立学习型党员形象，形成良好的学风。大二、大三阶段，坚持学习成绩与社会工作并重，凸显影响力和号召力。入党积极分子主要是学生干部，乐于为同学服务、工作能力突出的优先发展，从而有利于更广泛地发挥党员的先锋模范作用，起到"内提素质，外塑形象"的作用。大四阶段，要本着对学生、对党组织负责的态度，基本条件具备的，择优发展，为学生的就业和以后的发展打好基础。

5. 加强宣传力度，丰富校园文化底蕴，促进党建信息的科学传播

校园文化以其内容的丰富性和开放性、主体的广泛性和形式的多样性已成为当今大学教育的一个重要手段。它能对人们的思想观念、精神状态、道德水准以及人们的世界观、人生观、价值观产生影响；能对全体师生员工的思想行为产生激励、诱导和规范作用。运用正确的宣传方式，不仅可以正确促进党建信息的有效传播，而且可以进一步丰富校园文化底蕴。具体方式如下：

（1）网络宣传

一是可以逐级开辟网页，形成党建博客专栏，实时互动，让广大党员和教师了解、参与党建网站活动，如开展网上党课、网上研究成果交流、网上先进展示和评选等活动，并从中受益，增强党建工作的吸引力和影响力；二是利用校园BBS以及微信、微博等新媒体，在学院的统一安排下围绕党建设置话题，进行正确的引导；三是加大校园内外党建活动的宣传力度，积极为学院树立正面影响力。

（2）实地宣传

充分利用校报、校党建刊物、宣传展板定期充分宣传和表达党建信息和相关会议精神与学习心得，延伸和完善党建、宣传思想工作阵地。可以通过基层党组织轮流承办相关实地宣传活动，并开展宣传评比活动；或形成独立的宣传队伍，以及以学生党员为主、教师党员为辅或为指导的专门的宣传队伍，开展相关工作。

综上，应充分发挥党委的政治核心作用，确保社会主义办学方向；继续加强基层党组织建设，积极有效地支持和配合行政，提高党组织的凝聚力和战斗力；大力加强大学生的思想政治工作，培养社会主义合格人才；加强校园宣传力度，丰富校园文化底蕴，这样才有利于民办高校党组织建设的科学化管理。

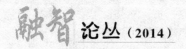

参考文献

［1］胡锦涛. 努力开创新形势下党的建设新局面［J］. 求是，2010（1）.

［2］谭振亚. 对当前高校党建工作若干问题的思考［J］. 中国高等教育，2009（20）.

［3］叶晖. 独立学院党建工作的创新与思考［EB/OL］. 中国广州网. http://www.guangzhou.gov.cn，2010-08-04.

新媒体环境下大学生社会主义核心价值体系教育探索

户可英①

[摘要] 党的十八大报告中指出，中国特色社会主义事业是面向未来的事业，需要一代又一代青年继续奋斗，广大青年要积极响应党的号召，深入开展社会主义核心价值体系学习教育，用社会主义核心价值体系引领社会思潮、凝聚社会共识。高校是核心价值体系教育的主阵地，大学生则是社会主义建设事业的主力军，在信息技术日益发展的今天，利用新媒体载体，加强对大学生的核心价值体系教育，使大学生树立正确的世界观、人生观、价值观，用社会主义意识形态武装头脑，将会对社会主义阵地的巩固起到一定的作用。

[关键词] 新媒体　大学生　核心价值体系

新媒体在目前的规模仍相对弱小，但其发展速度惊人。作为一种全新的传播方式，新媒体在不到十年的时间就接近了报纸、广播等数十年甚至上百年的受众范围，对政治、经济、文化领域产生了深刻的影响，也深深地改变着人们的生活方式。在新媒体环境下，青年人尤其是大学生的核心价值体系教育受到了一定的影响，在教育途径和方法上都面临着新的机遇和挑战。因此，深刻把握住新媒体的特征和影响，对于我们开拓思路，面对新形势，熟练运用新媒体的有利条件，避免不利条件，加强大学生的社会主义意识形态教育，无疑是有所帮助的。

一、新媒体的特征

所有的国家都重视对公民的意识形态教育。就美国而言，它的爱国主义思想完全是灌输的。美国为了保持自己在意识形态上的独立，从苏联建国时起，就一直对社会主义国家持敌视态度。美国对本国公民特别重视核心价值观教育，仪式特别多，其中最经典的莫过于每个人从小学开始就有每天一次的效忠宣誓。美国利用报纸、书籍、电影、网络等新旧媒体对本国意识形态的宣传，是其他任何国家都不能比拟的。

新媒体是相对于传统媒体而言的，新媒体概念最先是由美国人戈尔德·马克在 1967 年提出的，相对于报纸、电视、广播而言，新媒体是利用数字、网络、

---

① 户可英：重庆工商大学融智学院讲师；研究方向：思想政治教育方法。

移动等技术，通过无线通信网、互联网、卫星等渠道，以电脑、手机、数字电视机为终端，向大众提供信息和服务的媒体形态。对于新媒体的理解却不是一致的，新媒体的概念内涵是不断发展变化的。曾经有一段时间，互联网络是新媒体的代名词，被称为"第四媒体"。然而随着科学技术的不断发展，数字电视、楼宇车载广告、手机短信等新的信息传播方式不断出现，手机就在20世纪末被定义为"第五媒体"。有学者提出："目前的新媒体应该定义为在电信基础上出现的媒体形态——包括使用有线和无线通道的方式，称为互动式数字化复合媒体。"

相对于传统媒体，新媒体传播的信息是即时的，报纸和广播受发行和编排的限制，总有一定的制作周期，而由网络传播的新闻则不受此限。新媒体的空间是开放的，任何人都可以成为新闻发布的主角，在第一时间内对信息进行报道，并且可以发表评论，相互交流等。

相对于传统媒体的形式单一性，新媒体的类型丰富，互联网被称为第四媒体，手机被称为第五媒体，而电视新媒体也应运而生。互联网将很多计算机通过计算机信息技术的手段相互联系起来，人们不受时空限制，可以共同完成工作，共同娱乐。在网络的支持下，博客——又称为网络日志、播客、维客、网络电视、网络报纸应运而生。播客是一种向互联网发布文件的方法，允许用户使用RSS订阅并且自动接收文件。维客是多人参与的写作工具，参与的人被称为维客。手机作为第五媒体，它是网络媒体的延伸。手机短信、手机网络、手机报、手机电视等多种形式的传播方式使手机成为承载信息的载体已成为不争的事实。数字电视、移动电视和户外新媒体等作为电视新媒体的最大特点就是"强迫收视"。如公交车上的移动电视、LED彩色显示屏、视频等，公众对于电视频道、视频没有选择的余地，不过这种传播内容的强制性有利于受众别无选择地接受这种信息的影响。

新媒体的发展无疑使我们置身于一个新的环境中，这也为大学生进行社会主义核心价值体系教育带来了一定的机遇和挑战。

二、新媒体环境下大学生社会主义核心价值体系教育的处境选择

自2009年以来，党中央和国务院对如何利用新媒体开展好大学生的社会主义核心价值体系教育工作就给予了高度重视，指出"要进一步净化社会文化环境，加大对互联网、手机不良信息的整治力度，为青少年健康成长创造良好氛围"。党的十八大报告也指出，要加强和改进网络内容建设，唱响网上主旋律。党的十六届六中全会首次明确提出"社会主义核心价值体系"这一科学命题，新媒体成为宣扬民族精神和时代精神，弘扬以改革创新为核心的时代精神的前沿阵地。

（一）新媒体环境下大学生社会主义核心价值体系教育的机遇

新媒体的交互平等性，改变了传统的对大学生进行教育的方法。传统的学校教育主要坚持以课堂教育为主，同时辅之以谈话、讲座等，对社会主义核心价值体系的教育明显不足。当代高校大学生可以通过BBS论坛、播客、微博、QQ和

手机等媒体形式进行交流，新媒体融图像、声音、文字为一体，远远超越了传统媒体的吸引力，为大学生进行社会主义核心价值体系的学习提供了一种便捷的平台，成为社会主义核心价值体系教育的新型隐形载体。大学生随时可以通过各种新媒体载体表达自己对社会主义核心价值体系的理解，教育者可以通过各种交流群及时了解大学生对社会主义意识形态的接受状况。大学生本身有要求自我表现、展示个性、实现自身价值的愿望，在这样一个既虚拟又现实的环境里，大学生以一个建构者的身份积极参与到各种信息的交流和传播中，有利于大学生及时排解心中的情感，促进教育者和大学生之间、大学生和大学生之间进行社会主义核心价值体系学习方面的一些交流与互动，培养健康心理，进而影响到现实生活中的实际行动。新媒体对各种先进事迹的报道、对各种丑陋现象的揭露，有利于大学生明辨是非，选择正确的价值取向和道德准则，树立正确的荣辱观。

新媒体及时的海量信息丰富了大学生社会主义核心价值体系教育的形式，起到了良好的教育效果。传统媒体由于受时间、空间的限制，只能从一些报纸、书籍上搜寻一些信息。而先进的现代媒体完全超越了时空的界限，上至天文下至地理，从古至今，新旧信息可以在极短的时间内搜寻到，这样就丰富了教育的资源。目前对大学生进行社会主义核心价值体系教育的文库有马克思列宁文库等，大学生还可以通过网络轻松了解世界各国的经济、政治、文化等领域的发展状况，了解社会主义制度的优越性，从而坚定马克思主义的指导思想，增加自己的爱国情怀，大学生还可以及时了解国内的相关会议和政策，如十八大会议、两会内容等。这些就使得原本狭窄、封闭的高校社会主义核心价值体系教育变为融社会于一体的开放式教育空间，进而能够取得理想的教育效果。

（二）新媒体环境下大学生社会主义核心价值体系教育面临的挑战

新媒体就像一把"双刃剑"，既为大学生进行核心价值体系教育带来了新的机遇，但由于网络上一些信息鱼龙混杂，影响了大学生社会主义核心价值体系教育的大环境，同时也增加了一定的教育难度。

新媒体中的反面信息的泛滥加大了对大学生进行核心价值体系教育的难度。新媒体的开放性，冲破了各种地域的限制，使虚拟空间中的信息日趋多元化，产生了一个信息垃圾场，国际互联网上95%以上的信息由美国提供。在整个互联网的信息输入和输出流量中，美国所占的比例都超过85%。互联网上90%的信息是英文。西方国家依靠新媒体技术大力进行意识形态渗透，发布各种反马克思主义和反社会主义的学说，有意识地对我国进行西化和分化，恶意攻击社会主义制度和共产党的领导，使"超国家主义"悄然出现。资本主义国家运用媒体推行西方的价值观念和生活方式，妄图在心灵上抓住青年人的心，使大学生中间普遍出现拜金主义和享乐主义思想，瓦解青年人的斗志。低俗信息到处泛滥，宣扬暴力和色情的网站也屡禁不绝，有些大学生甚至参与到低俗信息的传播中去。在这些大量反面信息的充斥下，很多大学生不能有效地明辨是非，从而影响了对马克思主义指导思想和中国共同理想的认同感，不利于社会主义荣辱观的培养，加大了对大学生进行社会主义核心体系教育的复杂性。

新媒体环境的产生凸显了教师队伍素质的滞后性。在新媒体时代，信息的传播使得高校教师的主体地位失去了权威性，新媒体去中心化的信息传播方式使每个大学生都成为主角，教师和学生可以平等地享有信息源。有些教师的新媒体专业知识不够，看到日新月异的新媒体技术感到无从下手，不知道如何运用。虽然许多学校都坚持要建立一支强健的网络思想政治教育队伍，但往往是教师队伍的战斗力不强，人员素质参差不齐。如果高校教师对各种媒体信息掌握程度不够，对新闻、政策的关注不到位，就很难理解社会主义核心价值体系的内涵，更不用说对大学生进行相关内容的教育，也就无法实现充分利用新媒体对大学生进行爱国主义、荣辱观等方面的教育的目的。

三、利用新媒体对大学生进行社会主义核心价值体系教育的方法

利用新媒体对大学生进行社会主义核心价值体系教育无疑是时代提供的课题。如何扬长避短、因势利导，使大学生对社会主义核心价值体系的学习变为自觉的追求呢？

首先，要健全新媒体的法律法规。相对于传统媒体，新媒体在管理、运行等各方面都有很大的不同。要创造健康的"虚拟空间"，必须依靠健全的法律手段，规范网络用户。我国目前信息网络的相关法规有《中华人民共和国计算机信息系统安全保护条例》《中华人民共和国计算机信息网络国际联网管理暂行规定》《电子认证服务管理办法》《通信网络安全保护管理办法》等一系列文件。对于传播低俗信息的处理办法，在2010年2月，最高人民法院出台了《关于办理利用互联网、移动通信终端、声讯台制作、复制、出版、贩卖、传播淫秽电子信息刑事案件具体应用法律若干问题的解释（二）》，意在打击网络低俗信息的传播行为。高校应该依据国家的相关法规，制定相应的《校园网络管理条例》《校园网络传播违规处理办法》等文件。针对一些低俗信息，高校网络管理者要运用图像、信息识别的技术对低俗内容进行甄别与拦截，在高校范围内，可以实行网络实名认证制度，对大学生进行身份验证，提升其高度的责任感。新媒体是一个不断发展的概念，因此，与新媒体相关的法律法规难免有不断滞后的情况，这样会助长一些别有用心的人钻法律的空子，为此，也可以借鉴国外的立法经验，不断完善新媒体法律法规，使新媒体的发展趋向规范化、文明化。

其次，建立红色网站，抢占网上社会主义核心价值体系教育的主阵地。江泽民同志曾指出："由于信息网络化的发展，已经形成了一个新的思想文化阵地和思想斗争阵地。因此，各级各部门领导干部，必须加紧学习网络化知识，高度重视网上斗争的问题。"早在2000年9月，教育部就下发了《关于加强高等学校思想政治教育进网站工作的若干意见》，强调"要建设融思想性、知识性、趣味性于一体的主题教育网站和网页"。高校应该根据大学生的特点进行有针对性的社会主义核心价值体系网站建设，教师要积极开发信息资源，建设一批大学生所喜闻乐见的具有鲜明的社会主义文化特征的红色网站。网站要开设理论学习专栏，通过这个专栏对大学生进行爱国教育、理想教育，自觉抵制西方腐朽的意识形态宣传。网站的主题一定要贴近大学生的生活、贴近实际，把爱校、爱国视为一

体，将社会主义核心价值体系的教育职能融入其中，将先进的社区文化、校园文化搬上网站，把有教育意义的电影、电视剧、歌曲等引入网站，网站的形式要融学习、娱乐、教育于一体，使网站成为学习和研讨马克思主义理论的平台。

最后，高校师生共同努力，综合运用各种媒介进行社会主义核心价值体系教育。这首先就要求高校要把拥有新媒体技术的人才吸引到教师队伍中来，研究如何运用新媒体对大学生进行社会主义核心价值体系教育。教育者需能跟上新媒体的发展步伐，有效地解读媒介信息、理解媒介信息、传递媒介信息，将媒介信息运用到社会主义核心价值体系教育中，运用媒介手段创新社会主义核心价值体系教育的方式方法。高校教师要在充分尊重大学生主体地位的同时，主动引导大学生养成正确运用新媒体的习惯，自觉抵制腐朽思想的侵蚀。在现代媒体高度发展的今天，仅仅依靠高校网站进行社会主义核心价值体系的教育未免显得有些单薄，高校教师和学生要主动运用高校 BBS 论坛、班级 QQ 群、飞信群等进行及时的沟通，教师还要运用播客、微博及时了解学生的动态。高校依托于多种形式的媒介载体，改变了传统的社会主义核心价值体系教育"一对多"的不平衡状态，实现了"一对一"的对等形式。在享受现代媒体便捷的同时，大学生在教师的指导下，在积极的媒体环境的熏陶下，自觉地提升自己的爱国主义思想和道德修养，真正实现"润物细无声"的教育效果。

参考文献

[1] 胡颖，周忱. 传统媒体与新媒体的依存度分析［J］. 新闻传播，2007(5).

[2] 朱文宁. 博客赢利模式探索［J］. 湖南大众传媒职业技术技术学院学报，2006(3).

[3] 林振辉. 手机媒体化对媒体影响力格局的影响［J］. 中国记者，2007(6).

[4] 国亮. 西方国家对青年和青年组织意识形态渗透的手段研究［J］. 中国青年政治学院学报，2007(6).

[5] 江泽民. 论科学技术［M］. 北京：中央文献出版社，2001：78.

从"军事体育"到"国民体育"

——浅谈朱德体育思想的发展

刘 心①

[摘要] 我国当代的体育事业发展迅速，"东亚病夫"早已成为历史的尘埃，体育大国、强国的光环熠熠生辉。然而，我们不能忘记历史，不能忘记那些老一辈的革命家们对我国的体育事业所作出的艰苦探索。朱德作为党的第一代领导集体的重要一员，在其中发挥了重要的作用。在他的关怀和支持下，我国的体育事业经历了一条从战时以"军事体育"为主导到和平年代发展全民性体育运动的"国民体育"思想的演进。

[关键词] 朱德 体育 军事体育 国民体育

中国体育事业的发展与中国社会主义的发展息息相关，走过了一条从落后到繁荣、从贫弱到强盛的道路。回顾这段历史，最令人难以忘怀的就是老一辈革命家对我国体育事业的指导与关怀。在这之中，朱德作为党和国家的领导人对中国体育运动的发展起了非常重要的作用。

朱德（1886—1976）是我国杰出的革命家、军事家、政治家，同时也是卓越的体育家。1907年，朱德入读四川高等学堂附设体育学堂。毕业后，回到仪陇县立高等小学堂任体育教习兼庶务。1922年11月，朱德正式加入中国共产党。自此以后，他把过去对体育的单纯热爱转变为用体育来强军的"军事体育"思想。正是在这一思想的指引下，我们的军队才得以保持旺盛的士气，获得强健的体魄，从而取得抗日战争和解放战争的胜利。

一、以抗战建立新中国为历史使命的"军事体育"思想

朱德的军事体育思想包含了丰富的内容，为我国体育运动的发展和革命的最终胜利做出了重要的贡献。

（一）发展体育运动，培养革命的集体主义精神和英勇顽强的战斗作风

在长征途中，由于红军终日翻山越岭，不停地作战和奔波，战士的情绪和精神都非常低落。为及时调整战士们的情绪，鼓舞士气，保存革命火种，只要一到宿营地，朱德就组织大家打球。朱敏在《我的父亲朱德》中说："他随便在路边

---

① 刘心：重庆工商大学融智学院讲师；主要研究方向：党史党建。

找棵树，规定一个树杈为球筐，只要把球丢进这个树杈就算得分。没有篮球，就用牛皮做个皮囊，里面塞满棉絮，能轻巧传递即可。有了这个更像橄榄球的篮球，大家有了拼杀的欲望，白天被敌人追杀的窝囊怨气，也有了发泄的场所，士气顿时高涨。这个不起眼的破皮球，给艰苦卓绝的长征带来了欢乐，不仅提高了大家的情绪，也锻炼了战士们的矫健身手。"

在抗日战争时期，有一天，司令部篮球队和政治部篮球队要进行一场友谊比赛。比赛结束后，朱德走到球场中对大家说："打篮球不仅是锻炼身体的好方法，而且能够锻炼我们的斗争意志，胜不骄，败不馁。打球还可以培养集体主义精神，5个人要拧成一股绳，密切配合，才能打胜仗。一个球队，只有个人技术好，却不讲配合，那就免不了要吃败仗。打篮球不光是拼体力，还要斗智，讲战术，以己之长，攻彼之短。这方面和打仗相同，但又不同于打仗。赛球是友谊比赛，通过比赛，增进内外部的友谊。既然是比赛，就会有输有赢。可以输球，但不能输人，不能输精神。输了球，不要气馁，不能急躁，更不要互相埋怨，这就要有良好的体育道德和作风。"通过无数次这样的比赛和教导，朱德不仅带动大家锻炼了身体，同时也培养了部队的集体主义精神和英勇顽强的战斗作风。

在"延安体育学会"成立大会上，朱德指出："中国体育运动尚未充分开展，尤其在延安过去没有注意提倡。今后各机关、学校、部队要有组织、有计划地推行体育。机关、学校以体操为主，球类、器械为辅；部队则应建立正规的器械运动。发动各种体育比赛，提倡跳舞、狩猎、滑冰、游泳等，并把体育与卫生密切联系起来。"1942年，朱德和贺龙等16位同志在"九·一"扩大运动会"启示"中指出："要支持反法西斯残酷的战争与繁重的革命工作，不但要武装我们的头脑，还需武装我们的身手。"将体育运动与中国革命的伟大斗争联系起来，并从世界反法西斯斗争的高度认识体育的作用和地位，这表明了中国共产党人的远见卓识和伟大的胸怀。

同年，朱德与毛泽东等同志接见了"战斗"队全体队员，他在授予"战斗"队的锦旗上亲笔题词："篮场健儿，沙场勇士。"并鼓励他们说："你们不光技术好、意志好、作风好。你们在贺师长和关政委领导下，体育活动开展得很好，我们部队就要这样，既要团结紧张、又要活泼严肃。"他还在延安《解放日报》上写文章指出："为提高部队的技术学习"，就要"开展军事体育运动，锻炼体力，养成尚武精神"。将体育运动当做培养革命军人的战斗意志和革命精神的武器是中国共产党人的伟大创造和发明，正是这种勇于创造、敢于创新的精神，才使中国革命最终走向了胜利。

（二）发展体育运动，强健广大官兵体魄，完成抗战建立新中国的历史使命

1930年4月，朱德在《加强体力与射击技术的训令》中指出："所以没有健强的体力，就算有万分的革命精神和志愿也无从施用；没有良好的射击技术，就不能在战场上杀伤多数敌人，而自己也就多受损失。因此，锻炼身体增进体力，熟习瞄准增进射击效能，是现在红军军事训练中的第一要着。"

1942年，在朱德等老一辈革命家发起的"九·一"运动大会"启示"中指出："每一个国民应该有强壮的体魄，方能担负繁重的抗战建国工作，建立自由、

幸福的新中国。"1942 年 9 月 1 日，在"九·一"运动大会上，朱德强调"着重军事方面"应为体育运动的方向，"把许多的人，都锻炼成为坚强的人"。1942年，朱德在《祝九月运动大会》中指出："从华北我们军民与敌人的作战中，使我深深感觉我们在体力上是逊于日本很多的。回到后方，看见机关、学校办事人员文弱多病，动作迟缓，精神不振的样子，这种感觉更为强烈。用这种体力去和敌人竞争，不论在战场上，在工作中，或在学习中，我们都要吃亏一着的。"并进而提出改进我军民体力的方法就是普及体育运动。针对有些人的头脑中存在着的重文轻武，卑视体育的旧观念提出，要把青年一代培养成具有"健全的体魄的坚强结实的一代，来担负抗战建国的艰巨事业"。1942 年 9 月 9 日，《解放日报》发表了朱德总司令的题词："运动要经常。"《解放日报》还在《提倡体育运动》一文中指出：我们应认为体育运动是一种长期的、经常的、循序渐进的锻炼，而不是一种突击的、速成的、猛烈的行动所能收效。相反平日不运动，突然激烈的运动，对身体反而是有害的。1942 年，边区推广"十分钟运动"，每天早晨和傍晚都看到人们成群结队参加跑步、做操、打球和游戏。延河成了人们夏天游泳、冬天滑冰的极好去处。1943 年 10 月 16 日，朱德在《关于练兵与带兵问题》中指出，练兵还要练体力、练技术。"用什么办法练体力呢？首先是体操（徒手体操、军事体操、持枪体操、器械体操）、跳高、跳远。愈动体力愈好，体力愈好愈爱动，这样就愈练愈好。""经常练下去体力就会加强"，"我们打仗拿枪杆子，体力要周身发展均匀，吊杠子是很好的训练。体力发展均匀了，要怎样用就怎样用"。1945 年 4 月 25 日，朱德在《论解放区战场》报告中指出："练兵分三个方面：一是智力；二是体力；三是技术"；"打仗是格斗，是角力，所以体力锻炼很重要"；"我们有了政治觉悟，再加上体力好，技术好，就可以打更大的胜仗，更少伤亡。"

"体育运动，这是一件移风易俗的大事，我希望我们各级军政首长，加以重视和提倡；我希望社会人士予以响应和推动，特别希望各地的体育工作者，排除人们的卑视和阻碍，专心于自己的事业，适时适地地提倡各种体育运动的方式。"正是在朱德的关怀和指导下，我军"军强文壮"，士气高昂，不仅将日本侵略者驱逐出中国，而且将"东亚病夫"的帽子永远扔进了历史的垃圾箱。

二、"军事体育"思想的转向与"国民体育"思想的最终确立

在朱德"军事体育"思想获得长足发展的同时，革命根据地的普通百姓也开始关注体育运动，并在 1942 年 9 月的延安"九·一"扩大运动会上，达到高潮，为以后"军事体育"到"国民体育"思想的转变奠定了坚实的基础。

在革命根据地延安，朱德就曾多次参与并亲自组织各种比赛。1941 年，在朱德等同志的积极参加和精心指导下，延安举行了"朱德杯"排球比赛，参加的有延安地区各学校、机关、部队等许多单位，充分调动了延安各界参加体育运动的积极性。

1942 年，在体育会的安排下，中央党校和延安大学各派出 20 多个篮球队，

进行了两个多月的对抗赛。同年 1 月 25 日，延安还成立了一个体育学术机构——"延安新体育学会"，朱德当选为名誉会长。会上决议要对体育、卫生等问题进行系统深入的研究，并倡议在延安举行一次大规模的运动会，即随即召开的延安"九·一"扩大运动会。

这是抗战期间革命根据地最大的一次运动会。1942 年 6 月开始筹备，不少机关、学校、工厂、部队进行了选拔赛，组成各单位、各系统的体育代表队。党中央和边区政府对这次运动会很重视，不少领导人直接参加领导工作，朱德任运动会会长。这次运动会于 1942 年 9 月 1 日在延安青年运动场开幕。参加这次运动会的运动员、裁判员和工作人员具有广泛的代表性和群众性，1 388 名男女运动员分别来自军队、工厂、机关、学校，各兄弟民族都有自己的代表，还有来自日本的反法西斯战士。大会的运动竞赛项目有田径、篮球、排球、游泳，军事项目有武装爬山、武装爬障碍、射击、投手榴弹等。此外，还有网球、足球、棒球、马术、赛马、跳水、武装渡河、举重、双杠、单杠、木马、垫上运动、团体操、舞蹈、武术等表演项目。从这次运动会的参赛人员和规模上看，这次大会已经较前期的运动会有着更明显的普及性，在我国体育事业的发展中，占有重要的地位。由此激发了军民的抗日热情，坚定了发展体育运动的信心。1942 年 9 月 2 日，朱德在《祝九月运动大会》的社论中指出，体育运动应普及到军民间，使之形成风气，养成习惯，同时指出："希望今后各机关、学校、部队要有组织有计划地注意推行体育。机关、学校以体操为主，球类、器械为辅；部队则应建立正规的器械运动。发动各种体育比赛，提倡跳舞、狩猎、滑冰、游泳等，并把体育与卫生密切联系起来。"大会闭幕时，他又指示："今后尤须保持经常和普遍。"通过朱德等同志的号召和身体力行，体育运动逐步扩大到根据地普通百姓，成为大后方各机关、团体与普通群众的体育活动。此后，各抗日根据地出现了空前的体育热潮，从首长到普通士兵和民众，从机关到学校与工厂，都积极开展体育活动，进行各种体育竞赛运动会。如在"革命圣地延安，每天黎明，四面八方便响起了哨声、号声、钟声和锣鼓声，人们就开始进行各种各样的体育活动；中午，各学校、机关、工厂的篮球场上，总是排着长队，轮流换班打球；晚饭后，在山坡沟渠和延河两岸则更热闹，到处涌现着锻炼的人群"。这些体育活动，既锻炼了人们的体魄，增强了国民的身体素质，又丰富了人们的精神文化生活，同时也密切了军民关系，增强了军民对抗战必胜的信心和决心，为以后"国民体育"思想的正式提出奠定了坚实的基础。

1949 年 9 月，中国人民政治协商会议在北京举行，会议通过的共同纲领第一次正式提出"提倡国民体育"的思想。此后，朱德一直以自身的实际行动宣传和推广"国民体育"运动。1949 年 10 月，在北京召开全国体育工作者大会，成立了中华全国体育总会筹委会。会上，朱德同志指出："体育是文化教育工作的一部分，也是卫生保健工作的一部分。""过去的体育，是和广大人民群众脱离的。现在我们的体育事业，一定要为人民服务，要为国防和国民健康的利益服务。不但是学生，而且工人、农民、市民、军队、机关和团体都要搞体育。"并为大会题词："为人民服务，为国防服务，为国民健康服务。"这些都是为人民体育工作指出的长远的根本方针。这些思想强有力地否定了历来本末倒置的体育思想，强调广泛地应用体育运动去增强人民的体质。

1950年7月1日《新体育》杂志创刊。朱德副主席为《新体育》题词："提倡国民体育。"新中国体育事业的发展，与朱德的关怀和支持密不可分。1952年6月20日，中华全国体育总会成立大会在北京举行，会议选举朱德为中华全国体育总会名誉主席，荣高棠在会上作《为国民体育运动的普及和经常化而奋斗》的报告，大会通过了《中华全国体育总会章程》。毛泽东为该会题词："发展体育运动，增强人民体质。"朱德为大会题词："普及人民体育运动，为生产和国防服务。"1954年，中华全国体育总会得到国际奥委会承认。这之后，在1959年9月13日，中华人民共和国第一届运动会隆重举行，朱德出席了运动会的开幕式。此后朱德对我国体育事业的发展一直给予关注和支持。他既从宏观上给"国民体育"思想以指导，又从自身做起，经常进行体育锻炼。在晚年还依然坚持爬山、做操、游泳，时刻以一个共产党员的钢铁般的意志践行着他实现"国民体育"的誓言。

然而，当中国的体育运动正迈开步伐，迅速获得普及和发展的时候，"文化大革命"的爆发阻碍了我国体育运动的发展。

"文革"后在邓小平亲自关心和支持下，中国加快了重返国际体育舞台的步伐。1979年，全国体育总会和中国奥委会分立。中华全国体育总会是中华人民共和国全国群众性的体育组织，以"努力发展体育事业，普及群众体育运动，提高全民族的身体素质"为根本宗旨。1983年邓小平在第五届全运会上写下了"提高水平，为国争光"的题词，鼓舞了无数运动员刻苦训练，敢与世界最高水平争高下。1984年，随着许海峰在洛杉矶奥运会射击场上的一声枪响，中国奥运金牌"零"的纪录成为历史！此后，中国成为世界体育舞台上一支耀眼夺目的重要力量。

回顾中国体育的发展历程，朱德对体育事业的发展做出了不可磨灭的贡献。朱德以他远大的革命理想、坚定的革命意志、专注的革命精神，为推动体育运动的发展和抗日战争、解放战争的胜利做出了卓越的贡献。他对体育运动的热爱和对革命事业的忠诚，使他能够把党的革命事业和体育运动紧密地结合起来。通过发展军事体育，增强战士的体力，培养他们的革命精神，进而调动整个革命的大后方进行普及性的群众性的体育运动，并最终在新中国成立后"提倡国民体育"，他的思想转变反映了党的老一辈革命家时刻以党和国家的利益为转移的崇高精神。

参考文献

[1] 裴华. 朱德总司令和朱德篮球队 [J]. 党史博览, 2000(1).

[2] 楚华穰. 周恩来、朱德、贺龙谈体育 [J]. 毛泽东思想研究, 1996(6).

[3] 朱德. 祝九月运动大会 [N]. 解放日报, 1942-09-02(1).

[4] 朱德. 朱德选集 [M]. 北京: 人民出版社, 1983: 97-98, 103, 164-165.

[5] 陈安槐. 对朱德同志的体育思想与实践的初步研究[J]. 上海体育学院学报, 1980(1).

[6] 人民体育出版社. 中华人民共和国体育运动文件汇编（第一辑）[M]. 北京: 人民体育出版社, 1955.

浅谈高校大学生心理健康问题

姜采妮①

[摘要] 心理健康是大学生成功发展的一大前提,当今大学生在人际交往、环境适应、情绪管理、就业压力等方面的问题越来越严重,大学生的心理健康问题已成为社会重点关注的对象。本文将从学生个人、家庭、学校、社会等几个角度来进行分析,同时提出了几点建议来克服和解决大学生的心理健康问题。

[关键词] 高校大学生 心理健康问题 分析建议

随着社会的不断发展、高校的不断扩招,越来越多的学子走进大学校门。由于不同学校、不同学生其个人、家庭、社会等主客观因素的影响,大学生心理问题逐步显现、增多,特别是现今的 90 后大学生,他们具有思想活跃、个性突出、价值观多元化、心理耐挫能力薄弱等特点,其心理自调能力平均较差,易出现叛逆、孤僻及暴力等不良现象。近年来,许多学者采取各种方式、方法对大学生的心理健康状况进行调查研究。结果表明,我国当今高校大学生的心理健康不良状况日趋严重,且有相当数量的在校学生存在不同程度的心理问题,有的已经出现了非常严重的精神障碍及心理障碍,还伴有如自闭式的抑郁现象、自杀式的自残现象和凶杀式的暴力现象等,所以当今高校大学生心理健康状况令人担忧。

一、高校大学生心理健康现状

2013 年 4 月,中国上海复旦大学医学院研究生黄洋遭他人投毒并死亡。2013 年 5 月 2 日上午,四川泸州医学院护理学院·卫校(北校区)一名 22 岁的大学生坠楼身亡……近几年来,我国大学生心理健康水平呈现出逐年下降的趋势,心理健康不良现象日趋严重。一项以全国 12.6 万大学生为对象的调查显示,约 20.23% 的人有不同程度的心理障碍,主要表现在自闭、抑郁、焦虑、偏执、强迫、精神分裂等方面。另一些研究资料还显示,大学生中因精神问题而休学、退学的人数占休退学总数的 30% 左右。通过对这几年的大学生相关心理资料、案例的分析,我们不难看出当今大学生心理健康问题主要集中体现在以下几个方面:

(一)大学生自我意识问题

大学生从高中进入大学,都必须经历一个重新认识自我、体验自我和调适自我的过程。现今大学生对自我都普遍具有较高的期望值和定位感,成就需要强

---

① 姜采妮:重庆工商大学融智学院助教;主要研究方向:思想政治教育。

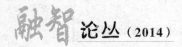

烈，追求自我完善和自我实现。进入大学后，学生们会发现大学生活展示出来的舞台非常大，大学生的视野将得到极大拓展，向往和追求的东西也会越来越多。许多大学生立志成才，在大学入校之初就为自己设定了远大的理想和抱负，并对理想充满自信，具有强烈的成就欲望，但由于个人能力的局限、个人精力的有限及个人知识结构的不足，现实自我与理想自我出现巨大的落差，使其产生矛盾、冲突不断。这些过高的自我意识，使大学生不能用恰当的方式来认识和评价自我，不能用一种平和的心态来对待自我问题，也就无法在遭遇挫折时及时调节自己的心态进行正确的自我选择和自我发展。

（二）大学生环境适应问题

中学教师在对学生介绍大学学习生活时通常喜欢把大学描绘成一个"人间天堂"，学生也将考入大学作为唯一、最终的人生学习目标来激励自己。但跨入大学校园后，发现现实中的大学与他们心目中的大学有着较大的差距，由此而产生较大的心理落差，加上所处环境的改变，矛盾、困惑等心理随之出现。一些学生发觉现在身处高手如云的新集体内，昔日那种"鹤立鸡群"的优越感荡然无存，失落感油然而生；另一些学生则表现出对大学专业知识学习的困惑和茫然，当同学们进入大学后，面对与中学生活截然不同的大学学习生活，学生们会发现大学的学习更具有自主性、灵活性和探索性，有些学生感觉突然从中学的严格管教中"松绑"，但又不知如何安排学习，以致心中忧郁、焦虑、茫然；还有一些学生表现出对集体校园生活的不适应。进入大学后，由原来依赖父母的小家庭生活过渡到相对独立、自立的大学集体生活中，心理上产生一种孤独感、空洞感，无法做好个人与集体的调和，感觉自己无法融入集体生活，认为自身得不得集体的关怀等，这些不安心理的不断出现，使得这些学生越发孤僻、越发难于融入大学集体生活。

（三）大学生人际交往问题

大学生的生活主要集中在校园，其中最直接的就是和同寝室、同班级同学及校园其他同学的交往。由于中学阶段的生活阅历有限，社交能力不足，许多大学生缺乏基本的人际交往知识和技巧，面对来自"五湖四海"的大学同学，出现不知如何相处、如何攀谈、如何交流等人际交往障碍，从而不知所措、无所适从。当前不少大学生都有一种自我中心、唯我独尊的心理倾向，普遍缺乏团队生活经验，行为处世时较少考虑他人的感受。而大学生活是一种集体生活，来自不同家庭背景，具有不同性格特征、生活习惯的同学要共同生活，如何处理好其中的人际关系，常常困扰着许多大学生。

（四）大学生情绪自我管理问题

针对 2013 年 5 月发生的泸州医学院护理学院发生的跳楼事件进行的调查显示：大部分学生认为，此事件会发生，可能正因为他是学校唯一的男生，生活学习较为孤独，心事也得不到有效的倾诉等，这才酿成了这一悲剧事件的发生。现在的大学生在社交能力方面很有经验，但是在为人处世的经验比较欠缺，对于事件处理不够圆滑，自我中心意识较为强烈。由于大学生在性格上较为直白、情绪多变，在现实的社会中，大学生常常不会伪装自己、隐藏自己的情绪。在现今大学生中普遍存在着"双面性"现象，如在熟悉人的面前，他们是活泼、热情、开朗的，也挺有想法、有见解和主见，但在陌生人面前，常常会表现出沉默、内向、孤僻，不爱与别人交流等。

（五）大学生就业压力问题

随着农村劳动力一直不断向城市流动，高等院校大力扩招致使大学生数量大幅增加，就业岗位供不应求、就业难等现象越来越严重，工作竞争压力也越来越大。当大学生进入大四的学习生活后，即将面临的就是毕业、就业的问题，大多数人都开始意识到了未来就业的严峻性，大家都会感到很迷茫：想到找工作难的问题，父母靠不了，只能靠自己；好工作不易找，不是理想的工作不想做，自身专业知识及工作技能又不足等。在这严峻的就业压力下，大学生会产生紧张、烦躁、恐惧、焦虑及压抑等不良心理反应。北京青年压力管理服务中心发布的《2014 年中国大学生就业压力调查报告》显示：今年的大学毕业生人数首次突破700 万，将达到 727 万之多，如果加上往年没有找到工作的以及大量的海归生，今年的就业人数可能突破 800 万！年年递增的就业人数，使得人们觉得就业似乎"没有最难，只有更难"。因此，就业压力已成为影响大学生心理健康的重要因素之一。

二、大学生心理问题的形成原因

（一）个人因素

学生个人因素对当前大学生心理问题的产生有着重要的影响。当今大学生多数为 90 后独生子女，家里经济条件相对比较优越，加上父母长辈的过分溺爱，客观上造成了他们性格张扬、怪异、孤僻等。在父母庇佑下长大的独生子女大学生们，很少遇到过挫折、坎坷，人生的道路基本上一帆风顺。到了大学这个全新的环境中，各种困难相继出现，都需要他们自己独自去面对、去承担。这就造成他们在心理上产生不适应感，从而感受到独自面对生活的压力。每个人都有不同的性格和心理特征，而某些不良的个性特征和心理缺陷就会诱发心理问题的发生。如某些大学生由于先天等因素的影响，存在一些身体或生理上的残缺或问题，如果自我认识不当，再加上学生舆论环境的压力，易导致学生个体产生严重心理压力及不良情绪。同样，许多大学生为了增加自身的竞争力，在专业课之外选择辅修课程，有的修读双学位课程，并且还参加各类证书的考试，有的还要考研、考托福、考 GRE 和 GMAT 等。繁重的学习任务和考试使大学生长期处于紧张状态，缺乏必要的休息和放松，有的还导致精神的压抑、心理的紧张与恐慌。

（二）家庭环境因素

家庭对于每一个孩子都有着深刻的影响，有时候常听到家长埋怨学校没把学生教育好，其实对于学生来说，最重要的教育还是来自于父母。父母是孩子的第一个老师，也是孩子最好的老师，他们的很多思想和行为方式会在一定程度上影响孩子的成长。特别是在单亲家庭中的孩子，不健全的家庭成长环境造成孩子的性格内向、孤僻、不善于交流，在人际方面往往存在较大的问题。同时，在中国

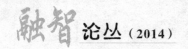

经济快速发展的今天，社会分配不公正也更加突显，社会贫富差距明显拉大，阶层概念日趋突现等。对于一些困难的家庭，四年高校学习费用及生活费用给这些困难的学生带来更为沉重的经济和心理上的压力；来自不同家庭背景的大学生，在生活水平和消费水平上也出现了较大的差距。许多家庭经济困难的学生需要依靠勤工俭学、兼职打工等方式来维持自己在学校的学习和生活，而高校目前存在的一些高消费和消费攀比风现象，使得这些贫困的大学生遭受更为巨大的困窘，从而产生较为严重的心理问题。

（三）社会因素

当前社会的快速发展带来紧张的生活节奏和巨大的就业压力。在这种生存压力感的驱使下，大学生要想跟上迅速发展的社会，在市场竞争中占有自己的一席之地，就必须不断进步，不断充实和完善自己。社会发展在给大学生带来机遇的同时，也对大学生提出了更高的要求。这使部分基础条件较差的学生不堪重负，身心承受巨大压力，出现种种心理问题。随着我国毕业分配制度改革的深入，自由择业"双向选择"成为大学生择业的主要方式。1999 年高校扩招后，大学生的数量锐增，人才市场激烈的竞争使大学生找到比较理想的工作的难度越来越大。就业形势的严峻给在校大学生尤其是高年级的大学生造成很大的心理压力，很多学生在学习期间就开始担心自己的未来。

（四）学校因素

在学校，老师以及辅导员都较多地关注学生的学习问题，对心理健康问题关注得较少。学校是一个培育人才的地方，每个人不仅需要学习知识，还应拥有良好的个人品质。在大学往往辅导员需要管理几个班、几百号学生，并且大学也不像以往那样一天大多数时间都是待在教室的，辅导员也无法及时了解到学生的心理健康问题。辅导员一般也只能和他们交流一些简单的心理问题，在一些专业性的问题答疑上还是比较欠缺的。

三、解决大学生心理问题的对策

（一）进行自我心理教育能力培训

每个人在特定的时候都会遇到一定的心理问题和心理障碍，能够主观上意识到并通过有目的的行为进行自我调控，以达到良好健康状态，是每个人应该具备的基本能力。因此，要引导大学生增强自我心理教育能力，使他们能有意识地进行自我心理调适，培养良好的心理素质和从容对待学习、生活、就业压力的能力，保持自信、积极、乐观、诚信、豁达、向上的品质，学会应对挫折与失败，最终促进心理健康良好发展，增强心理自我保健能力。

（二）加强学生心理咨询服务

心理咨询是咨询者运用心理学专业知识和技能，通过语言、文字或其他信息传递方式，给来访者以帮助、启发和教育，以使来访者摆脱心理困惑，恢复心理平衡，促进个性发展和完善，使其潜能和创造性得到充分发挥的过程。大学生通过学习心理课程，学会自我调节，但是在心理问题比较严重、自我调适作用有限的情况下，就要求助于专业的心理咨询机构。目前，我国高校已基本建立了大学生心理咨询中心，但心理咨询的队伍规模和治疗的水平差异很大。因此，要有计划地扩大专职心理咨询员队伍，加强在职专兼职咨询员的培训教育，通过专、兼结合等形式，建设一支高素质的大学生心理咨询服务队伍，并为学生开展免费的心理咨询服务。

（三）强化大学生人际交往能力培养

在这个越来越现代化的社会里，人际关系至关重要。大学和以往的高中、初中是有所不同的，在以前或许你不喜欢与人交往，你可以自己一个劲地在教室里学习，不理睬任何人，然后直到放学回到家里或宿舍里。但是，人际交往在大学生的日常学习生活中占有非常重要的地位，对于大学生的心理健康有着很大的影响。积极健康的人际关系有助于提高大学生与他人合作的能力，有助于增强大学生的团结意识以及心理适应能力。心理健康的大学生往往乐于与人交往，也能在交往中用诚实、尊重、宽容的态度与人和睦相处，在彼此的交流中，也可以收获许多有价值的东西。大学生应该学会基本的人际交往原则，提高自己的人际关系能力，并且通过与不同的人的交流，不断完善自己、发展自己。

（四）加大辅导员学生心理健康辅导力度

作为身处高校学生思想建设及管理工作最前线的辅导员，其不仅是学生"生活的辅导员""学习的辅导员"，还是"心理的辅导员"。因此，应加强辅导员对学生心理健康教育学习和辅导的力度，要让辅导员多学习关于大学生心理健康问题的专业知识，以便及时发现和解决学生的心理问题。在平时的生活中辅导员应该多与同学交流，尽量从心灵深处更加贴近同学。让班长以及心理委员多与同学交流，如果发现同学在心理健康方面出现了问题，应该及时汇报给辅导员。辅导员要不定期地检查学生宿舍，增加与每位同学接触的机会，能够更好地掌握他们在学习以及生活上的动态。当同学们在心理上遇到问题时，应多鼓励他们积极面对自己的问题，及时地找心理老师治疗自己的心理问题，保持一颗积极乐观的心态对待自己的生活。

（五）加强大学生的体育锻炼

加强体育锻炼。适度的体育运动对大学生的心理健康发展有着积极的影响及有益的作用。合理、科学的体育运动可以有效地消除精神疲劳，宣泄不良情绪，减轻心理紧张，放松身心，调节情绪，减轻抑郁程度，缓解情绪障碍和心理疾病，维持心理平衡，最终达到改善心理健康的目的。因此，要将体育运动纳入到大学生的日常生活中，引导大学生养成良好的体育锻炼习惯，形成健康的学习方式和生活方式，通过科学、合理、经常性的体育活动来保持和改善心理健康状况，做到身体健康与心理健康的两者合一。

四、结语

大学生心理健康问题对大学生的成长、成才、成功起着非常重要的作用。梁启超先生有这样一句话："少年强，则国强；少年弱，则国弱，少年胜于欧洲，

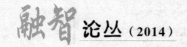

则国胜于欧洲；少年雄于地球，则国雄于地球。"所以，当今大学生应学会进行有效的自我心理调节，处理好自身的心理问题，要以良好的心理素质来迎接未来的挑战，为自身的成功发展努力，为国家的建设发展做出贡献。

参考文献

［1］邓卓明，朱卫嘉，等．让心灵追上人生的脚步——大学生心理成长导引［M］．重庆：西南师范大学出版社，2009．

［2］朱丽娅，王典．浅谈大学生的心理健康与成才［J］．中国电力教育，2012(3)．

［3］姜玲玲．高校辅导员对大学生心理健康成长的影响［J］．佳木斯教育学院学报，2013(2)．

［4］陈振乾．90后大学生心理健康问题现状及其干预对策［J］．云南社会主义学院学报，2013(1)．

［5］黄金．当代大学生心理健康问题浅析［J］．兰州教育学院学报，2013(2)．

［6］孙丽娅．大学生心理问题及异常行为管理预防［J］．吉林华侨外国语学院学报，2008(2)．

浅析积极心理学在高校班级
学生干部管理中的运用

王玲艳[①]

[摘要] 学生干部是辅导员与学生之间联系的纽带和桥梁，是辅导员工作开展的得力助手。加强学生干部的管理是辅导员开展学生工作的重要基础和途径。本文从积极心理学的角度出发，结合管理学中的激励基本理论，分析积极心理学在学生干部管理中的意义。以学生为本，兼顾学生干部本人积极全面发展的同时，充分发挥学生干部在学生群体中的影响度和导向性。

[关键词] 积极心理学　学生干部　管理

学生干部管理是学校管理不可或缺的组成部分，班级学生骨干是高校管理的最基层执行者、最直接的参与者，也是高校实施学生管理的主要协助者和配合者。高校班级学生干部来源于学生群体，他们又不等同于一般的学生。班干部作为班级一面旗帜，直接影响着班级的班风学风建设。高校的教学、思想政治教育、后勤等管理工作，完成校、院（系）布置的各项任务，离不开班级学生干部的配合。此外，沟通学校、教师之间的信息联系，开展院校与班级活动以及实现班级体内部的自我管理等，更离不开学生干部的直接参与。他们的工作属性决定了他们是辅导员和学生之间信息有效交流沟通的媒介，是辅导员工作开展不可或缺的依托和载体。因此培养管理一个强执行力和高凝聚力的班委干部团队，是辅导员工作顺利开展的保障和前提。

一、高校班级学生干部工作中的常见问题

（一）职责不明，角色定位不准

在其位谋其职，但现任学生干部清楚地知道自己岗位职责的几乎没有。比如许多班委并没真正明白自己的岗位是干什么的，它有什么职能；怎样定位自己，自己应该干什么。东北财经大学修新路的《高校班级学生干部工作现状调查及对策研究》一文中提到，很多学生认为有三个职位最应取消，分别是体育委员、学习委员和生活委员，说明这三个职位的职责没有明确过。对于新增的心理信息员和教学信息员，也形同虚设。

---

① 王玲艳：重庆工商大学融智学院教师；主要研究方向：人力资源管理。

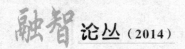

岗位职责不明确导致部分班委承担工作量严重不均，协作参与意识差。修新路的调查显示，80.55%的学生认为班级工作的一半以上是由班长一个人来完成的，正所谓大事小事一把抓，累自己闲他人。

（二）学习与工作关系处理不当

班干部来源于学生，其基本任务是学习。但是部分班干部学习和工作关系处理不当，策划和参与活动占用了他们大多数的时间和空间，活动之余又不愿意自主学习，导致学习成绩差甚至挂科多。根据温州大学裘丽娜的《对温州大学学生干部的问卷调查报告》，很多学生干部的成绩不理想，只有21.5%的人是在班级的前10名，37%的人处于中游，18.7%的人处在中游偏后，21.5%的人根本不愿提起自己的成绩。

（三）执行能力不够，工作效率不理想

兰州大学李艳霞的问卷调查显示，分别有54.6%和44.6%的学生干部认为自己的公文写作能力和口头表达能力不高，有60.9%的学生干部承认自己不会做或做不好PPT，工作中缺乏良好的组织协调沟通能力的学生干部则占到了41.7%。对于自己的职责不明确，也导致了能干的人越来越能干，不会做事的人越来越糟的恶性循环。班委主要领导成员中还不同程度地存在大权独揽、我行我素的现象，形成了大头说了算，下边围着转，这影响了学生干部实际能力和整体素质的提高。

（四）创新和积极进取精神缺乏，工作积极性不高

由于缺乏内激励，许多班委责任心不强，进取精神不足，工作中"虎头蛇尾"。大学生在大一、大二时期愿意担任班干部的同学居多，但到大三、大四后班级往往出现学生担任班干部热情剧减，有些班级甚至没有人愿意当班干部的现象。根据修新路的调查，只有37.89%的班级干部认为自己有较高的工作积极性，51.98%的班级干部积极性一般。另外，还有10.13%的班干部根本没有工作激情。现在高校校园流行的一句顺口溜是这一情况的真实写照：一年级满校园跑，二年级找不到，三年级没法找，四年级别想找。这句话充分反映了当前学生干部工作的韧性不足和持久度不够。在工作激情不能持续的前提下，更不要谈论什么创新和改变了。

（五）对学生干部的绩效考核不客观，奖罚不公平

在高校，普遍存在学生干部考核的明确标准缺乏，从而导致结果严重失实、奖罚不公的现象。根据修新路的调查，59%的班级干部认为自己的付出和回报不成正比，31.52%的班级干部认为自己没有和学生会干部在评优评奖方面享受同等待遇。奖惩不公，会严重影响学生参与管理的积极性，影响工作绩效。

由此可见，激发并维系班干部学生的工作激情，引导班干部在班级管理过程中积极思考和参与，已成为辅导员的必修课之一。笔者认为积极心理学对于这一现状的改变具有指导意义。

二、积极心理学的提出与在高校班级学生干部管理中的意义

积极心理学（Positive Psychology）起源于20世纪90年代的美国，是宾夕法

尼亚大学教授 Martin E. Seligman 于 1998 年出任美国心理学会主席时倡议及定位的，是 Seligman 和 Csikszentmihalyi 于 2000 年在《美国心理学家》（*American Psychologist*）上刊登的《积极心理学导论》一文中正式提出来的——积极心理学是致力于研究人的发展潜力和美德的科学。Seligman 博士认为积极心理学的力量，是帮助人们发现并利用自己的内在资源，进而提升个人的素质和生活的品质。每个人的心灵深处都有一种自我实现的需要。这种需要会激发人内在的积极力量和优秀品质，积极心理学利用这些内在资源来帮助普通人或具有一定天赋的人最大限度地挖掘自己的潜力，并以此获得美好的生活。人类的这些积极力量和优秀品质是人类赖以生存和发展的核心要素。

总的来说，积极心理学指的是一种用积极心态最大限度地激发人的潜力与能力的情感和力量，它在促使人的优秀品质的形成以及积极情感的培养中有着重要的作用。相较传统的心理学过度关注病态的心理状态，积极的心理学更加注重人的潜能、美德等，是从优势的视角来审视人的发展，用积极的眼光来看待人性，诠释人的心理现象。在积极心理学看来，每个人的内心深处都处于积极和消极的斗争当中，当积极的一方胜过消极的一方时，人们的心态便是积极的。积极心理学强调研究人内心存在的积极力量，通过挖掘人内心的积极力量来增加其外在的积极力量。

大学生处于生理发展已接近完成而心理逐步成型和形成阶段，是非观念还不够成熟，对社会和身边的环境还缺乏客观的判断，在积极心理与消极心理的博弈过程中容易陷入困境，因此就需要辅导员加强引导。改正问题或者纠正问题是高校辅导员在学生干部工作上最常见的管理方式，这是基于消极心理的学生管理模式。实际上，短暂的改正错误如同西医中对于发烧病人的处理——像退烧一样治标不治本，要从根本上杜绝错误的再次发生，就要了解错误发生的思维模式和过程，从而进行积极的正面的引导，只有从思想上拥有了良好的品质和积极的心态，才能在外界比如辅导员的帮助下培养出优秀的品质。结合当代大学生的身心发展特点和辅导员的工作特征，将积极心理学引入到学生干部建设和管理中去是具有积极作用的——能够大大激发学生干部的自身潜能，激发组织的活力，有助于辅导员培养和管理出一支高执行力、强凝聚力的班委团队。

三、积极心理学在高校班级学生干部管理中的运用

辅导员应该将班级学生干部管理的重心放在培养学生的积极心态和能力上，通过培养或者扩大固有的积极力量来进一步培养学生的积极品质，激发他们的情感体验，发挥在团队中的带头领导和组织管理作用。

（一）培养学生干部的首要任务是培养他们的积极品质

在对学生干部培训的过程中，学生干部个人素质的培养是辅导员重点开展的工作内容。核心内容便是强化学生干部的自我效能感的培训。积极心理学中认为提高自我效能是一种积极意义的管理理念。自我效能主要是指个人对自己某一领域能力的主观判断和评价，是影响个体情绪和工作状态的重要因素。自我效能感

能够对自我的行为造成极大的影响。因此在学生干部的培养中，要加强对他们积极的自我效能感的培养。积极的自我效能感能够让人们更多地关注事件发生的积极面，通过发挥个人优势找到解决办法。具体来说可以通过以下几种途径实现：首先，在任职班委时要做到"人职匹配"，在此基础上因人而异地设置工作目标，这些目标是学生干部跳一跳就够得着的，目的在于让学生干部经常体验成功，从而形成相对稳固的自我效能感。其次，习得替代性经验。通过讲座学习、主题班会或者校友分享成功经验和工作方法，让班委多接触班级以外的社团等学生活动团体，能从别人的分享中找到自己的不足和短板。再次是积极地引导，以启发式的鼓励让学生干部发表个人见解，肯定个人能力。最后，尽量提供各种活动或组织实践的机会，让学生干部充分展示自己的风采，锻炼培养他们的个性品质。

（二）构建积极科学的学生干部考核管理模式

积极科学的考核评价机制一方面可以为学生干部的奖惩和评优提供依据，另一方面则可以为他们提供积极的心理导向。考核中以"理"服人，以"制度"管人，尽量避免考核过程中主观因素给学生带来的不公平感。辅导员在管理班委工作中，要建立每一个学生干部的工作档案，将平时的上课表现、学习成绩、工作成果等量化的成绩定时归档，定时评比。并实行公平的竞争机制，使学生干部认识到自己工作的职责，增强学生干部的责任意识、岗位意识、成才意识，使他们真正受到锻炼，逐步提高综合素质。

以积极的形式来构建考核形式和内容。客观公正的考核能够提高学生干部工作的积极性和责任心，但不应该将重心放在惩罚上，而是在正面的引导和激励上。以激励的方式提高干部开展工作的主观能动性，更好地发挥个人潜力。绩效考核结束后，引导学生干部进行归因和总结，促进个人成长，引导让他们主动去总结在工作中出现的失误，肯定自己的优势和积极之处，并且能够对工作中出现的一系列问题作出积极的解释，并且从中吸取教训。

积极心理学认为："心理问题本身虽然不能为人类增添力量和优秀品质，但问题的出现也为人类提供了一个展现自己优秀品质和潜在能力的机会。"大多数学生在面对问题的时候，更多的是从自身的失误和缺陷中去思考，挫折性的消极心理极易影响其对自我的肯定。辅导员引导学生在面对工作中出现的问题时，关键是要从积极的角度去处理。因此通过构建和实施积极的学生干部考核模式，培养学生积极向上的工作心态，也是提高学生抗挫心理与能力的途径之一。

（三）激发工作内在积极性，提升工作中的愉悦与幸福感

现代幸福感的研究有主观幸福感（SWB）和心理幸福感（PWB）两种不同的研究范式与技术体系。其中研究的主流是主观幸福感。主观幸福感状况与个性特点、控制源倾向、自我概念、社会关系、经济健康状况等有关。而国内幸福感的研究可追溯到 20 世纪 80 年代，如胡洁、闫克乐、何义的研究表明不同的应付方式的学生幸福感不同，较多采用"解决问题"类应付方式的学生幸福感较低，而较多采用"合理化""幻想"类应付方式的学生幸福感较高。因此在学生干部管理中要引导学生改变对"工作枯燥无味"的体验和看法，提升学生在工作中

的愉悦度和幸福感。一方面是采取形式多样的班团活动建设方式；另一方面最重要的是改变学生面对问题时的方式与方法，处理问题时在准确认知和评估自我的基础上，保持积极的心态和乐观的努力方向。活动结束后及时进行总结，总结中要引导学生进行合适恰当的归因，归因得当是提升愉悦和幸福感的重要途径。

从积极心理学的自我决定理论来看，人格的发展和形成在很大程度上受制于主体的个人心理与品质的影响。且人的内心存在着积极的力量，并有成长和发展积极力量的潜能。因此只有当个体的心态趋于积极，并且产生想要养成积极的人格时，才能够持续、主动地去了解和学习，形成积极的工作心态。"授人以鱼，不如授人以渔"，根据积极心理学的理论依据，在高校班级学生干部管理中加强积极管理，就需要从激发学生干部内部动机的角度，促进其主动形成积极的人格发展动力，获得积极的心理体验。

（四）以积极心态面对学习和工作中的问题，做好学业规划与督导工作

心理学研究表明，外在的激励效果往往不能持久，只有来自人自身内在的需求产生的激励才能不断保持活力。面对学生干部学习和工作的矛盾，辅导员可以通过思想引领，引导学生以积极心态去面对和处理。让学生干部树立以学业为重的观念，做好自己的学业和职业规划，以激发学生的学习内驱力。激发学生的学习内驱力是帮助学生找到学习与工作之间最佳结合点的有效途径。认识到自己首先是学生，其次才是学生干部。作为学生，就应该与其他学生一样，以学习为主，认真完成各项学习任务，学习成绩优秀且具备一定的专业素养积淀，有助于班委树立自己在班级中的威信和发言权，更好地发挥班委在学生中的影响力度和号召力；作为干部，就要高标准严格对待自己、对待工作，以自己在思想、学习、生活及工作等方面的示范与带动作用去影响同学。辅导员可以通过举办新老学生干部学习交流会、专业技术培训等方式，对他们的学习方法、时间分配以及办公技术应用等方面进行指导，引导学生干部自觉学习、带头学习、提高学习效率，尽可能把社会工作安排在课余及休息时间，因工作而占用的学习时间要及时补上，做到学习工作两不误。此外，将学习成绩纳入学生干部绩效评价指标中，设立奖惩措施，将学习成绩与干部选拔挂钩，督促学生干部更加重视学业，在学生群体中发挥表率作用。

综上所述，积极心理学倡导对人的个体能力和优势最大程度的肯定，从积极的优势的视角去激发人的潜能，是教育工作中"以人为本，以学生为本"理念的最好载体。把积极心理学运用于辅导员班干部学生管理工作中，有利于激发并维系学生干部的动力和工作激情，提高学生干部的执行力和凝聚力。积极心理学的运用改变了传统的学生干部管理模式下学生干部被动接受的局面，能够让学生干部更加主动积极地去参与学生管理工作，从而更好地服务同学，并且从优势的视角去审视自己，形成积极的自我效能感，进而为将来步入社会做好各种能力素养的储备。

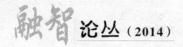

参考文献

［1］谢宜鹏，王静，王平. 大学生担任班干部与学业之间关系的调查分析［J］. 中国高等医学教育，2003(2).

［2］杨红兵. 浅谈高校班干部队伍的选拔与培养［J］. 当代经理人，2006(12).

［3］渠慎霞. 浅论职高学生积极心理品质的培养［J］. 中等职业教育，2005(20).

［4］王士勇，王磊. 积极心理学视阈下的高校心理健康教育［J］. 理论观察，2009(3).

［5］李飒. 积极心理学对高校心理健康教育的启示［J］. 科教文汇，2010(9).

［6］李娟. 积极心理学在人力资源管理中的应用［J］. 商业经济，2010(9).

［7］马甜语. 积极心理学及其应用的理论研究［D］. 长春：吉林大学，2009.

［8］赵曙明. 人力资源管理与开发［M］. 北京：北京师范大学出版社，2007.

［9］斯蒂芬·P. 罗宾斯. 管理学［M］. 北京：中国人民大学出版社，2004.

［10］包志伟. 对高校学生干部队伍建设的几点思考［J］. 齐齐哈尔大学学报，2007(5)：184-185.

［11］马俊杰. 论坚持"以生为本"的高校学生工作理念［J］. 学校党建与思想教育，2009(1)：63-64.

［12］孔晓慧. 激励理论在高校学生管理工作中的应用［J］. 中山大学学报论丛，2000(4)：86-87.

［13］吴云飞. 浅谈新时期高校学生干部队伍建设［J］. 职教探索与研究，2006(4)：50-52.

［14］谭长福. 高校学生干部培养探析［J］. 河南工业大学学报：社会科学版，2005(1)：86-87.

初探体育舞蹈对独立学院学生
心理健康的影响

柏中娟①

[摘要] 体育舞蹈是体育与艺术高度结合的一项新兴起的体育项目，它集娱乐、运动、艺术于一体，是文明社会里的一种高雅活动。体育舞蹈又称"国际标准舞"，是以人自身的形体动作作为物质手段，通过充满生命活力的韵律，抒发人内心感情的身体活动。独立学院是高校发展中的新事物，教育的方向迎合社会的发展需要。本文从分析体育舞蹈和独立学院学生特点入手，试图揭示体育舞蹈与独立学院学生心理健康的内在联系，探讨体育舞蹈与独立学院学生心理健康的作用，为独立学院学生心理健康教育提供新途径。

[关键词] 体育舞蹈　独立学院学生　心理健康

随着社会的发展，体育舞蹈越来越受到大学生的青睐和欢迎。体育舞蹈包含摩登舞和拉丁舞两大类，共 10 个舞种。摩登舞分为华尔兹、探戈、狐步舞、快步、维也纳华尔兹；拉丁舞分为伦巴、恰恰恰、桑巴、斗牛舞和牛仔舞。体育舞蹈所展示的气质美、形体美、动作美、音乐美、服饰美陶冶了人们的情操，丰富了人们的生活，培育了人们的智慧。将体育舞蹈引入独立学院，可以使大学生受到精神的净化、情操的陶冶、心灵的愉悦和情感的升华。体育舞蹈又是集体育、文艺、音乐、舞蹈、服饰、人体动态艺术等为一体的一门新兴的交叉学科，它涵盖了解剖学、生理学、运动医学、营养学、心理学、服饰、美学等多种学科知识，具有极强的育人功能、较高的审美价值和健身价值，它借助人类多元化的艺术表现形式去塑造多重的艺术形象，可有效培养学生的综合素质，为加强学生心理健康起到积极的作用。

一、独立学院学生心理健康状况分析

（一）大学生心理健康标准

对大学生来说，大学时代是人生成长过程中最为重要的一个时期，绝大多数人的人格塑造都是在这段时期形成的，而且人们形成健康心理的关键时期就在大学阶段。根据以往学者的看法，我们大致可以从以下几个方面来判断大学生心理

---

① 柏中娟：重庆工商大学融智学院讲师；主要研究方向：体育教育。

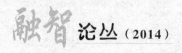

是否健康：

一是智力正常，有良好的思维能力、记忆力和观察力。

二是情绪稳定，能保持心情愉快，反应适度，能处于积极乐观的状态，懂得合理地释放和控制情绪。

三是人格完整，行为协调。具有清醒正确的自我意识，能支配自己的心理和行为；内心反应与外在行为表现相一致，心理和行为与年龄特征相一致；能独立生活，适应环境的变化。

四是具有基本的人际交往能力，能客观评价他人和自己，对人态度积极，能理解和接受别人的意见，适时地表达自己的意见。

五是具有坚强的意志品质，能坚定信念，具有一定的自制力和坚忍不拔的精神，能够克服困难，能积极面对挫折和挑战。心理健康者通常能协调与控制情绪，保持良好的心境，保持自信心，善于从行动中寻求乐趣，能与人保持良好的人际关系，能应对环境的变化，有健全的人格。

（二）独立学院学生特点

大学生正处于青少年成长的中期阶段，在成长过程中遇到挫折或者困难，情绪很容易波动，遇到的各种心理矛盾如果不能有效地解决，就很容易形成心理障碍，主要表现有焦虑惶恐、苦闷、抑郁、易于紧张、心理失衡等。这些主要是由学生学习、生活上的困难或者感情受挫引起的。因此，在高校的教育中，很重要的一部分内容就是调节学生的学习和生活，培养学生积极乐观的心态，形成健康的心理。

通过对独立学院学生的课中观察和课后访谈，发现独立学院学生有自己的特点：其一，个性突出，思维活跃。独立学院的学生一般是 20 世纪八九十年代出生的人，大部分学生的家庭条件都不错，在兴趣爱好方面都得到很好的引导，所以造就了独立学院的学生兴趣广泛、思维活跃的特点。其二，综合素质比较高，社会活动能力很强。独立学院的学生一般都有自己的特长，在电脑、书画、文体方面的人才很多，他们很乐意表现自己，对舞蹈、健美操这类表演性的课程很感兴趣。其三，文化基础不扎实，缺乏自信心，学习缺乏主动性。自信心方面，与公立学校的学生相比，独立学院的部分学生的自信心要差一些，这一方面是因为高考成绩的差距让他们产生了一定的自卑心理，另外一方面是因为独立学院的学生有一部分是通过降分录取到独立学院，他们对自己的前途和未来缺乏信心，进而产生自卑心理。其四，独立学院的学生在学习方面缺乏主动性，没有养成很好的学习习惯，学习凭兴趣，自觉性比较差，自控能力也不好，缺乏持之以恒的学习精神。

从独立学院学生的特点可以看出，他们思维活跃，兴趣广泛，爱表现自己，但是学生在自信心和学习主动性方面有些欠缺，所以在独立学院体育教育的过程中，只要能正确引导学生的学习兴趣，开展适合独立学院学生的体育项目，这对于促进独立学院的学生心理健康发展将起到积极的推动作用。

二、体育舞蹈对独立学院学生心理健康的影响

（一）体育舞蹈能够改善独立学院学生的生理状况

众所周知，积极参加体育锻炼能增强机体的生理健康、增强体质和抵御疾病。体育舞蹈隶属于体育运动项目，其强身健体的功能已被愈来愈多的科学研究所证实。体育舞蹈生理、生化等方面的研究结果显示，体育舞蹈是一项中等运动强度的有氧运动。

体育舞蹈可以改善正在成长期的大学生的心肺功能。一些研究表明，如果选手进行半小时的高强度体育舞蹈，就相当于走了一天的路程，也就是说人们利用较短的时间就可以达到需要长时间才能达到的效果。经一些专家推算，连续跳三曲体育舞蹈的运动量就相当于长跑（10~12 km/h）、游泳（50~60 m/min）、骑自行车（25~30 km/h）的运动量。体育舞蹈还有一个非常重要的功能，就是提高人的新陈代谢功能。因为在跳体育舞蹈过程中，伴随着优美的舞曲，努力使自己做得更漂亮，身体会分泌出一些特殊的物质，这些物质将使人们处于最佳的精神状态。独立学院学生个性鲜明，兴趣广泛，思维活跃，他们不局限于跑步、球类项目等传统的体育项目来锻炼身体，他们参与体育舞蹈不仅身体得到了锻炼，还可以给自己一个展示自我的机会。

（二）体育舞蹈能够提高独立学院学生的人际交往能力

人际交往能力在人们的生活中起着极其重要的作用。人们从出生到长大成人，无不处于与人交往的过程中。通过交往我们认识更多的朋友，通过与别人的沟通，我们获得快乐与成长。与此同时，这也可能带来一些悲伤，但不论是悲伤还是快乐都使我们的生活丰富多彩。如果一个人单独生活在这个世界，或者自己只生活在自己的世界当中，看不到外面发生的事物，自己将会多么地孤独；遇到快乐的事情无人分享，遭遇不幸身边也没有家人与朋友分担，这样久而久之，我们会走到心理崩溃的边缘。在原始社会，靠着集体生活我们抵抗外来强敌和动物的伤害；现代社会，我们通过集体生活得到物质与精神上的双层满足。所以人与人的交往是我们生活中必需的手段。

独立学院学生大多是20世纪八九十年代出生的独生子女，自我意识比较强，在大学校园这个小社会中在人际交往中或多或少有些困惑。体育舞蹈不仅是一项体育运动项目，而且也是提高人们交往能力的一种方式。目前，各种大型的运动赛事都出现了体育舞蹈比赛，也足以说明它对人们生活方方面面的重要影响。体育舞蹈是一个小团体活动，一般由两个人组成，那么在学习与练习的过程中，就要求大学生忘记害羞，摆脱封闭的自我，走出自己的世界，与其他人共同享受舞蹈文化氛围带来的精神上的快乐。通过此项活动，他们可以结交更多的朋友，学习与不同的人相处，不但提高自己的社交能力，同时在不断的沟通中也提高学习成绩。

独立学院学生与公立学校学生比较自信心稍差，高考的成绩差距让他们产生了自卑心理，他们对自己的前途和未来缺乏信心。体育舞蹈的特点是人们在悦耳

的旋律下舞动优美的身体，这种氛围让人们心旷神怡，忘掉所有不开心的事情，让舞伴看到自己最美最快乐的一面，有利于改善人们的情绪，与他人形成良好的人际关系。无论是刚离开家庭走入学生集体生活的大一新生，还是即将踏入一个完全陌生的社会团体的毕业生，面对新的环境多多少少都会感到一丝焦虑、一些紧张，那么体育舞蹈为我们提供了一种快速融入团体的方式。它是一种集体性活动，人们参与进来就可以感受到友谊，重新找回自信心和对未来的希望，快速地融入大学校园的大家庭。所以体育舞蹈可以提高独立学院学生人际交往能力。

（三）体育舞蹈能够有效消除独立学院学生的心理障碍

每一个体都希望自己能主导自己的生活，无论是生活、学习还是工作方面每一个体都希望所做过的每一件事件都能够成功。然而现实生活中有很多不如意的地方，很多时候我们都受到社会、学校等各种因素的制约，无法充分展现自己，满足自己内心的需求，久而久之就难免会产生失落、压抑等病态心理。如果这些心理问题得不到及时解决，就会形成一些心理疾病。心理障碍对于现代上班族和大学生群体已经不是一个新鲜的概念了。随着中国经济的快速发展，这一代的年轻人面对着生活、学习、工作、家庭各方面的压力，他们没有时间给自己的心情放个假，没有时间让自己在大自然中自由地活动，放不下很多很多现实生活要面对的问题。就大学生群体而言，如何面对找工作的压力，如何勇敢面对自己喜欢的女生、男生并表达出来，如何学习自己不喜欢却又是必修的课程，如何与自己性格不同的同学相处，这些问题如果处理不好，都可能产生焦虑，严重的话会使他们走进抑郁情绪中，无法自拔。

"焦虑"和"抑郁"是人们心理健康的两大杀手。近些年来，不断有关于许多优秀的学者艺人无法控制自己的这两种不良情绪从而做出了极端的行为的报道。其中有些人没有得到及时的治疗失去了生命，有些人得到了有效治疗，又恢复健康。比如，由于抑郁症的影响，著名艺人张国荣先生离开了我们，又因为抑郁症的毒害，崔永元告别舞台很久。这些事例都告诉我们，抑郁症随时都在危害我们的生命，我们应该找到有效的方法及时遏制这种事情的发生。据有关部分统计，"焦虑"和"抑郁"也是大学生面临的两大主要心理障碍，如何改善大学生的心理健康，是全社会关心的话题。教育部为此作出了相应的指示，加强大学生心理健康的教育，最显著的成效就是开设心理学课程，让学生充分认识自己，认识各种心理疾病，辨别心理问题，知道如果自己遇到问题该通过什么渠道解决；同时也倡导各学科专家在教学的过程中积极地引导大学生心理，倡导各专家探索更有效的抵制心理问题的方法。在这个过程中，体育教育工作者通过长期的观察与积累发现，体育舞蹈能够给学生带来精神上的快乐，带来心灵上的放松，学生们可以根据自己的心理随意选择音乐和舞蹈，在轻快或者激昂的音乐中培养自己的心理抗压能力，所以体育舞蹈提供了一种缓解我们情绪的方式。

以往研究显示，人们长期的中、小强度运动锻炼，能缓解精神压力，消除焦虑，治疗抑郁症，并且没有其他心理方面的副作用，是一种抑郁症的康复手段。体育舞蹈能够改善抑郁及焦虑症状的原因，在于体育舞蹈对中枢神经系统有良好的调节作用，在锻炼过程中能提高神经过程的强度，使大脑皮层兴奋性提高、注意力集中，从而人体表现为肌肉的力量大、运动能力强；可使神经过程的兴奋和抑制更为平衡，中枢神经系统的协调能力增强，可有效地预防各种神经性疾病；有效地消除由用脑过度引起的各种疲劳，缓解人体的紧张情绪，提高生命力，从而可以承受较大的刺激和精神压力。节奏和韵律鲜明的音乐能够激发人的大脑皮层，使人产生优美、欢快和亢奋的情绪；在体育舞蹈学习和练习中，我们可以随心所欲地对舞蹈动作进行组合，这一特点符合独立学院学生追求轻松、活泼气氛的心理取向。

独立学院学生学习方面缺乏主动性，没有养成很好的学习习惯，学习凭兴趣，自觉性比较差，自控能力也不好。他们希望通过一种简单、快乐、轻松的氛围学习自我调节的方法，那么体育舞蹈就是一种极好的方式。

独立学院学生缺乏持之以恒的学习精神，体育舞蹈锻炼可以培养大学生的意志力。对于初学者来说，体育舞蹈并不能算是简单容易的活动，我们要克服许多困难才能掌握，才能从中体会到成功的喜悦——虽然并不是每个人都想成为这个领域的佼佼者，但是还是有很多人希望掌握它。体育舞蹈中的很多舞种对学生的体力与柔和性都是一个极高的挑战，能够认真学习并且坚持下来的学生，他们的意志力将会逐渐增强。体育舞蹈的学习又不同于其他技能学习，它具有音乐与美的双层吸引，使得学生虽然在很艰苦的条件下，仍然愿意学习。意志力是一种内在的动力，不是时有时无的品质，一旦培养起来就不容易消失。

总之，体育舞蹈不仅能直接促进人际交往，改变孤僻、抑郁、自卑等不良心态，使整个神经系统得到调解，还能间接地调节人们的意志力、自信心、情绪等多种心理品质，维护心理健康。

三、结论与建议

（一）结论

（1）独立学院的发展还于初级阶段，办学理念大多效仿公立院校。独立学院开设的体育舞蹈教育同样处于初步发展阶段，体育舞蹈课程的师资力量较为缺乏，并且人员构成较为复杂，人员结构组成上缺少体育舞蹈专业的专门人才。教师中拥有副高职称的人员很少，体育舞蹈教师主要以本科学历为主，部分高校的教师正在进一步深造学习。由于青年教师居多，随着教学经验和能力的提高，体育舞蹈教师的师资水平会逐步改善。

（2）在独立学院中选修体育舞蹈课的学生较多，选课学生中女生数量居多，但由于专业教师缺乏和课时有限，无法系统地开设体育舞蹈涉及的舞种，部分学校的课程中没有理论部分的学习内容，对于大多数学生来说，也没有形体课程的同步训练。大多数课程是由一个老师独自教学，并且没有统一的课程计划和学习资料，大多由教师自己决定授课计划。

（3）由于外部环境所造成的压力和大学生自身在成长过程中心理发生变化的原因，少数独立学院学生中存在心理健康问题。

（4）本文通过走访中得出的结论是：①体育舞蹈对独立学院学生心理健康

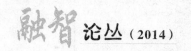

水平的提升有促进作用；②体育舞蹈能够改善独立学院学生的生理状况；③体育舞蹈能够提高独立学院学生的人际交往能力；④体育舞蹈能有效消除独立学院学生的心理障碍。

（二）建议

1. 宣传和重视体育舞蹈教育

体育舞蹈是体育运动的一个项目，众所周知它具有强身健体的功能，然而体育舞蹈对于心理健康的积极影响却没有得到重视，只是不断得到学者与研究者的认同。心理健康的大学生占比并没有我们预期的那么高，还有相当一部分学生处于心理健康的边缘，需要引起教育工作者的关注，所以提高大学生的心理健康水平显得尤为重要。心理学家通过不断的努力提出了诸多人们心理活动与行为的规律，通过认识人们心理活动的规律，探讨了预防人们心理疾病的方法，为提高人们的心理健康水平做出了很大贡献。目前各高校也基本普及了心理学的课程，也设置了心理咨询室，这是件可喜可贺的事情。然而学校除了做好这些工作外，还可以通过开展体育舞蹈教学，提高学生的社会交往能力，培养自信心，从而预防心理问题。体育舞蹈教学从潜意识层面，增加学生的抗压能力，是改善学生心理健康水平的一种有效的方式。

本研究的结果也显示，体育舞蹈对大学生的心理健康有积极的影响，那么为了让更多的人认识到这一点，我们需要利用报纸、杂志、书籍、广播等媒体进行大力宣传，即要进行新闻性的描述也要宣传其文化内涵，更重要的是体育舞蹈专家积极主动地通过媒体介绍体育舞蹈知识，让大家都正确认识它、利用它。

各高校可以通过联谊的方式进行一些体育舞蹈比赛，这种方式可以快速引起高校相关部门对体育舞蹈课程的重视，同时可以提高大学生对体育舞蹈的认知度。我们希望首先在高校普及该项运动；其次，希望通过大力的宣传与大众传播媒介的影响力，吸引更多的市民参加进来，提高全民心理健康水平。

2. 加强体育舞蹈教师队伍建设

独立学院的体育舞蹈教师人数较少，不足以满足体育舞蹈教学工作需要，教师的综合业务能力还有待进一步提高。教师作为高校体育工作的实施者和指导者，应该以广博的知识和自身的人格魅力来影响和带动学生。各高校主管部门应通过各种形式，加强对授课教师的培训，以此优化体育舞蹈教师的力量。具体的一些措施有：学校给体育舞蹈教师提供更多的培训机会，或者通过开展学术交流和研讨活动，增强彼此间的沟通与交流。这样不但可以解决教学过程中遇到的问题，而且还可以开阔舞蹈教师的眼界。

总之，体育舞蹈教师在传播与发展体育舞蹈的过程中起着非常重要的作用，我们应该重视其队伍的建设，不仅要壮大体育舞蹈任课教师的队伍，还要提高教师的综合素质。

3. 设置合理的体育舞蹈教学模式

在体育舞蹈师资力量比较薄弱的情况下，其教学模式也比较单一。通常是体育舞蹈教师利用两个小时的课程时间讲解准备好的授课内容，一般是在没有音乐的情况下，自己先将基本的动作示范给学生。对学生进行访谈时，有些学生谈到由于刚开始学习这些动作，还是觉得比较难掌握，然而老师却熟悉这些动作，并能将不同动作随意地搭配，灵活自如。这种情况下，学生就会有些心急，或者是那些身体灵活性不够的学生，当学习到比较复杂的动作时，怕自己笨拙的动作引起其他同学笑话。如果遇到这些问题，体育舞蹈教师没有很好地与学生沟通，不知道学习的过程中会出现这些问题，那么体育舞蹈就不会给学生的心理健康带来积极的影响，反而是消极的影响。这就要求体育舞蹈教师提高自己的综合业务能力，并且在不断提高自己专业能力的同时，学习一些心理学知识，将这些知识应用到教学过程中，时刻关心学生的情绪变化，真正让体育舞蹈起到正面的作用。

体育舞蹈发源于欧洲，是对民间舞蹈的一种提炼，它不同于中国的民间舞蹈艺术，所以它有其独特的文化背景。当我们在学习其行为动作时，如果能够了解其生长的土壤，将更能产生心灵上的共鸣，带来不同的情感体验。这就要求体育舞蹈教师能够在平时的教学过程中，能够讲解一些关于这些舞蹈背后的文化与故事，将更能引起学生的学习兴趣。

4. 积极实行体育舞蹈选课制和"协会俱乐部化"

建立体育舞蹈俱乐部，以促进竞技体育舞蹈水平的快速发展，给独立学院学生一个展示的机会，使他们的身心得到健康发展。

参考文献

[1] 李娜，种金洛. 体育舞蹈训练对心血管系统影响的实验研究 [J]. 广州体育学院学报，2001(3)：33-35.

[2] 徐碧君. 体育舞蹈对中老年人的健身作用 [J]. 体育与科学，2000(3)：35-38.

[3] 王娟，曾吉. 论高校开展体育舞蹈活动的意义 [J]. 湖北体育科技，1996(4)：76-77.

[4] 于小元. 国际体育舞蹈在高校开展的前景 [J]. 四川体育科学，1994(1)：32-35.

[5] 张玉春，马斌. 关于高校开展体育舞蹈教学的思考 [J]. 西南民族学院学报，1996(S5)：90-92.

[6] 陈树德. 论体育舞蹈的教学技巧 [J]. 湖北体育科技，2000(1)：84-86.

[7] 汪军. 体育舞蹈与健身 [J]. 重庆师范学院学报，1999(增刊)：144-145.

[8] 司徒炳坤，曾芊. 体育舞蹈对心理健康影响作用的调查 [J]. 北京体育大学学报，1997(2).

[9] 杨彬. 论体育舞蹈对青少年体质健康的影响 [J]. 吉林体育学院学报，2005，21(4)：171-172.

[10] 原丽英，张继红. 浅谈体育舞蹈的锻炼价值 [J]. 山东体育科技，2000(6)：64-67.

[11] 秦晓松. 体育舞蹈美的欣赏与创造 [J]. 武汉体育学院学报，1998(4)：111-113.

[12] 张泽金. 试论体育舞蹈教学中的美育 [J]. 体育科技，2000(4)：87-88.

[13] 刘聪. 浅议高校开设体育舞蹈的可行性 [J]. 哈尔滨体育学院学报，2006(1)：36-40.

[14] 朱鹏屏，王蓉. 改进和提高体育舞蹈教学效果初探 [J]. 解放军体育学院学报，2001(9)：28-31.

[15] 韦广忠，梁宝君. 体育舞蹈教学特点分析 [J]. 武汉体育学院学报，2004(2)：26-32.

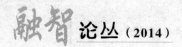

［16］陈立农. 我国体育舞蹈发展现状与对策的研究［J］. 广州体育学院学报，2001（1）：31-37.

［17］答英娟，张婷. 普通高校体育舞蹈教学研究［J］. 广西右江民族师专学报，2005（6）：45-49.

［18］汪向东. 心理卫生评定量表手册［M］. 北京：中国心理卫生杂志社，1999：87-92.

［19］阴桂英. 关于体育高职生心理健康影响因素的研究［J］. 心理科学，2006（3）：371-373.

［20］张秩勇，罗珊红. 大学生 SCL-90 自评量表测查结果的比较研究［J］. 中国心理卫生，1998（1）.

［21］金华. 中国正常人 SCL-90 评定结果的初步研究［J］. 中国神经精神疾病，1986（12）：48-53.

［22］罗庆达，徐桂兰. 浅谈新兴体育舞蹈的内涵与价值［J］. 体操，1993（2）：16-23.

［23］刘军华. 浅析体育舞蹈的特点与锻炼价值［J］. 中南民族大学学报：人文社会科学版，2007（1）：96-98.

大学生正确恋爱观探讨

练 丹 ①

[摘要] 在当代的大学时代，恋爱是个经久不衰的话题。随着时代的发展，在恋爱中出现的问题也越来越多，我们应该树立正确的恋爱观，用正确的态度去对待恋爱。本文就恋爱的定义、大学生恋爱现状、恋爱带来的问题以及正确对待和正确处理恋爱等方面展开探讨。

[关键词] 大学生　恋爱观　探讨

爱情，多么美好的字眼。从"窈窕淑女，君子好逑"到"所谓伊人，在水一方"，从作家才子到浪漫诗人，人间处处留下了无尽的吟咏和赞美。而大学生正值青春年华，对美好的爱情总是充满憧憬。然而不同的大学生对恋爱的这个问题会有不同的看法，从而恋爱观也不一样。恋爱观就是异性之间在生理、心理和环境因素相互作用下互相倾慕和培养爱情这一过程的思想观念。在当今的高校恋爱已成为一种很正常的现象了。而且我国对高校大学生婚姻也不再做要求，这就使大学生恋爱更加"合法"。本文通过对恋爱的定义和大学生恋爱现状探讨大学生恋爱观，以期引导在校大学生客观、冷静、正确地审视自己的恋爱状况，树立积极、健康的恋爱观念，促使大学生树立正确的恋爱观和人生观。

一、恋爱的定义

在讨论如何对待恋爱之前，我们应该知道什么是恋爱。

在这里，我理解的恋爱分为"恋"与"爱"。我们把这个词拆成两个字来看就更容易理解。"恋"有想念不忘，爱慕不舍，不忍舍弃，不想分开的意思；"爱"这个词，雷尔在《觉醒之路》中是这样说的："爱"是"给予"，是自我付出，并丝毫也不期待等值的交换。那么恋爱就是一种由爱慕进而发展到无偿付出感情的一段过程。但是，这段过程，也并不是简简单单的，恋爱，是异性互相爱慕的行为表现。在不同时代有不同的定义，现代定义为两个人基于一定的物质条件和共同的人生理想，在各自内心形成的对对方的最真挚的仰慕，并渴望对方成为自己终身伴侣的最强烈、最稳定、最专一的感情。

恋爱的进一步延伸便是我们常说的爱情，如果说爱慕的感情是一首歌，那么恋爱是前奏，爱情就是高潮。恋爱，是一个很奇妙的过程，有了相互爱慕的心以

---

① 练丹：重庆工商大学融智学院教师；主要研究方向：思想政治教育。

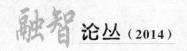

后，双方尝试着在一起，在一起生活，在一起面对未来的一切，直到大家可以一直走下去为止。这便是恋爱。

二、现代大学生恋爱现状

在现在的大学里，恋爱中的男男女女随处可见，但是在恋爱的背后隐藏着很多的问题。当前大学生的恋爱，呈现低年级化，人数呈上升趋势。很多同学一进大学就开始谈情说爱。这些低年级学生，由于社会阅历浅，思想单纯，对于自己的人生目标和需要还没有一个很清楚的概念，造成在对待恋爱问题上简单、幼稚和不成熟。在择偶标准上，往往重外表，轻内在；在恋爱方式上，往往重形式，轻内容；在恋爱行为中，往往重过程，轻结果；重享乐，轻责任。这种恋爱问题上的不成熟性，加之他们在就学期间经济上尚未独立，恋爱过程中感情和思想易变，缺乏妥善处理恋爱中情感纠葛的能力，极易造成恋爱周期性地中断，或对恋爱对象的选择变化不定，恋爱的成功率很低。

（一）恋爱动机的多样化

有些大学生的恋爱动机不是出于爱情本身，而是为了消除内心的空虚、孤独或出于随大流和从众心理。这类学生在择偶时很少把恋爱行为与婚姻结合起来考虑，缺乏责任感。归纳起来恋爱动机有以下几点：

（1）性爱的好奇心——随生理发育成熟导致的性冲动与性亲近要求而产生和形成。

（2）急于求成的占有心理——与高校聚集着才华、风度、美貌于一身的特殊人群氛围直接相关。有些男大学生固执地认为：毕业后还没有男朋友的女孩都是别人挑剩下的。

（3）依赖心理——由独生子女的孤独感和习惯了他人的呵护与关爱所致，属于"情感寄托型"的恋爱动机，缺乏独立意识和自立能力，易受挫。

（4）补偿心理——由功利型的恋爱动机所引发，即希望在所爱的人那里获得社会地位、经济等方面的补偿。

（5）游戏人生心理——其恋爱动机是：满足与异性交往的欲望，寻求刺激、填补精神上的空虚，甚至发生婚前性行为，他们见一个爱一个，完全是一种游离于婚姻之外的享受和消费。

（二）恋爱随意性大

这主要表现为恋爱周期缩短，频率增快。一些学生恋爱凭的是一时的冲动，对未来考虑得不是很清楚，通常是在交往一段时间后发现有一个"更适合自己"的人，于是马上和"现任"分手，去追"更适合自己"的"下一任"，"短平快"已经成为当代大学生恋爱的一个特征。有少数大学生把在大学里恋爱视为在经营"实验田"，出现了"恋爱专业户"。

他们只注重恋爱过程的情感投入和体验，走出了"交往—恋爱—结婚"的传统爱情"三部曲"，认为恋爱不必托付终身。于是，校园里便出现了"契约式恋爱"，在校时卿卿我我，心理上相互填补空白，甚至在校外租房同居，但毕业时互相说"拜拜"。这种缺乏责任感与严肃感的盲目的"寂寞期恋爱"是十分危险的游戏，是不可取的人生态度。

（三）恋爱成功率低

由于恋爱随意性大，因此，在校期间成功率就低，另外，大学毕业后不能在一起工作，这也是导致大学生恋人分手的主要原因。每年的五六月份，是毕业的季节，也是高校情侣分手的季节。

（四）网恋日益盛行

除了传统的恋爱形式外，随着网络的发展与普及，恋爱又有了其虚拟形式——网恋。无形的网络开始取代月老的红线，许多未曾谋面甚至远隔重洋的男女，通过网络相识、相恋。网恋几乎成为年轻人的生活新公式，也成为e时代少男少女的一种新时尚。大学校园本来就充满着浪漫的气息，大学生又对新事物有强烈的猎奇心理，且高校的网络已十分普及，因此在高校里上网聊天和网恋更为流行。

（五）失恋后不能处理好自己的情绪

对于恋爱，大家都有着很好的憧憬，但是在上述情况的影响下，难免会存在着失恋的问题。现代大学生思想意识比较脆弱，经不起打击，失恋之后不能很好地处理自己的情绪，也会带来很多的负面影响，甚至出现轻生、报复等过激行为。

三、恋爱带来的问题

在前面的定义里我们提到了恋爱。恋爱，在不同时代有不同的定义，现代定义为两个人基于一定的物质条件和共同的人生理想，在各自内心形成的对对方的最真挚的仰慕，并渴望对方成为自己终身伴侣的最强烈、最稳定、最专一的感情。所以，在大学生谈恋爱之前要想清楚：第一，是不是爱慕对方；第二，是否明确自己的想法；第三，抱着怎样的目的去恋爱；第四，是否有了足够的准备去与对方交往。端正自己的态度，做好足够的恋爱准备，才是让一段恋爱成功的前提。

但是，在恋爱的过程中，会出现很多的问题。许多大学生在恋爱问题上感到有很多说不明白的心灵困境或叫心理困惑，其原因有三点：

（1）在大学生心目中，爱情的理想与现实的差距让人感受到一种难以名状的失落。也就是说，总相信有完美的爱存在，可现实却是，没有十全十美的男人或女人，更没有十全十美的自己。

（2）恋爱能否成功的因素是多方面的，如年龄、外貌、品行、性格、文化、职业、兴趣、爱好、经济状况、民族、宗教信仰、政治态度等，或许只有某方面的相互欣赏和认可就走到了一块，或许也仅仅因为某一点小小的看不惯就分手了。殊不知，要达成多方面的默契是需要时间的，要建立一个拥有永久的爱情与幸福的家庭是需要相互理解、共同努力的。

（3）由大学生恋爱的心理特征所引发并形成的恋爱低龄化、公开化、高速

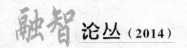

度进展和恋爱的多元化所致。具体地说，因为他们年级尚低、涉世太浅，缺乏深入了解和正确判断与评价一个人的经验；因为他们过于情感外露、行为外向，盲目地一改传统的以含蓄、深沉为美的恋爱方式；因为他们年轻、冲动，情爱的发展极易受性生理与性心理发育的控制；因为他们本身面临的就是一个多元化人生价值观念的现实社会……所以，恋爱心理困境的产生便顺理成章了。

四、正确对待恋爱，正确处理恋爱关系

在面对这一系列的问题的时候，我们应该注意以下的一些事情。对于恋爱，在我们的想象里是美好的，但是，我们也不能一味地憧憬，其实我们可以从古代诗词里看出很多的东西，比如李煜的"剪不断，理还乱，是离愁，别是一番风味在心头"。恋爱，不仅仅是美好，还有很多我们不能忽视的东西存在，单就恋爱中的男女的内部因素来说，就有双方如何相处的问题。

在前面我们说了，恋爱是在一种好感的精神状态下，相互爱慕而来。现代的定义也只是对一个整体过程和结果的概述，其中的过程谈过恋爱的人都比较明白，要想好好地经营一段感情也不是很容易的事情。培根说过："就是神，在爱情中也难保持聪明。"

在恋爱的最开始，双方都处于一种恋爱的朦胧期，有种小小的兴奋，有种甜甜的感觉，有些小高兴，有些小甜蜜，但这毕竟只是开始而已。之后的相处才是真正的挑战。那我们在相处的过程中应该怎样做呢？

（一）相互信任

恋爱中的人，很在意对方，但是在相处的过程中，相互之间要有足够的信任程度才能走得更远。但不能仅仅停留于爱慕这一层面上，要去发展爱，爱才能长久，才经得起考验。

（二）相互扶持

恋爱，毕竟只是生活的一部分，恋爱不是全部的生活，在生活里总会发生很多的事情，或是小事，或是坎坎坷坷，这对本人很重要，对于恋爱也是一个莫大的考验，不是说情侣之间有爱慕之情、有很好的生活规划就行了，而是要有一颗相互扶持的心、一颗相互体谅的心、一颗经得起考验的心。生活的下一步会发生什么是你始终都无法预知的，所以有颗坚强的心，有颗充满信心的心，才能走得更远。

（三）用心经营

用心去体会对方的感受，用心去经营一段感情，是很不容易的。在恋爱期间，就是这样的一个磨合期，也要完善自己对爱的看法，不能仅仅只限于对恋爱的渴望，不能忽视生活里的人与事物。用心去体谅对方，用心去理解对方，这样才能走得下去。恋爱，是心动最好的体现，用你的心去感受对方的爱意，并去回应对方。这是恋爱最美好的阶段。

爱情易碎，所以我们要用心去呵护——爱以心，待以心，宽以心，平以心。用心去爱，用心去对待对方，用心去宽容对方，用心去平衡所遇到的一切事情。在恋爱开始之后，充分了解对方、关心对方很重要。

（四）注重沟通，用心包容

在恋爱之前，你所看到的并不是全部，人无完人，不要把对方想象得很完美，也不要要求对方做到很完美，因为，你自己本身也不是完美的。发现对方的小缺点，也不要去无限地放大。在恋爱过程中，要多发现对方的优点，这样，你才不至于被瑕疵蒙蔽双眼而忽视玉的美丽。在恋爱里，太计较得失是最不应该的。前面的定义已经提到，恋爱的情愫是无偿的，是一种付出。但是，要想维持这样一段恋爱，我们所要做的，是找到一个需要与被需要的平衡点。能看到对方的缺点是不可避免的，能包容对方的缺点就是一个挑战。人无完人，要用一颗充满爱的心去包容对方，多多发现对方的好处，才不会让爱轻易枯萎。

（五）失恋后如何正确处理情绪

恋爱的初衷是为了结成终身伴侣。但在现实生活中，并不是每一次恋爱都必然会成就一桩婚姻，恋爱双方经过一段时间的相处之后，一方或双方均可能会感到不满意，从而中断恋爱关系，这就是失恋。失恋是在每个人身上都有可能发生的事情，失恋也无疑会给当事人带来感情上的痛苦和打击。但由于人们的道德水平和心理素质不一样，失恋后的人就有不同的表现：有的人会用理智控制自己的情感，很快就把精力转移到工作和学习中去；有的人失恋后会痛不欲生，情绪低落，对世界上所有的人与事都失去兴趣；有的人，当一方终止恋爱关系后，就对对方百般纠缠，试图再续前缘，给自己和他人都造成痛苦；还有一种人，转爱为恨，认为不是爱人就是仇人，甚至会发生人身伤害等报复行为。

这些都是偏激的行为。作为一名大学生，我们要学会控制住自己的情绪，让自己冷静下来好好地思考。在失恋后，我们要做到失恋不失德，失恋不失态，失恋不失志。

失恋的滋味不好受，尤其是当你深深地爱着对方的时候。如果双方实在没有缘分，不如留给对方一个美丽的背影，积极地改变自己的生活方式，活得更精彩、更自信，相信总会收获自己的爱情！

失去，不一定不再拥有；得到，也不一定是最好的。该放手时就放手，让对方自由，也让自己自由。你可以用一生来记住自己曾经有过的遗憾，千万不要为此遗憾一生。让自己成为爱情的悲剧很容易，但如果要让自己成为人生的强者，则需要努力和意志。

对于大学生来说，如果与爱情在大学时代相逢，那就应用心呵护，倍加珍惜。处理好恋爱中的各种关系，是对爱情的祝福，也是对自己的祝福，更是对未来人生幸福的祝福。

参考文献

［1］刘涛，赵惠. 近十年我国大学生爱情教育研究综述［J］. 江西教育科研，2007（11）.

［2］刘彦华，等. 新时期大学生恋爱观的调查与思考［J］. 教育科学，2007（4）.

［3］上官风. 大学生心理健康教育［M］. 北京：北京理工大学出版社，2008：148-155.

［4］余逸群. 大学生恋爱心理与恋爱道德要求［J］. 北京青年政治学院学报，2003，12（2）：28-29.

［5］彭晓辉. 性科学概论［M］. 北京：科学出版社，2002：199-208.